한국어교육학 총서 **1**

한국어교육의 원리와 방법

저자 소개

박 갑 수

서울대 명예교수
한국어 세계화재단 이사 역임
한국어능력시험 자문위원장 역임
재외동포교육진흥재단 상임대표 역임
한국문화국제교류운동본부 이사
재외동포교육진흥재단 이사
한국어세계화총연합 이사장
국어교육학회·이중언어학회·한국언어문화교육학회 고문
논저 : "국어교육과 한국어교육의 성찰"
　　　"한국방송언어론"
　　　"현대문학의 문체와 표현" 외 다수.

한국어교육학 총서 **1**

한국어교육의 원리와 방법

초판 인쇄　2012년 12월 24일
초판 발행　2012년 12월 31일

지은이　박갑수
펴낸이　이대현
편 집　이소희
펴낸곳　도서출판 역락
　　　　　서울 서초구 반포4동 577-25 문창빌딩 2층
　　　　　전화 02-3409-2058(영업부), 2060(편집부)
　　　　　팩시밀리 02-3409-2059
　　　　　이메일 youkrack@hanmail.net
　　　　　등록 1999년 4월 19일 제303-2002-000014호

ISBN　978-89-5556-022-0 94370
　　　　978-89-5556-021-3(세트)
정 가　35,000원

* 잘못된 책은 교환해 드립니다.

한국어교육학 총서 1

한국어교육의 원리와 방법

박갑수

역락

지난날은 삼남(三南)에서 서울에 올라오자면 수일 걸리는 고단한 노정이었다. 그러나 오늘날은 아예 지구촌(地球村)이라 하여 온 세계가 일일생활권이 되었다. 아니 IT에 의해 정보가 속속 교류되며 초(秒) 단위의 세계가 되었다. 바야흐로 이 세상은 세계화시대, 국제화시대, 다문화 시대가 된 것이다.

언어교육은 자국어교육과 외국어교육의 둘로 나뉜다. 종래에는 자문화중심의 폐쇄사회였다. 그러나 오늘날은 이러한 사회에서 하루도 살 수 없다. 문화적 상대주의(相對主義)를 바탕으로, 개방된 사회에서 교류하며 살아야 한다. 우리가 외국어를 배우고, 한국어를 교수·학습하는 것도 이 때문이다.

1970년대 초만 하여도 우리말이 외국어로서 가르쳐질 수 있을 것인가 하는 것은 회의적이었다. 그러나 이는 오늘날 당연지사가 되었다. 그리고 한국어교육은 많은 발전을 하였다. 이는 무엇보다 국력(國力) 신장이 바탕이 되고, 한국어교육에 관심을 가진 사람들이 그간 많은 노력을 한 결과라 하겠다. 여기에 한류(韓流)의 바람이 불고, 세종학당(世宗學堂) 재단도 설립되었으니 이제 한국어의 세계화(世界化)도 눈앞에 다가온 느낌이다.

이 책에서는 순수한 외국인과 재외동포를 위한 한국어교육을 다루었다. 외국국적동포는 국어교육이 아닌, 명실상부한 외국어로서의 한국어교육 대상이기 때문이다. 구체적 내용으로는 한국어교육의 핵심인 표현·이해교육과 어휘교육, 문법교육에 대한 새로운 방법을 모색해 보았고, 재외동포들의 민족어교육을 살펴보았다. 그리고 한국어교육의 현황과 발전방향 및 한국어 세계화의 방안을 탐색하였다. 우리는 앞에서 언급한 바와 같이 국제화시대, 세계화시대, 다문화 시대에 살고 있다. 따라서 종래의 자기중심주의, 자문화중심주의의 폐쇄적 틀에서 벗어나 개방적인 마음으로, 상호 소통하고 교류하며 살아야 한다. 우리는 인구로 보나, 국력으로 보나, 경제면에서 보나 지난날처럼 기죽어 살 것이 아니라, 세계 열강과 더불어 어깨를 겨루고 당당히 살 일이다. 언어문화를 상호교류하며 살아야 한다. 그렇게 함으로 서로 이해하고, 국제친선을 도모하며, 세계문화의 창조 발전에 기여하는 것이다.

도서출판 역락의 이대현 사장이 한국 언어문화의 보급 발전의 큰 뜻을 세워 "한국어교육학 총서"를 마련하였다. 고마운 일이다. 그리고 본서로 고고지성을 울리게 된 것을 영광으로 생각한다. 아무쪼록 한국어교육이 활발하게 연구·발전되고, 한국어교육학총서가 면면히 이어져 한국의 언어문화가 세계 도처에 피어나 세계화(世界化)되길 바라 마지않는다.

2012년 12월 5일
沙平書室에서 南川 적음

〈붙임〉 이 책에서는 각 장의 출전을 자세히 밝혔다. 글에 나오는 역사적 기술에 대한 시대적 오인을 막고, 이들을 변동되는 역사적 사실로 파악할 수 있게 하기 위함이다.

제1부 한국어교육의 현황과 교육 방안

제1장 한국어교육의 현황과 발전 방향

1. 서언

나는 1960년대 후반 우리나라에 과연 이런 일이 가능할까 하는 생각을 한 적이 있다.

> "자유로운 해외여행을 할 수 있을까?"
> "자가용 시대가 올 수 있을까?"
> "한국어가 외국어로서 가르쳐질 수 있을까?"

거의 불가능할 것으로 느껴졌기 때문이다. 그러나 이들은 오늘날 모두 이루어지고 있다.

한국어는 일찍부터 외국어로서 가르쳐졌다. 국내에서 시작된 것이 아니고 외국에서 행해진 것이지만, 기록에 의하면 적어도 신라의 경덕왕(景德王) 20년(AD 761) 때부터 행해졌다. 일본의 속일본기(續日本紀)에는 다음과 같은 기록이 보인다.

乙未 令美濃·武藏二國少年 每國二十人習新羅語 爲征新羅也

일본에서의 한국어교육은 그 뒤 이어지지 않았다. 근세에 들어와 1720년 유학자 雨森芳洲가 "통사(通詞)"의 부족을 통감하여 "韓語司"의 설립을 對馬 藩主에게 건의하였고, 1727년에 "韓語司"의 설립을 보게 되었다(松原, 1997). 이것이 최초의 한국어 교육기관의 설립인 것으로 보인다. "교린수지(交隣須知), 인어대방(隣語大方)" 등의 저술은 이 때 이루어진 조선어 학습서다. 중국에서는 송(宋)나라 때 孫穆이 "계림유사(鷄林類事)"를 짓고, 명(明)나라 때 "조선관역어(朝鮮館譯語)"가 간행되어 각각 고려어와 조선어 학습의 계기가 마련되었다.

지난 날 국내에서의 한국어교육은 거의 수행되지 않았다. 근자에 와서 비로소 체계적으로, 또한 널리 꾀해지게 되었다. 이는 우리의 국력이 신장되고 경제적으로 발전되었기 때문이다. 예를 들어 중국의 경우는 1992년까지만 하여도 대학에 조선어과가 설치된 곳이 5개에 불과했는데, 오늘날은 7, 80개 대학에 한국어학과가 개설되어 있다. 일본의 경우는 한일 국교정상화가 되던 1960년대까지만 하여도 한국어 강좌를 개설한 대학이 5개에 불과했는데, 오늘날은 약 300여개나 된다. 미국의 경우도 1970년대까지만 하여도 겨우 열 개 남짓한 대학이 한국어 강좌를 개설하고 있었는데, 오늘날은 148개 대학에서 한국어 강의가 이루어지고 있는 것으로 알려진다(손호민, 2007). 또한 호주의 HSC(High School Certificate), 미국의 SAT(Scholastic Assessment Test) Ⅱ, 일본의 센터시험에 한국어가 채택됨으로 초·중등학교에까지 한국어가 정식 선택과목으로 확산되기에 이르렀다. 그리하여 세계적으로 62개국, 735개 대학에 한국어 강좌가 개설되어 있고(한국국제교류재단, 2007), 8개국 1,500여 초·중고교에서 한국어가 가르쳐지고 있다.

한국어교육은 오늘날 발전 일로에 있다. 그러나 역사가 짧아 기반이 아직 미약한 것이 사실이다. 국가 수준의 교육과정이 마련되어 있지 않으며, 교재는 다양한 것이 개발되었으나 아직도 개선의 여지가 많다. 거기에다 한국어교육을 담당할 교사도 턱없이 부족하다. 한국어교육은 정비·개선·도약해야 할 시점에 와 있다. 오늘날 한국어교육은 세계적 관심의 대상이 되고 있다. 이는 다문화사회에서 문화적 교류를 필요로 하기 때문이다. 상호간에 문화교류를 함으로 협동하고 공생·공영하도록 해야 한다.

이에 한국어교육의 현황과 과제를 살피고, 이의 발전 방향을 모색해 보기로 한다. 과제는 교육과정, 학습 자료, 교수·학습법, 교육평가, 교사양성 등에 대해 살펴보기로 한다.

2. 한국어교육의 현황

2.1. 재외동포에 대한 한국어교육

2.1.1. 재외동포의 교육 개관

한국어교육은 재외동포를 포함하여 외국인에게 한국어를 가르치는 것이다. 우리의 재외동포는 175개국에 산재해 있다. 2005년 통계에 의하면 이들은 6,638,338명으로, 외국국적동포가 3,792,773명(56.98%), 재외국민이 2,845,565명(44.02%)이라 한다. 따라서 우리는 중국, 인도, 이스라엘, 필리핀에 다음가는 재외동포 대국이라 일러진다.

이러한 재외동포의 교육은 어떻게 수행되고 있으며, 또 수행되어야 하는가?

"재외동포"는 법적으로 "재외국민"과 "외국국적동포"로 양분된다. "재외국민"이란 "大韓民國의 國民으로서 外國의 永住權을 취득한 者 또는 永住할 目的으로 外國에 거주하고 있는 者"이고, "외국국적동포"란 "大韓民國의 국적을 보유하였던 者 또는 그 直系卑屬으로서 外國 國籍을 취득한 者중 大統領令이 정하는 者"(재외동포의 출입국과 법적 지위에 관한 법률, 1999)이다.

이들 재외동포들은 그 부류에 따라 교육의 성격도 달리 한다. 한국어교육의 경우 "재외국민"에게는 모국어로서의 국어교육을 하게 되고, 국적을 달리하는 "외국국적동포"의 경우에는 외국어로서의 한국어교육을 하게 된다.

재외동포 교육의 목표는 문민정부 이래 "세계 속에 자긍심 높은 한국인상 구현"에 두고 있다. 이는 다음 도표로서 쉽게 확인된다.

교육 목표

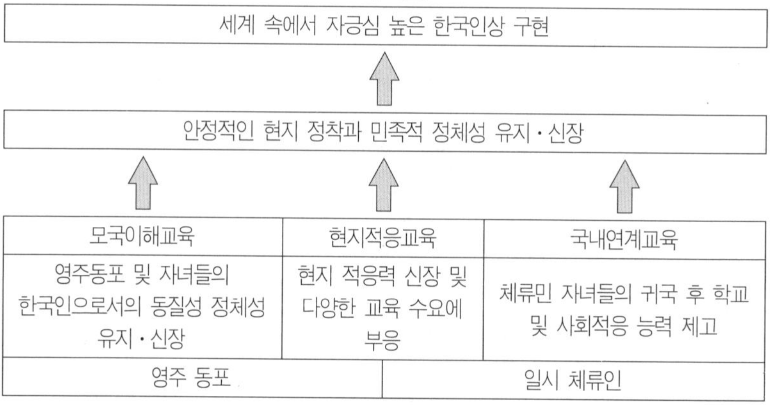

세계 속에서 자긍심 높은 한국인상 구현		
↑		
안정적인 현지 정착과 민족적 정체성 유지·신장		
↑	↑	↑
모국이해교육	현지적응교육	국내연계교육
영주동포 및 자녀들의 한국인으로서의 동질성 정체성 유지·신장	현지 적응력 신장 및 다양한 교육 수요에 부응	체류민 자녀들의 귀국 후 학교 및 사회적응 능력 제고
영주 동포	일시 체류인	

이 도표는 교육인적자원부의 "재외동포교육의 목표 및 기본 방향"(1995)에 보이는 것이다. 1991년 개정된 "재외국민의 교육에 관한 규정"

제23조는 외국국적동포도 교육의 대상에 포함하게 되어 있다. 그런데 위의 목표에는 이것이 제대로 반영되어 있지 않다. 따라서 이 교육 목표는 적어도 "세계 속에서 자긍심 높은 한민족 상 구현"으로 바뀌어야 한다. "재외국민" 아닌 "재외동포"의 교육목표를 제시해야 하기 때문이다. 정부의 재외동포의 교육 목표는 안정적인 현지 정착과 민족적 정체성을 유지·신장함으로써 자랑스러운 한민족의 상을 구현하는 것이다.

이렇게 볼 때 재외동포의 교육 목표는 대체로 국내 연계교육, 한민족 이해교육, 현지 적응교육의 세 가지로 압축된다. 그러나 여기에 한 가지 추가할 것이 있다. 세계화교육이다. 따라서 재외동포의 교육목표는 다음과 같이 네 가지가 된다.

첫째, 국내 연계교육 : 재외 한국인으로서 귀국 후의 생활에 적응하게 한다.

둘째, 한민족 이해교육 : 한민족으로서의 동질성·정체성을 유지 신장하게 한다.

셋째, 현지 적응교육 : 현지 적응력을 신장하고 다양한 교육 수요에 부응하게 한다.

넷째, 세계화교육 : 상호간의 문화를 이해하고, 세계문화 창조·발전에 기여하게 한다.

현대는 국제화시대이며 세계화시대요, 다문화시대다. 재외동포의 교육은 편협한 국수주의적(國粹主義的) 교육이 아니라, 상호 이해하는 가운데 공생(共生) 공영(共榮)하는 열린 교육이 되어야 한다. 상호간의 문화를 교류·이해하고, 다양한 세계문화 창조에 기여하는 교육으로 승화시켜야 한다. 따라서 재외동포의 민족교육, 또는 민족어 교육은 현지 정부에서 배척할 성질의 것이 아니고, 지원·강화해야 할 성질의 교육이다.

재외동포 교육은 오늘날 교육과학기술부, 외교통상부, 문화체육관광부, 노동부, 여성부 등의 지원 아래 국립국제교육원, 재외동포재단, 국립국어원과 현지의 한국학교, 한국교육원, 한글학교 등에서 행하고 있다. 2007년 기준으로 재외 교육기관의 현황은 다음과 같다(여종구, 2007).

지 역	일본	아주	구주	CIS	북미	중남미	아중동	계
교육관	3	2	2	1	3	-	-	5개국 11개관
한국교육원	14	1	3	7	7	3	-	14개국 35원
한국학교	4	14	-	1	-	3	4	14개국 26교
한글학교	73	166	98	536	1,093	68	38	106개국 2,072교

재외동포의 한국어 교육기관은 이처럼 수적으로 빈약하다. 이런 상황 속에 교육이 행해지고 있는 것이 오늘의 재외동포 한국어교육의 실상이다.

2.1.2. 재외동포 교육의 지역별 현황

재외동포의 한국어교육은 지역에 따라 차이를 보인다. 이에 대한 논의는 박갑수(2003, 2005)에서 이루어진 바 있다. 따라서 여기서는 대표적인 거주 지역을 중심으로 재외동포 교육을 살펴보되, 미국, 중국, 독립국가연합, 일본 지역을 위주로 간단히 보기로 한다.

미국(美國)은 "21세기를 대비한 외국어 습득 기준"(1966)을 제정하여 두 가지 원칙을 확인하고 있다. 그것은 모든 학생은 외국어와 외국문화를 필수적으로 이수해야 한다는 것과, 비영어권 학생이 자기 모국어 능력을 개발할 수 있는 기회를 가져야 한다는 것이다. 따라서 재미동포의 한국어교육의 여건은 좋은 편이다. 그러나 Gordon이 이르는 문화적 동화 아닌 구조적 동화는 쉽게 이루어지지 않는다. 그래서 재미동포는 비백인(non-white)이라는 한계를 느낀다. 저들은 주류사회(host society)의 주변인

(marginal man)으로서 소외감을 떨치지 못하고 있다.

재미동포를 위한 한국어 교육기관은 한국어교육원 6개, 한글학교 1248개다. 한글학교의 수는 2001년 956개, 2003년 998개, 2007년 1248개로 늘어나고 있다.

한글학교는 대부분 주말학교이고, 한국어 수업은 주당 두 시간 정도 한다. 학생은 대부분 유치원생을 포함한 초등학생(70~80%)이고, 나머지가 중·고생과 성인이다. 최근 SAT Ⅱ에 한국어가 채택됨으로 한국어교육에 대한 관심이 많아지고 있다. 한국어를 가르치는 중·고등학교는 65개교인데, 학습자는 대부분이 한국계 학생이다.

대표적인 교재는 재미한인학교협의회와 남가주 한국학교연합회, 및 한국 교육부에서 개발한 것을 사용하고 있다. 현지에서 교재를 개발하여 사용하고 있다는 것은 참으로 다행한 일이다. 그런데 문제는 중·고등학교 학생들이 사용할 마땅한 교재가 별로 없다는 것이다. 한글학교의 교사는 유학생과 교인, 교사 경험이 있는 일반인이 하고 있다. 이들은 대부분 한국어 또는 한국어교육을 전공한 교사가 아니다.

중화인민공화국(中華人民共和國)의 헌법 총규와 제1조는 "각 민족은 모두 자기의 언어문자를 사용하고 발전시킬 자유가 있다."고 규정되었다. 이렇듯 중국은 언어평등을 인정하며, 민족어를 중시하는 이중언어교육을 실시하고 있다. 그런데 개혁·개방이 실시되면서 집거지역(集居地域)이 축소·상실되고, 조선족 학교가 감소되면서 우리 민족의 어문 교육은 위기를 맞고 있다(강위원, 2002).

2000년도의 조선족 각급 학교의 현황은 다음과 같다(김중섭 외, 2001, 괄호 안의 숫자는 총 학생 수이다).

구 분	소학교	초급중학	고급중학	중등전업 대학	계
학교 수	984	211	3	9	1,207
학생 수	156,865	88,304	4,780(8,781)	5,575	255,524
교직원 수	16,078	9,734	2,541(3,321)	1,009	29,362

이렇듯 많은 조선족 학교가 있으나, 산거지역(散居地域) 및 잡거지역(雜居地域)에서는 약 40%의 학생이 한족학교에 다녀 한국어교육을 받지 못하고 있다.

조선족 학교에서의 민족어 교육은 소학교에서는 한어(漢語)에 비해 상대적으로 강조되나, 중·고등학교로 올라가며 이것이 역전된다. 소학교에서 민족어 교육을 하고, 중·고등학교에서 한어(漢語)교육을 강화함으로 이중언어교육을 하고자 하기 때문이다.

정규학교 외에 한글학교는 다른 나라에 비해 그 수가 매우 적다. 그것은 각급 조선족 학교에서 한국어교육이 이루어지고 있어 그 필요성을 덜 느끼기 때문이다. 새로 이주한 교포가 밀집한 지역(靑島·烟台 등)에 한국학교와 한글학교가 집중되어 있다.

재중동포의 한국어교육은 다른 지역과는 사정이 많이 다르다. 대부분의 학교는 자격을 갖춘 교사가 중국정부에서 개발한 교재를 사용하여 정상적인 교육을 하기 때문이다. 교재는 소학교 12권, 초중 6권, 고중 6권으로 되어 있다. 교재의 체재나 내용은 2000년 이후 한국의 제7차 교육과정을 많이 반영하고 있다.

중국 거주 재외동포의 한국어교육의 문제점은 한국어교육 자체에 있다기보다 소위 "조선족 위기설"과 관련이 깊다. 이를 해결하기 위해서는 무엇보다 조선족의 민족적 자각(한글학교 설립 등)과 조선족 학교 진학 및 한국 정부의 조선족에 대한 민족교육 차원의 배려가 있어야 할 것으로 보인다. 중국에서는 어문 규범도 따로 제정되어 있어 규범의 통일도 해결되어야 할 과제다.

옛 소련(蘇聯)에서는 외형상 민족어의 발전과 러시아어의 확산이란 두 정책이 공존하였다. 그러나 내면적으로는 동화정책을 폈다. 특히 1937년 고려인이 중앙아시아로 강제 이주된 뒤 민족어 교육은 금지되었고, 한국어교육은 극도로 위축되었다. 1938학년도를 앞두고 非러시아인 학교들에 러시아어 교육이 강화되고 민족교육은 탄압되었다. 그리하여 1986년 이후 고르바초프 정권에 의해 추진된 페레스트로이카(개혁)에 이르는 약 50년 동안에 고려인의 대부분은 민족어를 상실하게 되었고, 페레스트로이카 이후 서울 올림픽과 한·러 수교가 이루어지며 한국어교육은 회생하게 되었다.

독립국가연합이 된 뒤 이들 나라의 동포들은 심각한 언어문제에 봉착하고 있다. 거주국의 공식언어, 공화국간의 교제언어인 러시아어, 여기에 민족어를 익혀야 하는 3중 부담을 안게 되었기 때문이다. 더구나 도시에서 전문 직종에 종사하기 위해서는 공화국 언어와 러시아어를 능숙하게 구사하여야 하기 때문에 민족어 교육은 더욱 어려운 형편에 놓이게 되었다.

독립국가연합의 2000년대 대표적 한국어 교육기관 현황은 다음과 같다(김중섭 외, 2001).

기관	학교 수	교사 수	학생 수
한국교육원	7	84	3,518
한글학교	480	706	21,445
계	487	790	24,963

옛 소련에서는 오늘날 한글학교를 찾는 학습자가 증가 추세를 보이는가 하면 학교 수도 증가하고 있다. 교재는 대부분 국립국제교육원의 "한

국어”를 사용하고 있다. 이는 러시아판이 있어 다른 교재에 비해 편리하나, 범용교재의 번역본이라는 단점을 지닌다.

재외동포를 위한 중등학교는 거의 없다고 할 수 있다. 중등학교의 한국어교육은 구소련의 정규학교의 커리큘럼에 한국어 및 한국문화를 추가하거나, 한국어반을 개설한 경우가 고작이다. 쉬콜라의 대표적 한국어 학교로는 모스크바 제1086 한민족학교와 유즈노사할린스크 제9학교(동양어문학교)가 있다. 이 밖에 8개의 쉬콜라에 한국어반이 개설되어 있다. 옛 소련에는 자질이 부족한 교사가 많은 것도 문제로 지적된다(심영섭, 2002).

일본(日本)의 재일조선인에 대한 정책의 근간은 탄압과 동화라 할 수 있다. 교육정책도 마찬가지다. 일본 정부는 1949년 10월에 “조선인학교 조치요강”이란 통달로, 재일동포 학교에 대해 “학교 폐쇄령”과 “개조령”을 내리는 등 탄압을 가하였다. 이에 재일동포는 완강히 반대·항거하였다. 그 결과 민족학교들은 각종학교라는 법적 인가를 받게 되었다. 그리고 1970년 이후 광범위한 민족차별 철폐운동과 민족교육에 대한 관심의 고조로 자주적인 민족학급, 즉 “민족 클럽”의 개설도 보았다. 2002년에는 일본의 대학시험인 센터시험에 한국어가 채택되었다. 그러나 재일동포 사회는 동포 자녀 대부분이 일본학교에 진학하고 있고, 귀화, 결혼 등에 의해 점점 일본에 동화되어 가고 있는 것이 오늘의 현실이다.

재일동포는 현재 한국 국적을 가진 동포가 80%, 북한 국적을 가진 동포가 20% 정도다. 이는 1955년 총련(總聯)이 결성될 당시와는 전혀 다른 모습이다. 최근에 많은 동포가 북한 국적을 포기하고 한국 국적을 취득했기 때문이다. 지금의 총련계 동포는 13~14만명에 불과한 것으로 알려진다(조정남, 2002).

재일동포의 취학 경향은 민단계(民團系) 학교 1%, 총련계(總聯系) 학교 13%, 일본 공사립학교 86%로 나타난다. 민단계와 총련계의 교육기관 현황은 다음과 같다.

	소학교	중학교	고등학교	한글학교	계
민단계	3	4	4	117	128
총련계	80/65	57/43	12/12		149/120

* 총련계의 사선 앞은 김송이(1993), 뒤는 김덕룡(2004)의 통계 자료임.

제1조학교인 백두학원과 총련계 학교의 주당 한국어(조선어) 시간은 다음과 같다. 총련계 학교는 소위 "자주학교"로, 1993년 개편된 교육과정을 기본으로 하고 있다(조정남 외, 2002).

	초급						중급			고급						
										1			2		3	
										보통	문과	자연	문과	자연	문과	자연
													(1-2학기)		(3학기)	
	1	2	3	4	5	6	1	2	3							
백두학원	4	4	4	4	3	3	3	3	3	3			3		3	
금강학원	4	4	4	4	4	4	3	3	3	3			3		3	
총련 국어	10	9	8	8	7	7	5	5	5	5	5	5	5	4	4	3
총련 일어	4	5	5	5	5	5	5	4	4	4	4	3	4	3	4	2

총련계의 재일 조선인의 교육목표는 "조선인으로서 자신의 조국과 민족에 기여할 수 있는 인재를 양성한다"는 것에 두고 있다(조선대학교 민족교육연구소, 1987). 여기의 한국어교육은 "국어"교육으로서 행해진다는 것이 특기할 점이다. 그리하여 표에 보이는 바와 같이 "국어"에 많은 시간이 할애되고 있다. 이는 민족교육이 강조되고 있음을 의미한다.

재일동포의 교육에서도 교재와 교사가 문제가 된다. 민단계 학교는 본국 교과서와 국제교육원의 일본지역 재외국민용 교재 "한국어"를 사용하고 있다. 교사의 문제는 특히 민족학급의 경우 심각하다. 총련계는 자체 교재를 만들어 사용하고 있다. 여기서의 또 하나의 문제는 총련의 언어규범이 북쪽을 따른다는 것이다.

2.2. 외국인에 대한 한국어교육

언어 교육은 의사소통을 하게 함으로 그 언어문화에 대한 이해의 폭을 넓혀 우호적 관계를 수립하고, 언어문화를 상호 교류함으로 문화 발전을 촉진한다. 문화를 교류함으로 문화가 발전된 대표적인 예는 사라센 문화에서 볼 수 있다. 따라서 나라마다 외국어로서의 자국어 교육에 큰 관심을 갖고 있다. 영국의 British Council, 미국의 American Center, 독일의 Goethe Institute, 프랑스의 Allience Francase, 일본의 국제교류기금, 중국의 공자학원 등의 활동이 이런 것이다. 우리도 2007년에 세종학당 설립 계획을 세워 한국의 언어문화를 확산 보급하고자 하고 있다. 이렇게 함으로서 언어문화를 교류하고, 나아가 우리의 언어·문화를 세계화하며 국가적 발전을 도모한다는 것이다.

신라시대에 일본에서 꾀해진 외국어로서의 한국어교육은 불행히도 신라를 정벌하기 위한 것이었다. 그러나 18세기 일본에서 행해진 것은 통신사(通信使)를 통해 우리의 문화를 배우고 이해하려는 우호적인 것이었다. 근대의 한국어교육은 이러한 우호적 유대관계를 형성하고, 문화를 교류하기 위한 것이다.

외국인에 대한 한국어교육은 국내에서 행해지기도 하고, 외국의 교육 기관에서 행해지기도 한다. 국내의 경우는 서울대학교 언어교육원과 같이 주로 대학에 부설된 한국어 교육원에서 행해지고 있다. 연세대학교 한국어학당, 고려대학교 한국어문화연수부, 이화여자대학교 언어교육원, 서강대학교 한국어교육원, 한국외국어대학교 연수원, 배재대학교 한국어

교육원 선문대학교 한국어교육원 등이 그것이다. 그러나 한국어교육이 대학에서만 행해지는 것은 아니다. 재단법인 언어교육 부설 언어교육연구원, 시사영어사 한국어학당 등 사설 기관에서도 외국인에게 한국어가 가르쳐지고 있다. 그리고 근자에는 우리 사회도 다문화 사회가 되어 학교에서 유학생을 가르치는 외에, 산업체에서 외국 근로자들에게 한국어를 가르치는가 하면, 결혼 이민자를 위한 한국어교육도 활발히 수행하고 있다.

외국에서의 한국어교육은 미국·일본·중국·독립국가연합 등에서 활발히 수행되고 있으며, 이것도 역시 주로 대학에서 행해지고 있다.

아시아권의 경우 日本에서는 앞에서 언급한 바와 같이 1727년 대마도에 韓語司가 설립되었다. 그 뒤 1872년 대마도의 嚴原에 韓語學所가 설립되었고, 이는 1873년 草梁館語學所, 1880년 동경외국어학교 조선어학과로 이어졌다. 그 뒤 동양협회전문학교(1918년 拓殖大學으로 개칭)가 1909년 조선어과를 정과(正科)로 설치하였고, 1918년에는 본교 외에 서울에 동양협회 경성전문학교를 세워 독립시켰다. 1925년에는 덴리외국어학교(天理外國語學校(后의 天理大學))에 조선어학부가 설립되었다. 오늘날 한국어가 가르쳐지고 있는 대학은 335개이며, 전공 과정이 설치된 곳도 적지 않다. 동경 외대, 오사카 외대, 도야마대(富山大), 덴리대(天理大), 간다대(神田大), 니쇼가쿠샤대(二松學舍大), 독쿄대(獨協大) 등이 그것이다. 고등학교에서의 한국어교육도 급증하여 2005년 5월 현재 오사카 부립 니시나리(西成) 고등학교 등 247개교에 이른다(野間 外. 2005). 이밖에 **NHK** 등 방송사와 사설 기관 및 시민 문화센터에서도 한국어 강좌가 개설·운영되고 있다. 일본에서는 한류(韓流)의 영향과 2002년부터 대학 입학시험인 "센터시험"에 한국어가 포함되어 한국어교육의 전망을 밝게 하고 있다.

中國에서는 1944년 남경동방어문전과학교에 한국어학과가 설치되었고, 문화혁명 때 일시 위축되었으나, 오늘날 약 200개 대학에서 한국의 언어 문학, 및 한국학 강의가 행해지고 있다. 북경대(1946), 대외경제무역대(1951), 낙양외대(1956), 중앙민족대, 연변대(1972), 북경외국어대(1972) 등의 정규 4년제 대학 외에 2, 3년 과정의 대학에도 학과가 설치되어 있다. 중국에서는 문화혁명 때 일시 민족교육이 금지되어 한국어교육도 중단된 바 있으나 오늘날은 취업과 한류의 열풍으로 증가 추세를 보인다. 그래서 칭따오(青道), 옌타이(烟台) 등의 전문대학은 한국어 수강생이 천여 명에까지 이르고 있다. 대만(臺灣)에는 국립정치대와 문화대에 한국어문학과가 설치되어 있다.

몽골의 경우는 1990년에 국교가 수립되면서 외무부 산하 동양학 연구소에 한국어 강좌가 신설되었고, 몽골국립대(1991), 몽골국립외국어대(1992), 국립울란바토르대(1993) 등 12개 대학에 한국어학과가 개설되어 있다. 그리고 중·고등학교에서도 한국어가 가르쳐지고 있다.

동남아(東南亞) 지역의 경우 말레이시아는 1982년부터 말라야대, 말레이시아국립대, 말라야공과대에 한국어가 교양강좌로 개설되었으며, 오늘날은 이 밖에 말레이시아 푸트라대 등 6개 대학에 한국어과정이 개설되었다. 타이(泰國)는 송콜라대(1986), 부라파대(1995) 등 한국어를 전공하는 5개 대학을 비롯하여 출라롱콘대(1991) 등 14개 대학에서 한국어 과정을 개설하고 있다. 인도네시아에서는 내셔날대(Universitas Nasional, 1989)에서 처음으로 한국어 강좌를 시작했고, 1994년 학과를 신설하였다. 이 밖에 국립 인도네시아대, 국립가자마대 등 3개 대학에 한국어 강좌가 개설되어 있다. 필리핀도 최근에 델라 세일스대와 필리핀대에서 한국어 강좌를 개설하였다. 베트남에서는 1992년 수교 직후 1993년 하노이인문사회대에 한국어 강좌가 처음 개설되었고, 호치민 국립인문사회대를 비롯하여 14개 대학에 한국어 강좌가 개설되어 있다. 인도는 한국어교육이 상대적으로 열악하다고 할 수 있다. 263개 대학 가운데 네루대(1971), 델리대, 켈커타대, 마드라스대 등 4개 대학에 한국어 강좌가 개설되고 있을 뿐이다. 동남아는 최근 취업이민 등으로 한국어 열기가 매우 높다.

서아시아(西亞細亞)에서는 요르단의 요르단대, 이란의 테헤란대, 이스라엘의 예루살렘 헤브루대와 텔아비브대 등에서 한국어 강좌가 개설·운영되고 있다.

미주(美洲) 지역의 경우 미국은 **MLA**(Modern Language Association of America)에 의하면 2006년 125개 대학에서 7,145명이 한국어를 수강하여 미국 내에서 15번째로 수강생이 많은 외국어가 되었다. 그리고 손호민 외(2007)에서는 148개 대학에서 한국어 강좌가 개설되고 있는 것으로 추정하고 있다. 하버드대, 워싱톤대, 컬럼비아대, 버클리대, 하와이대 등이 그것이다. 종래의 미국 대학에서의 한국어 과정은 통과의례로 행해졌다. 1950년대 초 중국어 또는 일본어의 부수과정으로 개설되었다. 그러던 것이 1970년대에 들어서 학구적 대상이 되었고, 1988년의 서울 올림픽을 계기로 급속도로 확산되었다. 수강생은 대부분이 한국계이나, 국방외국어대학, 부리검 영 대학 등 거의 전부가 비한국계 미국 시민인 경우도 있다. 중·고등학교는 65개교에 한국어가 개설된 것으로 알려진다. 또한 미국에서는 2,000년 National Flagship Language Initiative(NFLI) 법안이 통과되고, National Security Education Program, 곧 Flagship Scholarship이 발표되었다. 이때 한국어 등 8개 언어가 배워야 할 중요한 언어로 선정되었다. 국가 안보, 국가 경쟁력 강화, 국제교류의 증진을 위해 외국어교육을 강화하기로 한 것이다. 한국어는 2004년의 Bush Grant, 2008년의 National Security Language Initiative에도 선정되어 미국에서의 중요성을 인정받고 있다.

북미(北美)의 캐나다는 토론토대, 브리티시 콜롬비아대, 엘버타대, 몬트

리올대, 요크대에 한국어 강좌가 개설되어 있다. 중남미(中南美)는 1980년대부터 한국어 강좌가 개설되었다. 멕시코에는 멕시코 국립자치대와 멕시코대에, 아르헨티나에는 부에노스아이레스대, 살바도르대, 코르도바대에 한국어 강좌가 개설되어 있다. 브라질은 쌍파울로주립대에, 과테말라는 산카롤로스대에 한국어 강좌가 개설되어 있다. 칠레는 발파라이소가톨릭대, 칠레 마리티마대, 칠레 가톨릭대 등에 한국어 과정이 개설되어 있다.

서구권의 경우는 독일·영국·프랑스 등에서 활발히 한국어교육이 행해지고 있다. 독일에서는 훔볼트대, 보훔대, 튀빙겐대, 본대, 자유대가 학과를 설치하고 있고, 함부르크대, 하이델베르크대, 쾰른대, 뮌헨대, 레겐스부르크대, 두이스부르크 대 등에서 한국어 강좌를 개설하고 있다. 영국에서는 런던대학의 SOAS을 비롯해 옥스포드대, 셰필드대, 뉴캐슬대, 더램대 등 5개 대학이 한국어 강좌를 개설하고 있고, 프랑스에서는 파리7대, 동양어대, 리옹대에 학과가 설치되어 있으며, 보르도3대, 르아보르대, 고등사회과학연구원 등에 강좌가 개설되어 있다. 이 밖에 이스라엘의 예루살렘 헤브류대, 스페인의 바르셀로나자치대와 살라망카대, 오스트리아의 비엔나대, 이태리의 나폴리 동양대, 로마대, 베네치아 카포스카리대, 포르트갈의 신리스본대, 덴마크의 코펜하겐대, 스웨덴의 스톡홀름대, 네덜란드의 레이덴대, 벨기에의 가톨릭루벵대, 핀란드의 헬싱키대, 노르웨이의 오슬로대 등에도 한국어 강좌가 개설되어 있다. 터키의 앙카라대와 에르지예스대에는 학과가 개설되어 있다.

동구권의 경우 체코에는 프라하 카렐대에 학과가, 팔라츠키대에 한국어 과정이 개설되어 있고, 폴란드는 바르샤바대 등 세 대학에 한국어 과정이 설치되어 있다. 헝가리는 부다페스트 등 두 대학에, 불가리아는 소피아대학에, 루마니아는 바베스―볼리아이대 등 두 대학에 한국어 과정을 두고 있다.

이 밖에 러시아는 일찍이 1879년 레닌그라드의 상트페테스부르크대
에 최초로 한국어 강좌가 개설되었고, 옛 소련과 수교를 하게 된 뒤 많
은 대학에 한국어 강좌가 개설되었다. 모스크바국립대, 상트페테르부르
크국립대, 극동국립대는 한국학 전반에 대한 강좌가 개설되어 있고, 이
밖에 19개 대학에 한국어 강좌가 개설되어 있다. 극동국립공대, 극동국
립대, 노보시비르스크대, 러시아 국립인문대, 레닌그라드대, 모스크바 국
제관계대, 모스크바 군사대, 사할린 사범대, 이르쿠츠크대, 하바로프스크
국립대 등은 한국어 강좌가 개설되어 있는 곳이다. 상트 페테르부르크
제151 및 제177공립학교 등에서는 한국어를 제2외국어로 채택하고 있다.

이 밖에 에스토니아의 탈린대, 벨로루시의 벨로루시국립대, 우크라이
나의 키예프국립대 외에 한 대학, 아제르바이잔의 아제르바이잔 외국어
대, 카자흐스탄의 카자흐스탄국립대와 알마티국립대 등 5개 대학, 우즈
베키스탄의 타슈켄트 니자미사범대, 타슈켄트 국립동방대 등 3개 대학
에 한국어 과정이 설치되어 있다.

오세아니아는 한국어교육의 역사가 짧으나 급속한 성장을 보이고 있
다. 오스트레일리아에서는 1980년 오스트레일리아 국립대에 한국어 과
정을 개설하였으며, 이 밖에 모나시대, 시드니대, 그리피스대 등 7개 대
학에 한국어 강좌를 개설하고 있다. 호주 정부에서는 한국어를 제2외국
어로 교수하도록 한국어교육 프로그램을 지원해 주고 있다. 뉴사우스웨
일스주는 1993년 한국어를 초·중등 학생들의 정규과목으로 지정, 학습
하도록 하였고, 대학 입학시험인 HSC(High School Certificate)에도 한국어를
포함시켜 1995년부터 수험생이 나오고 있다. 뉴질랜드는 오클랜드대
(1989)와 빅토리아대(2005)에 한국어 강좌를 개설하고 있고, 중등 과정에
도 한국어를 채택하고 있다.

아프리카의 경우는 2005년 이집트의 카이로 아이샴대가, 그리고 튀니

지의 마누바대, 모로코의 무함마드5세대, 알제리아의 알제대가 한국어 과정을 개설·운영하고 있다.

이 밖에 한국의 정부 차원에서 추진하고 있는 세종학당 사업이 있다. 이는 앞에서 언급한 바와 같이 영국의 British Council, 미국의 American Center, 독일의 Goethe Institute, 프랑스의 Allience Francase, 일본의 국제교류기금, 중국의 공자학당과 같은 성격의 기구다. 이는 한국어교육의 진흥을 위해 전세계에 한국어 문화학교를 설립·운영하겠다는 것이다. 문화관광부와 국립국어원은 2007년부터 계획을 세워, 2008년부터 2011년까지 100개, 2016년까지 200개의 세종학당을 설립·운영하겠다는 계획이다. 세종학당은 한국어교육의 진흥과 한국어 문화권역의 확장을 목표로 하되, 일방적인 것이 아니라 문화상호주의 원칙에 입각해 쌍방향 문화교류가 되도록 한다는 것이다. 세종학당의 운영은 한국문화원과 연계하여 한국어학과가 개설된 현지 대학이나 한국학교 및 한글학교에서 맡고, 기존 기관의 시설을 이용하기로 되어 있다. 제1단계(2007~2011)는 동북아시아 및 중앙아시아 지역에 세종학당을 설립하고, 제2단계(2012~2016)는 동남아시아 및 서남아시아 지역에 설립할 계획이다. 이러한 세종학당의 설립·운영은 상호 이해와 친선을 도모할 것이며, 문화적 발전을 꾀하고 문화산업 시장을 확대할 것으로 기대된다.

3. 한국어교육의 과제와 발전

3.1. 교육과정의 문제

교육이 행해지는 곳에는 교육과정(curriculum)이 있게 마련이다. 교육과정이란 "단위 과정에서 이수해야 할 내용의 목록"을 말한다. 한국어교육을 하기 위해서는 이 교육과정이 마련되어 있어야 한다. 그런데 아직 국가수준의 교육과정이 마련되어 있지 않다. 이는 교육의 수행과정으로 볼 때 있을 수 없는 일이다.

일반적으로 교육과정은 학습의 목표, 학습자의 욕구 등에 따라 그 과정에 어울리는 것을 편성하게 된다. 그러나 국가 수준의 교육과정은 이러한 변인(變因)에 좌우될 성질의 것이 아니다. 국가수준의 한국어교육과정은 외국어로서의 한국어교육에서 다루어야 할 기본적인 내용을 단계에 따라 제시하는 것이다. 이는 절대적인 것이라 할 수 있다.

언어교육은 일반적으로 의사소통 능력(communicative competence) 향상에 목표를 둔다. 한국어교육도 예외가 아니다. 종래에는 언어 지식 곧 언어 능력(linguistic competence)을 기르는 데 두기도 하였다. 그러나 진정한 언어교육은 언어 사용능력, 곧 언어지식과 함께 사회언어학적 지식을 갖춰 정확하고, 사회적으로 용납되는 언어를 원활하게 사용할 수 있는 능력을 기르는 데 목표를 두어야 한다. 따라서 국가수준의 교육과정에는 의사소통을 하기 위하여 언어의 어떠한 지식과 기능을 어떤 단계에서 학습하게 할 것인가 하는 목록을 제시하게 된다. 이는 표준, 혹은 범용(汎用) 실러버스를 작성하는 것이라 할 수 있다.

의사소통 능력(communicative competence)은 Hymes에 의해 제창되어 Canale과 Swain으로 발전하였고, 언어교육에 큰 영향을 미쳤다. Canale & Swain(1980)은 의사소통 능력을 문법 능력과 사회언어적 능력, 전략적 능력의 세 가지로 보고, 사회언어적 능력을 다시 사회문화적 능력과 담화능력으로 나누었다. Bachman은 언어 평가의 목적을 의사소통 능력을 평가하는 것으로 보고, 이 능력을 다음과 같이 제시하고 있다(Bachman, 1990).

    1) 언어 능력(language competence)

      (1) 조직 능력(organizational competence)

        ① 문법적 능력(grammatical competence)

        ② 문맥적 능력(textual competence)

      (2) 화용적 능력(pragmatic competence)

        ① 발화수반 능력(illocutionary competence)

        ② 사회언어학적 능력(sociolinguistic competence)

    2) 전략적 능력(strategic competence)

      (1) 판단(assesment component)

      (2) 계획(planning component)

      (3) 실행(execution component)

    3) 심리생리학적 기제(psychophysiological mechanism)

따라서 한국어교육의 교육과정을 구안함에 있어는 이러한 의사소통 능력의 요소를 참고하는 것이 바람직하다. 이러한 사정은 문교부에서 제정한 제7차 영어과 교육과정(1977)의 목표에 의해서도 수긍된다.

일상생활에 필요한 영어를 이해하고 사용할 수 있는 기본적인 의사소통 능력을 기른다. 아울러, 외국 문화를 올바르게 수용하여 우리 문화를 발전시키고, 외국에 소개할 수 있는 바탕을 이룬다.

    가. 영어에 흥미와 자신감을 가지며, 의사소통을 할 수 있는 기본 능력을 기른다.

    나. 일상생활과 일반적인 화제에 관해서 자연스럽게 의사소통을 한다.

    다. 외국의 다양한 정보를 이해하고, 이를 활용할 수 있는 능력을 기른다.

    라. 외국문화를 이해함으로써 우리 문화를 새롭게 인식하고, 올바른 가치관을 기른다.

이러한 목표 아래 영어과 교육과정의 "내용"은 크게 "내용 체계"와 "학년/단계별 성취 기준"으로 나누고 있다. 내용체계는 "언어의 기능과 의사소통 활동, 언어 재료"의 셋으로 나누었다. "언어기능"이란 물론 이해 기능(듣기, 읽기)과 표현 기능(말하기, 쓰기)이다. "의사소통 활동"은 "음성언어 활동과 문자언어 활동"으로 나누어 참고 사항을, "언어 재료"는 소재, 문화, 언어, 어휘, 단일 문장의 길이에 대한 참고 자료를 제시한 것이다.

언어교육의 내용은 일반적으로 언어의 네 기능으로 나누고 있다. 영국의 교육과정 "영어 : 영국의 국가교육과정(English : The National Curriculum for England 1999)"도 기본적으로 그러하다. 그러나 여기에는 차원을 달리하여 "지식, 기능, 이해력"을 들어 이원분류(二元分類)를 하고 있다. 일본의 국어과 "학습지도요령(1998, 1999)"은 언어의 네 기능에 "언어사항"을 추가하고 있고, 우리의 국어과 교육과정은 언어의 네 기능에 국어지식, 문학을 더하여 여섯 영역을 교육 내용으로 하고 있다. 따라서 의사소통 능력을 기르는 데는 한국의 교육과정이 가장 어울린다고 할 것이다. 그러나 이것은 자국어, L1의 내용이다. 외국어, L2는 이것과는 발상을 달리해야 한다.

외국어교육은 그 첫째 시간부터 그 문화와 만난다는 말이 있다. 언어는 문화의 색인으로, 단순한 개념 전달의 기호가 아니다. Porter & Samovar (1991)에서 "원활한 의사소통을 하기 위해서는 상대방 문화의 이해가 반드시 필요하다."라고 한 것은 이 때문이다. 그러나 학습자는 목표언어의 문화를 잘 모른다. 문화를 학습해야 한다. 언어교육에 문화교육이 필요하다는 것은 미국 정부의 "21세기를 대비한 외국어 습득의 기준"(1966)이 잘 보여 준다. 외국어교육 발전의 기본 원리로 5C를 들고 있기 때문이다. 5C란 "Communication(의사소통), Culture(문화), Connection(연계),

Comparison(비교), Communities(공동체)"이다. 한국어교육에서도 이 문화교육이 강조되어야 한다. 이때 사회문화적 내용지식(內容知識)뿐만 아니라 형식지식(形式知識)도 아울러 교육돼야 한다. 언어 지식도 습득 아닌 학습으로 하나하나 익혀야 한다. 이런 의미에서 의사소통 능력을 향상하려는 외국어교육은 문화와 언어지식이 강조되어야 한다. 이는 곧 한국어교육의 교육과정을 구안함에 사회문화적 능력과 담화능력, 광의의 문법 능력이 강조되어야 함을 의미한다. 그리고 한국어 교육과정을 구안함에는 교육부의 "영어 교육과정"이 제시하고 있는 것과 같이 한국어의 "의사소통 기능과 예시문", "의사소통에 필요한 언어 형식", "기본어휘 관련 지침 및 어휘표"도 구체적으로 갖추도록 해야 한다.

국가 수준의 한국어 교육과정의 제정은 다시 말하거니와 필요불가결한 것이다. 그런데 아직 제대로 구안되지 않고 있다. 세계 도처에서 한국어교육이 수행되고 있고, 한국어 능력시험, 호주·미국·일본 등의 대학 입시의 국가고사에 한국어가 선택과목으로 들어가 있는 현실이고 보면 하루 빨리 표준 교육과정(敎育課程)을 편성하여 한다. 이뿐만이 아니다. 국가수준의 교육과정이 설정되어야 각종 과정의 각급 교육과정이 구안되고, 그 과정이 정상적으로 운영되게 된다. 그리고 적절한 교재가 개발되며, 학습자의 능력을 제대로 평가할 수 있다. 참고로 교육과정이 만들어져 있지 않아 문제가 제기되고 있는 실례 하나를 보면 다음과 같다.(油谷, 2002).

"게다가 고등학교에서의 한국어교육은 표준이 될 만한 교육과정이나, 교과서가 없기 때문에 고등학교 현장의 교육수준에 대하여 암중모색 상태로 문제를 작성하지 않을 수 없었다. 시험문제 조사연구 위원회의 조사에 의하면, 한국어교육은 학교마다 격차가 심할 뿐 아니라, 쓰이는 교과서도 대단히 다양했다."

3.2. 학습 자료의 문제

학습 자료에는 중핵적(中核的) 자료와 보조적 자료가 있다. 중핵적 자료란 교과서로, 교육과정을 충실히 반영한 하나의 학습 자료다. 학습자의 욕구를 고려할 때 중핵적 자료가 반드시 필요 하냐 하는 데는 이론이 있다. 그러나 체계적 교수·학습을 하기 위해서는 필요하다고 보는 것이 옳을 것이다.

한국어 학습 자료는 적잖이 개발되었다. 한 조사자에 의하면 국내외에서 개발된 교재가 3,300여권에 이른다. 이들은 대학 부설 기관, 공공기관, 사설기관 그리고 개인에 의해 저술·간행된 것이다. 언어권을 보면 한국어를 비롯하여 영어, 일어, 중국어, 러시아어, 베트남어, 말레시아어, 타이어, 몽골어권의 교재가 개발되었고, 이 가운데 한국어권의 교재 다음으로는 일본어권 교재가 많이 개발되었다. 교재의 종류는 독본이 주종을 이루고, 그 다음이 회화, 문법서, 기타의 순이 된다(진대연 외, 2008).

교재 개발의 원리는 여러 가지를 들 수 있으나 다음과 같이 제시할 수 있을 것이다(박갑수, 2005).

① 학습자의 준비도 조사
② 학습자의 욕구(needs) 조사
③ 교육과정, 또는 실러버스의 결정
④ 교수·학습 방법의 결정
⑤ 부교재에 대한 배려

이렇게 학습자와 교수·학습의 방법이 주로 교재의 성격을 결정한다. 한국어교육은 의사소통 능력 향상을 목적으로 하므로, 의사소통법, 특히 수행중심 교수법(performance based inbtruction)을 쓴다고 할 때 손호민(1995)

의 다음과 같은 교재개발 원리를 활용할 수도 있을 것이다.

①학습자 중심 ②개별화 ③상황제공 ④실제자료 사용 ⑤기능/과제 지향 ⑥연계성 ⑦정확성 ⑧문화학습 ⑨동기부여 ⑩기능통합 ⑪능력-수행의 균형화 ⑫나선형화 ⑬목적지향 ⑭스키마 ⑮대조적 설명 ⑯경험주의

한국어 학습 자료는 많은 것이 개발되었으나 모두가 만족스러운 것은 못 된다. 국내에서 개발된 대부분의 교재는 소위 범용교재(汎用教材)로 개발되었다. 언어권이 다를 때 번역을 하였다. 따라서 언어권과 현지의 사정(社會 文化的인 배경)이 제대로 반영되어 있지 않다. 이는 의사소통 교재로서는 큰 결점이다.

이런 가운데 서울대, 연세대, 고려대, 서강대, 북경대, **KLEAR** 등에서 개발한 교재는 비교적 잘 편찬된 것이다. 서울대학교 언어교육원의 "한국어"(2000-2008)는 언어권에 따라 구조 실러버스와 과제 실러버스를 절충해 제작하였다. 제재는 실생활을 바탕으로 한 구어이며, 제재 구성은 "본문-(단어)-문법과 표현-연습(1)-연습(2)"의 체재로 되어 있다. 부교재(Practice book)도 갖추어져 있는데, 이는 "문형연습-대화연습"의 구조로 되어 있다. 교재의 서두에 "교재구성"을 두어 제재의 성격을 밝혀, 지도 방향을 제시하고 있는 것이 장점이다. 서강대학의 "서강 한국어"(2004-2008)는 다른 대학 교재에 비해 독특한 체재로 이루어져 있다. 이 교재도 서두에 "Table of contents"를 두었고, 각 제재는 "말하기-말하기 활동-듣고 말하기-읽고 말하기-확인(발음-문화-문법·단어-표현)"의 구조로 편성되었다. 따라서 유기적 통합교재를 이루고 있다. "Workbook"도 따로 마련되어 있다. 서울대, 연세대, 고려대, 서강대 등은 영어, 일어, 중국어권 등 언어권에 따라 교재가 따로 마련되어 있다. 북경대학

조선문화연구소의 "韓國語"(2000-2008)는 구조 실러버스를 바탕으로 하고, 과제 실러버스를 배려한 것이다. 제재의 구성은 "課文-生詞-發音-語法與慣用型-練習"의 체재로 되어 있으며, 문법 중심의 구조실러버스다. 연습문제는 주로 청각구두법의 문제이나, 비교적 다양한 질문 형식을 취하고 있다. 다소간의 대조언어학적 기술은 이 책의 장점이다. 미국의 KLEAR(Korean Language Education and Research)의 "Integrated Korean"(2001)은 의사소통법에 따른 교재로, 수행 위주의 의사소통 능력을 기르고자 한 것이다. 제재 구성은 "OBJECTIVES(CULTURE, GRAMMAR, TASK/ FUNCTION)// CONVERSATION// NARRATION// NEW WORDS AND EXPRESSION// CULTURE// GRAMMAR// TASK/FUNCTION// CONVERSATION(영문)" 으로 되어 있다.

학습 자료(學習資料)는 다양하게 개발되어야 한다. 그러나 아무리 잘된 교재라 할지라도 교재는 생래적으로 학습 보조 자료를 필요로 하게 되어 있다. 보조 자료는 문자 자료만이 아니라, 음성 자료도 많이 개발되어야 하고, CD ROM 등 다양한 시청각 자료가 개발되어야 한다. 그리고 교재는 학습자의 언어를 전제로 한 대조언어학적 연구가 반영된 것이어야 한다. 학습자의 모어(母語)와 목표언어(目標言語)의 비교는 한결 교수·학습을 수월하게 할 것이기 때문이다. 국내의 언어권에 따른 교재는 범용교재의 번역판이어, 이는 없는 것보다는 좋으나 바람직한 것이 못 된다. 이밖에 학습 자료는 기본적으로, 학습목표에 부합하고, 학습자의 욕구를 충족시킬 수 있는 것이어야 한다. 그리고 그 내용은 체계적으로 배열되고, 난이도에 대한 충분한 배려가 있어야 한다.

교재는 독본식(讀本式)이거나, 단원식(單元式) 체재를 취하게 된다. 단원은 통합단원, 영역별 단원, 절충식 단원으로 구성할 수 있다. 단원을 구성할 때에는 다음의 요소가 갖추어지도록 유의할 일이다(한국교육개발원, 1979).

① 단원의 학습 목표 제시
② 학습할 개념적 요소의 제시
③ 내용과 관련된 자료의 제시
④ 실험·관찰·조사를 통한 발견·탐구 혹은 표현·감상·실습 등
  활동 방법 제시
⑤ 학습 결과를 확인할 수 있는 정보나 방법의 제시
⑥ 학습한 내용의 결과를 적용하는 데 필요한 정보의 제시

3.3. 교수·학습법의 문제

한국어교육과 국어교육은 다른 것이다. 국어교육은 이미 우리말을 알고 있는 자국인에게 "국어"를 가르치는 것이다. 이에 대해 한국어교육은 한국어를 모르는 외국인에게 이를 제2언어로 지도하는 것이다. 따라서 한국어교육은 이러한 국어교육과의 차이부터 인식하고 들어가지 않으면 안 된다.

외국어 교수법은 이미 서구에서 많이 개발되어 있다. 영어교육의 경우 자국어교육보다 오히려 제2언어로서의 영어교육이 더 활발히 연구 개발되었다고 할 것이다. 따라서 한국어교육은 이러한 외국어교육의 지도법을 활용하거나, 나아가 독자적 교수법을 개발하여 사용하게 된다.

역사적으로 볼 때 외국어 교수법은 크게 세 단계를 거친다고 할 수 있다. 문법—번역법(Grammar-translation method)의 단계, 청각구두법(Audio-lingual approach)의 단계, 의사소통법(Communicative approach)의 단계가 그것이다. 문법—번역법은 고대 이래의 전통적 외국어 교수법이다. 이는 우선 목표 언어의 문법을 가르치고, 그 다음에 외국어를 모국어로, 모국어를 외국어로 번역하는 과정을 통해 언어를 습득시키고자 하는 교수법이다. 이는 19세기 중반 말하는 교육의 필요성에 의해 비판을 받게 되었다. 그리하

여 이때 유아가 모국어를 습득하듯 "자연"의 순서에 따라 교육을 해야 한다는 자연법(自然法)이 개발된다. 이는 20세기에 개발된 직접법(直接法)의 기초가 되었다. 직접법은 모어를 사용하지 않고 목표언어만을 사용하여 가르치는 교수법으로, 20세기 전반 구미에서 크게 발전하였다. 그러나 엄밀한 모어 배제에는 문제가 많아, 1920년대 후반에는 어느 정도 모어를 사용하며 문법지도도 인정하는 수정된 지도법, 이른바 절충식 교수법이 외국어 교육의 주류를 이루게 되었다. 1940~60년대에는 구조주의 언어학 및 행동주의 심리학을 바탕으로 한 새로운 교수법이 개발되었다. 이것이 외국어 학습이란 새로운 습관을 형성하는 것으로, 의미보다 구조를 중시하고 구두 연습과 문형연습(文型練習)을 강조하는 청각－구두법(Audio-lingual approach)이다. 이는 학습단계를 다섯으로 나누는데, ① 귀로 청취하는 이해(recognition), ② 모델의 발음 모방(imitation), ③ 발음과 문형의 반복 연습(repetition), ④ 문장의 변이 연습(variation), ⑤ 질문에 대한 적절한 응답(selection)이 그것이다. 1960~70년대에는 생성문법론자들에 의해 청각구두법이 비판을 받게 되었고, 이에 대신할 교수법으로 인지학습법(cognitive approach)이 등장하였다. 이는 인지적 습관형성에 의한 언어 교육을 주창한 것으로, 청각구두법의 결점을 보충하기 위해 등장한 것이다. 1970년대 이후에는 커뮤니케이션에 기여하는 교육을 지향해 학습자 중심의 여러 가지 새로운 교수법이 제창되었다. 이때 등장한 "새로운 교수법(non-conventional)"이란 것이 전신반응법(Total Physical Response), 침묵법(Silent Way), 공동체 언어학습법(Community Language Learning), 암시법(Suggestopedia), 자연법(The Natural Approach) 등이다. 이 밖의 중요한 교수법으로 각광을 받게 된 것이 의사소통 능력 육성을 목적으로 하는 의사소통법(Communicative Approach)이다. 이는 최근 과제중심의 교수법으로 확장 발전되어 사랑을 받고 있다(박갑수, 2005).

이러한 외국어 교수법은 한국어교육에 선별적으로 원용되고 있다. 원용되는 경향을 보면 국내외에서는 대체로 의사소통법, 그 가운데도 과제 중심의 의사소통법이 많이 활용되고 있고, 국외에서는 문법-번역법, 또는 청각-구두법이 많이 사용되고 있다. 이는 국내의 대학은 의사소통이라는 한국어교육의 목표 달성에 초점을 맞추는가 하면, 국외의 대학에서는 의사소통보다 한국어에 대한 이해에 중점을 두고, 학습의 편의를 쫓기 때문인 것으로 해석된다. 외국에서의 경우는 우선 알지 못하는 제2언어에 대한 "언어 지식"을 제1언어로 제공하는 것이 교수·학습을 수월하게 하기 때문이다. 이러한 경향은 중국과 같이 언어가 구조적으로 다른 경우 특히 심한 것으로 나타난다. 미국의 경우는 언어의 구조가 다르기는 하나 특히 하와이 대학 등에서는 수행위주의 의사소통 교수법이 주로 쓰이고 있다. 의사소통법과 달리 문법-번역법과 같이 문법 등 언어지식 교육에 중점을 두는 것은 주의를 요한다. 문법 등 언어지식은 언어사용 능력을 기른다기보다 주로 모니터 구실을 하는 것으로 보이기 때문이다.

이 밖에 국내 주요 대학 연수기관에서 활용되고 있는 교수법을 살펴보면 대체로 다음과 같다.

첫째, 청각-구두법도 많이 사용된다. 학습자들은 이미 모국어의 문법 교육을 받은 바 있어 목표언어를 제1언어와 비교 대조함으로 쉽게 학습 효과를 거둘 수 있을 것이다. 그러나 문형의 반복 연습 등은 일장일단이 있다. 반복 연습은 단조로워 싫증을 느끼게 하기 쉽고, 기계적 문형 연습이 반드시 실제 커뮤니케이션에 활용된다는 보장도 없기 때문이다.

둘째, 직접법이 사용된다. 이는 학습의 목적을 구어(口語)에 의한 의사소통에 둔다고 볼 때 바람직한 것이다. 언어교육은 구어에서 문어로 나아간다. 거기에다 한국어교육 여건은 학습자들을 모어(母語)에 따라 반편성을 하고 있지 못하다. 이런 상황에서는 직접법을 쓰지 않을 수 없거나, 쓰는 것이 바람직할 것이다. 언어권에 따라 분반하였을 때에는 필요에 따라 절충법(折衷法)을 사용하는 것이 편리할 것이다.

셋째, 새로운 교수법(non-conventional)이 별로 활용되지 않는다. 교수법은 각각 장단점이 있다. 따라서 상황에 따라 다양한 교수법을 활용하는 것이 바람직하다. 소위 "새로운 교수법"에 속하는 침묵법, 전신반응법 등도 적절히 도입하여 활용하도록 할 일이다.

3.4. 교육평가의 문제

평가는 교수·학습의 한 과정이다. 따라서 교육에는 평가가 따라야 한다. 평가는 학습평가와 수업평가로 나뉜다. 흔히 평가를 학습평가와 동일시하여 이것만이 평가의 전부인 양 생각하는 것은 잘못이다. 또한 평가를 학습자에 관한 것이라는 미시적 관점에 사로잡혀 교재·교수법·교육과정 등 프로그램의 평가라는 거시적 관점을 잊어서도 안 된다.

한국어교육도 이러한 평가의 타성에서 완전히 벗어나지 못한 것으로 보인다. 따라서 좀 더 바람직한 교수·학습을 하기 위해서는 미시적 평가만이 아니라, 수업평가와 거시적 평가도 아울러 하도록 해야 한다.

한국어교육의 학습평가는 의사소통 능력 향상이란 교육 목표가 그 대상이 된다. 평가의 방법에는 테스트법만이 아닌 관찰법, 질문지법·면접법, 사례연구법 등이 있다. 바람직한 평가를 하기 위해서는 이러한 평가의 방법을 다양하게 활용하여야 한다. 그리고 특히 테스트를 할 때에는 ① 사용 목적, ② 측정 내용, ③ 측정 기능(技能), ④ 출제 형식과 채점 방법, ⑤ 실시 방법, ⑥ 결과의 해석 등을 고려하여 적절한 형식을 선택하여야 한다.

역사적으로 볼 때 언어능력의 평가는 네 개의 시기로 나눌 수 있다.

그 첫째는 과학이전의 시기(the pre-scientific period)다. 이 시기는 문법－번역법 교수가 주로 행해지던 때로, 언어 평가는 주로 주관적이며, 교사의 주관적 인상에 의존하였다. 평가는 주로 문법적 지식을 묻고 긴 문장을 번역시키는 방식으로 이루어졌다. 문어위주(文語爲主)였고, 의사소통을 위한 구어(口語)의 중요성은 무시되었다. 둘째 시기는 심리측정 및 구조주의 시기(the psychometric-structuralist period)로 구조주의와 행동주의의 영향으로 언어 평가가 과학적으로 이루어지게 된 시기다. 이 시기는 분석적 요소주의가 강조되어 평가 유형은 요소적 테스트(discrete-point test)가 행해졌는데, 종합 아닌 분리된 기초 언어능력을 측정하는데 효율적이었다. 그리고 다지선택형과 같은 문항이 도입되어 평가에 객관성을 부여하였다. 그러나 종합적이고 고차원적인 언어 구사능력을 체계적으로 측정하지는 못하였다. 미국 ETS의 TOEFL과 같은 영어시험이 등장한 것은 이 시기다. 셋째 시기인 심리언어학 및 사회언어학적 시기(psycholinguistic-sociolinguistic period)는 심리언어학 및 사회언어학의 발달로 언어를 문법과 같은 언어 내적인 요소로만 보지 않고, 언어 외적인 요소와 관련시키는 시기다. 이 시기에는 화용론(話用論)이 등장하여 실제 의사소통의 상황에서 언어와 언어사용을 좀 더 포괄적으로 분석하는 노력이 기울여지게 되었다. 그리고 평가는 의사소통의 전체적이고 통합적 성격을 반영하여 종합 시험(integrative test)이 대두되게 되었다. 빈칸채우기(cloze)와 받아쓰기(dictation) 같은 것이 이러한 것이다. 넷째 시기인 의사소통의 시기(communicative period)는 과제수행에 기초한 의사소통 언어 교수의 원리에 바탕을 둔 평가 시기다. Bachman(1991)은 의사소통적 언어 평가의 특징으로 네 가지를 들고 있다. 정보의 간극(information gap), 과제 의존성(task dependency), 주어진 담화 영역 안에서 평가 과제와 내용의 통합(integration of test task and content within a given domain of discourse), 상대적으로 넓은 범위의 언어능력을 측정하려는 시도(attempt to measure a much broader range of language ability)
가 그것이다. 그리고 Bachman은 의사소통적 언어평가에 있어서 평가 과
제 및 수험자 평가 수행이 실제 언어 사용과 일치할수록 평가 내용의 타
당도가 높아진다고 보고 있다.

이상의 평가의 흐름과 견주어 볼 때 한국어교육의 평가는 몇 가지 특
징을 보인다.

첫째, 위에서 제시한 둘째 시기의 요소적 평가에 중점이 놓인다. 의사
소통이라는 종합적 평가보다 구성 요소의 지식을 평가하는 데 중점이
놓인다. 이러한 평가는 형성평가라는 제한점이 있기는 하나 실제 언어상
황과 거리가 있다는 점에서 의사소통 능력의 평가와는 거리가 멀다.

둘째, 채점의 편의와 객관성 유지라는 차원에서 다지선택형을 많이 사
용한다. 테스트의 유형에는 주관식과 객관식이 있고, 그 아래 다양한 하
위분류가 가능하다. 평가하려는 대상의 성격에 따라 이에 부합한 테스트
방식을 선택·활용해야 한다(박갑수, 1998).

셋째, 종합 시험(integrative test) 위주로 운영되는 경향이 있다. 언어의
종합력을 테스트 하는 것도 물론 필요하다. 그러나 학습자의 실태를 좀
더 정확히 파악하기 위해서는 요소 테스트(discrete test)를 해야 한다. 발음,
철자, 어휘 문법 등 영역을 나누어 평가하는 것이다. 더 나아가서 같은
발음이라 하더라도 연음, 모음동화, 자음접변 등 다양하게 분리하여 테
스트하여야 학습자의 맞춤형 교육이 가능해진다.

넷째, 테스트의 성격에 대한 고려가 부족하다. 테스트 할 때는 학습
내용과 관계가 없는 능력시험과 학습 성취도를 시험하는 학력시험은 분
명히 구별하여야 한다. 그렇지 않으면 능력이 제대로 평가되지 않는다.

다섯째, 언어의 운용 능력을 측정하는 수행평가(performance test)에 많은
관심이 기우려진다. 의사소통 교수법(communicative approach)에서는 단순한

의사소통 능력에서 한 걸음 더 나아가 과제를 해결하는 능력을 기르고
자 한다. 따라서 과제 수행을 평가하는 테스트도 강화하도록 해야 한다.
 언어교육은 여러 영역으로 나뉜다. 평가의 방법은 영역에 따라 다르
다. 이에 영역별로 평가에 유의할 사항을 간단히 제시하면 다음과 같다
(박갑수, 2005).

- 구두발표력 테스트 : 발음 테스트, 응답 테스트, 회화 테스트, 스피
  치 테스트, 요약 테스트 등 다양한 방법을 활용해야 한다. 형성평가
  의 경우에는 항목별로 채점하여 그 특성을 파악하도록 한다.
- 청해력 테스트 : 다른 기능에 영향을 받지 않도록 문자 사용을 자제
  한다. 다지선택형에서는 남이 영향을 받지 않도록 모든 선택지에
  OX를 표기하는 것이 바람직하다.
- 문자·어휘력 테스트 : 한글은 청해력과, 한자는 어휘력과 관련시켜
  다룬다. 한자계와 비한자계 학습자에 대한 배려도 해야 한다. 어휘
  량(어형, 어의), 조어, 단어의 문법적 기능, 관용어 등을 평가한다.
- 문법력 테스트 : 어미, 조사, 능·피동, 대우법, 성분, 구문 등을 대
  상으로 한다. 이 때 대조언어학적 입장을 도입하는 것이 바람직하
  다. 話用에 관해서도 테스트한다.
- 독해력 테스트 : 내용 이해에 중점을 두느냐, 구문 이해에 중점을
  두느냐로 나눈다. 테스트의 방법은 다지선택형, 문답형, 문장 조합형,
  뒤섞인 문장·문절을 바로잡는 정정형, 클로즈법 등을 활용한다.
- 작문력 테스트 : 언어 사용능력을 측정하는 경우, 객관적 방법이 아
  닌, 글짓기란 주관식 방법을 쓴다. 작문력을 시험하기 위해서는 통
  상 단문을 씌운다. 한 편의 글은 숙제로 부과하기보다 일정한 시간
  에 씌우는 것이 좋다. 글쓰기는 지침(guide line)을 주고 씌우는 것이
  객관성을 지녀 좋다. 글쓰기도 평가항목과 단계를 정해 평가함으로
  주관을 배제하는 것이 바람직하다.
- 종합력 테스트 : 독해 테스트, 받아쓰기, 빈칸채우기, 과제(task)형

테스트, 대면(對面) 테스트 등에 의해 꾀한다.

이상 학습평가에 대해 살펴보았다. 수업평가는 학습평가의 대를 이루는 것이다. 이는 학습자가 아닌, 교사의 지도 활동을 평가하는 것이다. 올바른 교육을 하기 위해서는 이 평가도 반드시 해야 한다. 그런데 학습평가에 가려 수업평가는 흔히 망각된다.

수업평가는 수업 과정에 따라, 곧 계획 평가, 전개 평가, 결과 평가를 할 수 있다. 수업 계획의 평가는 학습지도안을 중심으로 평가를 한다. 수업 전개의 평가는 여러 가지 관점에서 할 수 있다. 이러한 관점 가운데 하나가 교사의 활동을 중심으로 평가하는 것이다. ① 교재 제시의 적부 평가 ② 교사의 태도와 학습 집단 구성상의 평가 ③ 학습 형태와 학습 집단 구성상의 평가 ④ 학습자의 활동 평가가 그것이다. 수업 결과의 평가는 학습지도 마무리에 대한 평가로, 다음 시간(次時)의 단서 제공에 대한 평가를 하는 것이다. 학습 결과에 대한 평가도 하나, 이와 함께 학습지도에 대한 평가를 중시한다. 그래야 교수·학습의 개선을 기대할 수 있게 된다(박갑수, 2005).

3.5. 교원의 문제

오늘날 한국어교육은 다양한 영역에서 행해지고 있다. 따라서 많은 교원이 필요하다. 그런데 우선 교원이 부족하고, 또 유능한 교육자도 많으나, 자질이 부족한 교사가 적지 않아 이것이 문제가 되고 있다.

유능한 교원을 확보하자면 자격을 갖춘 교원을 양성해야 한다. 한국어교원을 양성하는 기관은 국내외의 대학에 설치되어 있다. 국내의 경우는 대학의 한국어학과와 대학 부설 교원 양성기관이 이를 담당하고 있다.

한국어학과는 한국외국어대학의 한국어교육과를 비롯하여 경희대학, 계명대학, 배재대학, 선문대학, 이화여자대학 등 그 수가 많은 편이 못 된다. 이에 대해 교원 양성 기관은 서울대학교를 비롯하여 많은 대학에 부설되어 있다. 여기서는 교원 자격증이 교부되지 않는다. 자격증 없이 교원이 될 수도 있겠으나, 자격을 갖추기 위해서는 정부에서 시행하는 자격시험에 통과해야 한다. 따라서 비학위 과정의 연수기관은 종전에는 각 기관마다 교육과정이 달랐으나, 오늘날은 자격시험에 대비하기 위해 어느 정도 통일되기에 이르렀다.

외국의 한국어 교원 양성 기관으로는 중국의 경우 연변 중등사범학교, 요녕성의 청원과, 송강성의 조선족 사범학교, 연변 한어사범학교에서 소학교 교원을 양성하고, 연변대학에서 중학교 교원을 양성하고 있다. 독립국가 연합의 경우는 알마타 사범대학, 타시켄트 사범대학, 사할린 사범대학 등에서 한국어교원을 양성하고 있다. 미국의 경우는 Interectual institute of california와 San Francisco state university 사대 공동 주관의 2년 과정의 프로그램이 있고, California state university 사대의 한국어·영어 이중언어 분야의 2년 과정이 있어 이를 이수하고 주정부 시험에 통과하게 되면 자격증을 받게 되어 있다.

학위과정을 이수하지 않고 자격을 따기 위해서는 자격시험을 치르는 길이 있다. 최초의 시험은 2002년 11월 19일 한국어 세계화재단에서 실시한 "한국어 교사의 능력시험"이란 것이다. 이는 자격을 부여하는 것이 아니고, 한국어 교사의 능력 유무를 가름하는 것이었다. 이때의 출제 범위는 크게 "국어학"과 "한국어교육학 및 한국문화"의 둘로 나눈 것이었고, 국어학 10개 과목, 한국어 교육학 9개 과목, 한국 문화 5개 과목으로 되어 있었다. 이러한 교과를 이수하면 한국어 교사의 자격을 갖출 수 있는 것으로 본 것이다. 이 능력 인증시험은 4회를 치르고, 지금은 국어기본법에 따라 "한국어교육능력검정시험"을 치르게 되어 있다.

2005년 1월 27일 "국어기본법"이 제정·공포되며 동법 제19조(국어의 보급)에서 "문화부장관은 재외동포나 외국인을 대상으로 국어를 가르치고자 하는 자에게 자격을 부여할 수 있다"고 하여 한국어 교원 자격을 문화부장관이 부여할 수 있게 하였다. 그리고 국어기본법 시행령 제13조 1항 관련 별표에서 "한국어교원 자격 취득에 필요한 영역별 필수 이수학점 및 이수시간"을 다음과 같이 명문화하였다.

번호	영역	과목 예시	대학의 영역별 필수 이수학점		대학원의 영역별 필수이수 학점	한국어교원 양성과정 필수이수 시간
			주전공 또는 복수전공	부전공		
1	한국어학	국어학개론, 한국어음운론, 한국어문법론, 한국어어휘론, 한국어의미론, 한국어화용론, 한국어사, 한국어어문규범 등	6학점	3학점		30시간
2	일반언어학 및 응용언어학	응용언어학, 언어학개론, 대조언어학, 사회언어학, 심리언어학, 외국어습득론 등	6학점	3학점	3~4학점	12시간
3	외국어로서의 한국어교육론	한국어교육개론, 한국어교육과정론, 한국어평가론, 언어교수이론, 한국어표현교육법(말하기, 쓰기), 한국어이해교육법(듣기, 읽기), 한국어발음교육론, 한국어문법교육론, 한국어어휘교육론, 한국어교재론, 한국어문화교육론, 한국어한자교육론, 한국어교육정책론, 한국어번역론 등	24학점	9학점	9~10학점	46시간

번호	영역	과목 예시	대학의 영역별 필수 이수학점		대학원의 영역별 필수이수 학점	한국어교원 양성과정 필수이수 시간
			주전공 또는 복수전공	부전공		
4	한국문화	한국민속학, 한국의 현대문학, 한국의 전통문화, 한국문학개론, 전통문화 현장실습, 한국현대문화 비평, 현대한국사회, 한국문학의 이해 등	6학점	3학점	2~3학점	12시간
5	한국어교육 실습	강의 참관, 모의 수업, 강의 실습 등	3학점	3학점	2~3학점	20시간
	합계		45학점	21학점	18학점	120시간

이들 예시 과목은 박갑수(2004)에서 제시한 "교사 교육의 기본교과의 모델"과 대동소이한 것이다. 과목 선정은 대체로 바람직하다. 그러나 대학의 학점수와 연수기관의 시간 수는 지나치게 적게 책정된 것으로 문제를 안고 있다. 그리고 한국어교육을 전공한 교사와 달리 비전공자의 경우는 응시 과목이 너무 부담이 되고, 근로 이민, 결혼 이민, 한글학교 교사 등을 위해서는 조건을 좀 완화하는 것이 바람직하지 않겠느냐는 여론이 있다. 그래서 정식 한국어 교원과는 달리 "한국어 지도사"라는 별도의 자격을 주는 방안이 검토되고 있다.

다음에는 한국어 교사의 역할에 대해 조금 살펴보기로 한다. 흔히 교사의 역할이란 교과서를 가지고 강의하는 것이라고 간단히 규정한다. 교사라는 전문직을 이렇게 단순하게 규정하는 것은 곤란하다. 高見孟澤(1996)은 일본어 교사의 역할을 다음과 같이 들고 있다.

① 교육 계획을 세우는 역할
② 일본어를 설명하는 역할

③ 정착을 위한 연습을 지도하는 역할
④ 커뮤니케이션의 상대역을 하는 역할
⑤ 학습자의 심리를 관리하는 역할
⑥ 교육을 평가하는 역할
⑦ 교육 관리의 역할

 이들은 교사가 수행해야 할 핵심적 역할이다. 그러나 교사의 역할은 이에 그치지 않는다. 한국어 교사의 경우 이러한 핵심적 역할 외에, 한국의 사회문화에 대한 설명도 하여야 하고, 학습자의 요구와 준비도도 조사해야 한다. 경우에 따라서는 커리큘럼도 짜고, 교재도 제작해야 한다. 사회적으로 문화 사절과 외교관의 역할도 해야 한다. 한국어 교사의 역할은 협의로 규정할 것이 아니고 폭넓게 수용하여 효과적인 교육을 수행하도록 하여야 한다.

 교사의 역할은 이러한 관점과는 달리 "교수에 필요한 지식이나 기능"의 면에서도 살펴볼 수 있다. 이러한 견해도 한국어교육을 위해 유념할 필요가 있다(中西家榮子 外, 1991).

① 학습자의 도달목표에 알맞은 교수법을 찾아낸다.
② 학습자에게 알맞은 교재를 고르거나 만들 수 있다.
③ 학습자에게 알맞은 커리큘럼을 작성할 수 있다.
④ 학습 경험이 있는 학습자의 언어 능력을 판단할 수 있다.
⑤ 학습자의 약점과 그에 대한 대책을 찾아낼 수 있다.
⑥ 학습상의 난점 및 오용에 대한 예측을 할 수 있다.
⑦ 스케치 등 그림 그리는 기술을 가지고 있다.

4. 결어

가능성이 의심되던 한국어교육이 근자에 와서 본격적이고, 체계적으로 수행되고 있다. 한국어를 학습하겠다는 사람도 구름같이 모여 들고, 가르쳐 보겠다는 열의에 찬 젊은이도 학회를 뜨겁게 달군다. 한국어교육의 장은 바야흐로 판이 무르익고 있다.

그러나 한국어교육의 여건은 만족스러운 것만은 아니다. 앞에서 살펴본 바와 같이 아직 국가적 수준의 교육과정이 구안되지 못했고, 학습 자료도 현지에 부합한 것이 더 많이 개발되어야 하겠다. 교수법도 한국어를 교육하는 데 어울리는 독자적 방법을 꾸준히 개발하여야 하겠다. 자격을 갖춘 유능한 교사도 더 많이 현장에 투입되어 바람직한 교육을 할 수 있게 되어야 하겠다. 특히 언어의 배경인 문화교육이 강화되어야 하겠다. 그래서 세계 도처에서 유창한 한국어를 구사하는 외국인을 많이 만날 수 있게 되었으면 한다.

요사이 한류(韓流)의 바람이 분다고 한다. 그래서 국내외에서 한국어교육에 대한 관심이 고조되고 있다. 그러나 언어문화의 교류가 일방적이 되어서는 곤란하다. 쌍방의 교류가 이루어지도록 하여야 한다. 언어문화는 상호 교류되어야 한다. 그래야 문화가 발전되고, 서로가 이해하고 우호관계를 형성하게 된다. 우리는 이 세상을 지구촌이라 한다. 인간은 서로 의지하지 아니하고는 살 수 없는 동물이다. 이웃으로서 마음을 열고, 상호간에 의사를 소통함으로 공생·공영하는 자세를 갖추도록 하여야 한다. 인생의 대원칙은 협동에 있고, 이는 언어에 의해 달성되는 것이다.

참고문헌

국립국어원(2007), 2007 세종학당백서, 국립국어원.

박갑수(2005), 국어교육과 한국어교육의 성찰, 서울대학교 출판부.

조정남 외(2002), 북한의 재외동포 정책, 집문당.

진대연 외(2008), ‘국내외 한국어 교재 백서 발간’을 위한 기초자료 구축, 국립국어원·한국세계화재단.

한국국제교류재단(2007), 해외한국학백서, 을유문화사.

Bachman, L. F.(1995), Fundamental Consideration in Language Testing, Oxford University Press.

高見澤孟(1989), 新しい外國語教授法と日本語教育, アルク.

김덕룡(2004), 재일조선학교의 발걸음과 미래에의 제안, 世界 3·4월호, 岩波書店.

김송이(1993), 재일 자녀를 위한 총련의 민족교육 현장에서, 이중언어학회지 10, 이중언어학회.

박갑수(1998), 외국어로서의 한국어교육, 외국인을 위한 한국어교육 연구 1, 서울대학교 사범대학 외국인을 위한 한국어교육 지도자과정.

박갑수(1998), 외국어로서의 한국어교육 평가, 이중언어학 15, 이중언어학회.

박갑수(1999), 한국어교육의 과제와 전망, 국어교육연구 6, 서울사대 국어교육연구소.

박갑수(2000), 한국어 교육과정 구안에 대한 논의, 외국인을 위한 한국어교육 연구 3, 서울사대 외국인을 위한 한국어교육 지도자과정.

박갑수(2002), 교재개발원론, 외국인을 위한 한국어교육연구 5, 서울사대 외국인을 위한 한국어교육 지도자과정.

박갑수(2003), 한국어교육의 현황과 과제, 중국에서의 한국어교육 III, 연변과학기술대학 한국학 연구소.

박갑수(2004), 한국어교육을 위한 교수법, 중국에서의 한국어교육 V, 연변과학기술대학 한국학연구소.

박갑수(2004), 한국어교육의 교사론, 외국인을 위한 한국어교육연구 7, 서울사대 외국인을 위한 한국어교육 지도자과정.

박갑수(2005), 한국어교육 평가의 현황과 과제, 중국에서의 한국어교육 VI, 연변과학기술대학 한국학 연구소.

박갑수(2005), 언어와 문화, 그리고 한국어교육, 제9회 조선－한국 언어문화교육 학술
　　　회의, 연변대학.
박갑수(2006), 한국어 교육평가의 이론과 방법, 조선 어문 교사연수, 중국 연변 교육원.
박갑수(2007), 한국어교육과 언어문화 교육, 외국인을 위한 한국어교육 10, 서울대 사
　　　대 외국인을 위한 한국어교육 지도자과정.
박갑수(2008), 재외동포교육의 바람직한 방향, 21세기 다문화시대의 정체성 교육, 뉴
　　　질랜드 한인학교협의회.
박갑수(2008), 한글학교를 통한 재외동포 한국어교육의 현황과 대책, 새국어생활 제18
　　　권 3호, 국립국어원.
박갑수(2010), 한국어교육의 현실과 미래, 국학연구논총 제6집, 택민국학연구원.
박태형(1995), 중국조선족 학교에서의 이중언어교육, 이중언어학회지 12, 이중언어학회.
손호민(1999), 미국에서의 한국어교육방법, 국어교육연구 6, 서울사대 국어교육연구소.
이광규(2008), 미국 중고등학교 한국어교육(抄錄).
이진화(2008), 미국내 교포대상 한국어교육의 현황과 과제, 국제한국어교육학회 제18
　　　차 국제학술대회 자료집.
정광(2007), 해외 한국학과 한국어교육의 전망, 국어교육연구 제20집, 서울대학교 국
　　　어교육연구소.
野間秀樹, 中島仁(2005), 일본의 한국어교육, 국제한국어교육학회편, 한국어교육론3,
　　　한국문화사.
松原孝俊 外(1997), 雨森芳洲と對馬藩 '韓語司' 設立經緯をめぐつて, 日本研究제12輯,
　　　中央大學校 日本研究所.

■ 이 글은 "2009학년도 한국어교육 Ⅰ(서울대학교 사범대학 외국인을 위한 한국어교육 지도자
　과정, 2009)"에 수록한 것을 수정 보완한 것이다(2011. 2. 20.).

제2장 한국어의 표현교육과 이해교육

1. 서언

인간은 사회적 동물이다. 따라서 협동하며 살아야 한다. 협동하기 위해서는 의사소통을 해야 한다. 소통의 대표적인 수단은 언어를 사용하는 것이다. 언어에는 1차적으로 음성언어가 있고, 2차적으로 문자언어가 있다.

의사소통, 곧 커뮤니케이션을 효과적으로 수행하기 위해서는 언어의 기능(機能), 그 가운데도 언어의 네 가지 기능(技能)을 잘 알고 이를 효과적으로 운용할 수 있어야 한다. 그러기 위해서 언어교육을 한다. 자국어교육에서만이 아니라 외국어교육에서도 마찬가지다.

외국어로서의 한국어교육도 1차적으로는 원만한 의사소통에 교육의 목적을 둔다. 생활언어에 있어서는 의사소통이 기본이 되기 때문이다. 의사소통을 하기 위해서는 우선 언어의 네 가지 기능에 대한 교육을 하고, 언어지식 교육을 해야 한다. 이밖에 또 필수적으로 문화교육을 한다.

언어의 네 가지 기능, 말하기 듣기, 읽기 쓰기는 표현과 이해의 수단이다. 말하기, 쓰기는 표현 수단이요, 듣기 읽기는 이해의 수단이다. 따라서 원만한 언어생활을 하기 위해서는 표현·이해교육을 제대로 받아야 한다. 이에 학습자로 하여금 원만한 언어생활을 하도록 하기 위하여 언어생활의 기본이 되는 이들 표현과 이해교육에 대해 개관해 보기로 한다. 따라서 여기서는 표현·이해라는 언어의 기능교육의 원리와 방법이 다양하게 논의 될 것이다. 이는 물론 한국어교육에 원용하기 위함이다.

　다만 여기서 기억해야 할 것은 언어의 네 기능은 반드시 각기 독립적으로 수행되는 것은 아니라는 것이다. 이들 기능은 서로 연관되어 상호작용한다. 예를 들면 말하기를 듣기와 떼어 생각할 수 없으며, 읽기가 쓰기, 듣기와 관련되는 것이 그것이다. 따라서 교육에서도 오늘날 독립적으로 수행한다기보다 통합적 교육의 경향을 지닌다. 그러나 이들 기능교육은 독자성을 지니는 것이 사실이다. 이에 표현교육과 이해교육, 그리고 말하기 듣기, 읽기 쓰기로 나누어 이들의 교육을 살피게 된다.

2. 표현교육(表現敎育)

2.1. 말하기 교육

　말하기는 일방적으로 수행되는 것이 아니다. 이는 화자와 청자, 곧 상대방과의 상호작용에 의해 이루어진다. 말하기는 참여자 사이에 이어지는 의미 협상(negotiation of meaning)의 과정이라 할 수 있다. 이의 대표적인 것이 대화요, 회화다.

　말하기는 구어(口語)에 의한 표현이다. 구어는 문어(文語)와 비교할 때 다음과 같은 특성을 지닌다(박갑수, 1998).

구어(spoken lang.)	문어(written lang.)
① 문장이 비교적 짧다	① 문장이 비교적 길다
② 어순이 정상이 아닌 경우가 있다	② 문장의 순서가 정상이다
③ 같은 문장이나 말을 반복하는 일이 많다	③ 문장이나 말을 반복하는 일이 적다
④ 말을 맺지 않고 끝내는 일이 있다	④ 말을 맺지 않고 끝내는 일이 적다
⑤ 문장 성분의 일부를 생략하는 일이 있다	⑤ 문장 성분이 생략되는 일이 적다
⑥ 지시하는 말(이, 그, 저)이 비교적 많다	⑥ 지시하는 말이 비교적 적다
⑦ 경어가 언제나 따라 다닌다	⑦ 경어를 비교적 적게 쓴다
⑧ 한자어를 비교적 적게 쓴다	⑧ 한자어가 비교적 많이 쓰인다
⑨ 고어, 한문투, 번역조의 말이 많지 않다	⑨ 고어, 한문투, 번역조의 말이 많다
⑩ 문미는 "-이에요", "ㅂ니다"를 많이 쓴다	⑩ "-이다"로 문장을 맺는 경우가 많다

말하기 교육의 목표는 정확하고 유창한 의사소통 능력(communication competence)을 기르는 데 있다. 이들은 각각 언어지향적 지도(언어용법 지도)와 의미지향적 지도(언어사용 지도)의 문제가 되기도 한다. 오늘날의 언어교육은 의미지향적 지도를 강조하면서 언어지향적 지도는 부수적으로 다루는 경향이 있다(Brown, 2001). 의사소통 능력은 문법적 능력, 담화적 능력, 사회언어적 능력, 전략적 능력으로 구분된다(Canale & Swain, 1980). 이는 학습단계에 따라 그 기준을 달리 한다. ACTFL(The american council on the teaching of foreign language)은 초급(novice), 중급(intermidiate), 고급(advanced), 최상급(superior)의 4단계로 나누고, 초급과 중급은 다시 저·중·고급으로 삼분하고, 고급(advanced)은 고급과 고급 플러스로 나누고 있는 것을 볼 수 있다.

Douglas Brown(2007)은 그의 "원리에 의한 교수"에서 언어의 네 기능에 대한 미시적 기술(microskills)과 거시적 기술(macroskills)을 제시하여 기능교육에 참고하도록 하고 있다. 말하기에 대해서는 "구두 의사소통의 미시적·거시적 기술"이라 하여 16가지를 들고 있는데, 이 가운데 "영어"와 관련된 것을 "한국어"로 바꾸어 제시하면 다음과 같다.

미시적 기술

1. 길이가 서로 다른 언어 덩이(chunks of language)를 발화하라.
2. 한국어의 음소와 변이음들 사이의 차이를 발음하라.
3. 한국어의 장단음의 어휘, 억양 패턴을 발음하라.
4. 어휘와 구의 축약형을 발음하라.
5. 화용적 목적을 달성하기 위해 적당한 수의 어휘를 사용하라.
6. 속도를 달리하여 유창하게 발화하라.
7. 자신의 표현을 모니터링하고, 메시지를 분명하게 하기 위해 다양한 전략—잠깐 쉼, 채움말(filler) 이용, 교정, 되새김—을 사용하라.
8. 한국어의 품사(명사, 동사 등)와 체계(예 : 시제, 일치, 복수형 등), 어순, 유형(patterns), 규칙, 생략된 형태 등을 사용하라.
9. 자연스럽게 끊어서 발화하라- 적절한 구, 휴지군(pause group), 호흡군(breath group), 문장으로.
10. 특정한 의미를 상이한 문법적 형태로 표현하라.

거시적 기술

11. 구어 담화의 응집장치를 사용하라.
12. 상황과 참여자, 목적에 따라 적절하게 의사소통 기능을 성취하라.
13. 면대면 대화에서 언어 사용역, 함축, 화용적 관습, 사회언어학적 규칙을 적절히 활용하라.
14. 사건 사이의 관련성을 전달하고, 주제, 부제, 새로운 정보, 기존 정보, 일반화, 예증 등을 이용하여 표현하라.
15. 표정과 동작, 신체 언어 등 비언어적 단서를 언어와 함께 사용하여 의미를 전달하라.
16. 핵심어 강조하기, 바꿔 말하기, 의미 해석의 맥락 제공하기, 도움 요청하기, 상대방의 이해 정도를 정확하게 평가하기 등의 다양한 말하기 전략을 개발하여 활용하라.

이상에서 보는 바와 같이 구두의사소통의 지도 방법이 다방면에 걸쳐 상세하게 제시되어 있다. 따라서 이를 한국어교육에 적용하면 큰 수확을 얻게 될 것이다.

말하기의 교수·학습은 대체로 두 단계로 나뉜다. Paulson & Bruder(1976)는 1단계를 기계적 연습＞유의적 연습＞의사소통 연습으로 보고, 2단계를 의사소통 행위로 보아 문제 해결, 역할극을 하는 것으로 보고 있다. Littlewood(1981)는 목표언어의 구조를 익히는 의사소통 전단계(pre-communicative activities)와 실제 의사소통 활동(communicative activities)으로 나누고 있다. 교실(수업) 활동은 Byme, Donn(1996)의 접근법이 참고가 된다. 그는 다음과 같은 도표와 함께 구체적 지도 방법을 제시하고 있다.

교사주도적(teacher controlled) 전체 학급활동(whole class activities)			
정확성 (accuracy)	A class B class	C class D class	유창성 (fluency)
짝 활동(pair work) ↔ 그룹 활동(group work) 학습자 중심(learner directed)			

위의 도표에서 A·B반은 정확성을 기르기 위한 지도를, C·D반은 유창성을 기르기 위한 지도를 하는데, 이들의 구체적인 지도 방법으로는 다음과 같은 것이 들려진다.

A반 : 언어 게임, 추측 게임, 드릴, 반복
B반 : 간단한 대화, 통제된 대화, 파트나 찾기, 역할극
C반 : 자유대화, 토론, 스토리텔링, 시뮬레이션
D반 : 역할극, 프로젝트 활동, 게임

말하기 지도는 이상 열거된 다양한 방법에 의해 정확하고 유창한 말하기 지도를 하게 된다.

말하기 전략에는 성취전략(achievement strategies)과 단순전략(reduction strategies)이 있으며, 전자에는 추측 전략, 어휘대치 전략, 협동 전략이 있고, 후자에는 회피 전략이 있다.

그러면 말하기를 잘 하기 위해서는 어떻게 할 것인가? Douglas Brown (2007)은 말하기 지도를 위한 원리로 다음과 같은 것을 들고 있다.

1. 지도 목표에 따라 유창성과 정확성 양쪽에 초점을 맞추어라.
2. 내적 동기를 부여하는 기법을 적용하라.
3. 유의적 맥락 속에서 진정성 있는 언어를 사용하도록 격려하라.
4. 적절한 피드백과 교정을 제공하라.
5. 말하기와 듣기의 자연스러운 연결 고리를 이용하라.
6. 학습자에게 구두 의사소통을 시작할 기회를 주어라.
7. 말하기 전략을 개발하도록 권장하라.
   말하기 전략으로서는 다음과 같은 것을 인식하고 연습할 기회를 갖도록 할 수 있다.
   - 분명히 해 주도록 요구하기(what?)
   - 반복해서 말해 주도록 요구하기(Huh? Excuse me?)
   - 처리할 시간을 벌기 위해 채움말 사용하기(Uh, I mean, Well)
   - 대화 유지를 위한 단서(cues) 사용하기(Uh huh, Right, Yeah, Okay, Hm)
   - 청자의 주의를 끌기(Hey, Say, So)
   - 표현하기 어려운 구조를 바꾸어 말하기
   - 상대방에게(단어나 구를 묻기 위해) 도움을 요청하기
   - (기본 단계에서) 정형화된 표현 사용하기(How much does --- cost? How do you get to the ---?)
   - 의미를 전달하기 위해 몸짓이나 비언어적 표현 사용하기

이 밖에 말하기 교육에서는 발음지도와 오용을 교정하는 과정이 필요하다. 오용 교정은 언제나 해야 하는 것은 아니다. Kathleen Bailey(1985)는 오용 교정에서 유의할 사항으로 "기본 선택 항목" 7가지와 "가능한 특성" 8가지를 들고 있다. 이들은 한국어교육에서도 유의할 사항으로, 다음과 같은 것이다.

기본 선택항목

1. 오용을 처리할 것인가, 말 것인가?
2. 즉시 할 것인가, 늦추어 할 것인가?
3. 오용 처리를(다른 학습자에게) 전이시킬 것인가, 말 것인가?
4. 전이시켜 처리한다면 대상이 개인, 준 집단, 전체 학급 중 어느 곳인가?
5. 오용 처리 후 본래의 잘못을 한 사람에게 되돌아갈 것인가, 말 것인가?
6. 다른 학습자가 오용 처리를 주도하도록 허용할 것인가?
7. 처치 효과를 평가할 것인가?

가능한 특징

1. 오용 사실 지적
2. 위치 지적
3. 재시도 기회 제공
4. 모델 제시
5. 오용 유형 지적
6. 교정법 제시
7. 개선 지적
8. 보상 제시

2.2. 쓰기 교육

쓰기는 문어(文語)에서의 표현교육이다. 여기에는 글씨 쓰기인 서사(書寫) 지도와, 글짓기인 작문(作文) 지도의 두 가지가 있다. 서사 지도는 문자를 익히는 초기에 하게 된다. 여기에서는 주로 언어의 기능교육으로서의 작문지도에 대해 살펴보기로 한다.

쓰기(짓기)의 기능은 크게 인간 형성의 기능과 사회연대의 기능, 문화창조의 기능을 지닌다고 한다. 그러나 이는 궁극적인 기능이고, 기본적으로 쓰기란 문자 기호를 사용하여 자신의 메시지를 독자에게 전달하는 것이라 할 수 있다. 이는 작자와 독자와의 상호작용, 달리 말해 의사소통의 과정이다. 쓰기는 단순한 문자 기호의 조합, 즉 메시지의 기호화가 아니고, 주어진 상황에서 독자와 목적에 따라 내용, 구성, 표현을 달리하며, 필요한 전략을 구사해야 하는 커뮤니케이션의 한 수단이다.

쓰기는 문자 언어 사용 능력뿐만 아니라, 글의 내용 전개 및 구성을 하는 능력을 지녀야 한다. 따라서 1970년대 이후 쓰기를 독자와의 의사소통으로 보게 되면서 쓰기 능력도 의사소통 능력에 따라 네 가지 유형으로 보고 있다. 문법적 능력, 사회언어학적 능력, 담화 능력, 전략적 능력이 그것이다. 따라서 쓰기를 잘 하게 하기 위해서는 이들 네 가지 능력을 길러 주어야 한다.

쓰기 지도는 결과중심의 쓰기와 과정중심의 쓰기, 절충식 쓰기로 나눌 수 있다. 전통적으로는 결과중심 쓰기 지도를 주로 해 왔는데, 이것이 좋은 글 쓰기 지도로 이어지지 않자 오늘날은 주로 과정중심의 쓰기 지도를 하고 있다. 과정에 따른 지도는 기술(記述) 전(前)·중(中)·후(後)에 하거나, 취재, 구상, 기술, 퇴고의 과정에 따라 지도한다. 기술 전 지도의 중요 사항은 표현 의욕의 육성, 제재의 모색, 쓰기 활동의 전개 등이 된다. 쓰기 활동은 쓰면서 생각하는 방법과 우선 개요(outline)를 작성하고 쓰는 두 가지 방법이 있다. 이들 두 방법은 각각 장단점이 있으나, 개요를 작성한 뒤 이에 따라 글을 쓰는 것이 체계적이고, 쓰기도 수월해 좋다. 이들 활동은 학습자의 발달단계를 고려해 어울리는 방법을 선택하도록 해야 한다. 기술 중의 지도는 개별지도, 심의(心意) 지도, 서두, 작문의 정체(停滯), 첨삭, 기술 전의 예상 변경 등의 지도를 한다. 기술 후의 지도는 비정(批正), 전면 개작, 작품의 처리, 평가 및 지도, 문집 만들기, 작품 품평회 등이 대상이 된다(박갑수, 1994).

쓰기를 위한 미시적·거시적 기술은 예의 Douglas Brown(2007)이 참고가 된다. 이를 보면 다음과 같다. 여기서도 영어와 관련된 것은 한국어로 바꾸어 제시하기로 한다.

미시적 기술

1. 한국어의 문자소와 정서법의 유형을 제작하라.
2. 목적에 적합하도록 효율적인 속도로 글을 제작하라.
3. 수용 가능한 단어의 핵심을 제작하고, 적절한 어순의 유형을 사용하라.
4. 수용 가능한 문법 체계(예를 들면 시제, 일치, 복수형 만들기), 유형, 규칙 들을 사용하라.
5. 상이한 문법 형태로 특정한 의미를 표현하라.

거시적 기술

6. 글로 된 담화에서 응집장치를 사용하라.
7. 글로 된 담화의 수사학적 형태들과 규약들을 사용하라.
8. 형태와 목적에 따라 글로 된 텍스트의 의사전달 기능을 적절히 성취하라.
9. 사건 간의 연결고리를 전달하고, 중심 생각, 보조 생각, 새로운 정

보, 주어진 정보, 일반화 및 예시 등과 같은 관계들을 전달하라.

10. 글을 쓸 때 문자 상의 의미와 함축적 의미를 구별하라.

11. 글로 된 텍스트의 문맥에서 문화적으로 특수한 참고자료(references)를 올바르게 전달하라.

12. 청중의 해석을 정확히 판단하기, 쓰기 전 장치를 이용하기, 초안 유창하게 쓰기, 바꿔 쓰기(paraphrases), 동의어를 사용하기, 또래와 교사의 피드백 유인하기 및 수정과 편집을 위한 피드백 사용하기 등 글쓰기 전략들을 개발하여 사용하라.

쓰기 지도의 방법으로는 이 밖에 문장 양식에 따른 지도가 있다. 이는 일기문, 서간문, 감상문, 기행문, 논설문과 같은 구체적인 문장 양식에 따른 지도를 말한다. 이는 표현 과정에 따른 지도를 한 뒤에 한다.

쓰기 지도는 이 밖에 문장을 중시하는 것과 글을 중시하는 두 입장이 있다. 문장 중시는 글짓기 기능을 습득하고 숙달시키는 연습을 지도의 중심으로 삼고, 글 중시는 착상에서 기술에 이르는 정신과정, 쓰인 내용의 가치까지를 지도 대상으로 한다. 문장 중시의 학습은 글 중시의 학습을 하기 전에 함으로 올바른 글을 쓰게 한다. 이는 본격적인 작문 학습의 도입단계에 해당하는 것으로, 짧은 글 짓기, 곧 단작문(短作文)을 하는 것을 의미한다. 이는 일어문(一語文) 연습으로부터 시작한다. 가령 봄에 대한 글을 쓴다고 할 때, "꽃", "아지랑이", "따뜻하다"를 쓰게 하는 것과 같은 것이다. 제목 붙이기, 빈칸에 적절한 단어 넣기, 표현 어휘 확장하기, 연상에 의한 단어 나열하기 등도 이에 해당된다. 그 다음에는 한 문장 쓰기, 두 문장 쓰기와 같이 확장해 나가 자수 제한 작문을 하고, 마침내 여러 문장으로 된 글짓기로 확장해 나간다.

쓰기 활동의 유형은 통제된 쓰기(controlled writing), 유도된 쓰기(guided writing), 자유로운 쓰기(free writing) 등으로 나뉜다. 통제된 쓰기와 유도된

쓰기는 교사의 지시에 따라 학습자가 글을 쓰는 것이고, 자유로운 쓰기
는 일정한 주제에 대해 학습자가 자신의 감정이나 생각을 자유롭게 표
현하는 것이다.

통제된 쓰기는 초보 단계에서 엄격하게 지시에 따라 쓰는 것으로, 받
아쓰기, 바꿔 쓰기, 문장 잇기, 빈칸 채우기 등을 하게 된다. 이에 대해
유도된 쓰기는 질문에 대한 답 쓰기, 제시한 이야기와 핵심 단어들로 글
을 재구성하기, 그림 속의 사물 묘사하기, 도표나 통계표를 보고 서술하
기, 문장이나 문단 완성하기 등을 한다. 마지막의 자유로운 쓰기는 정해
진 주제에 대해 충분히 취재를 한 다음 자기 나름으로 적절히 구상하여
기술하는 것이다.

그러면 쓰기 지도를 위한 원리에는 어떤 것이 있는가? D. Brown(2007)
은 쓰기 지도를 위한 원리로 다음과 같은 9가지를 들고 있다.

1. "글을 잘 쓰는" 사람들의 실천 행동을 채용하라.
2. 과정과 결과의 균형을 맞추어라.
3. 문화적/ 문학적 배경을 설명하라.
4. 읽기와 쓰기를 연계시켜라.
5. 진정성 있는 글을 가능한 한 많이 제공하라.
6. 쓰기 준비, 초안 작성 및 수정하기의 단계에서 자신의 기법을 조립
   하라.
7. 가능한 한 상호작용적인 기법을 제공하도록 노력하라.
8. 학생들의 글에 반응하고 교정하는 방법을 섬세하게 응용하라.
9. 글의 수사학적이고 형식적인 관습들을 학생들에게 분명히 지도하라.

쓰기를 지도하는 교사는 학습 계획에서부터 쓰기의 결과물인 글의 평
가에 이르기까지 다양한 역할을 해야 한다. Grabe & Kaplan(1996)은 이

러한 교사의 역할을 학습 동기를 제공하고, 쓰기 과제의 연출자, 의미 있는 과제의 설계자, 조직자, 자원, 조력자, 평가자, 정보의 독자가 되는 것이라 본다. 그리고 교사는 적극적 태도를 지니며, 그들의 과제가 성공할 수 있는 합리적인 기회가 마련되도록 수정하는 유연성을 가져야 한다고 한다. 또한 교사는 학생들에게 쓰기의 광범한 기회를 제공해 주고, 공동체 의식을 발달시켜 글짓기가 협동하고 협력하는 학습이 되도록 하는 것이 필요하다고 본다.

3. 이해교육(理解敎育)

3.1. 듣기 교육

듣기는 말하기의 짝이 되는 수용(收容) 기능으로, 언어 기능 가운데 가장 기본이 되는 것이다. 그래서 언어생활에서 차지하는 비중이 언어의 네 기능 가운데 가장 크다. Stevense에 의하면 미국의 일반 시민은 듣기에 42%, 말하기에 32%, 읽기에 15%, 쓰기에 11%의 시간을 소비한다고 한다. 따라서 원만한 언어생활을 하기 위해서는 무엇보다 듣기 교육이 강조되어야 한다.

듣기는 1970년대 후반 James Asher(1977)의 전신반응법(total physical response)이 알려지면서 비로소 언어의 교수·학습에서 조명을 받게 되었다. 듣기는 그만큼 언어교육에서 주목을 받지 못한 기능이다.

구어적 특성은 언어 처리에 많은 영향을 미친다. 이는 때로 이해를 방해하기도 한다. 따라서 듣기 지도를 하기 위해서는 구어의 특성을 알아야 한다. 구어의 특성은 듣기 과정에 간섭 요인으로 작용하기도 하기 때문이다. D. Brown(2007)은 듣기를 어렵게 만드는 구어의 특성으로 덩이 짓기, 잉여성, 축약형, 수행 변이, 구어체, 발화 속도, 강세·리듬·억양, 상호작용 등 8가지를 든다.

덩이 짓기(clustering)는 문어의 경우 문장에 주목하는 것과 달리 구어의 경우 문장보다 작은 구나 절로 덩이 짓는 것이 파악하기가 쉬워 이에 주목하는 것을 볼 수 있다. 경우에 따라서는 개별 단어에 주의하는 경우도 있다. 교사는 학습자가 처리 가능한 덩이 짓기를 파악하도록 도와주어야 한다. 잉여성(redundancy)은 반복을 많이 한다는 것인데, 학습자는 모든 표현이 새로운 정보를 담고 있는 것이 아니라는 것을 인식하고, 잉여성의 단서를 파악하도록 해야 한다. 축약형(reduced form)은 음성, 어형, 통사, 화용 등의 축약으로 말미암아 이해에 장애를 받는 것을 의미한다. 수행 변이(performance variable)는 계획적인 담화와 달리 구어에서 말하는 도중에 말을 머뭇거리거나 잘못해 수정하는 등 변이현상이 나타날 때 이해에 어려움을 겪게 되는 것을 말한다. 구어체(colloquial)는 표준 문어나 교과서적 표현이 아닌 표현이 나올 때 이해에 어려움을 겪는 것이다. 발화 속도(rate of delivery)는 초기 단계에서 원어민 화자의 말의 속도가 빠르다고 느끼는 것과 같은 것이다. 강세·리듬·억양(stress, rhythm, and intonation) 등 목표언어의 비분절 음소는 형식만이 아니고 의미의 면에서도 이해하기 어려움을 말한다. 상호작용(interaction)은 자극과 반응이 상호작용하는 것이다. 특히 대화는 상호작용규칙의 지배를 받는다. 잘 듣게 되면 잘 반응할 수 있다. 그러나 잘 들을 수 없으면 반응도 제대로 할 수 없다. 상호작용이 불가능하다. 듣기 지도에서는 이러한 듣기의 간섭 요인을 제거하고 원만한 상호작용이 가능하도록 해야 한다.

듣기 이해를 위해서는 여러 가지 기술이 필요하다. D. Brown(2007)은 음성·음운, 문장, 담화 등을 고려하여 다음과 같은 미시적 기술과 거시적 기술 17가지를 제시하고 있다.

미시적 기술

(1) 길이가 다른 다양한 덩이 구조를 단기 기억에 보존하라.

(2) 시차적(示差的) 음성을 식별하라.

(3) 억양, 장단 등과 이들 요소가 정보 전달에 어떻게 작용하는지 인식하라.

(4) 어휘의 축약형을 인식하라.

(5) 단어의 경계를 구별하고, 핵심 어휘를 인식하며 어순과 그 의미를 파악하라.

(6) 다른 발화 속도로 스피치를 처리하라.

(7) 휴지와 오류, 교정 그리고 기타 수행 변이가 포함된 발화를 처리하라.

(8) 품사(명사, 동사 등)와 체계(예를 들면 시제, 일치, 복수형), 유형, 규칙, 생략형을 인식하라.

(9) 문장의 구성 요소를 파악하고, 주성분과 종속성분을 구별하라.

(10) 특정 의미를 표현하는 데 상이한 문법 형태로 표현할 수 있음을 인식하라.

거시적 기술

(11) 구어 담화의 응집장치를 인식하라.

(12) 상황과 참여자, 목적에 따른 발화의 의사소통 기능을 인식하라.

(13) 현실세계의 지식(real-world knowledge)을 이용하여 상황과 참여자, 목적을 추론하라.

(14) 묘사되는 사건과 생각 등을 이용하여 그 결과를 예측하고, 사건 사이의 관계를 추론하며, 인과관계를 설정하라. 주개념(main idea) 제, 보조개념(supporting idea), 새로운 정보, 기존 정보, 일반화, 예증의 관계를 발견하라.

(15) 축어적 의미와 함축적 의미를 구별하라.

(16) 표정, 동작, 신체 언어 등을 비롯한 비언어적 단서를 이용하여 의
미를 해석하라.

(17) 키워드 찾기, 문맥에서 단어의 의미 추측하기, 도움 요청하기, 이
해 여부 표시하기 등 다양한 듣기 전략을 개발하고 사용하라.

듣기 지도는 일반적으로 통합적으로 이루어지나, 청취(聽取) 전, 청취
중, 청취 후로 나누어 볼 수 있다.

듣기 지도에 있어서 듣기 전의 지도는 매우 중요하다. 이는 무엇보다
목표를 가진 듣기가 되도록 해야 한다. 그렇지 않을 때는 듣고서도 무엇
을 들었는지 잘 알지 못한다. 주제, 내용, 등장인물, 주요 사건, 지리적
사회적 배경 등 특정한 목표를 설정하여 듣도록 해야 한다. 그래야 주의
를 기울이고 능동적으로 듣게 된다. 둘째는 화제에 대한 지식을 갖추어
야 한다. 이는 언어 외적인 것으로, 화제에 대한 충분한 지식이 없을 때
에는 학습자가 아무리 듣기 능력이 풍부하다 하더라도 말하는 내용을
제대로 파악할 수 없기 때문이다. 따라서 듣기 전에 화제에 대한 충분한
정보가 제공되어야 한다.

듣기 중의 활동은 W.W. Hatzfield의 지적에 귀를 기울여야 한다. 그
는 주체적으로 듣고 창조적으로 듣도록 지도해야 한다고 한다. 이는 듣
기 전의 지도와도 관련된다. 주체적으로 듣는다는 것은 "듣고자 하여"
듣는 태도를 강구하여 듣는 것이다. 들리니까 듣는 것이 아니라, 스스로
듣는 목표를 정하고, 듣기 계획을 세워 적극적으로 듣는 것이다. 이렇게
되면 듣기의 태도나 능력에 자기 생산성이 생겨나게 된다. 창조적 듣기
란 그 말에서 무엇을 배울까, 그 말의 가치는 무엇인가, 화자는 어떤 처
지 또는 관점에서 말하고 있는가와 같은 입장에서 듣기를 전개하는 것
이다(박갑수, 1994). 교실 활동은 이러한 것이 되어야 한다. 말하는 사람의

의도와 말하려는 내용이 무엇인지 비판적으로 듣는 것이다. 이 밖에 청자가 알거나 예측하고 있는 것과 어떻게 같고 다른가 생각하며 듣도록 하고, 전개하려는 학습활동과 관련시켜 듣도록 하는 것이 필요하다.

들은 뒤의 활동은 듣기 학습의 정리 단계로, 들은 것을 마무리하고, 점검하며, 이를 다른 언어 기능에 순환·적용하는 통합교육이 되도록 하는 것이 필요하다.

그러면 듣기 기능의 지도 원리에는 어떤 것이 있는가? D. Brown(2007)은 다음과 같은 7가지를 들고 있다.

(1) 통합기능 과정에서도 듣기에 초점을 맞추는 활동을 포함시켜라.
(2) 내적 동기를 부여하는 기법을 적용하라.
(3) 진정성 있는 언어와 맥락을 활용하라.
(4) 학습자의 반응 형태를 주의 깊게 고려하라.
(5) 듣기 전략을 개발하도록 격려하라.
(6) 상향식 기법과 하향식 기법을 모두 적용하라.

이러한 지도 원리를 바탕으로 교사와 학습자는 듣기 전략을 수립할 수 있다. 먼저 교사의 듣기전략으로서는 다음과 같은 것을 들 수 있다.

(1) 듣기에 목표를 세우도록 한다.
(2) 과제 중심의 듣기가 되도록 한다.
(3) 학습자가 활용할 수 있는 전략을 소개한다.
　　예측하기, 추론하기, 맥락 파악하기, 담화 유형과 표지 인식하기 등.
(4) 실제 생활과 연결되는 소재를 선택한다.
(5) 중요한 내용은 반복하거나 강조하도록 한다.
(6) 듣기 자료는 학습자의 발단단계를 고려하여 선택한다.
(7) 시청각 자료, 비언어적 행동을 활용한다.

다음으로 학습자 전략으로는 다음과 같은 것을 생각할 수 있다.

　(1) 발화 의도를 파악한다.
　(2) 듣기의 목표에 따라 듣는다.
　(3) 말할 내용을 예측하며 비판적으로 듣는다.
　(4) 음운이나 어휘에 집착하지 말고 운율적 특성 내지 휴지에도 유의
　　　한다.
　(5) 언어 외적 지식을 활용한다.
　(6) 반복하고 강조하는 내용에 주의한다.
　(7) 담화 표지에 유의하며 듣는다.
　(8) 담화에 반응을 보이며 듣는다.

그러면 학습자의 듣기 활동은 구체적으로 어떻게 하는가? 이는 여러 가지로 나타난다. W. Littlewood(1981)는 이들을 다음과 같이 세 가지 유형으로 구분한 것을 보여 준다.

　(1) 행동으로 수행하기
　　　알아맞히기, 그림 고르기, 그림 그리기, 순서 맞추기, 배열하기, 자
　　　리 정하기
　(2) 정보 전이하기
　　　표 완성하기, 양식 채우기, 도표 그리기
　(3) 정보 재구성하기 및 정보 평가하기
　　　노트 필기하기, 요약하기, 내용 논평하기

이러한 유형의 제시와는 달리 D. Brown(2007)은 교실에서의 학습자의 듣기 활동 유형이라 하여 다음과 같은 6가지를 들고 있는 것도 볼 수 있다. 이는 W. Littlewood가 보다 구체적인 활동 유형으로 세분한 데 대해 좀 더 큰 행동 유형으로 나눈 것이라 하겠다.

(1) 반복형 듣기(reactive listening)

학습자에게 발화의 표층구조를 반복하여 말하게 하고 이를 듣는 경우다. 전체 학습자가, 또는 개인별로 발음연습을 할 때 반복형 듣기 활동을 하게 된다.

(2) 집중형 듣기(intensive listening)

담화의 구성요소를 지도하기 위한 것으로, 집중적으로 듣고 구어의 일정한 요소를 가려내도록 하는 것이다. 집중형 듣기에는 상향식 기술(bottom-up skill)이 포함된다.

(3) 반응형 듣기(responsive listening)

교사가 하는 말을 듣고 즉각적으로 반응하는 것이다. 학습자는 신속하게 처리하고 적합하게 반응해야 한다.

(4) 선택형 듣기(selective listening)

상대적으로 긴 담화를 듣고 필요한 정보를 선택적으로 수용·처리한다.

(5) 확장형 듣기(extensive listening)

집중형 듣기의 대가 되는 것으로, 하향적, 총체적 이해 기능을 신장하기 위한 듣기 활동을 한다.

(6) 상호작용형(interactive listening)

상호작용형은 위에 열거한 다섯 가지 유형을 모두 포함하는 것이다. 학습자는 토의, 논쟁, 대화, 역할극 및 그 밖의 짝 활동, 소집단 활동 등에 적극 참여하여 듣기 활동을 한다.

이러한 듣기 활동을 시각을 달리 하여 좀 더 듣기 지도라는 차원에서 유형화 해 보면 다음과 같이 제시할 수도 있다.

말소리 식별하기, 단어 식별하기, 말소리의 변이 이해하기, 담화 내용 파악하기, 담화 요소 파악하기, 정보 찾기, 대화에 이어지는 문장 찾기, 줄거리 및 요지 파악하기, 담화를 듣고 추론하기, 이어질 담화 내용 추론하기, 화자의 태도 및 의도 파악하기, 비언어 행동 이해하기 등.

3.2. 읽기 교육

읽기란 글을 읽는 것이다. 이는 ①지식의 증가를 위해 ②휴양과 오락을 위해 ③사색과 체험을 보충하기 위해 한다(田中菊雄, 1964). 말을 바꾸면 지식과 정보를 얻고, 경험을 풍부하게 하며, 인간성의 고양을 위해서 글을 읽고, 책을 읽는 것이다. 좀 더 쉽게 말하면 알기 위해, 즐기기 위해, 생각의 깊이를 더하기 위해 글을 읽는 것이다.

읽기의 이러한 목적을 원만히 수행하도록 하기 위하여 교실에서는 읽기 지도를 한다. 어휘력과 독해력 신장을 하기 위해서다.

읽기에는 훑어 읽기(skimming), 골라 읽기(scanning), 널리 읽기(extensive reading), 집중 읽기(intensive reading) 등이 있다. 전통적으로는 읽기를 음독, 묵독, 제독(齊讀) ; 통독, 정독, 미독(味讀)이라 구분했다. 읽기의 방법으로는 또한 상향식 모델과 하향식 모델이 있다.

먼저 각 장에서 제시한 D. Brown의 기능교육의 기술을 읽기를 위해서도 제시해 보면 다음과 같다(Brown D., 2007). 영어와 관련된 것은 앞에서와 마찬가지로 한국어로 바꾸어 제시한다.

미시적 기술

  (1) 한국어의 시차적인 문자소와 정서법 유형을 구별하라.

  (2) 길이가 다른 언어 덩이를 단기 기억에 유지하라.

  (3) 목적에 부합한 능률적인 속도로 쓰기를 진행하라.

  (4) 단어의 핵심을 인식하고, 어순의 유형과 중요성을 인식하라.

  (5) 문법적인 단어의 종류들(명사, 동사 등), 체계(예를 들면, 시제, 동사와 수의 일치, 명사의 복수형 만들기), 유형, 규칙과 생략 형태들을 인식하라.

  (6) 특정한 의미가 다른 문법적인 형태들로 표현될 수 있다는 것을 인식하라.

거시적 기술

(7) 글로 된 담화에서 응집장치들과, 절과 절 사이의 관계를 알리는 그들의 역할을 인식하라.

(8) 글로 된 담화의 수사학적인 형태들과 해석의 의미(significance)를 인식하라.

(9) 형태와 목적에 따라서 글로 된 텍스트의 의사전달적 기능들을 인식하라.

(10) 배경 지식을 이용해서 명확하지 않은 문맥을 추론하라.

(11) 사건과 개념들(ideas) 사이의 연계와 연결을 추론하고, 원인과 결과를 연역하며, 그러한 관계들을 주개념, 보조개념, 새로운 정보, 주어진 정보, 일반화 및 예시 등을 통해 발견하라.

(12) 문자 상의 의미와 내포된 의미를 구별하라.

(13) 문화적으로 특수한 참고자료들을 발견하고, 이들을 적절한 문화적인 스키마의 문맥에서 해석하라.

(14) 자세히 읽기와 대충 읽기, 담화 표지 찾기, 문맥을 통해 단어의 의미 추측하기 및 텍스트 해석을 위해 스키마를 활성화하기 등 일련의 읽기 전략을 개발하고 사용하라.

이러한 읽기를 위한 기술은 기본적으로 적극 활용되어야 할 것이다. 그리고 읽기 이해를 위한 전략도 개발하여 활용하여야 한다. 아래의 읽기 전략들은 교실에서 실제로 사용할 수 있는 기술들로, 이는 효과적으로 운용되어야 할 전략들이다(Brown D., 2007).

(1) 읽기의 목적을 확인하라.

(2) 상향식 해독에 도움이 되도록 문자소 규칙과 유형들을 사용하라.

(3) 유창성을 개선하기 위한 능률적인 묵독 기술을 사용하라.

(4) 요지(main ideas)를 파악하기 위해 텍스트를 대충 훑어 읽어라.

(5) 특수한 정보를 얻기 위해 텍스트를 꼼꼼히 읽어라.

(6) 의미론적 지도 작성하기나 덩이 짓기를 이용하라.
(7) 확실하지 않을 때에 추측하라.
(8) 어휘를 분석하라.
(9) 글자 상의 의미와 내포된 의미를 구별하라.
(10) 관계를 처리하기 위해서 담화 표지를 이용하라.

그러면 구체적으로 어떻게 지도할 것인가? D. Brown(2007)은 읽기 지도의 원리를 8가지 들고 있는데, 이를 보면 다음과 같다.

(1) 통합과정에서 읽기 기술의 특수한 초점을 간과하지 말라.
(2) 실제적으로 동기를 유발하는 기법을 사용하라.
(3) 텍스트를 선정할 때 진정성(authenticity)과 가독성의 균형을 맞추라.
(4) 읽기 전략 개발을 격려하라.
(5) 상향식 기법과 하향식 기법의 둘을 다 포함시켜라.
(6) "SQ3R"의 순서를 따르라
(7) 읽기 전, 읽는 도중, 및 읽은 뒤의 단계에 대해 계획하라.
(8) 기법 속에 평가 국면을 형성하라.

읽기 지도는 독서 지도보다 독해력 신장에 중점이 놓인다. 따라서 독해 지도의 대상인 독해력을 길러야 하는데, 독해의 기초적인 능력으로는 다음과 같은 것을 들 수 있다.

① 문자·기타 기호의 해독력
② 문의(文意)를 요약하는 능력
③ 글의 구성을 분석하고 파악하는 능력
④ 서술의 분석과 내용 탐구의 능력
⑤ 감상력
⑥ 문체 판별의 능력

⑦ 비판하고 해석하는 능력

읽기 활동의 지도는 다른 언어 기능의 경우와 같이, 이미 앞에서 드러난 바와 같이, 세 단계로 나누어 볼 수 있다. 읽기 전 단계와 읽기 단계, 읽은 후 단계가 그것이다.

읽기 전 단계에서는 독자가 이미 가지고 있는 지식과 텍스트의 정보를 연결하여 학습이 원만히 이루어지도록 하는 활동을 한다. 이러한 활동에는 사전 지식 조성하기와, 사전 지식 활성화하기가 있다. 이는 학습자가 텍스트를 대하기 전에 이를 잘 학습할 수 있도록 사전에 준비를 하는 것이다. 사전지식 조성하기는 학습자가 그 텍스트에 대해 지식이 부족한 경우 이를 이해하기 어려우므로 부족한 것을 보완하는 지도다. 이러한 것에는 어렵거나 중요한 어휘를 사전에 가르쳐 주거나, 언어 외적 배경지식을 제공하는 것과 같은 것이다. 사전지식 활성화하기는 이미 가지고 있는 지식이나 경험을 텍스트와 연결시켜 좀 더 효과적으로 이해하도록 하는 것이다. 이러한 것으로는 학습자의 사전지식과 텍스트 사이의 틈을 메워주거나, 학습목표 확인, 사전에 검사를 하거나 질의응답을 하는 등의 활동을 할 수 있다.

읽기의 본 단계에서는 글을 읽는 중간 중간에 질문을 함으로 읽은 내용을 확인하게 하거나, 학습자가 학습 보조 자료인 스터디 가이드(study guide)를 활용해 글 읽기에 도움을 받게 한다. 읽은 후의 단계에서는 학습 목표를 확인하는 등 사후 질문을 하게 되고, 학습한 내용을 토의에 붙이는 심화 지도 등을 한다.

읽기의 교수·학습 모형은 지도적 읽기 활동, 지도적 읽기·생각하기 활동, 유도적 읽기 과정, 직접 교수법, SQ3R 모형 등을 활용할 수 있다. 지도적 읽기 활동(directed reading activity)은 교사가 동기의 유발, 읽기의 방향 제시, 읽기의 기능 지도, 읽은 뒤의 후속 활동 및 강화를 유도하는 읽기 모델이다. 지도적 읽기·생각하기 활동(directed reading thinking activity)은 학생 중심의 읽기 모형이나, 다음에 언급되는 직접 읽기 활동을 변형한 것이다. 교사와 학생이 상호작용하는 읽기로, 교사의 지도 하에 많은 활동을 학습자가 스스로 하는 것이다. 이는 글을 읽을 때 예언을 하게 하고, 그 예언이 맞는지 확인하면서 학생 스스로 생각하게 하는 읽기 모델이다. 유도적 읽기 과정(guided reading procedure)은 교사가 읽기의 목적을 설정하고, 글을 읽은 다음 읽은 내용을 회상하게 하고, 다시 읽어 확인하는 과정을 거치는 읽기 모델이다. 직접 교수법(direct instruction)은 교사 중심의 읽기 모델로, 낱말을 지도하고, 학습내용을 단계적으로 설명하는 등 시범을 보이고 난 뒤 학습자들이 자발적으로 읽도록 하는 모델이다. SQ3R 모형은 잘 알려진 읽기 학습의 한 방법이다. SQ3R이란 훑어보기(Survey), 질문하기(Question), 읽기(Reading), 외우기(Recite), 재검하기(Review)를 말하며, 훑어보기에서 시작하여 재검하기 단계에서 마무리 짓는 읽기이다.

4. 결어

이상 표현 이해교육의 원리와 방법을 개관해 보았다. 이들 원리와 방법은 언어의 기능교육을 효과적으로 수행하게 하는 원리와 방법들이다. 이들은 한국어의 기능교육에 원용할 수 있다. 따라서 이들 원리와 방법이 한국어교육에 도입되어 한국어교육이 활성화되고, 더욱 발전되기를 기대한다. 그리하여 한국어 학습자들이 세계 도처에서 정확하고 유창한 한국어로 원만한 의사소통을 하게 되길 바라 마지않는다.

근자에는 세계적으로 한국어에 대해 관심이 높고, 한국어 학습에 대한 열기가 대단하다. 효과적인 한국어교육을 수행함으로 세계 도처에 한국어에 의한 이문화간 커뮤니케이션이 이루어져 세계인이 좀 더 가깝고 친화적으로 되며, 한국의 언어문화가 세계문화 발전에 기여하게 되기를 바라 마지않는다.

참고문헌

곽지영 외(2007), 한국어 교수법의 실제, 연세대학교 출판부.
김영숙 외(2006), 영어과 교육론 2, 한국문화사.
박갑수 외(1979), 국어교육, 서울대학교 출판부.
박갑수(1994), 우리말 사랑 이야기, 한샘출판사.
박갑수(1994), 올바른 언어생활, 한샘출판사.
박갑수(1998), 한국 방송언어론, 집문당.
박갑수(1999), 아름다운 우리말 가꾸기, 집문당.
박갑수(2005), 국어교육과 한국어교육의 성찰, 서울대학교 출판부.
한재영 외(2005), 한국어 교수법, 태학사.
Bailey, Kathleen(1985), Classroom-centered research on Language Teaching and Learning, M. Celec-Murici, Beyond Basics Issue and Research in TESOL, Newbury House.
Brown, Douglas(2007), Teaching by Principles- An Intractive Approach to Language Pedagogy, Third Edition, Prentice Hall Ins.
Byme, Donn(1996), Techniques for Classroom Interaction, Longman.
Grave, W. & R. B. Kaplan(1996), Theory and Practice of Writing, Harcount Brace College Publishers.
James Asher(1977), Learning Another Language through Actions : The Complete Teacher's Guidebook, Sky Gatos Productions.
Littlewood, W. (1981), Communicative Language Teaching, Cambridge University Press
Paulson, C. B., &M. N. Bruder(1976), Teaching English as a Second Language : Techniques and Procedures, Winthrop Publishers
石田敏子(1995), 改訂新版 日本語教授法, 大修館書店
田中菊雄(1964), 現代讀書法, 三笠書房

■ 이 글은 2011년 봄 집필한 것으로, 본서에 수록하기 위해 2012년 9월 증보, 개고한 것이다.

제3장 어휘교육의 원리와 방법

1. 서언

언어교육은 대체로 언어의 기능교육 위주로 행해지고 있다. 듣기, 말하기, 읽기, 쓰기의 네 영역을 중심으로 교육이 이루어지고 있는 것이다. 여기에 추가되는 것이 있다면 지식 교육으로서 문법교육이 행해진다. 이는 언어의 기능으로 볼 때 당연하다. 그러나 언어의 최종 기능이 커뮤니케이션에 있다고 할 때 언어교육의 목표도 문장을 대상으로 하는 언어의 네 기능이 아닌, 담화를 대상으로 하는 의사소통 능력(communicative competence) 향상에 그 목표를 두어야 할 것이다.

바람직한 의사소통을 하기 위해서는 우선 발음, 어휘, 문법교육을 해야 한다. 발음교육은 말하기 교육에서 행해지고, 문법교육은 언어의 네 기능교육과 통합적으로, 혹은 독자적으로 비중 있게 행해지고 있다. 그런데 어휘교육은 읽기교육 과정에서 부수적으로 행해지거나, 학습자에게 일임되고 있어 제대로 이루어지지 못하고 있는 형편이다.

그렇다면 어휘 교육은 왜 이렇게 방치되고 있는가, 그리고 이렇게 방치되어도 좋은가?

　제2언어를 학습함에 있어 새로운 단어를 익혀야 한다는 것은 불문의 진리다. 그리고 어휘는 문법 이상으로 의사소통에 중요한 구실을 한다. 따라서 이의 교육은 필요불가결한 것이다. 그럼에도 어휘교육이 이와 같이 등한시 된 것은 우선 역사적 사실에 연유한다. 1940~60년대의 구조주의 언어학에서 문법과 발음이 강조되며 어휘가 상대적으로 소홀히 다루어졌고, 그 뒤 인지주의 교수법에서도 어휘교육이 다소 위상이 높아졌다고는 하나, 여전히 문법교육의 하위 단계에 머물러 있었기 때문이다. 또 하나의 이유는 어휘 지식이 복잡해 그 교육 방법이 제대로 수립되지 못했고, 어휘의 양이 지나치게 많아 엄두를 내지 못한 것이다. 이로 말미암아 어휘교육은 교수 아닌, 학습으로 학습자에게 일임되다가 의사소통법(communicative approach)이 등장하고, 1970년대 말에서 1990년대에 걸쳐 어휘의 교수·학습에 대한 연구가 발전되며 비로소 독자적 위치를 확보하기에 이르렀다고 할 수 있다.

　언어교육은 최초의 단어 습득에서 시작하여 끊임없이 어휘를 확장하는 과정이라 할 수 있다. 인생 최초의 발화는 일어문(一語文)으로 시작되며, 언어를 잘 구사한다는 것은 풍부한 어휘력을 지니고 있음을 의미한다. 어휘의 의미와 용법을 알지 못하고는 제대로 언어를 수용(receptive)하거나, 생산(productive)할 수 없다. 어휘는 이렇게 문법에 비해 비중이 크다. 따라서 그간 소홀했던 어휘교육을 강화해야 한다. 이는 물론 언어의 기능교육을 수행하는 과정에서 행하거나, 독자적인 교수·학습으로 수행할 수 있다. 언어의 기능교육을 통해 할 경우에는 우연히 하는 것이 아니라, 필요한 경우 명시적(明示的) 교육을 하도록 해야 한다. 그래야 문자 그대로 어휘 교수가 된다. 그리고 어휘교육의 목표가 무엇인지 바로 알아야 한다. 어휘의 형태와 의미를 파악하는 것만이 어휘교육이 아니다. 어휘의 형태(form)와 의미(meaning)를 바로 알고, 나아가 이를 올바로 사용하게(use) 하는 것이 교육 목표가 돼야 한다. 어휘는 형태와 의미를 안다고 하여, 그것을 올바로 사용할 수 있는 것이 못 된다. 그리고 여기에 덧붙여 의미와 용법에 대한 문화적 측면도 이해하지 않으면 안 된다.

한국어의 어휘교육에 대한 연구는 다른 영역에 비해 아주 빈약한 편이다. 그것도 교육 현장의 연구가 대부분이고, 이론적 연구는 별로 보이지 않는다. 여기서는 한국어 어휘교육의 이론의 일단을 살펴보기로 한다. 한국어 어휘교육의 원리와 방법을 살펴보려는 것이다. 이는 부진한 한국어 어휘교육의 발전과 활성화를 기대함에서다.

2. 어휘교육의 원리

어휘교육의 원리는 교수·학습의 영역에 따라 여러 가지를 생각할 수 있다. 여기서는 어휘 교육의 과정에서 제기되는 원리를 대여섯 가지 살펴보기로 한다. 그것은 어휘 선정, 어휘 기억의 과정, 교수학습과 어휘 제시, 어휘 교수, 수업 기법, 어휘 학습 전략 등에 관한 원리가 될 것이다.

2.1. 어휘교육과 어휘 선정

어휘교육을 한다고 할 때 우선 그 대상부터 정해야 한다. 그렇다면 그 대상은 어떻게 작정할 것인가? Webster의 Third New International Dictionary에는 267,000개의 표제어가 실려 있고, 두산동아의 표준국어 대사전에는 50만개의 표제어가 실려 있다. 이들 모든 어휘를 학습 대상으로 삼을 수는 없는 일이다. 적정한 양의 적당한 어휘를 선정해야 한다.

연구 결과에 의하면 교육을 받은 영어 원어민 화자는 약 20,000 단어 (word family)를 안다고 한다. 그리고 알지 못하는 단어에 의한 최소한의 방해를 받으며 독서하는 데 필요한 단어가 15,000~20,000개라 한다 (Nation, 2001). 이렇게 볼 때 외국어 학습에서는 양적으로 일단 이 정도의 어휘를 학습 목표로 삼을 수 있을 것이다. 한국어교육에서도 이와 유사한 경향을 보이고 있다. 그것은 약 6,000 단어에서 14,000 단어를 학습해야 할 어휘로 보고 있기 때문이다. 곧 국립국어연구원(2003)에서는 한국어 학습용으로 5,965개의 어휘를 선정 제시하고 있고, 서울대학교 국어교육연구소(2001)에서는 우수한 수준의 한국어 구사를 위해 14,432개 어휘를 제시하고 있는 것이다.

이와는 달리 대부분의 상황에 적용되는, 고빈도의 기본어휘(basic vocabulary), 또는 이에 의해 대부분의 생활을 꾸려나가게 되는 기초어휘(基礎語彙)는 약 2,000어로 본다. 기본어휘 가운데 교육적 목적에 맞도록 구성한 것은 따로 학습용 기본어휘라 한다. 어휘를 고빈도어, 학술어, 전문어, 저빈도어의 네 종류로 구분할 때 이들 기본, 또는 기초 어휘는 대체로 고빈도어에 해당된다. 고빈도어는 연어(延語)의 약 80%를 차지하기 때문에 학습 상 중요한 의미를 지닌다.

학습 대상으로서의 어휘를 선정할 때는 ① 고빈도어를 우선한다 ② 유용한 어휘를 고른다 ③ 기본 의미를 지닌 단어를 고른다 ④ 문법적으로 단순한 어휘를 우선한다와 같은 기준을 적용할 수 있다(곽지영 외, 2007). 또한 어휘의 양이나 질은 그것이 이해를 위한 수용(受容) 어휘인가, 아니면 표현을 위한 생산(生産) 어휘인가에 따라 구별된다. 일반적으로 표현 어휘가 이해 어휘에 비해 그 양이 적고, 표현학습과 용법이 이해학습과 용법에 비해 어려운 편이다. 따라서 어휘교육에서는 이들 표현·이해 어휘에 대한 배려를 해야 한다.

이상의 어휘 성격으로 볼 때 한국어교육에서는 기본어휘를 중심으로 15,000~20,000 단어를 선정, 교육하는 것이 바람직하다 할 것이다.

2.2. 어휘 기억의 과정

어휘교육의 목적은 어휘의 형태와 의미 및 용법을 바로 알고, 이를 필요할 때 올바로 산출해 내는 데 있다. 이를 위해서는 단어를 머릿속에 저장해 두어야 한다. 단어를 기억(remember)해 두는 것이다. Nation(2001)은 단어를 기억하는 데에는 세 가지 중요한 과정이 있는 것으로 보고 있다. 그것은 주목하기(noticing), 복구하기(retrieval), 그리고 창조적 사용하기(creative use)다. 물론 이들이 중요한 과정이다. 그러나 여기에 반복하기(repetition)를 추가하는 것이 바람직하다. 기억은 낱말을 끊임없이 반복해 외는 데서 정착되기 때문이다.

2.2.1. 주목하기(noticing)

사물은 주목하지 않을 때 보아도 보이지 않는다. 기억의 첫 단계는 주목하는 것이다. 이는 어휘 항목에 주의를 기울이는 것을 의미한다. 학습자가 단어에 주의를 기우릴 필요가 있다는 것과, 그것이 유용한 언어 항목이라는 것을 지각하는 것이다. 이 주목하기는 여러 가지 요소에 의해 영향을 받는다. 관심·내용·형태·사전 접촉 등이 그것이다.

Nation(2001)에 의하면 주목하기는 탈문맥(decontextualisation)을 포함한다. 탈문맥은 메시지의 부분이라기보다 언어 부분으로서, 메시지 아닌 언어 항목에 주의를 기울일 때 생겨나는 것이다. 이는 낱말이 메시지 문맥에서 언어 항목으로 초점이 바뀌는 것을 의미한다. 탈문맥은 언어를 파악하기 위해 학습자가 메시지라기보다 언어 체계의 일부로서 언어를 살펴는 것이다. 이는 협의(negotiation)와 정의(definition)로 나뉜다.

협의된 어휘는 그렇지 않은 어휘보다 잘 학습된다고 한다. 물론 대부분의 어휘가 이에 의해 학습되는 것은 아니다. 어휘 학습의 약 20%가 이에 의해 이루어진다. 협의 학습의 한 특성은 협의를 관찰하는 학습자도 실제로 협의를 하는 학습자와 마찬가지로 어휘를 학습하게 된다는 것이다. 따라서 학습자 전원과 협의의 기회를 가질 수 없는, 교사중심의 교실활동을 할 때는 협의가 매우 바람직한 교수·학습법이 된다. 거기에다 Ellis와 Heimbach는 교사와의 집단 협의는 교사와 1대 1로 협의하는 것보다 어휘학습의 효과가 크다고 한다(Nation, 2001).

학습자가 이야기를 듣고 있는 동안 어휘 항목에 대해 간단히 설명을 하면 어휘가 증가된다. Elley의 연구에 의하면 이러한 정의(definition)는 어휘를 배 이상으로 증가시켰다. 단순한 정의는 짧고, 몇 개 안되는 낱말로 이루어진다. Chaudron(1982)에 의하면 상세한 정의는 유익하기보다 오히려 혼란을 야기하는 경향을 지닌다. 도표와 낱말 카드에 의한 약간의 학습연구는, 그 낱말의 의미가 제1언어에 의해 번역될 때 학습을 빠르게 한다고 한다. 제1언어 번역은 거기서 아주 짧은 설명과, 친숙한 경험을 끌어낼 수 있는 가장 짧은 종류의 정의라 할 수 있다.

2.2.2. 반복하기(repetition)

어휘를 주목하고 인식한 다음에는 부단히 이들과의 만남을 반복해야 한다. 사람들은 시간이 지나면 학습한 것을 망각하게 되어 있고, 또 어휘는 한번 접함으로 정보를 충분히 얻게 되는 것이 아니기 때문이다. 낱말이 한번에 충분히 학습되지 않는 이유를 Nation(2001)은 다음과 같이 들고 있다.

1. 단어에는 알아야 할 많은 사실이 있다(형태·의미·기능·용법 등).
2. 낱말의 지식은 발전을 필요로 하는 여러 가지 갈래가 있다.
3. 학습자는 한 번에 한정된 정보를 처리할 수 있는 것으로 보인다.

기억의 과정으로서의 반복하기는 낱말을 보고·듣기를 반복하는 것이다. 이러한 반복은 물론 주목하기 다음에만 오는 과정이 아니다. 다음 과정인 복구하기 뒤에도 행해진다. Nation은 이러한 특성으로 말미암아 반복하기를 하나의 단계로 설정하지 않았거나, 복구하기와 밀접한 관련이 있다고 보아 아예 복구하기에 포함시킨 것으로 볼 수 있다.

반복하기는 우선 어휘를 처음 접해 형태와 의미를 연결하고 강화하기 위해서 행해진다. 그리고 또 앞에서 말한 바와 같이 어휘 항목을 복구하기 위해서도 꾀해진다.

어휘 학습은 집중적 반복보다 간격을 둔 반복(the spacing repetition)이 안정적 학습을 하게 하는 것으로 본다. 예를 들어 15분간 하나의 단어에 반복적으로 주의를 기우리는 집중적 반복보다 여러 차례로 나누어 반복한, 간격을 둔 반복이 오랜 기간 기억되는 학습이 된다는 것이다. 간격을 둔 반복은 같은 15분을 3분씩 댓 차례, 10일 혹인 그 이상 간격을 벌려 반복하는 것이다. 이 간격 반복은 점점 큰 간격을 두어야 하는 것으로 본다.

2.2.3. 복구하기(retrieval)

복구하기는 기억의 제3 과정이다. 낱말에 주목하고, 교사의 설명이나 사전을 통해 의미를 파악함으로 텍스트의 어휘가 이해된다. 만일 단어가 과제를 수행하는 동안 부수적(暗示的)으로 복구된다면 그 단어에 대한 기억은 강화된다. 복구는 수용적이거나 생산적일 수 있다.

복구하기는 반복이 중요한 구실을 한다. 그러나 그냥 반복만 하면 좋은 것이 아니다. Baddeley(1990)는 단순한 반복이 아니라, 학습되는 항목을 복구하는 반복이 중요하다고 한다. 만일 어떤 단어가 오래 전에 접한 것이라면 그것은 효과 면에서 새로 접하는 것과 다름없다. 이에 대해 기억이 아직 남아 있는 어휘라면 전의 기억을 추가하고 강화하게 된다. 이는 학습자의 어휘량(size)과, 기억 시간의 길이(the length of time)라는 두 요소가 작용하는 결과다.

복구하기는 같은 이야기를 여러 번 반복해 읽음으로 효과를 거둘 수 있다. 이는 어린이에게 어울리는 방법이다. 그러나 성인들에게는 수용적인 것이 못 된다. 오히려 연재물을 읽게 하는 것이 좋다. 계속되는 이야기에 어휘가 반복되기 때문이다. 교사는 이어지는 장절(章節)에서 전의 이야기를 다시 진술함에 의해 효과를 최대한 증대할 수 있다. 연재물을 읽는 것이 시간적으로 너무 벌어지면 바람직하지 않다. 일주일에 두세 번 읽는 것이 한번 읽는 것보다 유익하다.

2.2.4. 창조적 혹은 생성적 사용하기(generative use)

기억의 네 번째 과정이 생성(generation)이다. 생성적 과정은 전에 접한 단어를 부수적으로 접하거나, 전의 용법과 다른 방법으로 쓰일 때 나타난다. 가장 대표적인 경우는 새로 접한 단어가 학습자에게 그 낱말에 대한 지식을 재개념화 하도록 의미와 용법이 달리 쓰인 것이다. 이런 경우 단어의 기억을 확고히 하게 된다. 생성적 용법은 단어의 의미의 비유적인 확장에 머무르지 않고, 연어(collocation)와, 문법적 굴절(inflection)에 의한 변동에 이르기까지 응용할 수 있다.

생성, 혹은 생성적 과정은 수용적이거나 생산적일 수 있으며, 생성에는 정도의 차이가 있다. 생성을 조장하기 위해서는 긴 이야기를 연속물로 분할 제시할 수도 있다. 또 교사는 초점을 달리 하여 입력에 대한 다시 말하기를 요구함으로 생성적 용법의 조장도 할 수 있다.

2.3. 교수·학습과 어휘 제시 방법

2.3.1. 명시적 교수법과 암시적 교수법

교수·학습의 방법에는 명시적 방법과 암시적 방법이 있다. 어휘의 교수·학습도 마찬가지다. 명시적 방법(explicit approach)과 암시적 방법(implicit approach)은 잘 조화되어야 한다. 지난날에는 어휘의 교수·학습이라면 응당 암시적 교수를 하는 것이라 생각했다. 학습자가 읽기나 듣기 과정에서 새로운 단어를 접하게 되고 이는 부수적(incidental) 습득이 된다고 본 것이다. 그래서 어휘 교수란 이러한 우연적인 노출과 접촉을 많이 하도록 하는 것이라 생각했다. "독서백편 의자현(讀書百遍義自顯)"도 이러한 것이다. 그러나 오늘날은 초보적 단계의 학습자에게는 명시적 교수를 하고, 이 단계가 지나면 암시적 학습을 해야 한다고 본다.

어휘 학습에 대한 일반적 견해는 대부분의 어휘가 직접적, 명시적 방법에 의해 학습되지 않으며, 제2언어의 유창성이 일정한 단계에 접어든 뒤에는 더욱 암시적 방법에 의존하는 것으로 본다. 그러나 많은 연구자들은 초기단계에서 기본어휘 2,000~3,000개는 명시적 교수 및 연습을 해야 하는 것으로 본다. 초기 단계에서 명시적 교수가 필요한 것은 높은 빈도를 보이는 많은 단어를 알지 않고는 문맥에서 새로운 단어의 의미를 추측해 낼 수 없기 때문이다. 2,000~3,000개의 기본 어휘는 암시적 학습을 가능하게 하는 최소한의 "문턱(threshold)"이라 본다. 그리고 어휘 교수가 명시적 단계에서 암시적 단계로 넘어가야 하는 것은 명시적 방법으로 아무리 교수한다 하더라도 학습자가 부딪치게 될 어휘의 창조적인 용법의 모든 것을 제시하거나 연습할 수 없기 때문이다. 이를 극복하기 위해 많은 어휘의 노출을 통해 익히는 암시적 방법이 필요하다. 초보적인 학습자에게는 많은 양의 기본 어휘를 접하게 하고, 일정한 수준의 학습자에게는 동일한 주제의 읽기(narrow reading)를, 그보다 상급자에게는 좀 더 광범한 읽기(wide reading)를 하게 하는 것이 바람직하다.

Nation(2001)은 이러한 어휘 교수의 명시적 방법과 암시적 방법을 도표로 제시하고 있다. 그것은 형태(form)는 주목을 포함한 암시적 학습을, 의미(meaning)는 강력한 명시적 학습을, 그리고 용법(use)은 문법적 연어의 경우는 암시적 학습을, 사용 제약의 경우는 명시적 학습을 하라는 것이다.

2.3.2. 어휘의 제시와 연습 방법

교육은 흔히 제시—연습—생산의 과정을 거친다. 어휘교육도 마찬가지다. 따라서 어휘교육을 하자면 우선 어휘 제시를 해야 한다.

어휘를 제시하는 방법은 연역적 방법과 귀납적 방법이 있다. 연역적 방법(deductive methode)은 어휘의 형태, 의미, 용법을 자세히 일러 주는 방법이다. 이는 먼저 어휘의 형태를 시각적, 혹은 청각적으로 제시한다. 어휘 카드를 보여 주거나, 판서를 하고 읽어 주거나, 말로 어휘를 제시하는 것이다. 두 번째 단계에서는 의미를 제시한다. 의미는 구체적으로 사물, 그림, 사진, 모형 등을 제시하거나(직접적), 동작, 손짓 등 비언어행동(간접적)으로 할 수 있고, 이와는 달리 정의, 설명, 예시를 통해 할 수도 있다. 예를 들어 "꽃"을 가르치기 위해 시각적으로 실물이나 사진을 보여주거나, "꽃"이란 말을 판서 또는 음성으로 제시하고 이에 대해 형태·의미·용법을 설명하는 것이 그것이다. 귀납적 방법(inductive methode)은 이와 달리 많은 사물을 들고 범주화하는 것이다. 시각 내지 청각적으로 많은 물고기를 제시하고 이를 통해 "물고기"를 추론하고, 그 이유를 설명하게 하는 것이 이런 것이다.

이 밖의 어휘 제시 방법으로는 甲斐(1990)의 직접적 방법과 간접적 방법이 있다. 직접적 방법이란 실물에 의한 방법이고, 간접적 방법이란 비언어적 방법(감각적 방법)과 언어적 방법(개념적 방법)을 말한다. 비언어적 방법이란 대용물에 의한 방법이다. 언어적 방법은 자국어에 의한 방법과 목표언어에 의한 방법이 있다.

어휘 제시 방법으로는 또 교수법 차원, 매체 활용 차원, 어휘 구조 차원, 어휘와 언어문화 차원이란 네 가지 차원으로 나누어 제시한 것도 볼 수 있다(한제영 외, 2010).

이 밖에 Ur, Penny(1991)가 "새로운 어휘 항목에 대한 의미 제시 방법"이라 하여 "간명한 정의(concise definition)/ 상세한 묘사(detailed description)/ 예시(examples)/ 설명(illustration)/ 전시(demonstration)/ 문맥(context)/ 동의어(synonyms)/ 반의어(opposites)/ 번역(translation)/ 연상개념(associated idea), 연어(collocations)"를 들고 있는 것도 볼 수 있다.

2.4. 어휘 교수의 원리

어휘 학습은 종래에 일정한 형태에 연합된 의미를 밝히고, 이를 암기해야 하는 따분한 작업으로 인식되어 왔다. 그러나 어휘는 언어학습의 중요한 부분 가운데 하나다. 이는 산만하게 흩어진 언어의 블록들이 아니라, 맥락화된 유의미한 언어 단위이다. 이는 생존 단계의 의사소통에서는 통사적 절차 없이 그 자체만으로도 훌륭히 소통되는, 언어의 중심 역할을 하는 것이다. 그래서 Brown(2001)에서는 어휘교육을 의사소통적으로 처리하기 위한 몇 가지 원리를 제시하고 있는 것을 볼 수 있다.

1. 어휘학습에 특정 수업 시간을 할당하라.

2. 학생들이 문맥으로 어휘를 학습하도록 도와라.
3. 이중언어 사전의 역할을 감소시켜라.
4. 학생들이 단어의 뜻을 결정하기 위한 책략을 개발하도록 격려하라.
5. "계획되어 있지 않은" 어휘 지도에 참여하라.

이는 어휘 교수에 대한 개괄적 원리를 제시한 것이다. 이에 대해 Nation(2003)에는 보다 구체적인 어휘 교수의 원리(Principles for teaching vocabulary)가 제시되어 있다.

1. 먼저 가장 유용한 어휘(useful vocabulary)에 초점을 맞추어라.

어휘는 광범위한 환경에서 쓰이는 것이 있고, 그렇지 않은 것이 있다. 그리고 알게 되면 유용한 어휘가 있고, 배워야 할 많은 유용한 어휘가 있다. 덜 유용한 어휘를 배우기에 앞서 유용한 어휘를 가르치게 되면 학습한 노력에 대해 최상의 보상을 받게 된다. 각종 언어 기능에 쓰이는 유용한 영어의 어휘는 최고 빈도를 보이는 1,000개의 어휘(word family)다. 이들은 Nation(2003)에 의하면 학술서와 신문의 연어 75%를 담당하고, 소설의 연어 80% 이상, 회화의 연어 85%를 차지한다. 여기에는 많은 기능어가 포함된다. 2,000어 이상의 고빈도 어휘는 학습자의 학습목표에 따라 다르다.

2. 가장 적절한 방법(appropriate way)으로 어휘에 초점을 맞추어라.

이는 어떻게 가르치고 학습하느냐의 원리다. 가장 대표적인 어휘 학습 전략은 단어의 부분 이용하기, 문맥에서 추측하기, 낱말 카드 이용하기, 사전 사용하기다. 이러한 학습법은 고빈도 어휘냐, 저빈도 어휘냐에 따라 구별된다. 이는 물론 명시적 교수를 하느냐, 암시적 교수를 하느냐에 따라서도 달라진다. 이에 대해서는 앞에서 제시한 바 있다. 교수·학습 전략은 또 언어의 구조에 따라서도 다를 수 있다.

3. 네 과정(four strands of course)에 걸쳐 고빈도어에 주의를 기우려라.

이는 고빈도어가 모든 언어 장면에 사용되어야 함을 의미한다. 여기서 "네 과정"이란 Nation이 언어 학습을 네 가지로 구분해 사용한 용어다. 네 과정에 걸쳐 고빈도어에 주의를 기우리라는 것은 Nation(2003)이 수업 기법(Classroom techniques)으로 들고 있는 의미초점 입력 활동(Meaning focused input activities), 신중학습 활동(Deliberate learning activities), 의미초점 출력 활동(Meaning focused output activities), 유창성 활동(Fluency activities)의 네 가지 활동을 하라는 것이다. 이는 언어 특질(feature)에 신중하게 주의를 기우리는 것으로, 달리 말하면 각각 듣기·읽기, 언어지식, 말하기·쓰기, 유창성을 위해 고빈도의 어휘를 두루 지도해야 한다는 말이다.

4. 학습에 반영하고 책임을 지도록 학습자를 격려하라.

교수·학습자는 학습 대상으로서의 어휘를 방치 내지 방관하는 것이 아니라 통제해야 한다. 단어를 선정하고, 그것을 학습하는 데 필요한 조건에 관심을 가져야 한다. 어휘를 선정하고 학습하는 것은 학습자가 그것을 실현하고자 하는 것이며, 이러한 학습에 대해서는 당사자가 책임을 져야 한다. 학습자는 이러한 책임을 지기 위해 학습 대상과 어휘 학습의 옵션(option) 범위에 대한 지식, 가장 좋은 옵션을 고르는 기술, 그리고 이들 옵션의 진전(progress)을 감시하고 평가할 수 있는 능력을 지녀야 한다. 그럼에도 종래의 어휘교육은 그렇지 못했다. 일방적으로 주어지고 강요되는 것이었다. 학습자가 통제되지 않는 한 어휘 학습의 코스는 그들에게 효과적인 것이 못된다. 교사는 학습자들에게 다른 유형의 어휘를 알려 주고, 다양한 학습 방법을 훈련시켜야 한다. 그리고 학습 내용과 방법을 선택할 진실한 기회를 부여하고, 학습자가 학습을 반성하고 평가하도록 격려와 기회를 마련해야 한다. 어휘 학습은 방대하고 계속되는 과제다. 교사가 설령 도와준다 하더라도 궁극적으로 학습을 해야 하고, 이를 수행할 사람은 학습자인 것이다.

2.5. 수업 기법(classroom techniques)

수업 기법에 대해서는 앞에서 Nation(2003)이 들고 있는 네 가지 과정을 설명하며 언급한 바 있다. 의미초점 입력 활동(Meaning focused input activities), 신중학습 활동(Deliberate learning activities), 의미초점 출력 활동(Meaning focused output activities), 유창성 활동(Fluency activities)의 네 가지 활동이 그것이다.

첫째, 의미초점 입력 활동은 메시지 이해에 초점이 놓인 것으로, 어휘 학습은 서로 대화를 하거나, 다른 사람의 글을 읽거나, 교사와 상호작용함에 의해 이루어질 수 있다. 그리고 이야기를 들을 때 친숙하지 않은 어휘를 노트하거나, 새로운 단어에 주의를 기울이게 하거나, 교사가 신속히 새로운 단어를 짤막하게 설명함에 의해, 그리고, 새로운 단어를 골라내기 위해 빨리 훑어보기를 함으로 어휘를 증가시킬 수 있다. 이 밖에 단계가 나뉜 읽을거리를 소리를 내지 않고 다독하는 것은 어휘 발달의 중요한 방법이 된다.

둘째, 신중학습 활동은 형식초점(form-focused), 또는 언어초점(language-focused) learning) 학습이라 할 수 있는 것으로, 언어 특성에 신중히 주의를 기우리는 것이다. 신중학습 활동은 이러한 형식초점 학습 영역의 활동으로, 직접교수를 하는 것이다. 이는 학습법으로 접사(接辭)의 학습, 단어를 부분으로 자르기, 기억기법(mnemonic techniques)의 사용, 표기법 연습, 조어법 등을 활용한다. 어휘 카드·문맥에서의 추측·어휘의 단편 사용·사전 사용과 같은 어휘 학습 전략도 물론 활용된다.

셋째, 의미초점 출력 활동은 구어와 문어를 산출하는 것이다. 입력에서 출력으로 넘어가는 가장 효과적인 방법은 문어 입력(written input)에 말하기와 쓰기 활동의 기초를 두는 것이다. 입력에 학습자의 지식을 벗어나는 몇 개의 단어가 있을지라도, 그것이 화제(topic)와 관련이 있을 때 이는 구어에서 쓰일 수 있고, 나아가 문어에 끌어다 쓰인다. 쓰기 자료는 이렇게 구어 또는 문어와 결부시킴으로 어휘 학습의 기회가 증가하게 된다.

넷째, 유창성 활동은 메시지를 빨리 이해하거나 표현하도록 강요하는 것이다. 말하기의 유창성 활동에는 친숙한 주제를 4/3/2 활동으로 빨리 전하도록 압력을 가하는 방법과 같은 것이 있다.

이와는 달리 Nation(2003)은 어휘 교수의 원리를 활용하여 교실에서 사용되는 어휘 교수의 원리라 하여 다음과 같은 네 가지를 들고 있는 것도 볼 수 있다.

1. 먼저 가장 유용한 어휘에 초점을 맞추어라.
2. 가장 적절한 방법으로 어휘에 초점을 맞추어라.
3. 네 가지 과정(four strands)에 균형 있는 주의를 기우려라.
4. 유창성을 발달(Fluency development)하도록 하라.

원리 1, 2는 앞에서 언급한 교수 원리와 같은 것이다. 원리 3은 네 과정을 "균형 있는 주의"라고 보다 구체화한 것으로, 이를 입력과 출력으로 나누어 설명한 것이다. 원리 4는 유창성을 어휘 교수의 배경인 네 가지 과정에 따라 발달시키라는 것이다.

2.6. 어휘 학습 전략(vocabulary learning strategies)

수업 기법의 신중 학습에서 "어휘 학습 전략의 학습과 사용"을 수업 기법의 하나로 열거했거니와 교수·학습에서 어휘학습 전략은 중요한 영역 가운데 하나다. 더구나 어휘교육이 가르치기(teaching)보다 학습하기(learning)에 비중이 놓이는 것으로 볼 때 이 전략은 더욱 큰 의미를 지닌다.

어휘학습 전략에 앞서 언급해야 할 것은 Oxford, R.(1990)가 유용한 언어학습 전략을 제시하고 있다는 것이다. 그는 언어학습 전략을 크게 "직접 전략"과 "간접 전략"으로 나누고, 이들을 각각 셋씩 하위분류 하고, 이들을 다시 19가지로 하위분류 하고 있다. 그리고 Oxford(1990)는 이들을 또다시 하위분류하여 언어학습 전략을 총 62개로 보았다. 상위의 전략 6개만을 보면 직접 전략에 기억전략, 인지전략, 보상전략이 있고, 간접 전략에 메타인지전략, 정의전략, 사회적 전략 등이 있다.

어휘학습 전략은 대표적인 것으로 Decarrico, J.(2001)가 제시한 것이 있다. 그는 네 가지 전략을 들고 있는데, "문맥에서 의미 추측, 기억기법 장치, 어휘 노트, 기타 학습 전략"이 그것이다. 다음에 이들을 보기로 한다.

첫째, 문맥에서의 의미 추측(Guessing meaning from context)을 하는 전략은 저빈도어를 다루는 핵심 어휘 학습(key vocabulary learning) 기술이다. 이를 위해서는 어떤 단서를 어디에서 찾느냐 하는 것이 해결의 열쇠가 된다.

Clarke and Nation(1980)은 단서에 바탕을 둔 추측 전략을 제안한 바 있다. 첫 단계는 모르는 단어를 면밀히 살피는 것이고, 그 다음은 문맥을 살피고, 또 그 다음은 폭을 넓혀 그 단어가 포함된 구절이 다른 구절, 문장, 또는 문절과 어떻게 관련되어 있는지 살피는 것이다. 그리고 이러한 추측이 가장 가능한 것이라는 것을 체크할 체계를 필요로 한다.

이 체계의 기본 단계에서는 품사를 정하고, 그 다음엔 그 단어가 포함된 구절과 문장의 문맥을 조사한다. 그 다음 단계는 이 구절, 또는 문장과 다른 문장, 파라그라프 사이의 관계를 조사한다. 등위나 종속적 접속의 기호들(그리고, 그러나, 왜냐하면 등)도 조사할 수 있다. 이러고도 분명치 않을 때는 수사적 관계의 인식, 구두점, 지시어 등도 살핀다. 그리고 마지막으로 이러한 단서를 통해 추측한 의미가 정확한가를 체크한다.

둘째, 기억기법 장치(Mnemonic device) 전략은 어형과 의미를 연결하고, 기억 속에 이 연합 관계를 공고히 하는 것으로, 관건어법(keyword method)은 이의 대표적인 것이다. 이는 세 단계가 있다. 첫 단계는 음운과 정서법상 비슷한 L1과 L2의 단어를 선택한다. 둘째 단계는 목표어(目標語)와 관건어 사이에 강한 연상 관계를 형성하여, 목표어를 보거나 듣게 되면 즉시 관건어를 떠올리게 한다. 마지막 단계는 관건어와 목표어의 지시를 결합하기 위해 시각적 이미지를 형성한다. 되도록 이상하고 기괴한 이미지가 드러나도록 해 기억을 돕게 할 수 있다. 이때 중요한 것은 무엇보다 관건어와 목표어 사이에 이미지가 상호작용하여 학습자로 하여금 대상 어휘를 기억하게 하는 데 집중시켜야 한다. 일본어를 L1으로 하는 학습자의 경우 "마루－마루타(丸太), 아침－아사(朝), 말－마스(升)", "매－目がよい鷹, 아내－妹のような家內"와 연합관계를 형성하는 것이 이러한 예다. 영어의 경우는 "엄마－mama, 아빠－papa, 많이－many, 파리－fly"의 연합관계가 이러한 예가 될 것이다.

셋째, 어휘 노트 전략(Vocabulary notebook strategies)도 기억을 돕는 독립된 학습법의 하나다. 이는 단순한 단어장이 아니다. 예를 들면 단어를 대조해 적기도 하고, 의미 지도도 그려 넣는다. 의미지도는 새로운 단어와 친숙한 단어 사이에 존재하는 관계의 연상망(associative network)을 시각화하는 것이다. 대차 관계를 기록하는 부신(tally)처럼 듣고 보는 대로 단어를 기록하고, 어근 파생 관계도 학습하여 적는다. 단어의 문체론적인 면, 문장 도해도 학습하여 적는다.

넷째, 기타 학습 전략(Other learner strategies)은 다양한 것이 있을 수 있다. 예를 들면 동일 어계(語系)의 L1체크, 또래 그룹의 연습, 단어를 개인적 경험과 전에 학습한 단어와 연결하기, 새로운 단어를 소리 내어 읽기, 확장된 리허설 하기, 언어 게임, 회문(回文) 같은 것이 그것이다. 언어 게임에는 공놀이, 꼬리 따기, 뒤섞인 글자 바로하기, 범주화하기, 단어 찾기, 그림 보고 단어 말하기, 단어 연결하기 등이 있다(김영숙 외, 2010). 회문은 "다시 합창 합시다"와 같이 앞으로 읽어도, 뒤로 읽어도 말이 되는 말놀이다. "기특한 특기, 다들 잠들다, 다 이심전심이다, 다 큰 도라지일지라도 큰다, 아 좋다 좋아, 자 빨리 빨리 빨자" 따위가 그 예다.

3. 어휘교육의 방법

앞에서 어휘 교육과 관련된 여러 가지 원리를 살펴보았다. 그러면 다음에는 어휘교육을 어떻게 할 것인가? 이의 구체적인 방법에 대해 살펴보기로 한다.

어휘 교수의 방법은 여러 학자들에 의해 다과간(多寡間)에 다양한 것이 제시되었다. 국내에서도 몇 가지가 제시되어 있는 것을 볼 수 있다. 그 대표적인 것은 곽지영 외(2007)에 제시된 정희정의 연습의 원리와, 김영숙 외(2006)에 제시된 김신혜·문영인의 어휘 지도 방안이다. 정희정(곽지영 외, 2007)이 제시한 원리는 다음과 같다.

① 말뭉치를 이용한 통합관계 찾기
② 텍스트에서 관련 단어를 찾아서 연결하기

③ 정의·설명에 맞는 어휘 고르기
④ 어휘 분류하기
⑤ 단어 연결하기
⑥ 단어 배열하기
⑦ 문장 완성하기
⑧ 선택하기

다양한 면에서 원리를 제시한 것이다. 이러한 원리를 제안자에 따라 하나하나 모두 살피는 것은 무리가 따른다. 유형화하여 체계적으로 살피는 것이 중복을 피할 수 있어 바람직할 것이다. Nation, I.S.P(2001)은 어휘학습 활동의 범위(A range of activities for vocabulary learning)를 도표화하여 보여 주고 있다. 이는 어휘 학습의 영역을 어휘의 형태, 의미, 용법으로 나누고 이에 따른 활동을 제시한 것이다. 따라서 어휘 교수의 방법을 유형화하여 살피기에 무엇보다 좋은 자료다. 이에 여기서는 Nation의 이틀을 활용하여 어휘 교수법을 살펴보기로 한다. 도표는 다음과 같다.

목표(goal)		활동(activities)
형태	음성 형태	단어 발음 소리 내어 읽기
	표기 형태	단어와 문장 받아쓰기 철자법 발견
	단어의 단편(parts)	단어의 부분 도표 채우기 복합어 자르기 복합어 만들기 바른 형태 선택하기
의미	형태-의미 연결	단어와 정의의 조합 문절의 의미 토의 그림 그리기와 이름표 붙이기 또래 가르치기 수수께끼

목표(goal)		활동(activities)
의미	개념과 지시	공통의 의미 발견하기 바른 의미 선택하기 의미 자질(feature) 분석 질문에 답하기 낱말 탐색(detective)
	연상(association)	대치어 찾기 연결 설명하기 낱말 지도 만들기 낱말 분류하기 반대어 찾기 이유나 효과 암시하기 연상 암시하기 실례 찾기
용법(Use)	문법	문장의 반쪽 짝짓기 문장을 만들기 위해 낱말 투입하기
	연어(collocates)	연어 짝짓기 연어 찾기
	용법의 제약	제약 확인하기 제약 분류하기

3.1. 형태(form) 교수의 방법

형태 교수는 Nation(2001)의 도표에 제시된 바와 같이 음성 형태, 서사 형태, 단어의 부분이란 세 영역으로 나눌 수 있다.

첫째, 구어 형태에 주의하는 것은 정확한 발음을 하고, 그 형태를 들었을 때 올바로 인식하기 위함이다. 발음은 범독에 따라 반복 연습한 다음 혼자서 연습하고 피드백을 받도록 한다. 텍스트를 읽을 때는 소리 내어 읽고, 표기와 발음이 다른 것이 있다는 것을 알고, 이에 주의하여 발음하게 한다. 한국어의 경우는 정서법의 원칙이 "한글 맞춤법은 표준어를 소리대로 적되, 어법에 맞도록 함을 원칙으로 한다."(한글 맞춤법 제1항)

고 표음주의를 원칙으로 하고, 형태주의를 부수적으로 적용하게 되어 있다. 따라서 원천적으로 소리와 표기가 다를 수 있다는 것을 기억하도록 해야 한다. 한자어권의 경우는 음운 대응(音韻對應)을 활용한다.

둘째, 표기 형태(written form)는 구개음화, 자음접변, 어중음(語中音)의 경음화와 같이 발음과 다른 것이 있으므로 표기에 주의한다. 그리고 여기에는 일정한 유형과 법칙이 있다는 것을 파악하게 한다. 학습자는 받아쓰기를 통해 표기법을 익히도록 한다. 주의를 요하는 경우에는 판서한다. 판서는 학습자의 주의를 끌어 좋은 지도를 하게 한다. 학습자는 그룹으로 나누어 낱말 카드나 도표를 사용해 말소리와 표기를 바로 연결하도록 하고, 표기와 발음의 원칙을 바로 알고 있는지 확인하도록 한다.

셋째, 낱말을 절단한 단편(parts)에 대한 학습은 학습자들이 그 단편과 관련된 단어 가족(Word family)의 용법을 이해하고, 새로 접하는 복합어를 기억하는 데 이바지하게 한다. 낱말의 유연성(有緣性)은 학습을 용이하게 하는 것이다. 이런 의미에서 상징어를 비롯해 복합어 등의 어휘의 어원을 밝히거나 의미 변화 과정을 알려 주는 것은 어휘교육에 효과적일 것이다. 이는 대조언어학적 입장에서 학습자의 흥미를 유발할 수도 있어 더욱 좋은 교육방법이 될 수 있다. 특히 고급 학습자의 경우 적용할 경우 효과적이라 할 것이다.

가난(<艱難) : poor, 가랑-비(<ᄀ르-비 : 粉-雨) : drizzle, 계-집(在-家) : women, 눈-물(眼-水) : tear, 목-숨(項-息) : life, 두루-마기(周-防) : 周衣, 밑-천(本-錢) : capital, 바늘-귀(針-耳) : needl's eye, 배알(비-숧 : 腹-肉) : internal organs, 쏜-살-같다(射-矢-如) : rapid, 열-적다(膽-小) : awkward, 장기튀김(棋-彈) : domino 현상, 희다(<히-다 : 日-接辭) : white, 안-심(內-筋) : 牛肋骨肉, 어버이(<업-어이 : 父-母) : parent, 지새다(落-曙) : dawn, 코-끼리(<콩-길이 : 鼻-長) : elephant, 한-가위(大-半) : 秋夕, 한-숨(大-

息) : sigh, 함께(혼-쁴 : 一一時) : with, 핫-바지(綿-袴) : 綿袴, 햅-쌀(年-米) : 新米, 호주머니(胡-囊) : bag

겨드랑이(<겯-으랑이 : 腋-接辭>側) : side, 겨레(친족>민족) : race, 맛(食物>味覺) : taste, 사랑(思>戀) : love, ᄆ숨(心臟>心) : heart, 보죠개(頰>笑印) : dimple, 산통-깨다(算筒-破>失敗) : spoil, 스승(尊者>師) : teacher, 싸다(高價>歇價) : cheap, 얼굴(形體>顔) : face, 짐승(衆生>動物) : animal, 짓(<즛 : 貌>行動) : features, 힘(筋>力) : power

낱말의 단편에 대한 학습 방법으로는 Nation(2001)이 제시한 것처럼 도표에 제시된 단어의 부분 채우기, 복합어 자르기, 복합어 만들기, 바른 형태 선택하기 등을 들 수 있다. 단어의 부분 도표 채우기(filling word part tables)는 짝을 이루어 학습한다. 한 예를 들면 다음과 같이 도표의 빈칸을 채워 넣게 한다.

명사	동사	형용사	부사
성실	*		
	*	파랗다	*
	걷다	*	*

복합어 자르기(cutting up complex words)는 어휘표를 주고 이를 단편으로 나누게 하고, 각 부분의 의미를 알아보게 한다. 파생어 내지 합성어의 구성 요소와 그 의미를 파악하게 하는 것이다. 특히 한국어에 많은 접두사와 접미사의 형태와 의미를 학습할 수 있다.

바른 형태 선택하기(choosing the correct form)는 정확한 형태를 고르게 하는 것으로, 주어진 문장의 공란이나 괄호 안에 적당한 어형이나 어간·어근에 어미나 접사를 채우게 한다. "전차가 곧 역에 _______.(도착)", "여름이 되어 나뭇잎이 ______.('푸르다'의 과거)"의 빈칸에 바른 형태를 채우게 하는 것과 같은 것이다.

3.2. 의미(meaning) 교수의 방법

3.2.1. 형태 – 의미 연결하기

의미 교수는 형태와 의미의 연결, 개념과 지시(물) 파악하기, 연상하기 등을 들 수 있다.

형태 – 의미 연결하기(form-meaning connection)는 형태 – 의미의 연결을 강화하는 것으로, 특별한 단어를 보고 들을 때 의미를 회상하게 하는 것, 또는 어떤 의미를 표현하고자 할 때 구어와 문어의 형태를 회상하게 하는 것을 포함한다. 여기에서는 단어와 정의(定義) 조합하기, 구절(phrases)의 의미 상의하기, 그림 그리기와 그림에 이름표 붙이기, 또래 가르치기, 수수께끼 등의 활동을 할 수 있다.

낱말과 정의 짝짓기(matching words and definitions)는 접촉한 적이 있는 낱말과 학습자들이 받은 정의의 도표와 짝을 맞추는 것이다. 양자택일은 학습자가 읽기 자료에서 정의에 부합되는 낱말을 찾는 것이다.

구절의 의미 상의하기(discussing the meaning of phrases)는 전에 접한 단어가 포함된 구절의 목록을 받고 구절의 의미를 결정하게 하는 것이다.

그림을 그리고 그림에 이름표 붙이기(drawing and labelling picture)는 최근에 접한 단어가 포함된 진술을 읽거나 듣고 그림을 그리거나 그림에 이름표를 붙이는 것이다.

또래 가르치기(peer teaching)는 둘이 짝이 되어 짝에게 어휘를 가르치는 것이다. 교사 역할을 하는 학습자는 낱말과 이의 의미를 서술하는 그림을 가지고 있다. Feeny(1976)에 의하면 교사 역할을 하는 학습자도 배우는 역할의 학습자와 거의 같이 학습한다고 한다.

수수께끼(riddle)는 낱말의 의미를 쉽게 기억하도록 이를 활용하는 것이다. 이는 수수께끼가 해학과 풍자적이어 재미가 있는 것일 때 더욱 효과적이다.

> "기는 제비가 무엇이냐?"-족제비
> "끓여도 찬 것이 무엇이냐?"-차(茶)
> "남은 놓았다 해도 나는 들고 있는 것이 무엇이냐?"-총(銃)
> "낮에 보아도 밤이 무엇이냐?"-밤(栗)
> "새 중에서 가장 무서운 새가 무슨 새냐?"-먹새

3.2.2. 개념과 지시물(concept and referents)

이는 낱말과 관련된 용법을 통해 근간이 되는 분명한 개념을 파악하는 것과, 그것이 무엇을 지시하는가 하는, 특별한 용법을 파악하는 것이다. 이는 어떤 어휘가 새로운 상황에 쓰였을 때 그 낱말을 이해하는 데 기여하고, 창조적 방법으로 사용할 수 있는 지식이 되게 한다. 이 영역에는 공통의 의미 발견하기, 바른 의미 선택하기, 의미 자질 분석하기, 질문에 답하기, 낱말 탐색하기 등의 교수·학습 방법이 있다.

공통의 의미 발견하기(finding common meanings)는 낱말의 근본 개념과 핵심적 의미가 그 낱말의 다른 용법과 비슷하다는 것을 아는 것이 학습의 유용한 기법이란 것이다. 이는 두 용법에서 공통된 자질을 찾게 한다. 작업은 짝을 지어, 또는 적은 그룹으로 나누어 하게 한다. 다른 그룹과 비교함으로 좀 더 그 의미를 확실하게 할 수 있다.

바른 의미 선택하기(choosing the right meaning)는 읽기 자료의 어휘 표를 주고 사전에서 적당한 의미를 찾게 하는 것이다. 사전 대신 교사가 가능한 의미 조합을 준비할 수도 있다. 목록의 의미는 모두가 가능한 것이나,

하나만이 문맥에 어울리는 것이어야 한다.

의미 자질 분석하기(semantic feature analysis)는 관련된 단어의 의미를 분명히 하기 위해 의미를 분석하는 것이다. 이를 위해서는 관련어휘 목록에 대한 격자 채우기를 할 수 있다. "얼굴, 낯, 뺨, 볼"의 의미를 몇 가지 기준을 제시하고 비교·점검하게 하는 따위를 할 수 있다. 이는 비교 대상이 학습자에게 친숙할 때 사용해야 한다.

질문에 답하기(answering question)는 구체적 예를 들어 나타내고, 단어를 응용하는 데 학습자에게 도움을 줄 수 있다.

단어 탐색하기(word detectives)는 학습자가 이미 교실에서 접한 단어를 교실 밖에서 찾아 보고하도록 하는 것으로 생성적인 학습법이다. 이 활동은 MaKeown 등이 확장된 리치 인스트럭션(rich instruction)이라 부르는 것이다.

3.2.3. 연상(associations)

Nation(2001)은 "Association"이란 용어를 일반적 용법과는 달리 "내포(connotation)"라는 의미로 사용한다. 단어에 대한 연상, 곧 내포의 범위를 아는 것은 그 단어의 전체 의미에 대한 이해를 돕고, 적절한 문맥 속의 단어 형태 혹은 의미 회상을 도와준다. 광의의 연상에는 동의어, 반의어, 동일한 일반적 핵심어(headword)의 가족 성원, 부분과 전체 관계의 단어들, 그리고 상위어와 하위어가 포함된다. 연상 학습 활동에는 대치어 찾기, 연결어 설명하기, 낱말 지도 만들기, 낱말 분류하기, 반대어 찾기, 이유나 효과 제시하기, 연상 제시하기, 실례 찾기 등이 포함된다.

대치어 찾기(finding substitutes)는 사전에 텍스트의 단어에 밑줄을 쳐 놓고 이에 대치할 단어를 목록에서 선정하는 것이다. 연결어 설명하기(explaining connections)는 짝 또는 작은 그룹으로 나뉘어 관련된 단어 그룹

사이의 연결을 설명하는 작업이고, 낱말 지도 만들기(making word maps)는 작은 그룹으로 나뉘어 교사와 함께 목표 단어에 대한 연상 지도를 만드는 것이다. 이는 어휘의 형태적 연상과 의미적 연상이 있다. 단어 분류하기(classifying words)는 집단으로 나뉘어 생물·무생물, 긍정적·부정적 내포 등의 여러 가지 기준에 따라 어휘를 분류하는 것이고, 반의어 찾기(finding opposites)는 주어진 어휘 목록이나, 텍스트에 쓰인 어휘의 반의를 찾는 것이다.

이유 또는 효과 제시하기(suggesting causes or effects)는 단어나 구절을 주고 어떤 상황의 이유와 효과를 기술하게 하는 것이다. 이러한 과정은 병의 원인을 제시하고 투약하는 의료 상담에서 볼 수 있다. 연상 제시하기(suggesting associations)는 어떤 단어에 대한 연상을 하게 하는 것이다. 이때 학습자에게는 4~5개의 단어가 주어진다. 소집단으로 나뉘어 단어에 대한 연상 리스트를 작성하게 한다. 다른 집단으로 넘겨 다시 연상·분류하게 한다. 그리고 두 집단의 연상을 비교하고 분류에 대해 논의하게 하는 것이다.

실례 찾기(finding examples)는 특정 범주의 단어를 주고 학습자가 아는, 그 범주의 단어를 아는 대로 쓰게 하는 것이다. 예를 들어 음식, 가구, 학용품 등의 이름을 쓰게 한다. 시간이 되면 기록한 종이를 다른 사람에게 넘겨 같은 활동을 계속한다. 이 활동은 또 다음 사람으로 잇고 이어져 그것이 본인에게 다시 돌아올 때까지 계속한다. 그 다음 학습자들은 사전을 찾아 철자를 바로잡는다. 이렇게 함으로 새로운 단어가 추가된 학급의 사전을 만드는 것이다.

3.3. 용법(use) 교수의 방법

3.3.1. 문법(grammar)

어휘의 용법을 학습하는 방법으로는 문법, 연어, 용법 제약, 문화에 대한 배려 등이 있다.

낱말을 안다는 것은 그것이 문장에서 어떻게 쓰이는가를 아는 것을 포함한다. 낱말의 의미와 형태만을 알아 가지고는 그것을 제대로 알았다고 할 수 없다. 실제로 사용하기가 어렵기 때문이다. 어휘가 문장에서 구체적으로 어떻게 쓰이는가 알아야 한다. 어휘의 문법적 역할을 아는 것이다.

문법의 교수·학습법에는 문장의 반쪽 짝짓기, 문장을 작성하기 위한 낱말 투입하기 등이 있다. 문장 반쪽 짝짓기(matching sentence halves)는 이미 전에 접한 어휘가 포함된 문장을 받아 그것이 의미 있는 완전한 문장이 되도록 반쪽을 찾아 짝을 짓는 것이다. 낱말 차례 짓기(ordering words)는 학습자가 문장을 만들기 위해 어순에 따라 낱말을 집어넣는 것이다. 이때 실사(實辭)만이 아니라, 기능어도 넣는다. 한국어의 경우는 구조상 부착어에 속하기 때문에 적절한 기능어를 빈칸에 채우는 활동이 큰 의미를 지닌다. 한국어와 일본어는 격조사의 용법에 상당한 차이를 보인다. 이는 대조분석이 필요함을 알게 한다. 이들은 다음에 언급할 문법적 연어라 할 수 있는 것으로, 외국어 교육에 학습이 절실한 것이다. 예를 몇 개 들어보면 다음과 같다(박갑수, 2009).

> [に] : 의사가 되다 : 醫者になる, 점심시간이 되었다 : 晝ご飯の時間
> になつた, 지하철을 타다 : 地下鐵に乘る, 친구를 만났다 : 友だ
> ちに會つた, 일본은 중국을 이길 것이다 : 日本は中國に 勝つだ
> ろう, 병으로 고생하다 : 病氣に苦む

[の] : 키가 큰 사람 : 背の高い人, 눈과 같은 피부 : 雪のような肌, 제
가 시의원인 우에다올시다 : 私が市議員の上田でございます
[より] : 술은 쌀로 만든다 : 酒は米からつくる, 학교는 집에서 멀
다 : 學校は家から遠い, 네가 그렇게 전하라 : お前からそう
傳えろ, 부주의로 큰일을 저지른다 : 不注意から大事をおこ
す, 백 명 이상의 사람 : 百人よりの人

3.3.2. 연어(collocation)

다른 단어와 함께 쓰이는, 공기 현상을 보이는 연어(連語)를 안다는 것
은 그 언어 사용에 크게 기여한다. 유창성을 조장하는 것이다. 따라서
외국어 교육에서 근자에 연어에 대한 관심이 많아졌다. 한국어교육의 경
우도 마찬가지다. 이는 컴퓨터에 의해 어휘에 대한 대량의 정보를 얻을
수 있게 됨으로 말미암아 이러한 현상이 강화되었다.

연어(collocation)는 일반적 문법규칙에 따라 공기하는 어(語)와 어(語)의
관용적 결합, 또는 이러한 어구를 말한다. 이는 어휘적 연어와 문법적
연어로 구별되는데, 전자가 유창성을 기하는데 좀 더 기여한다면, 후자
는 정확성을 기하는데 좀 더 기여한다고 할 수 있다. 문법 연어는 어휘
연어에 비해 오용의 문제가 수반된다. 이들 연어를 몇 개 보면 다음과
같다.

* 어휘 연어 : 고집을 부리다, 소란을 피우다, 아양을 떨다, 들통이 나
다, 골탕을 먹다, 주목을 받다, 질문을 던지다, 눈코 뜰 새 없다, 갈
피를 잡지 못하다, 한 발을 빼다
* 문법 연어 : -을 중심으로, -에 즈음하여, -ㄴ 덕분에, -게 마련이
다, -기 때문이다, -ㄹ 이기다, -ㄴ가 싶다, -ㄹ 것 같다, -ㄹ 나위
없다, -ㄹ 수밖에 없다

이러한 연어는 공기(共起)가 제대로 되지 않을 때 무의미한 말이 되거나 이상한 표현이 된다. 한 예로 배설 관계 연어 "똥·오줌 : 누다·싸다/ 대변·소변 : 보다/ 쉬·응아 : 하다"의 "누다/ 보다/ 싸다/ 하다"를 제대로 조합하지 않을 경우를 생각해 보면 쉽게 이해된다.

연어의 학습법으로는 연어 짝짓기와, 연어 찾기 등을 들 수 있다.

연어 짝짓기(matching collocates)는 학습자가 조합할 단어의 리스트를 받아 짝을 짓는 것이다. 이는 같은 단어에 하나, 또는 여러 개의 쌍으로 조합할 수 있다. 연어 찾기(finding collocates)는 학습자가 주어진 단어의 연어 목록을 만들기 위해 사전을 찾고, 경험에서 끌어내고, 제1언어의 대구를 활용하게 된다.

3.3.3. 용법에 대한 제약(constraints on use)

대부분의 낱말은 용법에 제약을 받지 않는다. 격식 : 비격식, 공대 : 하대, 정중어법 : 비정중어법, 아동어 : 성인어, 여성 용법 : 남성 용법, 구어 : 문어, 지역 방언 : 표준어, 한국어 : 조선어와 같은 제약에 대해 중립적이다. 그런데 어휘 가운데는 이와는 달리 제약을 받는 말이 있다. 제약을 받는 경우 이들 어휘의 사용 여부는 소통에 영향을 미칠 수 있으므로 주의하여야 한다. 한국어의 경우 대우법의 높임과 낮춤의 제약은 그 대표적인 예다. "밥 : 진지, 이 : 치아, 술 : 약주, 집 : 댁, 동생 : 계씨, 만나다 : 뵙다, 말하다 : 여쭈다, 병 : 병환, 아프다 : 편찮다, 있다 : 계시다, 자다 : 주무시다, 주다 : 드리다, 죽다 : 돌아가시다" 따위가 이런 것이다. 한국어와 북한과 중국 조선족의 조선어도 상당한 차이를 보인다.

용법 제약에 대한 교수 방법으로는 제약 확인하기와 제약 분류하기 등이 있다. 제약 확인하기(identifying constraints)는 어휘 사용상의 제약 유무를 확인하는 작업이다. 제약 분류하기(classifying constraints)는 사용상의 제약 규칙에 따라 어휘 목록을 분류하는 것이다. 이러한 분류는 지역 방언과 표준어를 나누는 것이 대표적 예가 될 것이다. "맘마, 까까, 꼬꼬, 멍멍"과 "밥, 과자, 닭, 개"는 유아어와 성인어로 구분되는 제약이다. "아빠, 엄마"는 본래 성인이 쓸 수 없는 아동어이었으나, 근자에는 성인들에게도 일반화하였다.

3.3.4. 문화에 대한 배려

언어는 문화를 반영한다. 이는 문화의 색인이라 한다. 언어와 문화는 이와 같이 불가분의 관계에 놓여 있다. 이런 의미에서 한 민족어의 실상은 제대로 파악되어야 한다. 이는 달리 말하면 외국어교육에서 대조언어학적(對照言語學的) 연구가 필요함을 의미한다.

언어를 구조적인 면에서 볼 때 문화와 가장 밀접한 관계를 가진 것이 어휘다. 언어의 형태, 의미, 용법은 다 문화와 관련된다. 형태와 의미의 면에서는 명명(命名), 곧 어원이 학습 대상이 되고, 용법과 관련해서는 사회언어학적 적격성이 중요한 문제가 된다. 영어의 "wash"에 대한 한국어의 "(손을)씻다, (옷을)빨다, (머리를)감다, (마루를)닦다", "put on, put off"에 대한 "입다, 벗다"류의 분화(分化) 대응과, 우리의 "먹다"에 대한 영어의 "eat, drink, smoke"는 문화에 따라 차이를 보이는 명명의 예다. "밥·진지", "있다·계시다"의 구분은 우리의 전통문화가 반영된 사회언어학적인 문제다. 문화가 반영된 어휘의 이해와 표현은 한국어교육에 있어서 중요한 학습 대상이 된다. 이러한 문화와 관련된 어휘의 대표적인 것으로는 호칭어, 높임말, 낮춤말, 관용어, 속담 등을 들 수 있다. 이들의 교수 방법으로는 낱말 분석하기, 관용적 의미 파악하기, 어휘의 문화적 배경 알기, 사용상의 적격성 구분하기 등을 들 수 있다. Spinelli and Siskin(1992)는 이러한 문화어 학습에 대해 몇 가지 유용한 가이드라인을 제시해 주고 있어(Nation, 2003) 어휘교육에 참고가 된다.

1. 문화적으로 진정한 의미 영역과 관련 네트웍 안에서 어휘를 제시하고 연습한다.
2. 원어와 목표언어를 구별하는 방법으로 어휘를 제시하고 연습한다.
3. 모국 문화와 목표 문화의 지시물이 형태적으로 다른, 진정한 시각 자료를 사용한다.
4. 단어의 외연과 내포를 제시하고 연습한다.(Nation의 용어로 개념과 연상－筆者)
5. 목표언어에서 적절한 행동을 강화할 수 있는 방법으로 어휘를 제시하고 연습한다.

4. 결어

언어교육에서 가장 부진한 어휘교육의 원리와 방법에 대해 살펴보았다. 어휘교육의 원리는 교육의 과정에서 볼 때 대여섯 가지를 생각할 수 있다. 그것은 어휘 선정의 원리, 어휘 기억의 원리, 어휘 제시법의 원리, 어휘 교수의 원리, 수업 기법의 원리, 어휘학습 전략의 원리 등이 그것이다.

어휘교육의 구체적인 방법으로는 형태, 의미, 용법이란 어휘교육의 목표와 대상에 따라 약 10개 영역에 걸쳐 30~40개의 활동을 전개할 수 있다.

그간 어휘교육은 어렵고 방대함으로 말미암아 거의 학습자의 학습에 일임하다시피 방치돼 왔다. 그러나 이렇게 방치되어 좋은 것이 아니다. 근자에 컴퓨터의 동원 및 어휘교육의 연구 발전으로 말미암아 어휘교육은 새로운 국면을 맞이하였다. 더구나 어휘교육은 오늘날 원만한 의사소통을 위해 언어교육에서 어느 영역 못지않게 중요한 영역이라 인식되고 있다. 따라서 앞으로 어휘교육은 암시적·간접적 방법과 함께 명시적·직접적 방법으로 원만한 커뮤니케이션을 하기 위해 교육을 강화하도록 해야 하겠다.

참고문헌

곽지영 외(2007), 한국어 교수법의 실제, 연세대학교 출판부.
김영숙 외(2006), 영어과 교육론 2 교과 지도법, 한국문화사.
박갑수(2005), 국어교육과 한국어교육의 성찰, 서울대학교 출판부.
박경미(2002), 제2언어 학습자의 어휘학습전략 연구, 고려대 박사학위논문.
박연정(2004), 영어 어휘 학습전략에 관한 연구, 건양대 석사학위논문.
이정민(2010), 한국어 어휘 학습 전략 연구, 경희대 박사학위논문.
정동빈(2009), 영어어휘 학습지도, 한국문화사.
조현용(2005), 한국어 어휘교육 연구, 박이정.
조형일(2010), 시소러스 기반 한국어 어휘 교육 연구, 서울대 박사학위논문.
한재영 외(2006), 한국어 교수법, 태학사.
한재영 외(2010), 한국어 어휘교육, 태학사.
淺野百合子(1991), 語彙, 凡人社.
石田敏子(1995), 改訂新版 日本語教授法, 大修館書店.
門田修平 外(2006), 英語語彙指導ハンドブック, 大修館.
玉村文郎(平成10), 講座 日本語と日本語教育, 第7卷 日本語の語彙・意味(下), 明治書院.
Brown, H. Douglas(2001), Teaching by Principles, Second Edition, 권오량 외역(2004),
    원리에 의한 교수, Pearson Education Korea, Ltd.
Brown, H. Douglas(2001), Teaching by Principles, Third Edition, Pearson Education
    Inc..
Celce-Murcia, Marianne(2001), Teaching English as a Second or Foreign Language,
    Heinle Cengage Learning.
Coady, James et al(1997), Second Language Vocabulary Acquisition, Cambridge
    University Press.
Evelin Hatch et al(1995), Vocabulary, Semantics and Language Education, Cambridge
    University Press.
Lewis, Michael(1997), Implementing the Lexical Approach, Language Teaching
    Publications.
McKeown et al(1987), The Nature of Vocabulary Acquisition, Lawrence Erlbaum

Associates, Publishers.

Nation, I.S.P.(2001),Learning Vocabulary in Another Language, Cambridge University Press.

Nation, I.S.P.(2003), Vocabulary, Nunan, David(2003), Practical English Language Teaching, MacGraw Hill.

Oxford, L. Rebecca(1990), Language Learning Strategies What Every Teacher Should Know, 穴戶通庸 外譯(2001), 言語學習 ストラテジー, 凡人社.

Schmitt, Norbert(2000), Vocabulary in Language Teaching, Cambridge University Press.

Thornbury, Scott(2002), how to teach vocabulary, Longman.

Ur, Penny(1991), A Course in Language Teaching, Cambridge University Press.

박갑수(2007), 한국어교육과 언어문화 교육, 한국어교육연구 제10집, 서울대 사대 외국인을 위한 한국어교육 지도자과정.

甲斐睦朗(1990), 語彙指導, 玉村文郎 編(1990), 講座 日本語と日本語教育, 第7卷 日本語の語彙·意味(下), 明治書院.

■ 이 글은 한국(조선)어교육연구학회의 한국(조선)어교육 국제학술연토회(길림대학, 2011.7. 15~16)에서 발표된 논문으로, 한국어교육연구, 제16집(서울대 사대 외국인을 위한 한국어교육지도자과정, 2012)에 게재된 것이다.

제4장 한국어 문법교육의 바람직한 방향

1. 서언

지난날에는 강 하나, 산 하나가 언어를 갈라놓았다. 그러나 오늘날은 지구가 작은 마을이 되고, 세계가 일일 생활권이 되면서 외국어를 배우지 않으면 안 되는 세상이 되었다. 그래서 현대인은 그 누구를 막론하고 모두가 외국어 하나쯤은 배우고 있다.

외국어교육은 교수·학습의 목표, 대상, 내용에 따라 그 방법을 달리한다. 그래서 많은 교수 방법이 개발되었다. 따라서 한국어교육에도 효과적인 교수·학습을 위하여 이러한 다양한 교수법이 교육 현장에서 활용되고 있다.

언어교육의 목표는 궁극적으로 의사소통에 있다고 하겠다. 따라서 언어의 기능(技能) 교육이 주종을 이룬다. 그러나 이것이 전부는 아니다. 언어의 지식인 문법교육 또한 필요한 영역이다.

문법은 언어의 규칙이며, 사고의 틀이다. 문법을 모르고는 제대로 사고할 수도 없고, 제대로 표현·이해도 할 수 없다. 따라서 문법은 말하기·듣기·읽기·쓰기와 같은 언어의 네 기능과 더불어 언어교육에서 빼어 놓을 수 없는 교육 영역이다. 물론 문법교육에 대한 반론이 없는 것은 아니다. 이에 대해서는 아래에서 구체적으로 논의될 것이다.

이 글에서는 언어교육의 중요한 영역의 하나인 문법교육이 한국어교육에서 어떻게 수행되고 있는지, 국내외의 현황을 살펴보고 반성을 꾀하며, 바람직한 문법교육의 방향을 모색해 보기로 한다. 따라서 여기서의 방향은 개별 문법항목을 전제로 한 구체적 교육 방법을 제시하자는 것이 아니다. 바람직한 개별적, 구체적 교육방법이 산출될, 문법교육의 방향을 모색 해 보자는 것이다. 바람직한 문법교육의 구체적 방법은 이러한 틀 속에서 제시될 수 있을 것이기 때문이다.

2. 언어교육과 문법교육

2.1. 문법교육의 찬반론

Scott Thornbury(1999)는 언어교수의 역사는 본래 문법 교수에 대한 찬성과 반대의 역사라고 한다. 그리고 그는 문법교육에 찬성하는 입장과 반대하는 입장을 열거하고 있다(Thornbury, S., 1999). 먼저 문법교육에 찬성하는 입장을 보면 다음과 같다.

① 문장제조기론(the sentence-machine argument)
문법은 언어규칙으로, 이에 대한 지식은 독창적인 문장을 무한정으로 만들어 낼 수 있는 수단을 학습자에게 제공한다.
② 정치한 조정기능론(the fine-tuning argument)
문법교수는 모호성이 있는 문장에 대해 명료성과 적절성을 지니도록

교정하는 수단을 제공한다.

③ 오류문법 화석론(the fossilization argument)

언어능력이 더 이상 향상되지 않는 정체, 곧 언어능력이 화석화하는 것을 문법학습은 막아 준다.

④ 선행조직자론(the advance-organizer argument)

문법지도는 그냥 지나쳐버릴 문법항목에 주의를 기울이게 한다. 이는 이후의 언어습득을 위해 선행 조직자의 역할을 한다.

⑤ 개별 문법항목론(the discrete item argument)

문법은 언어를 정리하고 개별 문법항목이라 불리는 간결한 범주로 조직함으로 언어를 이해하기 쉽게 만든다.

⑥ 문법 규칙론 (1)(the rule-of-law argument)

문법은 교사에게 조직적인 단계로 가르치고 평가할 수 있는 구조화된 체계를 제공한다.

⑦ 학습자 기대치론(the learner expectations argument)

학습자들이 언어 수업에서 무엇을 학습할 것인지 확고한 기대치를 가지게 한다.

이와는 달리 문법교육에 반대하는 입장은 다음과 같다.

① 실천방법 지식론(the knowledge-how argument)

언어학습은 언어에 대해 배움으로써 이루어지는 것이 아니라, 언어를 사용함으로써 이루어진다.

② 의사소통론(the communication arguments)

문법지식(언어능력)은 단지 의사소통능력의 한 구성 요소에 불과하다. 적극적 의사소통법의 지지자는 학습에 대한 경험적 관점에서 의사소통에 참여하므로 문법은 무의식중에 습득되며, 문법 규칙의 학습은 시간의 낭비라 본다.

③ 습득론(the acquisition argument)

S. Krashen은 학습(learning)과 습득(acquisition)을 구별한다. 문법의 학습

은 형식적 지도 결과로, 실제 의사소통의 유용성에 한계를 지녀 습득이 오히려 자연적 과정이라 본다.

④ 자연적 순서론(the natural order argument)

N. Chomsky는 사람은 본래 언어학습 능력을 지니고 태어난다고 한다. 따라서 이러한 자연적 순서를 따를 것이고, 전통적 교수요목을 고수하고, 직관적 정확성을 고집함으로 자연적 순서를 파괴하여서는 안 되는 것으로 본다.

⑤ 어휘 청크론(the lexical chunks argument)

어휘학습은 대개 항목학습(item-learning)이다. 종종 언어의 청크(chunk)라 불리는 형태인 구나 숙어, 관용어 등을 기억하는 것도 여기 속한다. 어린이들은 많은 표현을 뭉치로 학습하며, 학습 후에 저장된 청크를 구성요소로 분석하는 작업을 한다.

⑥ 학습자 기대치론(the learner expectation argument)

학습자는 문법학습을 기대하거나 말하기 학습을 기대한다. 교사는 이런 생각을 받아들여 균형 있는 교육을 제공하기도 하고, 어떤 경우는 절충안을 제시하기도 한다. 이럴 때 기대치는 충족되기 어렵다.

이렇게 문법교육에 대해서는 찬반양론이 있다. 그러나 앞에서 언급한 바와 같이 문법이 언어의 규칙이고 보면 언어 구사를 위하여 문법교육은 하는 것이 바람직하다. 그렇지 않으면 정확하고 유창한 언어 사용을 할 수 없거나, 상대적으로 언어 습득이 지연될 것이다. 사실 문법교육을 반대하는 위의 입장들은 문법교육을 전면적으로 부정한다기보다, 대부분 문법 교수법의 일면을 문제 삼고 있는 것이라 할 수 있다.

2.2. 문법교육의 역사적 흐름

언어교육에서 찬반이 대립되는 문법교육은 역사적으로 어떻게 수행되어 왔는가? 다음에는 이러한 흐름을 살펴보기로 한다.

서구에서는 일찍부터 외국어교육이 시작되었다. 고대 로마 제국의 귀족들은 자제들에게 라틴어와 희랍어의 이중언어교육을 하였다. 로마 제국의 세력이 확대되면서부터는 라틴어가 유럽의 공용어가 되어 각국에서는 이를 자국어와 함께 학습하였다. 중세 말경부터 근세 로망스어가 발전하며, 라틴어는 사어(死語)가 되었다. 라틴어의 학습은 사전이나 문법서를 통해서 꾀해졌다. 그리하여 라틴어 교육은 라틴어 문법을 배우는 것이라 착각하게 하였다. 교수·학습은 문법규칙이나 격변화를 암기한 뒤에 문헌을 읽게 하는 방법이 채택되었다. 이러한 교수의 방법은 근세의 문법-번역법(grammar-translation method)의 기초가 된다.

르네상스 시대에는 고전 라틴어와 당시 교육계 안에서 쓰이던 라틴어를 비교함으로 문법을 위한 문법교육이 왕성해져 차츰 라틴어를 배우는 것 자체가 학문의 목적이 되는 경향이 생겨 비판을 받았다.

17세기 이후에는 유럽 각국이 세력을 신장하게 되고, 정치적으로 이합집산을 하며 라틴어 이외의 외국어도 실용을 위해 교수·학습하게 되었다. 이때 주류를 이룬 교수법은 라틴어교육에서 기술을 익힌 문법-번역법이다. 이는 무엇보다 목표 언어의 어형 변화 및 동사의 활용을 체계적으로 가르치고, 그 다음에 번역하는 과정을 통해 그 언어를 습득시키고자 하는 것이었다. 17세기 중반 Karl Ploetz에 의해 문법-번역법은 체계화되고 근대화하였다. Ploetz는 언어교육에서 무엇보다 중요한 부분은 문법교육이고, 모든 외국어교수는 문법교수로 시작해야 한다고 하였다. 그의 교수법은 먼저 어휘를 암기시키고, 그 다음 목표언어의 문장을 모국어로 번역하고 문장의 의미를 이해시켜, 이를 통해 그 언어의 문법규칙을 숙지하게 함으로 다른 문장을 접했을 때 그 지식을 응용하게 하는 것이었다.

19세기 후반 문법－번역법은 심리학 및 언어학의 입장에서 강한 비판을 받았다. 자연법(natural method) 및 심리학적 교수법(psychological method) 등에서는 외국어 학습은 어린이가 모국어를 습득하듯, 자연의 순서에 따라야 한다고 했다. 그리고 듣기, 말하기, 쓰기, 읽기의 순으로 가르쳤고, 문법은 적절한 예문을 통해 연습함으로 귀납적으로 익히는 방법을 취하였다. 이들은 구두어의 기능을 강조하였고, 이는 20세기의 직접법으로 이어졌다.

20세기에는 직접법이 전성기를 이룬다. 제2차대전 중 미국에서 개발되어 커다란 반향을 일으킨 군대법(army method)은 오랄 어프로치(oral approach)를 준거로 한 것으로, 청각－구두법(audio-lingual approach)으로 이어진다. 청각－구두법은 1940년대 이후 외국어 교육에 새로운 전환점을 가져오게 한 이론으로, 미국의 행동주의 심리학과 구조언어학의 이론을 바탕으로, 언어의 습관형성(習慣形成)을 중시하는 교수법이다. 청각－구두법을 교수이론으로 개발한 C. C. Fries는 학습자가 배워야 할 것은 "우선 그 언어의 모국어 화자의 구두언어를 이해하고, 그 음성적 특징을 구분하여 자신의 발음을 이와 비슷하게 하도록 노력하고, 다음에 문법적 구조, 곧 그 언어의 형태 및 배열을 학습하여 그들을 무의식적, 자동적, 반사적으로 쓸 수 있게 하는 것"이라 했다. 그리고 이것이 가능해져야 비로소 그 언어를 습득한 것이라고 하였다. 이렇듯 청각－구두법은 모방－기억 연습(mimicry-memorization practice)과 문형연습(pattern practice)을 통해 언어의 구조 및 문법 규칙을 귀납적으로 학습하려 한 것이다.

형태위주의 반복훈련을 하는 청각－구두법은 의사소통능력(communicative competence)을 기르기에는 역부족이었다. 그리하여 이는 1950년대에 변형생성문법 및 인지심리학의 비판을 받게 되었고, 인지학습법(cognitive approach)의 대두를 보게 하였다. 인지학습법은 "의미 있는 학습"을 강조하는가 하면, 언어구조를 설명하며 문법의 연역적 설명에 중점을 두었다. 이는 인지능력을 활용해 생성규칙인 문법을 미리 학습한 뒤에 연습을 하는 것이 언어 능력(competence)을 기르는 바람직한 방법으로 본 것이다. 이 밖에 의사소통에 기여하는 교육을 지향해 의미를 중시하는 학습자 중심의 여러 가지 교수법이 모색되었다. 침묵법(silent way), 공동체 언어학습법(community language learning), 전신반응법(total physical response), 암시법(suggestopedia), 자연법(natural method), 의사소통법(communicative approach) 등이 이러한 것이다. 이 가운데 침묵법, 공동체 언어학습법, 전신반응법, 암시법 등은 문법교육과 거리가 있는 것이다. 자연법은 듣기를 우선하는 교수법으로, S. Krashen의 제2언어 습득이론에 바탕을 둔 것이다. 그는 습득과 학습을 구별하는 "습득-학습의 가설(the acquisition/learning hypothesis)"을 들고, "습득"은 언어를 사용함에 의해 능력이 길러지는 것이고, "학습"은 언어를 배워 지식을 획득하는 것이라 했다. 그리고 제2언어의 의사소통능력은 학습 아닌 습득에 의해 달성되며 이에 의해 길러진다고 보았다. 따라서 문법의 학습은 언어 습득에 보족적인 역할을 할 뿐이다. 말을 바꾸면 학습에 의해 얻어진 지식은 발화의 전후에 모니터로서 활동하며, 학습한 규칙에 벗어나지 않게 감독을 한다는 것이다. 이것이 소위 그의 모니터 가설(the monitor hypothesis)이다. 따라서 유창성에 장애를 초래하는 모니터가 지나치게 발달되지 않도록 유의해야 한다고 보았다. 이는 지나친 언어 지식에 대한 학습을 부정한 것이다.

의사소통법(communicative approach)은 영국의 기능주의 언어학과 미국의 사회언어학이 바탕이 된 것으로, 광의의 의사소통 능력(communicative competence) 육성에 중점을 두는 교수법이다. 이는 형태위주의 교육에서 의미·기능 중시 교육으로 방향을 전환한 것이다. 언어를 안다는 것은 문법 그 이상의 것을 아는 것을 의미한다. 그래서 H. D. Brown(1994)에서는 의사소통능력을 문법능력 외에 담화능력, 사회언어학적 능력, 전략적 능력을 포함하는 것으로 보아 그 영역을 확대하였다. 그리고 언어의 유창성과 함께 정확성에 대한 인식이 새로워지며 문법의 중요성을 새롭게 부각시키고 있다. 이러한 현상은 S. Thornbury의 두 가지 의사소통법으로 설명된다. 곧 소극적 의사소통법은 문법교수를 당장 거부하지 않는다. 문법이 비록 기능적(functional) 표지로 재구성되기는 하나 여전히 의사소통법의 교수요목에서 주요한 구성요소가 된다. 문법규칙은 교재에서 재현되고, 이는 교실에서 교수된다. 이는 종종 의사소통 연습을 희생하는 것이라 비판되기도 하였다. 반면에 적극적 의사소통법은 문법에 기반을 둔 교수요목과 문법지도를 모두 거부한다. 이러한 관점의 N. S. Prabu는 과제형 교수요목을 통해 자연적 습득과정을 모방하게 하였다. 그의 과제형 교수요목은 오늘날의 과제중심학습(task based learning)에 앞선 형태이다. 과제중심학습은 언어형식 중시(focus on form)에 대한 가치를 인식함으로 최근 문법에 대해 어느 정도 열린 입장을 취하고 있다(Thornbury S., 1999). 여기 언어형식 중시란 메시지의 내용에 주목하게 하는 커뮤니케이션에 있어서 학습자에게 언어 형식에도 적절히 의식을 돌리게 하는 것을 말한다. 이는 문법 의식 고양(grammar consciousness-raising)의 일종이다. 이러한 의사소통법에서 문법에 초점을 맞추는 기법을 H. D. Brown(2001)은 다음과 같이 들고 있다.

① 의미심장하고 의사소통적인 문맥에 깊이 새겨져 있다.
② 의사소통적인 목표에 긍정적으로 공헌한다.
③ 유창하고 의사소통적인 언어 안에서 정확성을 증진시킨다.
④ 언어학적 전문용어로 학생들을 압도하지 않는다.
⑤ 가능한 한 생생하고 내적인 동기를 부여한다.

  이상 언어교육과 문법교육의 관계를 역사적으로 살펴보았다. 언어교육의 큰 흐름은 형태위주의 교육에서 의미·기능위주(機能爲主)의 교육으로 바뀌면서 문법교육에 대한 관심이 약화되어 왔음을 보여 준다. 그러나 근자에는 의사소통 능력(communicative competence) 향상에 언어교육의 목표를 두면서도 보다 효과적인 교육을 하기 위해서 언어 형식, 곧 문법에 의식을 돌려야 한다는 문법의식 고양현상이 대두되었다. 따라서 한국어교육에 있어서도 이러한 언어교육의 추세에 맞추어 의사소통 능력 향상에 교육목표를 두되, 문법위주는 아니라 하더라도, 문법에 대한 의식을 고양하는 방향으로 나아가는 것이 바람직하다 할 것이다.

3. 한국어 문법교육의 실태

  S. Thornbury(1999)는 문제를 지나치게 단순화하는 것이 아닌지 염려가 된다며, 다음과 같은 도표를 제시하고 있다.

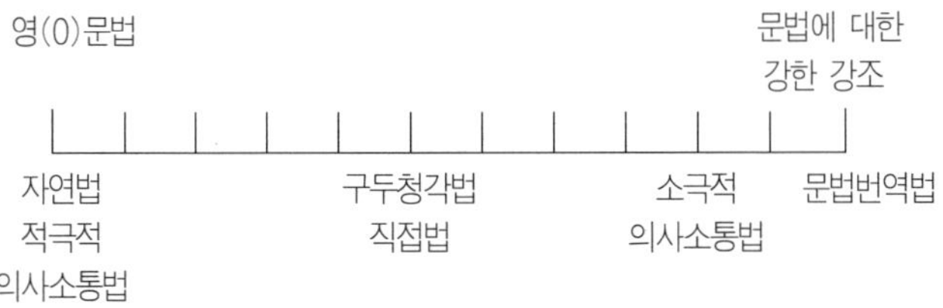

  위의 도표는 언어교수법이 문법교육에 부여하는 상대적 중요성을 보여 주는 것이다. 이 도표에 보이는 바와 같이 가장 문법을 강조하는 것이 문법－번역법이고, 가장 관심을 보이지 않는 것이 자연법과 적극적 의사소통법이다.

그러면 언어교육에서 문법교육의 중요도를 결정하는 요인은 무엇인가? 그것은 크게 학습자변인과 교육변인의 둘로 나눌 수 있다. 학습자변인으로는 학습자의 연령, 숙련도, 교육 배경 등이, 교육변인으로는 언어의 기능, 언어의 사용역(使用域), 필요/용도 등이 들려진다. Celce-Murcia는 이를 다음과 같이 도시하고 있다(Brown, H.D., 2001).

	덜 중요한 것	형태에 초점을 맞춤	더 중요한 것
학습자 변수			
연령	어린이	청소년	성인
숙련도	초급	중급	고급
교육배경	문자인지 불가 형식적 교육 없음	문자 반 정도 인지 약간의 형식적 교육	문자해독 가능 잘 교육 받음
교육변수			
기능	듣기, 읽기	말하기	쓰기
언어사용역	비형식적임	협의적임	형식적임
필요/용도	생존 목적	직업적 목적	전문직업적 목적

한국어의 문법교육의 실태를 살핌에 있어서는 이 양극단의 교육을 살펴보는 것이 의미가 있을 것이다. 그러나 S. Thornbury가 도표에 제시한 것처럼 그것이 "제로 문법"인 경우는 의미가 반감된다. 또한 여기 덧붙일 것은 학습자변인과 교육변인에 따라 문법교육의 중요도가 달라지므로 이를 일률적으로 논의하는 것도 바람직한 것이 못 된다. 따라서 여기서는 현대의 대표적 교수법인 의사소통법을 중심으로 하는 교육에서의 문법교육과, 대표적인 전통적 교수법인 문법-번역법을 중심으로 하는 교육에서의 문법교육의 실태를 살펴보기로 한다.

3.1. 의사소통법 교육에서의 문법교육 실태

의사소통법(communicative approach), 또는 의사소통 언어교수법(communicative language teaching)은 의사소통능력 신장을 목표로 하는 교수법이다. 이는 언어의 형태 중심 교육에서 의미·기능 중심 교육으로 바뀌며 개발된 것으로, 국내외의 한국어교육 기관에서 애용되고 있는 것이다. 국내의 대학 부설 언어교육 기관은 정도의 차이는 있으나 대체로 이 교수법을 사용하고 있는 것으로 보인다. 이에 여기서는 서울대학교 언어교육원을 중심으로 의사소통법을 주로 사용하는 한국어교육에서의 문법교육 실태를 살펴보기로 한다.

서울대학교 언어교육원에는 한국어교육부가 있고, 여기서 한국어교육을 담당하고 있는데, 한국어의 교육목표는 다음과 같이 규정하고 있다.

> "외국어 혹은 제2언어로서의 한국어를 배우려고 하는 외국인과 해외 교포에게 한국어와 한국문화를 교육하여 유창하고 정확한 한국어를 구사하고 한국을 이해할 수 있게 한다."

서울대학교 언어교육원은 이와 같이 전공 학부가 아니라, 외국인과 재외동포에게 한국어를 가르치는 연수기관이다. 여기서는 한국어의 분석적 연구가 목적이 아니라, 유창하고 정확한 한국어 구사에 교육목표를 둔다. 따라서 교수법은 의사소통능력 배양을 목표로 하는 의사소통법이 주로 사용된다.

한국어 교육부에는 1~6급의 6개 반 등을 두고 있는데, 각 급의 이수 기간은 10주로 되어 있다. 각 급의 총 학습 시간은 200시간이며, 이 가운데 한국어 학습 시간이 192시간, 문화교육(체험) 시간이 8시간이다. 한국어교육은 교재 "한국어"에 의해 통합교과로 운영된다. 문법교육을 위해서는 따로 시간을 배정하고 있지 않다.

국내 대학부설 한국어교육기관의 정규과정은 대체로 서울대와 비슷한 체제로 운영되고 있다. 연세대, 고려대, 외국어대 등이 10주 200시간의 과정이고, 계명대, 선문대 등은 좀 길어 16주 320시간의 과정으로 운영되고 있다. 이 가운데 외국어대는 문화교육 8시간이 배정되어 서울대와 같고, 연세대는 문형연습(문법) 20시간이, 고려대는 어휘 문법 20시간이, 계명대는 액티비티 80시간이 배정되어 있어 차이를 보인다. 문법교육은 대체로 독립시키지 아니하고, 통합적 기능교육을 하는 가운데 다루고 있다.

문법교육의 내용은 서울대의 경우 "한국어교육부 교육과정"과 교재 "한국어(1993, 1999개정 증보판)"의 "문법"항에서 확인할 수 있다. 교육과정에 나타나 있는 "교육 내용"으로서의 "문법 사항"은 다음과 같다.

1) 조사
2) 어말어미
　　① 전성어미 ② 연결어미 ③ 종결어미
3) 불규칙활용
4) 부정문
5) 시제
6) 경어법
7) 피동과 사동
8) 간접인용문
9) 접미사
10) 활용어미에 의한 표현

이러한 사항은 1~4급에 걸쳐 배정되어 있다. 참고로 조사(助詞)의 경우를 보면 다음과 같다.

	1급	2급	3급	4급
주격	이/가 께서(는)			
대격	을/를			
속격	의			
처격	에 에서			
여격	에게 께			더러
구격	(으)로 (방향)	(으)로 (수단)		(으)로(서)
공동격	와/과 하고			
특수조사	은/는 도 부터 까지	까지 (이)나 만 마다 처럼 밖에	에다가 나(언제나, 어디나) (이)라도 뿐	마저 조차 (이)야말로 에야 커녕 (이/에서)건

제시된 항목은 그리 많지 않은 편이다. 고급과정(5, 6급)은 사실상 문법 학습이 필요 없다고 보아 별도의 항목을 설정하지 않고 있다. 각 문법 형태가 학습에서 차지하는 시간의 비중은 그 형태의 사용 빈도수나 난이도, 기능부담량에 따라 가감하게 되어 있다. 문법항목의 제시는 본문 내용을 따르는 내용위주의 방법을 택하였다. 연세대, 고려대도 마찬가지다. 참고로 "한국어 2"의 제16과 "똑바로 가다가 지하도를 건너가세요"의 "문법"항을 보면 다음과 같다.

① N이어서/여서   because it is N
처음이어서 잘 모르겠어요.   I'm not really sure because this is
                                 my first time.

......

② N을/를 묻다   to ask N
   길을 모르면 물어 보세요.   Ask if you don't know the way.
   ……

③ V-다가 V   V, then V/while V, V
   이 길로 조금 더 가다가 오른   Go along this road a little more,
   쪽으로 가세요.   then turn to the right.
   ……

④ N을 건너다[건너가다, 건너오다]   to cross N
   버스가 한강 다리를 건너고   The bus is crossing the Hangang.
   있어요.

여기서는 이렇게 문법 요소에 대해 예문만 제시하였다. 문법에 대한 설명은 일절 하지 않고 있다. 학습자가 문법적 기능을 귀납적으로 추론하게 하였다. 이는 연세대나 고려대의 교재와 다른 점이다. 연세대의 교재 "한국어"는 "문법"항에서, 고려대의 교재 "한국어"는 "기본형"항에서 각각 문법 요소를 제시 설명하고 예를 들고 있다. 이러한 경향은 중국 대학의 "종합한국어" 과목 교재도 마찬가지다.

국내 대학 부설 교육기관의 문법의 교수·학습은 소극적 의사소통법을 쓰고 있다고 할 수 있다. 서울대의 교재 "한국어"의 체재는 "본문－발음－문법－어휘와 표현－연습"으로 되어 있다. 그러나 교실에서의 수업이 반드시 이 순서대로 진행되는 것은 아니다. 필요에 따라 "문법"을 본문에 앞서 다루기도 한다. "문법" 지도는 흔히 "도입－설명－예문－관련문법 설명－기타"의 순으로 전개하며, 문법교수의 형태는 귀납적 방법보다 연역적 방법이, 그리고 암시적 방법보다 명시적 설명 방법이 주로 활용된다. 연세대나 고려대의 경우도 마찬가지다. 그리고 이들 문법요소는 "연습"에서 "훈련(drill)"을 하게 되는 데 대체로 문형연습을 한다. S. Thornbury의 PPP모형에서의 제시(presentation), 연습(practice) 과정을 겪는 것이다. 생산(production) 단계는 거의 보이지 않는다. 따라서 문법교육은 주로 교사위주의 전통적 문법교육, 문법 해석식 내지 청각—구두법에 의한 교육을 하고 있다고 할 수 있다. 이러한 경향은 국내 대부분의 교육기관에서 공통으로 볼 수 있는 현상이다.

문법교육의 이러한 경향은 국립국어원과 한국어세계화재단이 기획하여 최근에 간행한 두 권의 교재의 체재에서도 확인된다.

- 초급 말하기(이해영 외, 2006) : Goals—Get ready(Listen—Vocabulary) —Speak(Grammar—Practice—Pronunciation)—Talk—Check Yourself
- 초급 듣기(김정숙 외, 2006) : Goals—들어가기—예시 글—어휘 및 표현—문법—과제—자기평가

이러한 체재로 구성된 두 교재는 "문법" 항목을 제시하며, 여기에 비교적 자세한 설명을 붙이고 있다. 이는 서울대학의 교재 "한국어"와 달리 형태를 중시한 것으로, 연·고대의 "한국어"와 체재를 같이 하는 것이다. 참고로 "초급 말하기" "Lesson15 Appearance 외모"의 문법 항을 보면 다음과 같다.

Grammar is also important factor in speaking Korean fluently. Look at the following points.

1. -고 있다

Usually '-고 있다' indicates an action in progress. However, as used in this lesson, it also can indicate the lasting result of an action when used with such verb as '입다', '신다', '쓰다', '끼다' and '들다'.

(예문) 수민 씨가 청바지를 입고 있어요. Sumin is wearing blue jeans.

민호 씨가 둥근 안경을 끼고 있어요. Minho is wearing round

shaped glasses.

그 사람은 노란 모자를 쓰고 있어요. S/he is wearing a yellow hat.

2. -(으)ㄴ 2, -는 2

Attached to the verb stem, '-(으)ㄴ' or '-는' modifies the noun following it. '-는' is the present form and '-(으)ㄴ' is the past form of this modifier.

(예문) 내가 사는 동네는 조용합니다. The town I live in is a quiet place.

우리 어머니가 만드시는 요리는 참 맛있습니다. The dishes my mother makes are very delicious.

어제 그 영화 본 사람 있어요? Is there anyone who saw seen that movie yesterday?

이 책이 어제 산 책입니다. This is the book I bought yesterday.

이렇게 문법 요소에 대해 명시적 연역적 설명을 함으로 형태를 중시하고, 문법 의식을 강조하고 있다. 특히 이 교재는 영어권 학습자를 위해 영어로 문법요소를 설명하고 있는 것이 특징이다.

국외의 경우로 하와이대학의 교재도 마찬가지다. 의사소통법, 그 가운데도 수행중심 교수법(performance based instruction)을 주로 활용하고 있는 이 대학의 교재 Integrated Korean(2000)의 체재는 다음과 같이 되어 있다.

Objectives(Culture, Grammar, Task/Function)

Conversation

Narration

New Words and Expression

Grammar

Task/Function

Conversation(영문)

이 교재도 내용위주로 문법항목을 선정하고 있는데, 문법 요소에 대한 설명이 매우 자세하게 되어 있다. 소극적 의사소통법의 교수 체재라 할 것이다.

국내 교육기관은 통합교과로 운영되는 "한국어" 외에 따로 문법교과를 운영하지는 않는다. 이는 한국어 교육기관이 대체로 전공과정에 진학하고자 하는 학습자들의 의사소통능력(communicative competence) 배양에 목표를 두고 있기 때문이라 할 것이다. 따라서 이는 국외의 대학에서 흔히 한국어를 전공하는 학습자들에게 체계적인 한국어 지식 교육을 하기 위해 문법교과를 따로 개설 운영하는 것과 다른 점이다.

의사소통법에 의한 교육은 정확성보다 유창한 의사소통에 교육목표를 두어 문법교육을 소홀히 하였다. 그러다 보니 정확성에 문제가 생기고, 언어의 화석화가 일어나 형식에 주의를 기울이게 되었고, 문법의식을 고양하게 되었다. 한국어교육도 이러한 교육의 흐름을 반영한다. 그리하여 기능(技能) 교육과는 달리 문법교육은 명시적 설명의 전통적 문법지도 쪽으로 기울어지고 있는 것을 볼 수 있다. 그러나 이러한 한국어 문법교육에 어떤 심각한 문제가 있는 것 같지는 않다. 다만 다음과 같은 과제들은 문제로 제기될 수 있다.

① 정확한 표현에 문제가 있다.

의사소통, 말을 바꾸면 유창성에 좀 더 비중을 두다보니 문법을 소홀히 하게 되고, 이로 말미암아 문법적으로 정확한 표현을 하는 능력이 부족하다.

② 체계성에 문제가 있다.

내용위주의 문법 요소를 선정하기 때문에 문법 학습이 체계적으로 되기 어렵다.

③ 난이도에 문제가 있다.

학습은 쉬운 것에서부터 어려운 것으로 나아가야 한다. 그런데 내용위주로 문법 요소를 선정하다 보니 난이도에 대한 배려를 제대로 할 수 없다. 경우에 따라서는 난이도가 역순으로 배열되기도 한다.

④ 오류의 교정 능력이 부족하다.

문법지식의 부족으로 감시기능(monitor hypothesis)이 제대로 작동하지 않아 언어의 화석화가 일어나고, 교정을 제대로 하지 못한다. 또한 문법지식의 부족으로 제1언어의 과도한 전이를 하게 된다.

⑤ 전문적 연구자들에 대한 배려가 부족하다.

의사소통능력 신장에 초점을 두기 때문에 고급학습자나, 장래의 전문적 연구자를 위한 언어지식에 대한 교수·학습이 부족하다.

3.2. 문법-번역법 교육에서의 문법교육 실태

문법-번역법은 대표적인 전통적 교수법으로 한국어교육에서도 종래 많이 사용해 온 것이다. 그러나 이는 오늘날 국내의 한국어 교육기관에서는 거의 사용되지 않는다. 이는 시류를 쫓아 그런 것만은 아니다. 학습자변인이 작용한 것이다. 국내의 한국어 교육기관은 대부분 대학 부설기관으로, 학습자는 대부분 대학이나 대학원에 진학하고자 하는 학생이다. 이들은 단기간에 의사소통능력을 체득하고자 한다. 따라서 체계적 문법 교육을 필요로 하지 않는다. 이에 국내 교육기관에서는 문법-번역법이 즐겨 쓰이지 않게 된 것이다.

외국에서의 한국어교육도 주로 대학에서 행해진다. 그러나 여기서의 교육은 국내의 경우와는 달리 주로 한국어 전문가를 양성하기 위해 전문적인 교육을 한다. 이때의 교수법은 양극단의 것이 채택되고 있다. 그 대표적인 것이 문법—번역법과 의사소통법이다.

문법—번역법을 주로 활용하고 있는 대표적인 나라는 중국이다. 따라서 여기서는 북경대학 및 낙양외국어대학의 문법교육을 중심으로 문법—번역법 교수에서의 문법교육의 실태와 문제를 살펴보기로 한다.

북경대학과 낙양외국어대학의 문법교육에 대해서는 왕단(2005)과 김영금(2002)의 보고가 있다. 중국에서의 한국어 문법교육의 목적은 일단 "학생들로 하여금 한국어를 정확히 생성해 내도록 하는 데" 두고 있다(김병운, 2005). 이러한 목적을 달성하기 위해 중국에서는 대체로 "종합한국어(기초한국어)" 과목과 "한국어문법" 과목을 개설하고 있으며, 학습 시수는 4년제 대학의 경우 대부분 900시간 내외를 배정하고 있다(왕단, 2005). 경무대, 북경제2외대, 복단대, 연변대 등 많은 대학이 "종합한국어" 과목에 864시간을 배정하고 있고, 북경대, 북경외대, 산동대(위해), 낙양외대 등은 900시간 이상을 배정하고 있다. "한국어문법"은 경무대, 북경대, 북경제2외대, 산동대(위해), 낙양외대 등이 개설하고 있는데, 대부분 30시간대를 배정하고 있다. 그런데 이 가운데 경무대와 북경대는 이를 전공선택으로 하고 있으며, 낙양외대는 특별히 60시간이란 많은 시간을 배정하고 있다. 북경어언대학은 다소 특이하다. 여기서는 "종합한국어" 468시간, "한국어문법" 144시간이 배정되어 다른 대학과 큰 차이를 보인다. 중국어와 한국어는 구조적으로 다른 언어이기 때문에 교수·학습에 많은 어려움이 따를 것이다. 따라서 한국어 학습에 많은 시간을 배정하고 있는가 하면 문법교육에 큰 비중을 두고 있다. 특히 낙양외대와 북경어언대학의 경우가 그러하다.

문법교육의 내용은 학습 자료에 의해 확인되는데, "종합한국어"의 경우 문법항목을 제시하는 방법이 두 가지로 나타난다. "표준한국어"(북경대 출판사)와 "한국어"(민족출판사)는 내용위주의 입장을 취하고, "초급한국어", "중급한국어"(연변대 출판사)는 체계위주의 입장을 취하고 있다. 교재의 체재는 "한국어"의 경우 독본식으로 되어 있고, 각 제재는 "課文－課文生詞－詞彙活用－語法與慣用型－練習－補充生詞"로 되어 있는데, 문법에 대한 기술이 장황할 정도로 자세하다. 중국에서는 이렇게 문법에 대한 설명을 자세하게 하는 것을 바람직한 것으로 보는 것 같다(왕단, 2005, 김충실, 2005). 여기서는 한·중 비교도 꾀해지고 있다.

"한국어문법" 과목의 경우는 문법을 종합 정리하는 것이므로, 그 체계를 비교적 소상히 제시하고 있다. 이는 자국인을 위한 국문법식 기술이 아니라, 외국인 학습자의 언어 운용을 위한 "한국어문법" 자료로 개발되어야 한다. 이런 면에서 일부 문법서는 다소간에 문제성을 안고 있는 것으로 보인다(김영금, 2002). 이에 대해 최희수·유희춘의 "한국어실용어법"(2003)은 좀 더 중국인 학습자를 위해 개발된 것이라 하겠다.

문법의 교수·학습은 연역식 설명 방법이 주류를 이루는 것으로 보인다. 왕단(2005)의 다음과 같은 지적도 이러한 것이다.

> "그 결과, 문법 항목에 대한 교육은 교사가 교재에 있는 그대로 학습자에게 읽어 주고 그 다음에 교재 연습 부분에 구비되어 있는 것으로 끝나는 것이다. 한마디로 말하면 중국에서의 문법교육은 아직까지 따분하고 단조로운 교사중심의 일방적 교수 방법에서 벗어나지 못하고 있다."

그러면 구체적으로 문법교육은 교실에서 어떻게 수행되고 있는가? 우선 "종합한국어"의 경우부터 보기로 한다. 대학 4년에 걸쳐 "종합한국어" 과목에서 313시간 문법교육을 하는 낙양외대의 경우 김영금(2002)에 의하면 개별적인 문법소에 대한 강의를 할 경우 다음과 같이 다섯 단계로 운영하고 있다.

첫째 단계 : 학생들로 하여금 예습하도록 한다.
둘째 단계 : 교과서에 근거하여 문법 강의를 한다.
셋째 단계 : 다음 시간에 이미 배운 문법을 먼저 복습한다.
넷째 단계 : 서면 숙제를 검사하며, 오류와 그 원인을 찾아본다.
다섯째 단계 : 수업 시간에 따로 시간을 내어 숙제 분석을 한다.

교사중심의 강의식 문법교육이다. 이러한 사실은 위의 둘째 단계의 문법 강의가 다음과 같은 순서로 이루어짐에서 좀 더 분명히 드러난다(김영금, 2002).

① 해당 문법소가 처한 문장론적 지위를 밝힌다. (문법소의 속성을 밝힌다.)
② 조어론적 측면에서 구조를 밝힌다.
③ 의미론적 측면에서 기본의미를 서술하고, 대응되는 중국어 단어를 밝힌다.
④ 형태론적 측면에서, 해당 문법소의 구문적 특성을 밝힌다.
⑤ 문법 이론에 근거하여 교과서의 예문을 학생들과 함께 분석한다. (주로 의미와 형태적 측면의 제약요소 파악에 중점을 둔다.)
⑥ 교과서 외의 전형적 예문을 더 보충해 준다.
⑦ 중한 번역의 방법으로 이미 배운 문법소에 관한 연습을 한다.
⑧ 배운 지식을 활용하여 단문을 짓게 한다.
⑨ 교과서 연습문제를 둘러싸고 연습한다.

이상 중국의 "종합한국어"의 문법 수업 단계를 보면 주로 교사중심의 문법－번역법 및 청각－구두법에 의해 진행되고 있음을 알 수 있다. 문법 규칙의 설명과 연습(drill)의 병행은 효과적인 교수의 방법으로 평가된다.

"한국어문법" 과목에서는 기본적 이론과 지식을 강의하나, 이론 강의를 통해 이미 학습한 문법의 체계를 세우고, 이를 계통적으로 파악하게 하는 데 중점을 두고 있다(김영금, 2002). 이는 학습한 문법 지식을 학습자에게 언어지식 내지 언어능력(linguistic competence)으로 정리하고 체계화하는 것이라 하겠다. 이러한 문법교육은 학교에 따라 강좌가 개설되기도 하고 안 되기도 한다. 안 되는 것은 따로 정리할 필요가 없다고 생각하거나, 교수와 학습자의 흥미를 끌지 못하기 때문으로 보인다(김병운, 2005). 중국의 한국어교육은 다른 지역에 비해 교육적 성과를 거두고 있는 것으로 보게 한다. 이는 문법지식 교육이 언어교육 900시간 내외란 엄청난 물량공세와 맞아떨어진 결과로 추정된다.

이상 중국의 문법교육의 실상을 살펴보았거니와 문법교육에는 여러 가지 해결해야 할 과제가 가로놓여 있다. 이에 대해서는 김영금(2003), 왕단(2005)이 제기한 것이 보인다. 왕단(2005)은 문법교육의 근본문제와 관련된 것이고, 김영금(2003)은 교수의 실제와 관련된 "당면 과제"를 제기한 것이다.

이상 중국의 문법교육의 실태를 볼 때 중국에서는 한국어교육 여건 및 대학의 특성으로 말미암아 문법교육에 문법-번역법이 애용되고 있다. 이는 조금도 이상한 현상이 아니다. 그것은 의사소통법을 강조하는 교육에서의 문법교육도 사실은 앞에서 살펴본 바와 같이 문법-해석위주의 교육이 꾀해지고 있고, 문법 규칙의 설명과 훈련의 병행은 효과적인 교수방법이기 때문이다. 그리고 이는 "문법"이란 학습대상의 특수성에도 원인이 있다 할 것이다. 다만 중국의 경우 그것이 좀 심하다는 점만은 지적할 수 있을 것이다. 그것은 중국의 외국어교육의 흐름과 전문가 양성이라는 특성, 및 번역론의 필요 등이 이런 경향을 부추기고 있는 것으로 보게 한다. 물론 이 밖에 교수·학습의 편리성도 바닥에 깔려 있을 것이다. 외국어 교육에서 문법-번역법은 물론 오늘날 서구대학에서도 쓰이고 있다.

그러면 이러한 문법−번역법을 중심으로 하는 한국어교육에서 구체적으로 제기되는 문제는 무엇인가? 해결되어야 할 과제로는 다음과 같은 것을 들 수 있을 것이다.

① 교육내용의 선정 배열에 문제가 있다.
② 언어권에 따른 문법의 배려가 부족하다.
③ 언어지식에만 밝고 언어 수행을 잘 하지 못한다.
④ 교수 · 학습의 의욕이 상실된다.
⑤ 통합적 기능 함양이 부족하다.

4. 바람직한 문법교육의 방향

한국어교육에서 문법 해석(grammar interpretation)을 중시하는 교육은 말할 것도 없고, 의사소통을 중시하는 교육에서도 오늘날 문법교육이 강화되고 있다. 이는 한 마디로 정확한 표현을 하게 하기 위함이다. 언어지식 말을 바꾸면 문법 지식이 제대로 갖추어져 있지 않을 때 의사소통을 제대로 할 수 없을 뿐 아니라, 잘못된 언어습관이 형성되는가 하면, 언어의 화석화가 일어난다. 따라서 이러한 현상이 빚어지지 않게 하기 위해서는 문법교육이 필수적이라 보아 정보 내용을 중시하는 의사소통 교수법에서도 형식에 주의를 기울이고, 문법의식을 강조하는 것이다.

그런데 이러한 문법교육은 앞에서 살펴본 바와 같이 교수법에 따라 해결하여야 할 과제가 있는가 하면, 교육문법(pedagogical grammar)의 통일, 교재의 편찬 등 근본적인 문제도 안고 있다. 따라서 한국어교육에서는 여러 가지 문법교육의 개선 방안이 제안되고 있다. 여기서는 이러한 개선 방안 가운데 대표적인 것을 한두 개 살펴보고, 바람직한 문법교육의 방향을 모색해 보기로 한다.

박영순(2005)은 규범문법에 입각하여 문법교육의 방향을 다음과 같이 제시하고 있다.

문법교육의 내용

① 쉽고 기초적인 것부터 가르친다.
② 언어 보편성과 한국어 개별성을 가르친다.
③ 대규칙 및 필수 규칙을 주로 가르친다.
④ 교사가 반드시 가르쳐야 할 것과 학습자 스스로 터득하거나 노력해서 이해해야 할 부분을 구분하여 교수 학습한다.
⑤ 언어구조와 사용원리를 구별하여 교수 학습한다.
⑥ 능력(competence)과 수행(performance)을 구별해야 한다.

문법교육의 방법

① 체계적으로 가르친다.
② 문법사항을 단계적으로 가르친다.
③ 학습자의 언어와 한국어의 대조 분석을 통하여 가르친다.
④ 통합적으로 가르칠 것과 문법만을 독립적으로 가르칠 것을 구별하여 가르친다.
⑤ 원리에 대한 이해 부분과 암기해야 하는 부분을 구별하여 교수 학습한다.
⑥ 재미있게 교수 학습한다.

이는 교육문법에서 가르쳐야 할 문법의 주요 내용과 교육방법을 제시한 것이다. 이들은 원칙적으로 바람직한 원리들이다. 다만 이들 원리의 제시는 통합교과인 경우와 문법 단독교과인 경우가 구별되어 있지 않은 점이 흠이 된다 하겠다.

이에 대해 이해영(2003)은 의사소통에 목표를 두는 문법교육의 방법을 제시한 것이다. 따라서 원리가 상대적으로 좀 더 구체적이다.

① 과제수행 중심으로 진행한다.
② 문법항목의 학습은 언어의 네 가지 기술(skill) 학습과 함께 이루어진다.
③ 귀납적 설명 방식을 취할 것인지 연역적 방식을 취할 것인지 결정한다.
④ 문법항목에 대한 설명이나 문법용어의 사용은 최소화하고 이를 대신할 방법을 찾는다.
⑤ 오류 수정은 의사소통적 흐름에 방해가 안 되도록 하며 스스로 수정을 최대화한다.
⑥ 수업은 PPP의 단점을 극복한 변형된 PPP를 활용한다.

위에서 변형된 PPP란 도입(warm up) - 제시(presentation) - 연습(practice) - 활용(use) - 마무리(follow up)를 말한다.

그러면 이렇게 제시되고 있는 문법교육의 내용과 방법은 어떻게 구안되고, 수행되어야 정말로 바람직할 것인가? 여기서는 학습 자료인 교재와 교수 방법을 검토함으로써 바람직한 문법교육의 방향을 모색하고 제시해 보기로 한다.

4.1. 바람직한 문법교육의 교재

교육의 삼대 요소는 교사, 교재, 학습자라 한다. 이 가운데 교재는 교육 목적을 달성하기 위해 사용되는 매체다. 따라서 바람직한 교육을 하기 위해서는 좋은 교재가 마련되어야 한다. 문법 교재는 다음과 같이 되어야 바람직할 것이다.

첫째, 국어문법과 한국어문법의 문제

한 언어의 문법은 여러 가지가 있을 수 없다. 실체는 하나다. 다만 목적과 기술방식에 따라 제시되는 자료가 달라진다. 우선 문법에는 학문문법과 규범문법, 교육문법의 세 가지가 있다. 학문문법은 언어사실을 객관적으로 기술한 것이고, 규범문법은 학문문법을 바탕으로 지켜야 할 기준을 제공하는 것이며, 교육문법(pedagogical grammar)은 규범문법을 바탕으로 교육 내용을 제시한 것이다. 교육문법은 자국인을 대상으로 하는 국어문법과 외국인을 대상으로 하는 한국어문법이 있다. 한국어교육의 대상이 되는 것은 물론 한국어 교육문법, 곧 한국어문법으로 국어문법(국문법)과 다른 것이다. 그것은 한국어를 모르는 외국인을 대상으로 하는 교육문법이기 때문이다. 교육문법에는 이러한 특성이 제대로 반영되어 있어야 한다. 이는 한국어문법이 대조언어학적 연구를 바탕으로 기술되어야 바람직함을 의미한다. 그런데 아직 한국어문법에 대한 인식이 부족하다.

둘째, 교재의 내용 문제

문법 교재의 내용은 자료의 성격, 학습자의 연령, 교수법, 언어권 등에 따라 그 내용을 다소간에 달리 한다. 따라서 이들이 제대로 반영되어야 한다.

① 자료의 성격이란 그것이 어떤 학습 목표를 달성하기 위해 개발되느냐 하는 것이다. 통합교재의 경우는 문법 전문교재의 경우와는 달리 전문적, 체계적으로 문법을 기술해야 하는 것이 아니다. 따라서 그 내용은 선별적으로 최소한의 것을 수용한다. 이에 대해 전문적 문법 교재의

경우는 학습 기간을 고려하여 체계적인 교재로 개발하게 된다. 이 경우에도 반드시 완벽을 기하려 할 필요는 없다. 오히려 여지를 남겨 두는 것이 덜 복잡하고, 학습의 장에서 공동으로 해결할 몫이 남겨져 있어 좋다.

② 학습자의 연령은 아동이냐, 성인이냐 하는 것이다. 아동은 모방·기억법에 의한 학습이, 성인은 분석적 설명에 의한 학습이 좀 더 효과적이기 때문이다. 따라서 문법교육은 자연히 아동보다 성인의 몫이 되고, 성인의 교재에 상대적으로 비중을 두게 된다. 아동과 성인의 경계는 임계기(critical period)를 생각할 수 있다.

③ 교수법이란, 어떤 교수법을 사용하느냐에 따라 교재의 내용과 체재가 달라져야 함을 의미한다. 그럼에도 현재의 교재는 다 비슷하다. 의사소통법에서 의사소통능력 향상을 위해 형태규칙(rules of form) 아닌, 사용규칙(rules of use)을 강화하는 것 따위가 그것이다.

④ 언어권은 학습자의 언어권에 따라 문법학습의 내용이 달라짐을 의미한다. 한국어와 같은 계통의 일본어권 학습자와, 계통이 다른 영어권 학습자가 동일한 내용의 교재를 사용하는 것은 바람직하지 않다. 한 예로 조사와 어미의 선정·제시 같은 것을 달리 해야 한다.

⑤ 통합교재의 경우 문법항목의 정리, 체계화 방법을 모색해야 한다. 교재편찬에 앞서 문법 교수요목을 작성하고, 안배에 신경을 쓸 것이며, 각 제재에서 다룬 문법요소는 단원의 말미 등에서 다소간에 정리, 체계화하는 과정을 갖추도록 해야 한다. 내용위주로 문법항목을 배열하는 경우 특히 그러하다.

이 밖에 쉽고 기초적인 것부터 제시한다, 문법 사항을 단계적으로 제시한다, 실용적인 내용을 제시한다는 등 기본적 원리를 고려해야 함은 말할 것도 없다.

셋째, 교육문법의 체계와 용어 문제

교육 이전의 근본적인 문제로 문법의 체계가 통일되어야 한다. 나라에 따라 다르고, 과정에 따라 체계가 다르면 혼란이 빚어지게 되므로 바람직한 것이 못 된다. 이런 의미에서 표준교육문법이 제정되어야 한다. 한국어의 경우는 남북이 분단되어 문법체계가 다를 뿐 아니라, 학습자의 모국어 문법체계까지 고려하게 되면 더욱 혼란스러워진다. 거기에다 용어가 통일되어 있지 않다. 체계와 용어를 통일하는 것이 바람직하다. 한국의 "학교문법"의 체계 및 용어를 수용하여 통일하는 것은 그 하나의 해결 방법이 될 것이다.

넷째, 문법의 기술 문제

문법의 기술(記述)은 결과중심 문법교육, 과정중심 문법교육, 기능중심 문법교육의 세 가지로 기술할 수 있다. 결과중심 문법교육은 문법의 구조와 규칙에 초점을 두는 것으로, 단기간의 문법교육에 어울린다. 이에 대해 과정중심 문법교육은 과제를 해결하는 과정에서 스스로 문법규칙을 발견하게 하는 것으로, 아동 학습자에게 어울린다. 기능중심 문법교육은 결과중심 문법교육과 과정중심 문법교육을 절충한 것이라 할 것으로, 이는 언어 사용자에게 초점을 맞춘 문법교육이라 할 수 있다. 따라서 문법교재는 문법교육의 목표와 학습자의 발달 단계를 고려해 어울리는 문법 기술을 하도록 하여야 한다.

다섯째, 문법항목의 선택과 단계화

교수요목을 작성하자면 다룰 내용과 순서가 문제된다. 이것이 선택과 단계화의 문제다. 선택의 기준으로는 유용성과 빈도가 들려진다. 우선 그것이 교수·학습에 필요하냐 하는 것이고, 그 다음이 특수하지 아니한 일반적인 것이냐 하는 것이다. 이 밖에 적절성을 추가할 수 있다. 이는 학습자에게 어울리느냐 하는 것이다. 단계화의 기준은 복잡성, 학습 가능성, 교수 가능성이다. 문법항목은 지나치게 욕심을 내지 말고 핵심문법(core grammar)을 편성할 것이며, 단계화는 난이도에 역행하는 일이 없도록 하여야 한다. 통합교재의 경우 특히 단계화에 유의하여야 한다.

여섯째, 연역적 기술과 귀납적 기술

연역법과 귀납법은 교재의 기술과 지도법의 양쪽에서 유의해야 할 사실이다. 연역법은 언어 자료를 먼저 제시하고 분석 설명하는 방식이고, 귀납법은 많은 자료를 제시한 다음 규칙을 유추하게 하는 방법이다. 일반적으로 말해 전문적 문법 교재, 성인을 대상으로 하는 교재의 경우는 연역적 기술이, 통합교재 및 아동 학습자를 대상으로 하는 교재의 경우는 귀납적 기술이 어울린다고 할 수 있다. 따라서 교재의 성격과 학습자를 고려해 기술의 방식을 달리 하는 것이 바람직하다.

일곱째, 문법규칙의 기준

문법규칙들은 사실성(truthfulness)과 교육적 가치가 균형이 맞아야 한다. 이런 의미에서 Michael Swan이 좋은 규칙이라 하여 제시한 다음과 같은 규칙들(Thornbury, S., 1999)은 한국어 교육문법에 반영하는 것이 바람직할 것이다.

- 사실성 — 사실적인가?
- 제한성 — 규칙이 다루는 것과 다루지 않는 것은 분명한가?
- 명료성 — 명료하게 표현되는가?
- 간결성 — 하위규칙과 예외들은 혼란스럽지 않은가?
- 친숙성 — 학습자들이 잘 알고 있는 개념을 사용하는가?

• 관련성-학생들의 특정한 요구와 문제를 반영하는가?

4.2. 바람직한 문법교육의 방법

문법교육은 언어교육이 곧 문법교육인 문법-번역법의 교수에서 비롯되었다. 그리고 의미와 형식의 교육을 아우른 인지주의 교육을 거쳐, 메시지를 중시하는 의사소통식 교수의 시대로 발전해 왔다. 그러나 근자에는 이 의사소통 위주의 교육에 다시 형식중시, 문법의식 강화가 보태져 문법-번역법으로의 회귀라는 말까지 나오고 있다.

문법교육의 방법은 교수법에 따라 교수의 원칙이 다르게 마련이다. 그러나 이에 앞서 공통되는 원리가 없는 것도 아니다. Scott Thornbury(1999)가 제시한 경험적 규칙이 그것이다. 이는 교수법의 여하를 가리기에 앞서 적용되어야 할 원리이다.

① 맥락의 규칙(The rule of context) :
   맥락 안에서 문법을 가르친다.
② 사용의 규칙(The rule of use) :
   문법 자체가 아닌, 실제 언어를 좀 더 용이하게 이해하고 생성해
   낼 수 있게 가르친다.
③ 경제성의 규칙(The rule of economy) :
   문법규칙의 제시보다 연습시간을 많이 제공한다.
④ 관련성의 규칙(The rule of relevance) :
   학습자가 알고 있는 것에서부터 시작하고, 모국어와의 공통부분을
   활용한다.
⑤ 교육의 규칙(The rule of nature) :
   문법을 가르치기보다 입력, 출력, 피드백, 동기 등 문법 학습을 위
   한 조건을 제공한다.

⑥ 적절성의 규칙(the rule of appropriacy) :
　　학습자의 수준, 필요, 홍미, 기대, 학습 방법에 따라 위의 규칙을
　　판단한다.

　그러면 이러한 원리를 바탕으로 바람직한 한국어 문법교수의 방법을
살펴보기로 한다.

첫째, 문법지식 증진과 의사소통능력 신장

　문법학습의 목적은 문법지식을 증진하려는 것과 의사소통능력을 신장
하려는 두 가지로 나눌 수 있다. 전자는 학문문법을 하려는 학습자의 목
적이 될 것이고, 후자는 일반 외국어학습자의 목적이 될 것이다. 한국어
학습의 목적은 문법지식을 활용해 궁극적으로 의사소통을 원만히 하고
자 하는 것이다. 따라서 통합교재는 물론, 전문적 문법교재를 통한 한국
어 문법교육도 그 목적을 문법능력만이 아닌, 의사소통능력 향상에 두는
것이 바람직하다.

둘째, 연역적 지도와 귀납적 지도

　교재의 구성과 마찬가지로 지도방법에도 연역적 지도와 귀납적 지도
가 있다. 언어 자료와 학습자를 고려하여 선별적으로 활용해야 한다. 연
역적 지도를 하는 경우 문형연습이 유용한 방법이 된다. 이는 기계적 연
습(mechanical drill), 의미 연습(meaningful drill), 의사소통 연습(communicative
drill)을 활용하되, 의사소통 연습으로 마무리 짓도록 하여야 한다.

셋째, 명시적(overt) 지도와 암시적(covert) 지도

　학습자의 주의를 직접 특정 항목에 돌리고자 하는 지도를 명시적 문
법지도라 하고, 암시적 학습을 하기 위한 것을 암시적 문법지도라 한다.

명시적 지도는 문법규칙에 대해 분석적으로 기술·설명하는 등의 방법을 사용한다. 이는 제시된 자료에 포함된 문법항목에 학습자의 주의를 기울이게 하고, 형식과 의미의 연결을 명시하며, 오류에 학습자의 주의를 돌리게 하는 등 언어습득을 촉진하게 하는 것이다. 고급 학습자들에게 어울리는 방법이다. 암시적 지도는 대량의 데이터를 제공함으로 학습자가 자연스런 문법습득을 촉진하도록 하는 방법이다. 암시적 지도는 귀납적 탐구학습에 해당하는 것으로, 명시적으로 규칙이나 용어를 제시하지 않는다. 초급반에 어울린다. 이 지도법에서는 과제(task)를 통하여 문법항목을 사용·터득하게 하는 방법도 사용할 수 있다.

넷째, 문법지도의 효율성과 적합성

문법교수의 기본 원리로는 효율성(efficiency)의 원리와 적합성(appropriacy)의 원리가 있다(Thornbury, S., 1999). 효율성의 원리에는 문법 제시는 짧을수록 좋다는 경제성, 자료수집이 쉬워야 한다는 용이성, 효과가 있어야 한다는 유효성이 포함된다. 적합성은 학습자에게 적절하냐 하는 것이다. 효과적인 활동이 반드시 적절한 것은 아니기 때문이다. 따라서 문법지도는 효율성과 적합성을 아울러 고려하여야 한다.

다섯째, 문법수업의 기본 모형

문법수업의 기본 모형에는 제시모형과 과제모형이 있다. 제시모형이란 소위 PPP모형으로 일러지는 것이다(Thornbury, S., 1999). 수업은 다음과 같은 과정을 밟아 전개된다.

제시(presentation)	→	연습(practice)	→	생성(production)

이는 제시-연습이란 정확성을 목표로 하는 전형적 수업방식에 유창성을 더하기 위해 "생성"을 추가한 것이다.

과제모형이란 TTT모형이라 일러지는 것으로, 이는 정확성에서 유창성으로 나아가는 PPP모형에 대해, 유창성에서 정확성으로 역행하는 순서를 밟는 지도 모형이다. 이는 의사소통법을 바탕으로 한 과제수행의 모형이다.

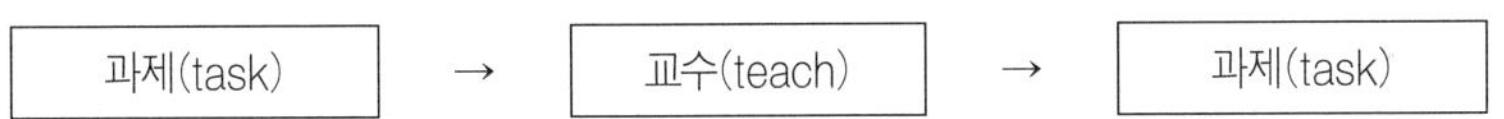

이는 도표에 제시된 바와 같이 과제를 수행하고, 학습을 한 뒤 다시 같거나 유사한 과제를 수행하는 순서로 전개하는 것이다.

한국어 문법교육에서도 이러한 제시모형(PPP모형)이나 과제모형(TTT모형)을 활용하여 교육 효과를 올리도록 함이 바람직하다.

이 밖에 Penny Ur가 제시한 4단계, 또는 7단계 모델을 활용하여도 좋다. 4단계는 제시(presentation), 개별화(isolation), 연습(practice), 평가(test)이고, 7단계는 문법구조의 인지(awareness), 통제 연습(controlled drills), 유의 훈련(meaningful drills), 안내 유의훈련(guided, meaningful drills), 자유작문(free sentence composition), 담화구성(discourse composition), 자유담화(free discourse)이다.

여섯째, 의사소통법에서의 문법지도

의사소통법은 오늘날의 대표적인 교수법이다. 따라서 이에 대해서는 앞에서 여러 가지로 언급한 바 있으나 여기서 한번 더 논의하기로 한다. 野田尙史(2005)는 "커뮤니케이션을 위한 일본어 교육문법의 설계도"를 제시하고 있다. 이는 개론적인 일본어 교육문법의 설계도이긴 하나, 의사소통법을 비교적 잘 반영한 교수법이라 할 것이다. 한국어 교육문법

교수에 좋은 참고가 될 것이다.

① 학습자의 다양화에 대응하는 일본어 교육문법
② 일본어학에 의존하지 않는 일본어 교육문법
③ 무목적의 문법에서 듣기·말하기·읽기·쓰기 각각의 문법으로
④ 정확성 중시의 문법에서 목적을 달성할 수 있는 문법으로
⑤ 일률적 문법에서 학습자 각자의 문법으로
⑥ 골격부분 중시의 문법에서 전달부분 중시의 문법으로
⑦ 형식을 기반으로 하는 문법에서 기능을 기반으로 하는 문법으로

의사소통법은 의사소통능력 신장에 목적을 두어 문법의 지도도 문장의 차원이 아닌 담화의 차원으로 확장하고, 문법의 정확성(accuracy)에서 의사소통의 유창성과 사회적 수용성(acceptability)을 추구해야 한다. 의사소통능력은 문법능력 못잖게 중요한 것으로, 이는 학습에 의해서만 획득되는 것이다.

의사소통 교수법에서는 메시지에 초점이 놓여 제시되는 사용법(usage)이 아니라, 언어 사용(use) 자체에 중점이 놓인다. 적절한 상황에서의 적절한 언어사용(appropriate situated language use)이 되지 않을 때 웃음거리가 된다. 의사소통능력은 이토록 중요한 것이다. 언어사용은 단순한 의미 지도가 아니라, 기능(function) 실러버스와 과제(task) 실러버스에 무게를 두며, 가능한 한 의미 있는, 학습자 개인과 관련이 있는 내용을 연습하게 한다. 자유연습은 문법교육에서 부족한 PPP모형에서의 생산(production)에 해당되는 것이다.

일곱째, 문법의식의 고양

적극적 의사소통법은 정확성을 기피하고 유창성을 추구하며 문법을

배제하였다. 이로 말미암아 유창한 의사소통 능력 배양에 문제가 제기되었다. 문법 형태를 포함한 형태에 주의를 기울이지 않으면 학습자의 의사소통능력이 기초수준에 머물 수도 있다는 것이다. 이에 실제 언어사용의 기회를 제공하고, 형태 곧 문법에 주의를 기울이게 함이 바람직하다고 생각하게 되었다. 이러한 움직임이 형식중시(focus on form)요, 문법의식 고양(grammar consciousness-raising) 현상이다. 언어교육에서 형식중시 교수(form-focused instruction)는 언어형식에 주의를 기울이고, 언어사용의 정확성을 높이는 등 외국어 습득을 촉진하는 효과가 있는 것으로 알려진다. 문법의식의 고양은 외국어교육에 있어서 의미내용만이 아니라, 특정 문법형식에 주의를 돌리게 함으로, 학습효과를 거두게 한다. 문법적 오용에 대해 바른 형식을 의식시키는 것이 학습자의 문법지식의 수정 및 재구축과 연결되어 지도상 유효하다는 것이다. 이러한 형식, 또는 문법에의 주의 또는 의식을 S. Thornbury는 문법의 부활, 또는 회귀라 하고 있다. 의사소통법에서의 이러한 형식 및 문법에의 회귀는 바람직한 것이다. 유창성에 정확성을 가미하기 때문이다. 한국어교육도 이러한 문법 중시, 문법의식을 고양하는 방향으로 나아가야 한다.

여덟째, 결과중심 문법교육과 과정중심의 문법교육 및 기능중심 문법교육

문법 기술의 방법으로서 결과중심 문법교육, 과정중심 문법교육, 기능중심 문법교육에 대해 앞에서 언급한 바 있다. 이들은 문법 기술의 방법일 뿐 아니라, 학습지도의 방법이기도 하다. 결과중심 문법교육은 문법의 구조와 규칙에 초점을 두는 것임으로, 단기 과정, 성인 학습자를 대상으로 할 때 어울린다. 이에 대해 과정중심 문법교육은 과제 해결에 초점을 두는 것이므로 발견학습과 아동 학습자에 어울린다. 기능중심 문법교육은 언어 사용자에게 초점을 맞춘 문법교육이다. 따라서 문법교육의 목표와 학습자의 발달 단계를 고려해 적절한 지도 방법을 선택 활용하도록 하여야 한다.

이 밖에 토론학습, 협동학습, 탐구학습 등의 추구, 설명이나 문법용어 사용의 최소화, 의사소통에 방해가 되지 않는 선에서의 최소한의 교정 등도 바람직한 교육을 위해 고려해야 할 원리들이다. 바람직한 문법교육이 행해지고, 한국어교육이 정상적으로 수행되길 기대해 마지않는다.

참고문헌

국제한국어교육학회 편(2005), 한국어교육론 2, 한국문화사.

김충실(2006), 중국에서의 한국어 교수 방법 연구, 박이정.

박갑수(2005), 국어교육과 한국어교육의 성찰, 서울대학교 출판부.

최희수·유춘희(2003), 한국어실용어법, 연변대학출판사.

한재영 외(2003), "한국어교육총서 3, 한국어문법교육" 개발 최종 보고서, 문화관광부,
　　　한국어세계화재단.

小池生夫 外編(2003), 應用言語學事典, 硏究社.

野田尙史 編(2005), コミユニケーシヨンのための 日本語敎育文法, くろしお出版.

Brown, H. D.(1994), Principles of language learning and teaching, 신성철 역(1996),
　　　외국어 교수·학습의 원리, 한신문화사.

Brown, H. D.(2001), Teaching by principles : An interactive approach to language
　　　pedagogy, second edition, 권오량 외역(2001), 원리에 의한 교수,
　　　Pearson Education Korea.

Dulay, H. et al(1982), Language Two, 牧野高吉 譯(1999), 第2言語の習得, 鷹書房弓
　　　プレス.

Gertraude Heyd(1987), Deutsch Lehren, Grundwissenfur den Unterricht in Deutsch
　　　als Fremdsprache, 이광숙 외역(1998), 외국어로서의 독일어교육, 도서출
　　　판 夏雨.

Swan, M.(2002), Thornbury, S. (1999), How to teach grammar, 이관규 외역(2004),
　　　문법을 어떻게 가르칠 것인가?, 한국문화사.

Ur, Penny(1996, 2002), A course in language teaching : Practice and theory,
　　　Cambridge university press.

Ur, Penny(1998), Grammar Practice Activities, Cambridge university press.

김병운(2005), 중국의 한국어 문법 교육, 국제한국어교육학회 편, 한국어교육론2, 한국
　　　문화사.

김영금(2003), 한국어 문법교육의 실제와 전망, 연변과기대 한국학연구소 편, 중국에서
　　　의 한국어교육 Ⅲ, 태학사.

김일병(2005), 한국어 문법교육의 실태와 발전 방향, 한국어교육, 16권 2호, 국제한국

　　　어교육학회.
민현식(2003), 국어 문법과 한국어 문법의 상관성, 한국어교육 제14권 2호, 국제한국
　　　어교육학회.
민현식(2005), 문법교육의 표준화와 다양화의 과제, 국어교육연구 제16집, 서울대학교
　　　국어교육연구소.
박영순(2005), 한국어 문법 교육의 방향, 국어교육연구 제16집, 서울대학교 국어교육
　　　연구소.
성기철(2002), 외국어로서의 한국어 문법 교육, 국어교육 107, 한국국어교육연구회.
왕　단(2005), 중국어 학습자를 위한 한국어 문법교육의 현황과 개선 방안, 국어교육
　　　연구 제16집, 서울대학교 국어교육연구소.
이해영(2003), 한국어 교육에서의 문법 교육, 국어교육 제112호, 한국어교육학회.
황적륜(2002) 외국어 교수법, 서울대 사대 외국인을 위한 한국어지도자과정.
황적륜(2003), 사회언어학과 외국어교육- communicative competence의 문제, 한국어교
　　　육(1) 서울사대 외국인을 위한 한국어교육 지도자과정.

■ 이 글은 中國 朝鮮(韓國)語敎育硏究學會 學術發表大會(靑島大學, 2006. 7. 15-16)의 주제 발표 논문으로, 언어와 문화 3-3(한국언어문화교육학회, 2007)에 게재된 것이다.

제1장 한국어교육에서의 문화교육

1. 서언

1960년대 후반만 하더라도 엄두를 못 내던 외국어로서의 한국어교육이 오늘날 세계 도처에서 행해지고 있다. 정말 격세지감을 느낀다. 우리나라의 국제적 위상이 높아진 덕분이다.

언어교육, 좀 더 구체적으로 말해 한국어교육도 많은 발전을 해 왔다. 그간 3천여 종의 교재가 간행되었고, 각종 교수의 구체적 방법이 개발되어 현장에서 교육성과를 올리고 있다. 교사 양성기관과 한국어교육능력검정시험을 통해 많은 유능한 교사가 배출되고 있다. 그런가 하면 종래 언어교육이라면 언어 자체에 시종하던 교육이 문화교육을 끌어안으며, 정확한 언어에 적격의 언어를 교육하기에 이르렀다.

여기에서는 한국어교육에 있어서의 문화교육을 살펴보기로 한다. 문화교육의 성격을 밝히고, 언어교육에 문화교육, 그것도 제한적 문화교육을 도입함으로 한국어교육의 수준을 한 단계 끌어올리도록 하자는 것이다.

이 글에서는 언어교육에 대해 언어문화 교육이란 용어를 많이 사용하게 된다. 이는 언어교육과 동의어로 볼 수 있다. 다만 언어문화 교육이란 언어교육만이 아닌, 언어와 연계된 문화를 그 교육대상으로 한다는 함의를 더 갖는 것으로 보면 좋을 것이다.

2. 외국어교육에서의 문화교육

2.1. 문화교육의 도입

종래의 언어교육은 언어나 커뮤니케이션과 같이 언어 자체에 관심이 집중되어 있었다. 언어교육에서 문화가 주목을 받게 된 것은 최근의 일로, 1970년대 이후의 일이다. 언어교육은 그 첫 시간부터 문화교육이 필요하다고 문화의 중요성을 인식하면서, 오늘날은 문화교육이 언어교육의 중요한 한 분야가 되었다.

문화는 다양하게 정의된다. 그 가운데 Mc Daniel et al(2006)은 "문화는 생활과 사회적 기능을 위한 규칙들"이라 간단히 정의하였다. 이에 대해 Brooks(1975)는 광의의 "인간생활의 모든 것(everything in human life)"을 포함하는 문화와, 협의의 "인간생활의 최상의 것(best in human life)"을 가려 뽑아 놓은 문화라는 두 가지 주요 개념을 제시하였다. 흔히 이 두 문화 가운데 광의의 문화를 Little C(小文化), 협의의 문화를 Big C(大文化)라 한다. Hendon(1980) 또한 문화를 둘로 나누어 위의 Big C와 Little C로 구분하였다. 그리고 이들 Big C는 고급문명의 성과로, 주로 과거와 관련되고, Little C는 일상생활문화가 중심이 되는 것으로 현대와 관련이 있는 것으로 본다. 일반적으로 외국어교육 분야에서는 지난날 Big C를 문화의 의미로 받아들이고, 주로 문학작품을 감상하였으며, 교수법은 문법

-번역법을 사용하였다.

 Little C가 외국어교육 분야에서 관심의 대상이 된 것은 1950년대 구두-청각법(audio-lingual method)이 대두된 뒤부터이다. 구두-청각법은 문학 작품 감상을 목표로 하는 문법-법역법의 교수법을 비판하면서, 외국어교육은 문학이 아니라, 실제로 사용하는 대화를 바탕으로 이루어져야 한다고 주장하며 Little C에 관심을 보였다. 그러나 Little C 문화학습의 중요성이 본격적으로 인정을 받게 된 것은 의사소통법(communicative approach)이 등장하고부터다. 이는 언어의 형태와 의미뿐 아니라, 기능(function)의 중요성을 인식하여 학습자의 사회언어적 능력(sociolinguistic competence)을 강조하였기 때문이다. 의사소통법을 주장하는 이들은 효과적으로 의사소통을 하기 위해 원어민들이 특정 상황에서 어떤 언어적 행동과 반응을 보이는가 살폈다. 그리고 이들 언어행동이 목표언어 사회의 태도, 신념, 도덕, 가치관 등을 반영한다는 것이 밝혀져 문화 습득이 외국어교육의 필수적인 요소가 된 것이다.

 우리나라의 문화교육은 역사적으로 조금 다른 면을 보여 준다. 언어교육은 문법교육 아닌, 어휘교육이었고, 한문(漢文)의 경우이긴 하나 많이 읽으면 문리(文理)가 통한다고 하여 문법교육을 외면하였다. 독서백편의자현(讀書百編義自現)의 논리다. 그래서 일찍부터 언어 교재는 역어유해(譯語類解), 왜어유해(倭語類解)와 같이 분류어휘집인 "유해(類解)"식 교재 로 교육을 하였다. 이는 한어(漢語) 내지 중국의 교육 경향으로 동양 삼국이 비슷했던 것으로 보인다. 중국의 명(明)나라에서 편찬된 조선어 역학서인 "조선관역어(朝鮮館譯語)"나, 근세에 일본에서 편찬된 것으로 보이는 조선어 학습서인 "교린수지(交隣須知)" 등이 이러한 "유해식" 교재로 된 것이다. 이들은 조선어에 대한 학습서이고, 우리나라에서 편찬된 외국어 학습서인 "역어유해, 왜어유해(倭語類解), 몽어유해(蒙語類解)" 등도 다 이름

그대로 "유해(類解)"로 사역원에서 간행된 것이다. 이들은 천문, 시령(時令), 기후, 지리, 궁궐, 관부(官府)… 등과 같이 표제 항목과 관련되는 어휘를 가려 수록해 놓은 것으로, 문화교육을 배경에 깐 것이다. 교린수지의 분류어휘 항목을 참고로 보면 다음과 같다.

- 卷之一 : 천문(天文) 시절(時節) 주아(晝夜) 방위(方位) 지리(地理) 강호(江湖) 수모(水貌) 주즙(舟楫) 인품(人品) 관작(官爵) 천륜(天倫) 두부(頭部) 신부(身部) 형모(形貌) 우족(羽族)
- 卷之二 : 주수(走獸) 수족(水族) 곤충(昆虫) 화서(禾黍) 소채(蔬菜) 농포(農圃) 과실(果實) 수목(樹木) 화품(花品) 초훼(草卉) 궁택(宮宅) 도읍(都邑) 미취(味臭) 끽모(喫貌) 숙설(熟設) 매매(賣買) 질병(疾病) 행동(行動)
- 卷之三 : 묘사(墓寺) 금보(金寶) 포진(鋪陳) 포백(布帛) 채색(彩色) 의관(衣冠) 여식(女飾) 성기(盛器) 직기(織機) 철기(鐵器) 잡기(雜器) 풍물(風物) 시청(視聽) 차륜(車輪) 안구(鞍具) 희물(戲物) 정형(政刑) 문식(文式) 무비(武備) 정전(征戰) 음식(飲食)
- 卷之四 : 정지(靜止) 수운(手運) 족사(足使) 심동(心動) 언어(言語) 어사(語辭) 심사(心使) 사단(四端) 대다(大多) 범위(範圍) 잡어(雜語) 소요(逍遙) 천간(天干) 지지(地支)

이렇게 한국에서는 일찍이 외국어교육에 문화교육을 도입한 것으로 볼 수 있다. 그 뒤 19세기 후반에 들어 서양 선교사와 일본인들에 의해 문법중심의 교육이 행해지게 되었다. 해방 뒤에는 서구의 교육사조에 따라 언어교육이 꾀해졌고, 이는 마침내 문법-번역법, 청각-구두법을 거쳐 의사소통법의 단계로 접어들게 되었다. 그리하여 문화교육은 우선 외국어교육에 도입되었고, 마침내 한국어교육에도 1990년대 후반에 도입되게 되었다.

2.2. 한국에서의 문화교육

한국어교육에서 새로운 의미의 문화교육이 언제부터 현장에 도입되었는지는 분명치 않다. 이는 문화교육의 연구 동향을 통해 간접적으로 확인할 수밖에 없다. 문화교육의 연구 현황은 김중섭(2006), 강현화(2010)와 최정순(2010) 등을 참고할 수 있다. 김중섭(2006)은 1987~2004년의, 강현화(2010)는 1999~2009년의 문화교육의 현황을 살핀 것이고, 최정순(2010)은 2000~2010년의 한국어교육의 연구동향을 살핀 것이다.

이러한 연구 현황을 통해 살필 수 있는 것은 한국어교육에서 문화교육은 1996년 이후 본격적으로 논의된다는 것이다. 1987년에서 1995년 사이에는 겨우 세 편의 논문이 발표되었을 뿐이다(김중섭, 2005). 그것은 다음과 같은 것이다.

> 조욱경(1987), 외국어교육에서 문화교육의 중요성, 연세대학교 석사학위논문
> 박영순(1989), 제2언어교육으로서의 문화교육, 이중언어학회지 5, 이중언어학회
> 이영숙(1992), 신체 관용어와 외국어로서의 한국어교육에의 활용, 외국어로서의 한국말 교육 17집, 연세대학교 한국어학당

이들은 다 한국어교육과 문화교육과의 관계를 다룬 것으로, 이영숙(1992)를 제외하고는 한국어교육에 문화교육이 필요하다는 계몽적 논문이라 하겠다.

이렇게 하여 한국의 문화교육은 1990년대 후반 이후 본격적으로 논의되고 수행된다. 김중섭(2005)에 의하면 1996년~1999년 사이에는 무려 22편의 논문이 발표된다. 이들은 주로 문화교육의 내용과 교육방법을

논의한 것이다. 이후 2,000년대의 문화교육 현황은 강현화(2010)와 최정순(2010)에 의해 확인할 수 있다. 우선 연구 성과를 보면 다음과 같다.

	학위 논문	학술지 논문	합계
강현화(1999~2009)	143편	227편	349편
최정순(2000~2010) (문학 포함)	140편 176편	123편 139편	263편 315편

이들은 통계 수치에 상당한 차이를 보이는데(특히 학술지 논문에서), 이는 자료를 추출한 학술지의 수와, 문화교육의 내용 규정의 차이로 그리 되었을 것으로 보인다. 특히 강현화(2010)에서는 학술지로 "이중언어학", "한국어교육", "언어와 문화", "한국언어문화학", "외국어로서의 한국어교육", "외국어교육학", "응용언어학", 기타를 사용하였고, 최정순(2010)에서는 강현화의 자료 가운데 앞에 든 학회지 네 개만 사용하고 다른 자료를 사용하지 않아 논문 편수에 차이가 났을 것이고, 어디까지를 문화교육으로 보느냐 하는 시각이 또한 수치에 차이를 드러나게 한 것으로 추정되는 것이다. 그리고 문화교육 관계 논문은 사실은 이보다 훨씬 많은 것으로 보아야 한다. 그것은 위의 자료 외에 대학 및 연구소에서 간행되는 논문집이 무수하고, 국어국문학 및 국어교육 관계 논문집에도 문화교육 관계 논문이 상당수 실려 있는 것으로 보아야 하기 때문이다.

한국어교육에서 문화교육에 관한 관심은 한국언어문화교육학회와 국제한국언어문화학회가 창립되고, 이들이 각각 2004년 "언어와 문화"와 "한국언어문화학"이란 학회지를 내며 급격히 많아지게 되었다. 종전에 연 10편 내외에 불과했던 논문이 2004년에는 30편 내외로 증가하게 되었고, 2007년 이후에는 40편 내외의 논문이 나오게 되는 것이다.

문화교육의 연구 내용은 학위 논문이나 학술지의 논문을 망라하여 볼 때 문학 텍스트의 교수방법론 내지, 매체 활용을 통한 문화교수의 효용을 다룬 것, 교육과정과 관련된 것, 다문화·한국문화, 문화적 가치 등 문화내용을 다룬 것 등이 주류를 이룬다. 이는 외국의 문화교육이 이문화간(異文化間) 커뮤니케이션이나 문화변용(文化變容) 등을 많이 다루고 있는 것과 다른 점이다. 한국어교육이 그만큼은 아직 세계적으로 확산되지 못해 거시적으로 다루어야 할 것을 제대로 발견하지 못했고, 좁은 테두리 안에서 미시적 안목으로 본 때문이라 하겠다. 다문화교육(多文化敎育)만 하더라도 다민족 국가에서 민족분쟁으로까지 치닫는 문제인데, 우리는 결혼이민자 가정의 문제를 연구하는 데 시종하고 있는 것이 오늘의 현실인 것이다.

3. 문화교육과 언어교육

3.1. 문화의 변용

외국어교육에서의 문화교육은 문화적인 접촉, 다문화가 그 대상이 된다. 따라서 여기서 등장하는 것이 이문화요, 이로 인한 문화적 충격이다.

사람들은 이문화를 접하게 되면 충격을 받게 되고, 살기 위해 여기에 적응하려 한다. 문화수용에 대한 가설은 두어 종류가 있다. 이를 "문화변용의 곡선"로 드러내게 되는데 그 하나가 Geert Hohstede(1991)의 U형 문화변용 곡선이다. Hohstede는 친숙하지 않은 문화적 환경에 발을 들여 놓게 될 때 사람들은 "문화변용의 곡선"에 따라 4단계의 시기를 경험하는 것으로 본다. 도표를 보면 다음과 같다.

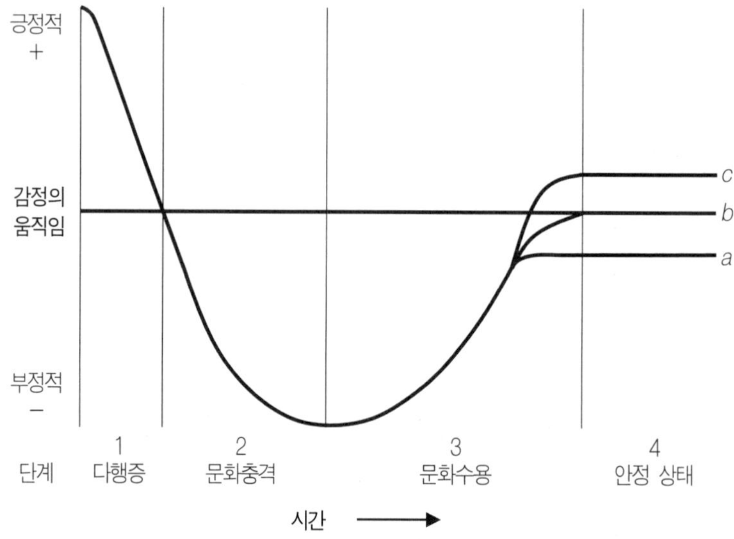

제1단계는 (문화) 다행증의 시기이다.

새로운 문화 환경이 신기하고 놀라워 만족스러워하는 시기다. 이 기간은 그리 오래 지속되지 않는다.

제2단계는 문화충격의 시기이다.

새로운 환경에서 생활을 하며, 놀람이나 당황 등의 문화적 충격을 체험한다.

제3단계는 문화변용의 시기다.

새로운 환경에 서서히 익숙해져, 현지의 가치관도 몇 가지 수용하며, 새로운 사회적 네트워크에 편입되어 간다.

제4단계는 안정된 시기다.

변용의 마지막 단계로 정신이 안정되는 상태에 이르게 된다.

안정 상태는 위 도표의 4a처럼 언제까지 있어도 자기는 타관사람이라든가, 차별 받고 있다고 부정적인 감정을 가지는 경우가 있고, 4b처럼 전에 살던 문화적 환경과 같은 정도로, 현재의 문화환경에 적응하는 경우가 있고, 4c처럼 전에 살고 있던 문화적 환경 이상으로, 현재의 문화환경에 적응하여 현지에 융화되는 경우가 있다.

U곡선은 초기의 표면적 대응 > 적응의 위기(被拒絶感과 고독) > 통합이라는 과정을 겪는 것인 데 대해, W형 문화변용 곡선이란 다른 곡선이 있다. 이는 U형을 연장한 것으로, 장기간 이문화 체험을 한 뒤 귀국하여, 복귀충격을 받는 경우이다. 이는 다음과 같은 과정을 겪는 것으로 본다.(吉田曉, 1987).

1. 밀월기―모두가 신선하고, 만족스러운 시기다.
2. 투쟁기―곤란에 직면하여 욕구불만이 생기고, 투쟁과 도주를 되풀이한다.
3. 갈등기―곤란한 일이나 문제가 해결되지 않거나 악화되는 시기다.
4. 적응기―현지의 사회적 구조가 개략적으로 파악되어 그리 곤란을 느끼지 않게 된다.
5. 재갈등기―이문화를 이해한 것으로 알았으나 복잡성을 재인식하여 다시 어려워진다.
6. 귀국 직전기―귀국의 기대 및 기쁨과, 떠나고 싶지 않은 이율배반적 기분이 된다.
7. 귀국 충격기―기대에 반한 일이 많으나, 서서히 이전 상태로 회복되어 간다.

사람들은 이렇게 새로운 문화를 접하게 되면 변용의 곡선을 그리게 된다. Brown(1980)은 문화변용(acculturation)을 "새로운 문화에 적응해 나가는 과정"이라 정의하고, 변화의 과정을 네 단계로 나누었다. 이는 앞에서 언급한 Hohstede의 4단계와 대동소이한 것이나, 그는 이 변용을 문화교육과 관련을 지어 우리에게 좀 더 의미를 갖게 한다.

제1단계 : L2 학습자가 새로운 문화를 접하며 흥분과 행복을 느낀다.
제2단계 : 이질적 문화를 자주 경험하게 되며 좌절을 느끼는 문화충격
　　　　기다.
제3단계 : L2문화권을 좀 이해하고, 문화적 차이점을 수용하게 되나,
　　　　많은 문제점이 상존한다. 문화 스트레스의 단계로, 아노미
　　　　(anomie) 현상이 일어난다.
제4단계 : 새로운 문화를 포용하며, 자신감을 가진 자아로 발전한다.

　외국어교육 담당자들은 제2, 3단계에서 학습자들이 이 시기를 잘 극복할 수 있도록 지도하게 된다. 학습자들이 새로운 문화에 대해 충격을 받아 그 동안 멀리하던 모국 사람을 찾아 L2 문화에 대해 불평을 하고, 위로를 받고자 하는 시기가 바로 제2단계이다. 이러한 학습자를 잘 적응하도록 지도해야 한다. 제3단계에서는 새로운 문화를 어느 정도 이해하게 되면서 자기의 정체성을 의심하게 된다. 모국문화와 목표문화의 어디에도 속해 있지 않다는 느낌을 갖는 아노미 현상이 일어난다. 이때 모국어와 모국문화를 찾아 위로를 받기도 하는 아미노 현상을 극복하고, 건강하고 자신감 있는 자아를 형성하도록 해야 한다. 그리하여 Hohstede의 U형 문화변용 곡선에 보이는 4C로 안정적 정착을 할 수 있게 도와야 한다.

3.2. 문화교육과 언어교육의 성격

　언어와 문화는 표리관계를 지닌다. Lado가 언어는 문화의 색인이라 한 것도 같은 맥락의 말이다. 따라서 언어교육을 논의할 때는 반드시 문화, 또는 문화교육이란 말이 따라 나오게 된다. 언어교수와 문화교수는 그만큼 상관성이 크다는 말이다. 그러나 이 역(逆)도 진(眞)은 아니다. 문화, 또는 문화교육을 논의할 때 반드시 언어가 거론되지는 않는다. 언어

는 그 자체를 하나의 문화로 보기도 하지만, 언어는 분명히 문화의 한 하위 영역이기 때문이다.

문화교육의 목표는 여러 가지로 달리 볼 수 있다. 이 가운데 Seelye(1988)은 7가지 목표를 들고 있는데, 약간의 설명을 붙여 이를 제시하면 다음과 같다.

① The sense, or functionality, of culturally conditioned behavior.
사회의 구성원에게서 문화적으로 조건화하여 나타나는 행위의 의미 혹은 기능에 대한 이해를 돕는다.
② Interaction of language and social variables.
연령, 성, 사회계층, 주거지 등 사회언어적 변인과 언어의 상호작용에 대한 이해를 돕는다.
③ Conventional behavior in common situations.
목표문화의 일반적 상황에서 나타나는 관습적 행동을 인식하도록 돕는다.
④ Cultural connotations of words and phrases.
목표언어에서 문화적 함의(含意)를 지닌 단어와 어구를 인식하도록 돕는다.
⑤ Evaluating statements about a society.
목표문화를 일반화한 진술에 대해 평가하고, 정밀화하는 능력을 발전시킨다.
⑥ Researching another culture.
목표문화에 대한 정보를 수집하거나, 조직하는 데 필요한 방법을 발전시키도록 돕는다.
⑦ Attitude toward other culture.
목표문화에 대한 지적 호기심을 자극하고, 공감하도록 자극한다.

이들은 문화교육의 구체적 목표를 제시한 것이라 하겠다. 이러한 문화

교육을 통해 목표문화에 대한 충격을 완화하고, 상호 이해의 폭을 넓혀 친선을 도모한다는 좀 더 큰 목표를 달성하게 된다.

Seelye(1984)의 문화교육의 목표에는 언어교육에 관해 한 항목이 제시되어 있다. 이는 광범한 문화교육의 목표 가운데 특정적이고, 작은 하나의 문제에 불과하다. 이에 대해 언어교육에서의 문화교육의 비중은 막중하다. 언어교육과 관련된 문화교육은 크게 두 가지로 나누어 볼 수 있다. 그것은 포괄적 문화교육과 제한적 문화교육이라는 것이다. 포괄적 문화교육이란 앞에서 언급한 Big C와 Little C를 아우른, 문화 전반을 교육하는 것을 의미한다. 이에 대해 제한적 문화교육이란 Little C를 중심으로 한정하는 것을 의미한다(박갑수, 2006). 교육의 방법은 포괄적 문화교육의 경우 독립적으로, 학습자의 모어로 하는 것이 좋다. 이에 대해 제한적 문화교육은 언어교육과 연계하여 통합적으로, 목표언어에 의해 하는 것이 바람직하다. 그래야 교육효과를 거둘 수 있다. 전자가 사회교육으로서의 문화교육이라면, 후자는 언어교육으로서의 문화교육이라 해도 좋다. 제한적 문화교수에 있어 문화교육의 요소는 언어교육과 연계된 문화요소의 교육에 한정하는 것과, 필요한 문화요소를 선정 이를 언어교육과 조합하는 두 가지 방법이 있을 수 있다. 언어교육의 입장에서 보면 전자가 좀 더 바람직할 것이다. 이때 언어교육에서의 문화교육의 목표는 다음과 같은 것을 상정할 수 있다(박갑수, 2005).

① 문화교육을 통해 바람직한 적격의 한국어 학습을 한다.(내용)
② 문화교육을 통해 효과적 한국어 학습을 한다.(방법)
③ 문화교육을 통해 한국어의 문화적 표현을 익힌다.(민족지)
④ 문화교육을 통해 문화적 충격을 완화한다.(학습)

  문화교육의 방법은 문화의 종류에 따라 달리 해야 한다. 교수·학습의 방법은 직접교육과 간접교육, 대조교육과 독자교육, 현장학습과 교실학습, 체험학습과 이해학습 등이 그것이다. 포괄적 문화는 직접교육으로, 제한적 문화는 간접교육으로 한다. 포괄적 문화는 문화 자체가 직접 교육내용이 되는 것이고, 제한적 문화는 언어의 배경으로서 언어가 직접적 교육 내용이 되고, 문화는 간접적 교육 대상이 되는 것이다. 또한 문화교육은 대조를 통해 목표언어의 문화적 특성을 파악하게 하는 경우와, 독자적 독립적으로 하는 경우가 있다. 외국어교육을 전제로 할 때는 대조교육을 하는 것이 보다 바람직하다. 문화교육은 문화 현장에 있는 경우는 현장학습을, 그렇지 않은 경우는 교실학습을, 행동문화인 경우는 체험학습을, 성취문화나 정보문화인 경우는 강의에 의한 지식 이해에 중점을 두게 된다. 유형문화 학습은 체험학습에, 무형문화 학습은 강의중심의 이해학습에 비중을 두게 된다(박갑수, 2006).

  한국어교육에서 문화교육의 내용은 지난날 전통문화교육에 중점을 두었다. 따라서 교재나 교육 내용이 전통문화위주로 되었다. 그러나 커뮤니케이션에 중점을 두게 되면 전통문화보다 현대문화에 중점을 두는 쪽으로 바뀌어야 한다. 이는 전통문화를 완전히 배제하는 것을 의미하지 않는다. 어느 정도 수용해야 한다. 다문화 가정 등 새로 이문화와 접하게 되는 경우는 전통문화의 주요 지식을 교육하는 것이 필요하다. 따라서 문화교육은 학습자들이 처한 환경을 고려하여 유연성 있게 대처를 해야 한다.

  한국의 초·중등학교에는 국가수준의 외국어교육과정이 만들어져 있다. 여기에서는 외국어교육의 목표를 목표 언어의 문화를 이해하고, 문화의 보편성과 특수성을 이해하며, 나아가 그 문화를 통해 효과적으로 의사소통하는 데 두고 있다(박갑수, 2007). 한국어교육도 목표언어의 이해와 표현에 도움을 줄 수 있는 문화를 교육 내용으로 해야 한다. 이렇게 볼 때 문화교육의 내용으로는 다음과 같은 10가지를 들 수 있을 것이다 (박갑수, 2007).

① 전통문화(儒·佛·仙·巫, 전통놀이, 노래)
② 역사·제도·문물
③ 의·식·주 문화
④ 관습·풍습·사고방식
⑤ 문화로서의 언어(역사·특질)
⑥ 언어문화(어원·속담, 관용적 표현 및 고사성어)
⑦ 일상생활 양식
⑧ 언어생활 태도(예절, 인사, 경어)
⑨ 문학·예술 작품(언어·문화적 산물)
⑩ 비언어적 표현
⑪ 방언·신어·유행어

이상과 같은 문화 내용을 소재로 구체적 교육과정을 구안할 수 있다. 박갑수(2007)에서는 이를 바탕으로 다음과 같은 교육과정안을 제시하고 있다. 이러한 교육과정안은 문화교육의 내용을 구축하는 데 좋은 참고가 될 것이다.

① 한국의 전통문화를 이해한다. <지시적 기능>
② 역사제도 문물에 대해 이해한다. <지시적 기능>
③ 과거와 현재의 의식주 문화를 알고 이에 대처한다. <지시적·친교 적 기능>
④ 관습·풍습·사고방식과 언어와의 관계를 알고 이에 적응한다. <지시적 기능>
⑤ 언어의 역사와 구조적 차이를 알고, 이에 적절히 대처한다. <지시

적 기능>

⑥ 어원·속담·관용적 표현 등의 배경을 알고 언어생활을 풍요롭게
한다. <관어적 기능>

⑦ 일상생활 문화를 파악하여 적절한 언어생활을 한다. <친교적·명
령적 기능>

⑧ 일정한 장소(기관)에서 관습적으로 사용되는 일상 표현을 익혀 의
사소통을 원만히 한다. <지시적 기능>

⑨ 한국의 언어생활 태도를 바로 파악하여 원만한 대인관계를 갖는
다. <지시적 기능>

⑩ 한국인의 정서(감정 태도) 표현 방법을 알고 이에 적절히 대응한
다. <친교적 기능>

⑪ 존댓말 등 언어예절을 바로 파악하여 적절한 언어생활을 한다.
<지시적·친교적 기능>

⑫ 문학·예술 작품을 통해 한국의 언와 문화에 대한 인식의 폭을 넓
힌다. <지시적 기능>

⑬ 비언어적 표현의 이해와 표현을 통해 언어생활을 부드럽게 하고
친밀감을 갖게 한다. <친교적 기능>

⑭ 방언의 이해를 통해 지역 간의, 신어 유행어 등을 통해 젊은 세대
와의 유대감을 깊게 한다. <친교적 기능>

⑮ 언어·문화적 차이를 인식함으로 문화적 충격을 완화한다. <지시
적 기능>

4. 한국어교육과 언어문화 교육

4.1. 언어문화의 교육

미국 정부에서는 초·중·고등학교의 외국어 교육의 발전을 위하여
1966년 "21세기를 대비한 외국어 학습 기준(Standards for foreign language

learning : Preparing for the 21th century)"을 발표하였다. 여기서 저들은 교육과정의 목표로 5C를 내세웠다. 그것은 Communication, Culture, Connection, Comparison, Communities라는 것이다. 5C가 문화를 강조한 것이나, 특히 이 가운데 Culture의 내용으로는 다음과 같은 것을 들고 있다.

> C2 : Culture : 외국문화에 대한 지식과 이해를 가지도록 할 것.
> 기준 A : 외국의 행동문화(즉 언어행위와 비언어적 행동)와 행동문화
>   에 내재하는 관념적 문화(즉 전통사고방식, 태도, 믿음, 가치
>   관)와의 상관관계를 이해할 것.
> 기준 B : 유형무형의 문화적 생산품(예컨대 그림, 문학작품, 이야기,
>   무용, 교육제도 등)과 그러한 생산품에 내재하는 관념적 문
>   화와의 상관관계를 이해할 것.

이렇게 저들은 언어교육을 위해 문화교육을 강조하였다. 그리고 구체적으로 언어교육을 위해 행동문화와 성취문화 그리고 이에 내재하는 관념문화를 교육 대상으로 해야 한다고 보았다.

언어는 단순한 기호가 아니다. 문화로 포장된 기호다. 그 언어를 사용하는 민족 문화를 반영한다. 그래서 언어를 문화의 색인이라 한다. 언어에는 그 민족의 가치관, 사고와 인식의 유형, 범주화의 방법, 커뮤니케이션의 스타일, 사회적 규범, 맥락에의 의존도 등이 반영된다. 따라서 언어는 보편성과 함께 민족어에 따라 그들만의 특성을 지닌다. 발음, 어휘, 구문의 양상을 달리 한다. 비근한 예로 우리는 새해에 "복 많이 받으세요!"라 한다. 이에 대해 영어는 "Happy new year!"라 하고, 한어(漢語)는 "新年快樂", 일본어는 "新年お目出度(ございます)"라 한다. 같은 축하의 인사이면서 가치관이 다르고, 표현의 방법이 다르다. 우리는 영어 "rice"에 대해 "벼, 쌀, 밥"으로 대응하고, "eat, drink, smoke"에 대해 "먹다"

하나로 대응한다. 언어는 이렇게 문화에 따라 차이를 보인다. 따라서 올바른 언어의 교수학습을 위해서는 언어의 문화적 배경의 학습이 필요하다. 언어만이 아닌 언어문화의 학습을 해야 한다. 그렇지 않으면 목표언어를 제대로 학습할 수 없게 된다. 언어와 문화는 불가분리의 관계를 지니는 것으로, 통합교육을 해야 한다는 것이 커다란 명제로 떠오른다.

4.2. 한국 언어문화의 교육

언어교육의 대상으로서의 문화는 앞에서 Little C와 Big C 가운데 Little C가 중심이 된다고 하였다. 한국어교육을 함에 있어서도 그 대상을 협의로 제한적 문화라 보아, 언어교육을 위한 간접적 교육 대상만을 "언어문화"의 영역으로 국한하여 보기로 한다.

언어문화 교육은 구조적(構造的) 면과 운용적(運用的) 면이란 두 영역으로 나누어 살펴볼 수 있을 것이다. 이들 영역은 분명히 구별되는 것은 아니다. 넘나듦이 있다. 구조적인 면이란 조어 내지 명명과 관련되는 영역으로, 언어의 유연성(有緣性)과 관련된다. 여기에 속하는 영역으로는 어휘, 관용어, 문법(연어, 호칭, 대우법 등), 속담, 통사구조 등을 들 수 있다. 먼저 한국문화를 반영하는 어휘를 몇 개 보기로 한다.

* 단일어_ 곁 : 겯(腋)>측(側), 뒤 : 뒤(北)>후(後), 마음 : 심장>마음,
  살 : 설(元旦)>나이, 옆 : 옆(脅)>횡(橫), 외다 : 왼(左)>負, 푸르다 :
  플(草)-ㅇ다(접사)>청색, 힘 : 힘(筋肉)>힘(力)
* 복합어_ 고뿔 : 고(鼻)-火>감기, 두루마기 : 두루(周)-막이(遮)>周衣,
  비호같다 : 비호(飛虎)-같다>빠르다, 시치미떼다: 시치미(主人標識)-
  떼다(摘出)>내색하지 않다, 신다: 신(靴)-다(접사)>착화, 열없다 : 열
  (膽)-없다>小心하다, 오라질놈 : 오라(捕繩)-질(부(負)-놈>惡人, 장

가들다 : 丈家-들다(入)>결혼하다, 코끼리 : 코(鼻)-길(長)-이(접사)>
象, 한가위 : 한(最)-가위(中)>秋夕, 혼나다 : 혼(魂)-나다(出)>질책

이들은 한국 사회문화를 반영하는 말로, 문화교육을 하지 않으면 낱말
의 외연(外延) 학습에 그치고 문화적 함의(含意)를 제대로 파악하지 못하
게 된다. 따라서 고급 한국어를 학습하자면 유연성을 파악하도록 해야
한다.

다음은 관용어(慣用語)의 예다.

경(黥)을 치다, 국수를 먹다, 눈에 밟히다, 담을 쌓다, 등치다, 머리를
얹다, 바가지를 긁다, 비위(脾胃)가 상하다, 산통(算筒)을 깨다, 삼수(三水)
갑산(甲山)에 가는 한이 있어도, 상다리가 부러지다, 엿장수 마음대로,
육갑을 떨다, 죽 끓듯 하다, 찧고 까불다, 찬밥 더운 밥 가리다, 콩밥을
먹다, 퇴짜를 놓다, 파김치가 되다, 팔자를 고치다, 흰소리를 치다

관용어는 구성 요소의 총합적 의미와는 다른 의미를 드러내는 특유한
표현이다. 따라서 이 말이 형성된 문화적 배경을 알아야 한다. 그렇지
아니하고는 이들을 제대로 이해하지 못한다.

가게 기둥에 입춘, 같은 값이면 다홍치마, 금강산도 식후경(食後景),
멍이야 장이야, 보리죽에 물 탄 것 같다, 복날 개 패듯, 썩어도 준치, 아
닌 밤중에 홍두깨, 억지 춘향이, 절에 간 색시, 충주 결은 고비, 춥기는
사명당(四溟堂) 사첫방이라, 콩으로 메주를 쑨대도 고지를 안 듣다, 팔자
를 고치다, 평안감사도 저 싫으면 고만이다, 홍길동이 합천 해인사 털어
먹듯

이들은 민족의 심지 성정을 반영된 속담(俗談)이다. 속담은 관용어 이

상으로 문화적 특성을 드러낸다. "억지 춘향이"는 춘향전을 배경으로 하지 않는 한 이해할 수 없고, "복날 개 패듯"은 복날 개를 잡는 문화, 개를 잡는 특수한 한국문화를 모르는 한 이 속담을 이해하지 못한다. "썩어도 준치"는 일본의 "腐つても鯛(썩어도 도미)"와 대조되는 문화적 특성을 단적으로 드러내 준다.

이 밖에 다양한 호칭, 대우법은 평등사회 아닌 종속사회라는 문화를 전제로 하지 않는 한 이들 언어를 교수·학습할 수 없다. 이들은 다음의 운용적 면과도 관련된다. 연어(連語)의 경우는 의미의 면보다 형태적인 면에서 문화적 특성을 이해해야 한다. "말을 타다, 일본을 이기다"는 "馬に乗る, 日本に勝つ"를 직역하는 문화에서 벗어나지 못하는 한 한국어의 오용을 면치 못할 것이다.

통사적 구조는 사고과정을 반영하는 것으로, 구문의 차이는 사고 과정이 다르다는 것을 의미한다. SVO와 SOV형의 어순은 단순한 문형(文型)이 아닌, 사고 유형이다. 문형은 특히 언어수행 면에서 특별한 의미를 드러낸다.

운용적 면은 언어 수행의 면을 말한다. 언어행위는 문법 규칙에 의해서만 규제되는 것이 아니다. 장면이나 상황, 대화자 간의 관계, 대화의 주제 등 사회적 요소에 의해 여러 가지로 표현 형태에 제약이 가해진다. 그리하여 다양한 상황변이형(situational variants), 또는 기능변이형(functional variants)이 생겨난다. 그리고 정확한 언어 아닌, 적격의 언어를 생산해 낸다. 이러한 것이 운용적 면에서 고려해야 할 문화교육의 영역이다. 언어수행에 있어 고려해야 할 대표적인 문화요소로는 앞에서 잠시 언급한 통사 구조, 달리 말해 구문(構文) 구조 외에 대우법, 장면 의존도, 화행(話行), 문화변용규칙, 비유 등 수사(修辭) 장치 등을 들 수 있다.

한국 사회는 앞에서 말한 바와 같이 평등 사회가 아니요, 종속 사회,

서열 사회다. 따라서 말을 하기 위해서는 우선 상대방과의 관계를 따져야 한다. 그렇지 않으면 적격의 말을 할 수 없다. 이에 대우법을 알아야 한다. "총각, 학생, 아저씨, 선생님, 사장님, 어르신"과 같은 남자의 호칭이 이러한 것이다. 여기에는 사회적 가치까지 반영되어 있다. 언어는 장면에 의존하는 정도가 문제가 된다. 고맥락적(high context) 표현을 하느냐, 저맥락적(low context) 표현을 하느냐 하는 것이 그것이다. 한국어는 대표적 고맥락적 문화의 언어다. 따라서 장면에 의지하여 통합적이고 거시적이며, 의미지향적인 표현을 한다. 많은 구문 요소가 생략되는 것은 이 때문이다. 그래서 사랑을 해도 "I love you."라 하지 않고 "사랑해."라 한다. 학습자의 모어가 저맥락적 언어문화인 경우에는 이 장면의존도에 많은 신경을 써야 한다. 그렇지 않으면 한국어다운 한국어가 안 되고, 번역문체의 말이 된다. 화행(話行)은 다음에 언급할 문화변용과도 관련되는데, 많은 주의를 해야 한다. 진수성찬을 차리고도 "차린 것은 없지만 많이 드세요."하는 인사하기 외에 요청하기, 거절하기, 칭찬하기 등의 모어와 다른 화행의 교수·학습을 해야 한다.

문화변용(文化變容)은 문화에 따라 다른 규칙이 작용한다. 일본의 松本(2003)는 "일미(日米)" 간의 8개 문화변용규칙을 제시하고 있는데, 일본의 문화변용규칙이란 것은 그대로 우리 문화에도 해당되는 것이다. 이 가운데 한국어에 적용되는 대표적인 변용규칙이 겸손지향, 집단지향, 형식지향, 조화지향, 비관지향, 긴장지향 등의 문화변용규칙이다(박갑수, 2007). 이는 "Thank you!"라 할 자리에서 "미안합니다"라 하듯, 서구 문화변용규칙과 대조되는 것이다. 이런 의미에서 문화변용규칙은 의사소통 능력을 중시하는 교육에서 반드시 필요로 하는 교육 대상이다. 더구나 문화변용규칙이 다른 언어권의 경우는 충격을 줄 수도 있으므로 사전에 충분한 교육이 이루어져야 한다. 그래야 오해와 충돌이 일어나지 않는다.

비유 등 수사적 장치도 개성이 아닌, 관습적인 표현을 학습해야 한다. 이는 민족지적 특성을 반영하는 것으로 문화적 함의를 지니는 것이다.

이상 한국언어문화의 교육에 대해 살펴보았거니와 의사소통 능력을 신장하기 위해서는 문화교육을 잘 수행해야 한다. 문화교육은 그야말로 "行有餘力"이면이 아니라, 언어교육과 더불어 끊임없이 목표언어의 언어문화 능력을 육성하도록 해야 한다.

5. 결어

오늘날은 언어교육에 지난날과 달리 문화교육을 끌어들인다. 언어문화 교육을 한다. 문화교육은 자국인에게도 필요하지만, 외국인 학습자에게 더욱 절실하다. 학습자가 이방인으로 목표언어의 문화에 대해 이해가 부족하거나 없기 때문이다. 언어와 문화는 동전의 양면과 같은 성격의 것이다. 이들은 수업의 첫 시간부터 연계된다. 따라서 목표언어와 함께 그 문화를 교육해야 한다. 한국어교육도 물론 마찬가지다. 여기서 주의할 것은 자문화우월주의 사상을 가져서는 안 된다는 것이다. 문화적 상대주의의 입장을 취해야 한다. 언어와 문화가 연계된 한국어교육을 수행하고, 문화를 상호 교류함으로 한국어가 세계인의 언어가 되게 되기를 바라 마지않는다.

참고문헌

국제한국어교육학회 편(2005), 한국어교육론 2, 한국문화사

문영인 외(2006), 영어과교육론2, 한국문화사

박갑수(2005), 국어교육과 한국어교육의 성찰, 서울대학교 출판부

松本靑也(2003), 日米文化の特質, 硏究社

吉田曉(1987), 異文化コミユニケーシヨン, 有斐堂

Hohstede(1991), Culture and Organizations, 岩井紀子·岩井八郎 譯, 多文化世界, 有斐閣, 2003

Seelye, H.N.(1988), Teaching Culture: Strategies for intercultural communication, Lincolnwood

강현화(2010), 문화교수의 쟁점을 통해서 본 문화교수의 방향성 모색, 한국언어문화학 제7권1호, 국제한국언어문화학회

김중섭(2005), 외국인을 위한 한국 문화교육 연구의 현황 및 과제, 이중언어학 27호, 이중언어학회

박갑수(2005), 언어와 문화, 그리고 한국어교육, 제9회 조선-한국 언어문학 학술회의, 연변대학

박갑수(2006), 재외동포의 정체성과 민족교육의 방안, 한국어교육연구, 제10집, 서울사대 한국어교육지도자과정

박갑수(2007), 한국어교육과 언어문화의 교육, 한국어교육연구, 제10집, 서울사대 한국어교육지도자과정

박갑수(2007), 재외동포 교육과 언어문화의 교육과정, 한국어교육연구, 제11집, 서울사대 한국어교육지도자과정

조항록(2011), 한국어교육에서 언어와 문화의 접점 모색, 한국언어문화교육학회 2011년 춘계(제14차) 학술대회 발표논문집

최정순(2010), 한국어교육의 연구 현황과 분석, 그리고?, 한국어교육 연구 방법의 과제와 전망, 한글학회 대전지회·충청문화연구소

■ 이 글은 "한국어교육의 원리와 방법"을 출간하기로 하고, 여기에 수록되는 한국어교육의 기본 영역인 "언어의 기능교육, 어휘교육, 문법교육"과 구색을 맞추기 위해 문화교육의 일반론으로서 2012년 10월 새로 집필한 것이다.

제2장 한국어교육 평가의 이론과 방법

1. 서언

　평가란 교육에서 빼어 놓을 수 없는, 교수·학습의 한 과정이다. 이는 "가치를 알아 보다"란 뜻의 라틴어 ex-valere에 연유하는 번역어다. 그러기에 평가란 전통적인 고사(考査)나, 시험(試驗)과는 달리 "가치(價値)"를 판정하는 것을 의미한다. 교육은 본래 가치를 실현하기 위해 꾀해지는 것으로, 평가는 교육 목표 달성을 위해 필요 불가결한 것이다. 시험이나 고사는 순위를 정하거나, 차이를 드러내기 위한 것이지만, 평가는 성장 발전을 위해 행해진다. 따라서 평가가 수반되지 아니하는 학습지도란 생각할 수 없다.

　한국어교육에 있어서도 물론 평가가 꾀해져야 한다. 학습능력과 학습의 실태를 파악하고 이를 개선하기 위해 필요 불가결한 절차이기 때문이다. 이는 학습의 마지막 단계만이 아닌, 학습지도의 전 과정을 통해 행해져야 하는 것으로, 그 형식도 테스트만이 아니고 조사, 측정(測定)까지 포함한다. 따라서 한국어교육의 학습평가의 특질로는 다음과 같은 것을 들 수 있다.

① 학습 지도의 전 과정을 통한 포괄적인 것이다.
② 학습목표가 평가의 목표가 되나, 경험의 통합과정에 대한 학습 성
   과도 무시해서는 안 된다.
③ 교수·학습의 개선 향상을 위한 진단으로 객관성을 지녀야 한다.

바람직한 한국어교육을 위해 이러한 한국어교육 평가의 이론과 방법
에 대해 살펴보기로 한다. 필자는 이미 한국어교육 평가에 대해 몇 편의
글을 발표한 바 있다(박갑수, 1998, 박갑수, 2005). 이 글은 중국 조선족의
민족어(民族語) 교육자를 대상으로 한국어교육 평가에 대한 구체적 논의
를 하고자 하는 것이다.

2. 평가의 기능과 방법

2.1. 평가의 목적과 기능

평가는 왜 하는가? 교육적인 면에서 볼 때 평가는 학습지도의 한 과
정에 해당한다. 따라서 이는 "평가" 자체보다 학습 방법이나 지도의 방
법에 관한 정보를 얻는 것을 목적으로 한다. 평가는 이렇게 교수·학습
에 파급 효과를 미친다. 따라서 교수자(敎授者)는 이 평가의 역할을 잘 알
아야 한다.

평가의 기능은 서너 가지로 나뉜다. 교육상의 기능과 연구상의 기능,
교육 관리상의 기능이 그것이다.

첫째, 교육상의 기능이란 교수활동과 학습활동을 촉진시킨다는 것이

다. 이는 교수 기능과 학습 기능의 둘로 나누기도 한다.

둘째 연구상의 기능이란 학습효과 및 학습자의 조건을 측정하며, 좀 더 나은 시험(테스트) 문제를 개발하게 하는 것이다.

셋째, 교육 관리상의 기능이란 일정한 교육적, 환경적 조건을 유지 개선하게 하는 것이다.

"평가"는 흔히 "측정", 또는 "테스트", "시험"과 동의어로 쓰인다. 그러나 이들은 물론 동의어는 아니다. "측정"은 "교육 측정"이라고도 일러져 교육에 관한 여러 가지 특성을 객관적, 수량적으로 파악하여 자료 작성을 하는 것을 목적으로 한다. 이는 "평가"를 위한 자료 수집의 한 수단이다. 이에 대해 "테스트", 또는 "시험", "고사"란 평가의 대표적인 수단의 하나다.

평가는 그 실시하는 목적과 시기에 따라 형성평가(formative evaluation)와 총괄평가(summative evaluation), 진단평가(diagnostic evaluation)의 세 가지로 나뉜다.

형성평가는 수업을 하는 가운데 학습자의 습득 상황을 파악하여 교수 활동 및 학습활동의 개선자료를 얻기 위해 꾀해지는 것으로, 이는 흔히 각 학습 단위의 학습이 끝난 뒤에 실시된다. 학습 목표가 어느 정도 달성되었는지 교사와 학습자 양쪽이 다 같이 앎으로, 각각 교수법과 학습법이 적절했는지의 여부와 개선 방법을 모색하고자 하는 것이다. 이는 학습 단위에 따른 교사의 자작 테스트, 수업 태도의 관찰, 학습자의 작문 및 스피치, 앙케트 등에 의해 이루어진다.

총괄평가는 학기말이나 학년말에 지도목표가 어느 정도 달성되었는지 총괄적으로 평가하는 것이다. 교사 자작의 기말, 또는 연말 학력테스트, 리포트, 구두시험 등의 방법이 사용된다. 이는 성적의 결정, 합격 여부의 판정 등에도 쓰인다.

진단평가는 학습자의 실태를 파악하여, 그것에 알맞은 수업 내용 및 형태를 조정하거나, 학습자의 문제를 파악하고 그 원인을 조사하여 그것에 대한 개인지도를 하기 위한 자료를 얻기 위해 실시하는 것이다. 학년 초, 학기 중간 등 지도를 하기 전이거나 지도 과정 중에 행한다. 각종 학력 카드, 적성 테스트, 배치고사, 면접 등이 이러한 목적을 위해 사용된다.

이러한 평가는 한국어 교육에서도 구체적으로 행해지고 있다. 다만 그 실상을 보면 총괄 평가와 진단 평가는 어느 정도 제 기능을 하고 있는데, 형성평가는 미흡한 것으로 보인다. 그것은 형성평가가 총괄평가와 같이 성취도 평가에 기울어져 있기 때문이다.

평가는 또한 자료의 기준을 어디에 두느냐에 따라 상대평가와 절대평가의 두 가지로 나뉜다.

상대평가(相對評價)는 개인이 속하는 집단의 성적을 기준으로 하여 비교 평가하는 방법이다. 5단계 평가는 상대적 평가의 대표적인 것이다. 이는 교사의 주관이 배제되고, 집단 안에서 개인의 위치를 명확히 드러내는 등의 장점을 지닌다. 이에 대해 절대평가(絕對評價)는 도달도 평가(到達度評價)와 개인내 평가(個人內評價)의 둘로 나뉜다. 도달도 평가란 개인이나 집단의 성적을 일정한 기준에 비추어 평가하는 것이다. 개인내 평가는 개인 또는 일정한 집단이 지니는 특성을 다른 것과 관계없이 절대적으로 평가하는 방법이다. 절대평가는 개인이나 집단의 성적을 올바로 평가하고, 동기 부여를 한다는 장점을 지닌다. 한국어교육에는 이들 평가가 다 원용되고 있다.

2.2. 테스트의 종류

테스트(test)란 평가의 구체적인 형태로 학습자의 현상에 관한 정보를 여러 가지 형태로 제공해 주는 것이다. 테스트에는 여러 종류가 있다. 이는 ①사용 목적, ②측정 내용, ③측정 기능(技能), ④출제 형식과 채점 방식, ⑤실시 방법, ⑥결과의 해석 등을 고려하여 적절한 형식을 선택하여 사용하여야 한다. 이들 테스트는 각각 서로 다른 특징과 장단점을 지니기 때문이다. 이에 테스트의 종류와 형식에 대해 간단히 살펴보기로 한다.

(1) 적성 테스트(aptitude test)

이는 학습에 대한 적성의 유무 및 어떤 점에 적성이 있는가 등을 측정 목적으로 하는 테스트이다. 이 테스트로 학습의 성공 여부 및 특정 언어기능을 습득하는 데 필요한 기간 등을 예측할 수 있다. 그래서 이를 "예측 테스트(prognostic test)"라고도 한다.

(2) 배치 고사(placement test)

이는 언어 능력에 맞추어 학습자를 반에 배치하기 위해 실시하는 테스트다. 어떤 코스를 면제하느냐 마느냐를 판정하기 위한 면제 테스트도 여기에 속한다. 이는 흔히 학년 초에 실시하며, 특정 교육기관의 교육목표와 교육 실상에 맞추어 시험문제를 작성하는 경우와 일반적 수준의 테스트를 사용하는 경우가 있다. 각 과정의 학년말 테스트를 이로 대치하기도 한다. 기능별 배치고사도 있다. 배치고사는 바람직한 교수·학습을 위해 필요하다.

(3) 능력 테스트와 학력 테스트

능력 테스트(proficiency test)는 수강한 과정이나 사용한 교재와 관계없이 언어 능력 및 언어 지식을 평가하는 것이다. 이는 일반적으로 업무나 과정 등 어떤 특정의 영역에서 필요로 하는 언어능력과 결부하여 실시된다. 한국어의 능력 테스트는 1997년부터 정부 차원에서 "한국어 능력 시험"이란 이름으로 실시하고 있다.

학력 테스트는 성취도 테스트(achievement test)라고도 한다. 이는 특정한 학습 기간 안에 일정한 수준에 도달하였는지 여부를 시험하는 것으로, 이미 배운 사항을 출제하는 것이다. 학습 기간을 작게 나누어 그 기간의 진보·발전 상태를 시험하는 테스트는 진보도 테스트(progress test)라 한다. 학력 테스트는 실시되는 형태 및 범위 등에 따라 매일 테스트, 주말 테스트, 단원 테스트, 중간 테스트, 기말 테스트, 학년말 테스트 등으로 나뉜다. 매일 테스트(daily test)는 퀴즈 테스트라고도 하는데, 예고 없이 행할 수 있는 간단한 것으로, 학습 효과를 올리고, 테스트에 친숙하게 하는 데 주된 목적이 있다.

(4) 표준 테스트와 교사 자작 테스트

교사가 자작한 것이 아닌 표준화된 테스트가 표준 테스트이다. 이는 테스트의 대상이 되는 모집단(母集團)을 대표하는 기준 집단의 성적에 따라 통계적으로 작성된다. 이는 높은 신뢰도와 타당도를 지니는 것으로, 개인의 시험 성적은 표준점으로 환산되어 큰 집단 안에서의 상대적 위치로 제시된다. 발음, 어휘, 문법, 장문 독해 등 표준 테스트의 하위 문제는 학습자의 강점과 약점을 파악하는 데 사용할 수 있어 진단 테스트의 구실도 한다. 그러나 표준 테스트의 내용은 특정 과정의 학습 사항이나 학습목표와 반드시 일치하는 것은 아니다. 그리고 실시 절차와 채점 방법이 엄격히 규정되어 있어 듣기(聽解力) 테스트 등은 실시하기가 어렵다는 단점을 지닌다.

교사 자작의 테스트는 형성평가의 자료를 얻기 위해 손쉽게 사용할 수 있어 학력평가의 주체가 된다. 이는 교사가 자기의 학습자를 대상으로 자유롭게 수업과 관련을 지어 작성, 실시할 수 있다. 그러나 이는 타당도와 신뢰도를 충분히 갖춘 문제를 만들기가 어렵다는 단점이 있다.

(5) 주관적 테스트와 객관적 테스트

분명한 정답, 일정한 정답이 있느냐 없느냐, 채점에 주관이 들어가느냐 그렇지 않으냐에 따라 주관적 테스트와 객관적 테스트로 나뉜다.

주관적 테스트의 채점법에는 전체를 뭉뚱그려 평가하는 총체적 채점법(holistic scoring)과 어휘, 구문과 같이 요소별로 나누어 채점하는 분석적 채점법(analytic scoring)이 있다. 채점에 주관이 배제되는 객관적 테스트는 문제 작성이 어렵다는 흠이 있다. 이를 제작하기 위해서는 구체적인 교수 목표의 설정, 선택지의 검토, 테스트의 구성, 소요 시간 및 바람직한 신뢰성 획득에 필요한 문항수의 결정 등 신중한 배려와 고도의 테스트 작성 기술을 필요로 한다.

(6) 요소별 테스트와 종합적 테스트

요소별 테스트(discrete-point test)는 언어를 특정 요소로 나누어 개별적으로 그 능력을 측정하는 테스트로, 부분적 테스트라고도 한다. 음의 구별, 한자 쓰기, 한자 읽기, 구문 등으로 나누어 테스트를 하는 것이 그것이다. 이는 흔히 객관적 테스트로 기울어지며, 다지선택식(多肢選擇式) 테스트의 대부분이 이에 해당된다. 형성평가를 하는 경우에는 무엇이 습득되고, 무엇이 안 되는지를 명확히 파악할 필요가 있어 요소별 테스트가 필요 불가결하다.

이에 대해 각 요소의 지식을 종합적으로 사용하는 능력을 측정하려는 테스트가 종합적 테스트(integrative test, global language test)이다. 이는 통합적 테스트 또는 화용론적 테스트(pragmatic test)라고도 한다(Oller 1979). 최초의 종합적 테스트를 제창한 Caroll, J. B.는 테스트해야 할 항목으로 다음과 같은 열 가지를 들고 있다(Caroll, J. B. 1961).

① 구문에 관한 지식
② 어휘의 일반 용법에 관한 지식
③ 음의 분별력(악센트 포함)
④ 발음력(악센트 포함)
⑤ 음독력
⑥ 문자력
⑦ 청해의 정확성과 속도
⑧ 말하기의 질과 속도(예 : 면접 때의 말하기)
⑨ 독해의 정확성과 속도
⑩ 문장을 쓰는 정확성과 속도

Caroll은 이상의 항목 가운데 ⑦에서 ⑩을 강조하여 부분적 지식보다 종합적인 능력의 측정에 주안을 두어야 한다고 보았다. Oller(1979)는 종합력의 측정법으로 클로즈 테스트(cloze test)와 받아쓰기를 중시하였다. 학습의 모든 성과를 측정하는 총괄평가에는 종합력 테스트를 포함시킬 필요가 있다.

(7) 집단준거 테스트와 목표준거 테스트

집단준거 테스트(norm-referenced test, NRT)는 기준준거 테스트라고도 한다. 개인 간의 상대적 차이를 분명히 하는 것을 주안으로 한다. 능력고사와 배치고사가 이에 속한다. 목표준거 테스트(criterion-referenced test, CRT)는 도달기준준거 테스트라고도 한다. 이는 수험자가 도달목표에 대해 어떤 상태에 있는가를 분명히 하고, 개인 안에서의 신장 측정을 목적으로 한다. 학력고사와 진단고사가 이에 속한다.

(8) 직접 테스트(direct testing)와 간접 테스트(indirect testing)

직접 테스트란 측정하려고 하는 기능(技能)을 수험자에게 직접 수행하게 하는 테스트다. 사용력(reproduction : 표현력)을 측정 대상으로 하는 경우에는 실제로 말하게 하거나, 글을 쓰게 하거나 하면 된다. 그러나 이해력을 측정하려 할 때에는 문제가 되는 테스트이다. 이는 또한 실시에 문제가 있고, 채점의 객관성, 신뢰성 등을 배려하지 않으면 안 된다는 단점을 지닌다. 그러나 기능의 실태를 알 수 있고, 측정되는 기능의 중요성을 학습자에게 알려 준다는 점에서 유익한 테스트이다.

간접적 테스트는 측정하려는 기능을, 이론적으로 측정이 가능하다고 추정되는 방법으로 측정하는 테스트다. 예를 들면 말하는 능력을 회화라는 형식의 문장 가운데 공란을 두어 기입하게 하는 것과 같은 것이다. 이는 실시나 채점상의 문제는 피할 수 있으나, 측정대상으로 하는 능력이 과연 측정되느냐 하는 것은 아직 과제로 남아 있다.

(9) 적응 테스트(adaptive [tailored] testing)

이는 같은 문제로 동시에 실시하는 종래의 테스트와 달리 수험자의 수준에 맞추어 작성된 테스트를 자기의 페이스로 해답해 나가도록 하는 것이다. 따라서 수험자의 해답에 따라 다음 문제 항목이 주어진다. 예를 들어 우선 중급 정도의 문제를 주고, 이에 바르게 응답하면 다음에는 한 단계 높은 문제를 제시하나, 그렇지 않으면 반대로 한 단계 낮은 쉬운 문제를 풀도록 하는 것이 그것이다. 이와 같이 다음 문제는 수험자의 반응에 따라 난이도가 결정되는 테스트다. 정답을 얻을 때까지의 시간과 시행착오 등의 기록은 남겨 두어 다음 테스트 작성에 활용한다.

2.3. 테스트의 형식

2.3.1. 객관적 테스트의 형식

테스트에는 앞에서 살펴본 바와 같이 객관적 테스트와 주관적 테스트가 있다. 그리고 이 밖에 클로즈(close) 테스트가 있다.

객관적 테스트는 채점을 하기 쉽고, 채점자의 주관이 들어가지 아니하는 외에, 작다랗게 많은 문제를 출제할 수 있고, 기계 채점이 가능해 통계처리를 하기 쉽다는 장점을 지닌다. 한편 작성이 어렵고, 단편적 지식의 측정에 기울어질 염려가 있는가 하면, 출제 방식에 따라서는 우연히 맞힐 가능성도 배제할 수 없다는 단점도 있다.

객관적 테스트는 이해력을 측정하는 것과 사용력을 측정하는 것의 두 가지가 있다. 이해력을 측정하는 테스트로는, 진위법(眞僞法), 선택법, 배합법(配合法)이 있고, 사용력을 측정하는 테스트의 형식은 주로 기입식(記入式)으로, 단순재생법, 완성법, 배열법, 정정법(訂正法), 변환법(變換法) 등이 있다(박갑수, 1979).

(1) 진위법(true-false form)

주어진 진술 내용의 진위, 정오를 판정하는 양자택일형의 방법이다.

① 진위형(true-false variety) : 어떤 사실의 진위나, 긍정·부정을 판단하게 하는 방법이다.

<예> 다음 괄호 안에 맞는 것은 O, 틀리는 것은 ×를 하시오.

( ) 1. 한글은 표의문자다.

② 군집형(cluster variety) : 한 가지 개념에 대해 여러 각도에서 진위의 판단을 하게 하는 방법이다.

<예> 1. 한글은

　　(정, 오) 1. 세종대왕이 만들었다.

　　(정, 오) 2. 소리글자다.

　　(정, 오) 3. 발음기관을 본떠 만들었다.

　　(정, 오) 4. 20자로 되어 있다.

③ 진위변형(modified true-false variety) : 진위형의 변형으로, 판단에 고도
의 정신작용을 요하도록 하는 방법이다.

　<예> 다음 문장 내용이 옳으면 ○, 틀리면 ×, 문장의 역(逆)도 옳으면
　　　V, 역이 틀리면 W표를 하시오.

　　(／) 1. 한국어의 폐쇄음은 삼지적(三肢的) 상관관계를 지닌다.

진위법을 사용할 때에는 다음과 같은 점에 유의하여야 한다.

㉮ 반드시 진이 아니면 위인 문장만을 사용한다.

㉯ 길고 복잡하게 조건이 많이 붙은 문장은 피한다.

㉰ 교재나 유명한 글에서 그대로 따다가 진위형 문장으로 쓰지 않는다.

(2) 선택법(multiple-choice form)

여러 개의 답지 가운데 정답을 찾게 하는 방법이다. 선택법은 사고·
종합·적용·비판의 능력까지 평가할 수 있으나, 문항 작성이 어렵고
시간이 많이 걸린다는 것이 단점이다. 이는 최선답형, 정답형, 다답형(多
答型), 불완전문장형, 기호형(記號型), 대입형(代入型), 합답형(合答型), 부정형,
포괄제외형 등 여러 종류로 나뉜다. 이들 가운데 대표적인 몇 가지를 보
면 다음과 같다.

① 최선답형(best-answer variety) : 선택형의 모체라 할 수 있는 것으로,
여러 답지 가운데 "가장 알맞은 답"을 고르는 방법이다.

<예> "ㄲ, ㄸ, ㅃ"의 발음으로 가장 알맞은 것은 어느 것인가?
　　①연한소리　②된소리　③울림소리　④거센소리

② 정답형(correct-answer variety) : 여러 답지 가운데 하나만이 정답이고, 나머지는 오답인 형식이다. 이와는 달리 정답이 여러 개인 형식을 다답형(multiple response variety)이라 한다.

<예> "르불규칙활용"을 하는 말은?
　　①푸르다　②뜨다　③살다　④흐르다

③ 합답형(combind-response variety) : 알맞은 답의 조합으로 정답을 삼아 답지에서 고르게 하는 형식이다.

<예> "ㅣ모음동화"가 일어난 표준말은 어느 것인가?
　　가. 피래미　나. 풋내기　다. 냄비　　라. 대장쟁이　마. 지팽이
　　①가, 나　②나, 다　③다, 라　④라, 마

④ 부정형(negative variety) : 이는 답지 가운데서 오답을 찾아내게 하는 방법이다. 이때에는 부정적 표현의 어구 아래 밑줄을 긋거나, 기타의 방법으로 주의를 환기함이 바람직하다.

<예> 표준발음이 <u>아닌</u> 것은 어느 것인가?
　　①밟다[밥따]　②굳이[구지]　③단백질[담백질]　④넓다[널따]

선택법을 사용할 때에 유의할 점으로는 다음과 같은 것이 들려진다.

㉮ 문제를 질문형이나, 미완성 문장으로 한다.
㉯ 답지에 반복되어야 할 문구는 모두 문항에 넣는다.
㉰ 가능한 한 부정의 문장을 쓰지 않는다.
㉱ 답지에는 반드시 정답이나, 최선의 답이 있어야 한다.
㉲ 문항과 답지가 서로 적절이 관련지어져야 한다.
㉳ 매력적이고 근사하게 오답을 작성해야 한다.
㉴ 오답을 정할 때 지나치게 전문적인 것은 피한다.
㉵ 답지는 서로 중첩이 되지 않도록 한다.

ⓐ 정답이 있는 문항에서만 "정답이 없다", "이 이외의 답이다"라는
식의 답지를 만든다.
ⓐ 답지 안에서 어떤 논리적 순서가 있으면 그 순서대로 답지를 배열
한다.
ⓐ 술어의 정의를 다룰 때에는 문항에서 정의를 하고, 답지에 여러
술어를 쓰지 않도록 한다.
ⓐ 진위형의 문항을 모아 놓고 선택형을 만든 것으로 잘못 알지 않도
록 한다.

선택법 테스트는 여러 가지 장단점이 있다. 따라서 이에 유의하여야
한다.

장점으로는 ①채점의 객관성이 유지된다, ②문항의 타당성이 유지된
다, ③능력의 표준이 포괄적으로 취급된다, ④채점, 통계분석이 용이하
다 등을 들 수 있다.

단점으로는 ①단순한 상기력 측정에 빠질 위험성이 많다, ②추측의
요인을 제거할 수 없다, ③문항 제작이 곤란하다, ④표현과 창의의 기회
가 적다 등을 들 수 있다.

(3) 배합법(matching form)

일정한 관계를 지니는 두 그룹의 사항들 사이의 관계를 각각 바르게
연결하도록 하는 방법이다. 이는 전제와 답지, 그리고 이를 조합하게 하
는 지시문으로 이루어진다. 지식이나 이해 및 자료 해석의 능력과 적용
력 같은 고도의 기능까지 평가할 수 있다. 이는 단순배합형, 복합배합형,
분류배합형, 관계배합형, 관계분류형, 양적비교형, 공변관계형(共變關係型)
등이 있으나, 이들 가운데 단순, 복합, 분류배합형이 그 대표적인 것이다.

① 단순배합형(simple matching type) : 전제와 답지가 한 세트로 이루어
  지는 배합형이다.

  <예> 다음 <가>항과 관계가 있는 풀이를 <나>항에서 찾아 그 번호
     를 괄호 안에 쓰시오.
       <가> 까토리…… (   )   <나> ① 연회
          모꼬지…… (   )   ② 암꿩
          고뿔…… (   )   ③ 감기
          어레미…… (   )   ④ 체

② 복합배합형(compound matching type) : 하나의 전제에 두 개 이상의 답
  지가 배합되는 형식이다.

  <예> 다음에 든 현상과 관계가 있는 단어를 [A], [B]에서 골라 괄호
     안에 각각 그 번호를 쓰시오.

       [A]   [B]   현상   [A]   [B]
       (   ) (   )   가. 구개음화   1. 종로   1. 낙원
       (   ) (   )   나. 두음법칙   2. 같이   2. 젊다
       (   ) (   )   다. 자음접변   3. 여자   3. 신라
       (   ) (   )   라. 경음화   4. 국밥   4. 핥이다
                                     5. 키읔   5. 혜택

③ 분류배합형(classification method) : 어떤 원리, 조건, 법칙, 개념, 사실
  등에 따라 주어진 답지를 분류하고 배합하는 형식이다.

  <예> 다음 낱말들을 아래에 제시한 사항에 따라 분류하시오.
       A : 단모음화, B : 불규칙활용, C : 음운탈락, D : 음운첨가
       (   ) 1. 소나무   (   ) 2. 살다
       (   ) 3. 계시다   (   ) 4. 등짐
       (   ) 5. 햅쌀   (   ) 6. 꼼꼼하다

  배합형 문제를 작성할 때 유의할 점으로는 다음과 같은 것을 들 수
있다.

㉮ 전제는 전제끼리, 답지는 답지끼리 동질적이어야 한다.

㉯ 답지가 너무 많으면 좋지 않다.

㉰ 수험자가 잘 알 수 있게 전제와 답지를 분명히 배열한다.

㉱ 배합하는 조건을 분명히 지시한다.

㉲ 1 대 1로 대응되는 배합을 피한다.

(4) 단순재생법(simple-recall form)

흔히 재생법(再生法)이라 일러지는 것으로, 명백한 지식을 재생하는 형식이다. 이는 문제를 만들기 쉽고, 채점하는 데도 시간이 걸리지 않아 즐겨 사용된다. 분명한 단답(短答)을 구하는 데는 적당하나, 긴 답을 요하는 경우에는 주관적 테스트가 되기 쉽다. 표기 및 쓰기 평가에 잘 사용되며, 반의어, 동의어 등 어휘 지식 테스트에도 사용된다.

> <예> 1. 표준어 사정의 기준 세 가지를 쓰시오.
>   2. "집들이"의 대가 되는 단어를 쓰시오.

(5) 완성법(completion form)

진술문이나 도표의 일부를 비워 놓고, 거기에 알맞은 사항을 써 넣게 하는 형식이다. 불완전 문장형과, 불완전 도표형의 두 가지가 있다.

① 불완전 문장형
> <예> 다음 빈칸에 알맞은 말을 쓰시오.
>   훈민정음은 (   )이/가 (   )자를 친히 지으신 한국의 표음문자다.

② 불완전 도표형
> <예> 다음 빈칸에 알맞은 사항을 채워 도표를 완성하시오.

오음	상형	조음위치	실례
	설근폐후	연구개	( ),( ),(ㅇ)
순음		입술	(ㅂ),(ㅍ),(ㅁ)
치음		이(齒)	( ),( ),( )

완성형 문제를 작성할 때 유의할 점으로는 다음과 같은 것을 들 수 있다.

㉮ 빈칸을 만들 때 주요한 부분을 뺀다.
㉯ 완성시키기 위해 제시되는 문장이나 도형은 의미 있는 하나의 문맥이 되도록 한다.
㉰ 빈칸은 함부로 만들지 않는다.
㉱ 괄호의 길이나 크기는 어느 것이나 똑 같게 한다.
㉲ 채점의 편의를 위해 빈칸을 일렬로 배열할 수 있다.

(6) 배열법(rerrangement form)

무질서하게 늘어놓은 항목을 일정한 기준에 따라 재배열하는 형식이다. 어순이나 문단 구성에 관한 지식을 평가할 때 많이 쓰인다.

<예> 다음 단어들이 의미가 통하는 하나의 문장이 되게 배열하시오.
①사람이라고, ②사람다워야, ③사람은, ④다, ⑤사람이, ⑥사람이다, ⑦아니고,

(7) 정정법(correction form)

잘못된 것을 찾아 고치게 하는 방법이다. 이는 잘못된 것에 주의를 기우려 찾고, 이를 정정하는 능력을 평가하고자 하는 테스트다. 엉뚱한 것을 정정하기도 하므로, 정정할 곳에 미리 줄을 긋거나, 어떤 표시를 하

여 지정하는 것은 출제 의도를 분명히 하고, 채점을 편하게 한다.

　　<예> 다음 글 가운데 잘못된 것을 찾아 고치시오.
　　　　1. 그는 차분히 감정을 사기었다.

(8) 변환법(transformation form)

이는 문법적 변형과 같은 어학적 테스트에 쓰이는 형식이다. 지시에 따라 문장을 변환하는 것으로, 부정형, 수동형, 대우법 등의 이해를 시험하는 데 사용된다.

　　<예> 다음 문장을 경어법으로 바꾸시오.
　　　　할아버지에게 물어 봤어요.

2.3.2. 주관적 테스트의 형식

주관적 테스트의 대표적 형식은 "-에 대해 쓰시오", "-에 대해 설명하시오"와 같이 자유롭게 기술하게 하는 것이다. 논술 및, 논문형 테스트가 이에 속한다. 논문형 테스트는 사태나 원리의 상세한 설명·요약·분석·추론하는 능력, 학습한 지식·원리의 응용력, 평가·비판·감상의 능력 등 보다 복잡한 고등의 평가목표를 다룰 수 있다. 이는 또한 태도나 가치관을 알기 위한 자료를 얻는 데도 활용된다. 문제 작성이 용이한 것도 이점이다. 그러나 단점이 없는 것도 아니다. 단점으로는 다음과 같은 것이 들려진다(일본 국립국어연구소, 1979).

　　① 채점에 시간이 걸린다.
　　② 채점이 주관적으로 되기 쉽다.
　　③ 문제 수가 적어, 출제범위가 한정된다.
　　④ 출제 의도 및 정답의 요건을 포착하기 힘들다.

⑤ 후광효과(後光效果)를 받기 쉽다.

2.3.3. 클로즈법(cloze procedure)

이는 어느 정도 내용이 있는 문장을 골라 특정 간격마다 자동적으로 단어를 비워, 빈칸 안에 적당한 말을 기입하게 하는 형식의 테스트다. 흔히 6개 단어 또는 7개 단어 째마다에 빈칸을 두는 것이 적당하다고 보나, 최근의 연구에서는 11-12어 간격으로 빈칸을 두는 것이 좋다고 한다. 이 테스트법은 Wilson Taylor(1953)에 의해 개발되었으며,"cloze"란 이름은 게슈탈트심리학의 "closure"에서 유래한다(Oller 1979). 비어 놓은 어떤 단어를 문맥으로 미루어 보충하는 과정을 특수한 "closure"라 생각하여 이를 "cloze"라 한 것이다. Oller(1979)는 클로즈 테스트를 언어의 종합력을 측정하는 데 적당한 테스트의 한 형식이라 높이 평가하고 있다.

클로즈법에는 보통 문장에서 단어를 비워 놓는 "통상형", 모어 화자에 의한 회화를 문자화한 것에서 단어를 비워 놓는 "회화형", 정답을 포함한 여러 단어를 주고 빈칸 가운데 적당한 답을 골라 넣게 하는 "다지선택형" 등이 있다. 그리고 비워 놓는 방법에 따라 일정한 간격마다 단어를 비우는 일정간격법(一定間隔法), 또는 기계적 삭제법(fixed-ratio method, 혹은 random cloze)과, 간격이 아닌 다른 기준에 따라 의도적으로 비우는 변측간격법(variable-ratio method, 혹은 nonrandome cloze), 또는 의도적 삭제법(rational method)이 있고, 일정간격법을 응용한 다른 방법도 있다(Oller 1979). 이 밖에 C-테스트라 불리는 형도 있다. 이것은 둘째 단어마다 그 단어의 후반을 삭제한다. 클로즈법은 종합적인 언어력을 측정하는 수단으로서 주목되던 테스트로, 근자에는 작성 및 채점법이 비교적 간단하여 실시하기 쉽고, 타당성과 신뢰성을 갖춘 실용적인 테스트의 일종이라 하여 개발 가능성이 탐색되고 있다.

2.4. 테스트의 타당도(validity)와 신뢰도(reliability)

테스트가 갖추어야 할 요건은 여러 가지가 있다. 평가의 타당도·신뢰도, 문제의 포괄성, 실시의 용이성, 채점의 객관성·용이성, 이용의 용이성, 경제성 등이 이러한 것이다. 이러한 요건 가운데도 평가의 도구로서 가장 중요한 것은 타당도와 신뢰도이다.

테스트의 타당도(妥當度)란 그 테스트가 측정하려고 하는 목표를 적확하게 측정할 수 있느냐, 없느냐 하는 것으로, 테스트가 갖추어야 할 제1조건이다. 타당성에는 여러 가지가 있고, 분류나 호칭도 다양하다. 이 가운데 언어 교육용 테스트와 관계되는 것은 ①개념적 타당성(construct validity), ②내용적 타당성(content validity), ③규준 관련적 타당성(criterion-related validity), ④표면적 타당성(face validity) 등이다. 테스트는 그 목적에 따라 일정한 방침을 정하고 중요한 문제 항목을 고르고, 문제 수, 배점, 형식, 곤란도 등을 결정하여야 한다. 이러한 절차를 거칠 때 그 테스트는 높은 내용적 타당성을 가지게 된다.

테스트의 신뢰도(信賴度)는 측정 용구로서의 측정결과의 일관성, 안정성의 정도를 의미한다. 신뢰성이 높다는 것은 같은 측정 대상을 같은 조건하에서 테스트할 경우, 몇 번 측정하여도, 또 누가 측정하여도 언제나 같은 결과를 얻게 된다는 말이다. 신뢰성을 높이는 방법으로는 다음과 같은 것을 들 수 있다.

① 문제 항목 수를 많이 한다.
② 각 문제항목의 선택지 수를 불린다.
③ 명확한 지시를 한다.
④ 수험자가 잘 알고 있는 테스트의 형식이나 해답 방법을 사용한다.
⑤ 채점 방법은 가능한 한 객관적으로 한다.

⑥ 수험자의 이름은 가리고 채점한다.
⑦ 잘 훈련된 사람이 채점을 한다.

3. 한국어교육 평가의 과정

3.1. 언어능력과 평가 목표

3.1.1. 언어능력의 구조

한국어교육 평가는 언어 사용능력을 평가하는 것이다. 이는 흔히 의사소통 능력이라 한다. 언어능력의 개념은 외국어교육 이론의 변천에 따라 변화됐다. 오늘날은 자국어의 문법이나 어휘의 지식뿐만이 아니라, 외국어를 적절히 사용할 수 있는 능력, 및 자기의 생각을 외국어로 표현할 수 있는 능력도 포함하는 것으로 본다.

Lado(1961)는 테스트의 대상이 되는 언어능력을 언어의 요소(분절음소, 인토네이션과 그의 경계, 스트레스와 언어의 리듬을 구성하고 있는 일련의 스트레스, 구문, 형태, 어휘, 문화적 의미)와 기능적 요소(말하기, 듣기, 읽기, 쓰기의 기능, 번역 능력)의 두 측면에서 설명하고 있다. Caroll, J. B.(1968)는 이론적 틀에 따른 언어능력과 인자분석 결과에 의한 언어운용 능력으로 나누어 모델을 제시하였다. 언어능력은 구어(口語)와 문어(文語)로 나뉘어, 각각 수용기능(듣기, 읽기), 표출기능(말하기, 쓰기)별로 음운·표기 레벨, 어휘 레벨, 문법 레벨에서의 능력으로 구분하였다. 언어운용능력에서는 재빠른 반응력, 다양한 반응력, 복잡한 정보 처리력, 언어에 대한 감수성이 구성요소로 제시되고 있다.

커뮤니케이션을 중시하는 교수법이 제창되며, 커뮤니케이션의 능력을 어떻게 평가할 것인가에 대해서도 여러 가지 이론적 틀이 제시되었다.

Canale & Swain(1980)은 커뮤니케이션 능력(communicative competence)과 커뮤니케이션 행동(communicative performance)을 나누고 커뮤니케이션 능력 평가의 틀을 만들었다. Bachman(1990)은 이러한 연구 성과를 수용하여 커뮤니케이션의 언어능력(communicative language ability)을 다음과 같이 제시하고 있다.

1. 언어능력(language competence)
   A. 조직적 능력(organization competence)
   　(1) 문법적 능력
   　　어휘, 형태, 통사, 음운 등에 관한 지식
   　(2) 결속 능력(textual competence)
   　　결속성(둘 이상의 문장 또는 발화를 이어 일련의 문장을 구성하는 법)과 수사적 구성 규칙에 관한 지식
   B. 화용론적 능력(pragmatic competence)
   　(1) 표현의도 이해력(illocutionary competence)
   　　a. 언어의 관념적 기능(ideational function) : 제안 정보교환 등
   　　b. 언어의 조작적 기능(manipulative fuction) : 시사, 의뢰, 명령, 경고 등
   　　c. 언어의 자기발견적 기능(heuristic function) : 교육, 학습, 문제해결 등
   　　d. 언어의 상상적 기능(imaginative function) : 농담, 비유, 독서, 관극 등
   　(2) 사회언어학적 능력(sociolinguistic competence)
   　　a. 언어의 다양함에 대한 감수성
   　　b. 언어의 위상에 대한 감수성
   　　c. 언어의 자연스러움에 대한 감수성
   　　d. 언어의 문화적 관련, 비유를 이해하는 능력
2. 전략적 능력(strategic competence)

> A. 판단적 요소(assessment component) : 어떤 정보를 필요로 하는가, 그를 위해서는 어떤 정도의 언어능력이 필요한가, 대화자의 능력과 지식은 어느 정도인가, 어떤 정도의 커뮤니케이션이 달성되는가 등
>
> B. 계획적 요소(planning component) : 어떤 언어를 사용하는가, 커뮤니케이션 달성을 위해 어떤 방법을 취하면 좋은가 등
>
> C. 실행 요소(execution component) : 어떤 심리적, 생리적 기구를 작용하는 게 좋은가 등
>
> 3. 심리적·생리적 기구(Psychophysiological mechanisms)
>   시각, 청각, 음성기관 등에 의한 언어의 수용과 사용

한국어교육 평가에서는 이러한 언어 능력과 언어 운용능력, 또는 커뮤니케이션 능력과 커뮤니케이션 행동을 평가해야 한다.

3.1.2. 한국어교육 평가의 목표

한국어교육 평가를 위해서는 평가 문제를 작성해야 한다. 그러기 위해서는 우선 교육 목표를 확인해야 한다. 그런데 한국어는 아직 국가수준의 교육과정이 마련되어 있지 않다. 이에 참고로 우선 7차 교육과정을 개정한 교과부의 고등학교 외국어과 교육과정의 목표를 보기로 한다.

*** 영어의 목표**

일상생활에 필요한 영어를 이해하고 사용할 수 있는 기본적인 의사소통 능력을 기른다. 아울러, 외국 문화를 올바르게 이해하여 우리 문화를 발전시키고 외국에 소개할 수 있는 바탕을 마련한다. 이를 위해 첫째, 평생학습자로서 영어에 대한 지속적인 흥미와 자신감을 얻는 바탕을 마련한다. 둘째, 일상생활과 일반적인 화제에 관하여 의사소통할 수 있는 기본 능력을 기른다. 셋째, 외국의 다양한 정보를 이해하고 이를 활용할

수 있는 능력을 기른다. 넷째, 외국 문화를 이해함으로써 우리 문화를 새롭게 인식하고 올바른 가치관을 기른다.

* **독일어, 프랑스어, 스페인어, 중국어, 일본어, 러시아어, 아랍어의 목표**

외국어의 기초적인 표현들을 익혀 활용할 수 있으며, 목표 언어권의 일상생활 문화를 올바로 이해하고 관심을 갖는다.

가. 일상생활에 관한 말이나 대화를 듣고 이해한다.

나. 간단한 표현을 사용하여 감정이나 의사를 표현한다.

다. 일상생활에 관한 글을 읽고 상황 및 주제를 파악한다.

라. 일상생활에 관한 쉬운 내용을 글로 표현한다.

마. 목표 언어권 문화의 특성에 주목하여 일상생활 문화를 올바로 이해한다.

바. 외국어로 의사소통하려는 적극적인 태도와 자신감을 가진다.

이들에 의하면 외국어교육의 목표가 기본적인 의사소통능력을 기르고, 목표언어권의 문화를 이해하는 것으로 되어 있다. 한국어교육도 원칙적으로 이러한 것을 목표로 한다 하겠다.

그런데 한국어 교육은 국가 수준의 교육과정은 아직 마련되어 있지 않지만 1987년부터 "한국어 능력시험"을 실시하고 있다. 따라서 미흡하나, "한국어 능력시험"의 평가 기준을 교육목표로 보고, 이를 바탕으로 평가하는 방법을 생각할 수 있다. 참고로 한국어 능력시험의 중급에 속하는 제4급의, 영역에 따른 평가 기준을 보면 다음과 같다.

〈어휘 문법〉 영역

• 자주 쓰이는 추상어 및 개념어, 신문 기사에 자주 등장하는 어휘와 업무 관련 어휘를 바르게 사용할 수 있다.

• 자주 쓰이는 관용어와 속담을 이해하고 바르게 사용할 수 있다.

- 복잡한 의미를 갖는 조사와 연결 어미를 이해하고 바르게 사용할 수 있다.(예 : 치고', '–는커녕', '–더니', '–다면')
- 복잡한 맥락을 서술할 때 필요한 문법 표현을 이해하고 바르게 사용할 수 있다.(예 : '–기 마련이다', '–는한')

〈쓰기〉 영역

- 친숙한 사회적 추상적 소재에 대해 글을 쓸 수 있다.
- 일반적인 업무와 관련된 간단한 서류 및 보고서를 작성할 수 있다.
- 간단한 감상문, 설명문, 수필 등을 쓸 수 있다.
- 자신의 생각을 논리적으로 표현하는 간단한 글을 쓸 수 있다.

〈듣기〉 영역

- 친숙한 사회 소재를 다룬 대화나 담화를 듣고, 내용을 파악할 수 있다.
- 복잡한 맥락을 갖는 담화를 듣고, 함축된 의미를 파악할 수 있다.
- 간단한 뉴스나 방송 담화를 듣고, 내용을 파악할 수 있다.
- 친숙한 소재를 다룬 평이한 토론을 듣고, 내용을 파악할 수 있다.

〈읽기〉 영역

- 경제, 사회, 문화 분야의 소재를 다룬 설명문, 논설문 등의 글을 읽고, 내용을 파악하거나 추론할 수 있다.
- 계약서, 사용설명서, 광고, 안내문 등 실용문을 읽고, 구체적인 정보를 파악할 수 있다.
- 신문 기사, 건의문 등의 시사성 있는 글을 읽고, 대체적인 정보를 파악할 수 있다.
- 수필이나 동화 등의 작품을 읽고, 내용을 파악할 수 있다.

　일반적인 한국어 교육의 평가는 이러한 기준을 학습목표로 보고, 학습자 내지 학습단계를 고려하여 한국어 능력을 평가할 수 있을 것이다.

3.2. 평가의 실시와 채점

(1) 평가 문항 작성상의 유의점

평가 문항 작성상의 유의점에 대해서는 "2.3. 테스트의 형식"에서 형식에 따른 유의사항을 다소 언급한 바 있다. 그리고 앞으로 언어의 기능 테스트를 논의하는 자리에서도 이에 대해 언급하게 될 것이다. 따라서 여기서는 일반적인 원리에 대해서만 몇 가지 언급하기로 한다.

① 목표를 분명히 한다.
② 이해력(recognition)을 테스트하는지, 사용력(reproduction)을 테스트하는지 분명히 한다.
③ 문제 항목 수와 소요시간이 균형이 맞도록 한다.
④ 한 문제 항목에 한 요소만 포함되게 한다.
⑤ 각 문제는 독립시킨다.
⑥ 해답 방법을 보이기 위해 예제를 준다.
⑦ 출제 형식은 간단하게 한다.
⑧ 내용이나, 형식이 한쪽으로 치우치지 않게 한다.
⑨ 국부적 종속적 사항을 많이 다루지 않는다.
⑩ 언어 능력과 무관한 문화 및 사회에 관한 지식은 포함시키지 않는다.
⑪ 이미 배운 사항과 아직 배우지 않은 사항을 구별하여 다룬다.
⑫ 어려운 문제와 쉬운 문제를 섞어 출제한다.

(2) 평가 실시상의 유의점

평가를 올바로 하기 위해서는 다음과 같은 사항에 유의하여야 한다(石田, 1992).

① 테스트의 실시 계획을 세운다.
연간이나 학기 중의 테스트에 관한 계획을 사전에 세워, 학습자 및 관

계자에게 사전에 알린다.

② 실시해야 할 테스트의 종류를 결정한다.

면접 테스트 및 청해력 테스트는 실시하는 데 여러 가지 난점이 있어 경원한다. 테스트는 단순히 성취도를 파악하는 것만이 아니고, 학습동기 부여, 방향 정립의 기능도 수행한다. 따라서 어떤 테스트를 실시할 것인 가 결정할 때에는 테스트의 이면 기능도 중시해야 한다.

③ 장소 및 인원을 확보해 둔다.

교실이나 LL의 예약, 감독 등의 인원 수배를 확실히 하여 시험을 치를 때 차질이 없도록 한다.

④ 출제자에 의한 설명을 공평하게 하도록 한다.

출제자에 의한 수험자에 대한 설명은 불이익이 돌아가는 일이 없도록 공평을 기해야 한다.

⑤ 마크 카드(시트)의 사용에 대해 철저한 지시를 한다.

⑥ 부정행위에 대한 대책을 세운다.

⑦ 추가시험에 대한 대책을 세운다.

(3) 채점상의 유의점

시험을 치른 뒤에는 채점을 하게 된다. 채점상의 유의점으로는 다음과 같은 것을 들 수 있다.

① 채점 기준을 명확히 한다.

② 정답을 재검토한다.

③ 자기 반응 결과에 대한 정보, 곧 정답을 빨리 제시한다.

채점을 할 때 인간적 요소에 의해 좌우되는 경우가 있는데 이러한 것으로는 다음과 같은 것을 들 수 있다. 이들에 대해서는 특히 주의하여야 한다.

① 테스트 결과 이외의 요인이 영향을 미치는 후광(後光 : halo) 효과
② 전의 테스트 결과가 후속 테스트 결과에 영향을 미치는 계열 효과
③ 점수가 가운데에 집중되는 중심화 경향
④ 평가를 후하게 하게 되는 관대성 경향

이밖에 유의할 점으로 테스트 결과를 성적에 어느 정도 반영할 것인가 결정한다. Finocchiaro(1983)는 매일(daily) 테스트 30%, 기말 테스트 30%, 클라스 활동 참가 등 20%, 숙제 등 20%라는 비율을 제안하고 있다. 참고가 될 것이다.

4. 한국어교육의 기능 평가(技能評價)

4.1. 듣기 능력 테스트

듣기란 음성언어에 의해 전달되는 정보를 이해하고 반응을 일으키는 것이다. 따라서 듣기 교육의 목표는 음성과 음소, 또는 어휘, 문장, 담화의 의미와 매치시켜 반응하는 것이 된다. 곧 음성의 식별에서부터 담화 내용을 이해하고 적절한 반응을 일으키는 것이다. 듣기 능력, 곧 청해력(聽解力) 평가는 이러한 능력을 평가해야 한다.

듣기 테스트의 문항을 작성할 때는 다음과 같은 점에 유의하는 것이 바람직하다(최은규, 2005).

① 단어나 문법과 같은 지엽적 요소보다 전체 내용의 이해에 중점을 둔다.
② 자료는 실생활의 언어처럼 잉여성이 있는 것을 활용한다.

③ 순수한 청해력 테스트는 청해력만에 의한 답을 하도록 한다.

문자를 사용하여 답을 하게 되면 문자에 대한 이해력이 결과에 영향을 미치게 된다. 한자의 사용 여부는 한자계와 비한자계 학습자에게 서로 다른 영향을 미칠 수 있다.

④ 그림, 도형, 선택법 등의 방법을 활용할 수 있다.

⑤ 문항이나 선택지의 길이는 지나치게 길지 않게 한다.

기억의 한계, 한정된 응답 시간 등으로 말미암아 필기 테스트와 같은 긴 문제는 바람직하지 않다.

⑥ 선택지를 음성으로 제공하는 경우 차례는 abc보다 123 숫자를 사용하는 것이 낫다.

⑦ 자료의 유형과 남녀 녹음 등은 적절히 배분하는 것이 좋다.

평가 문항은 듣기 자료와 반응 방식 및 평가 범주에 따라 다양한 유형이 선택된다. 이러한 유형은 절대적인 것은 아니나, 학습자의 단계를 기준으로 분류해 보면 다음과 같이 될 수 있다. 이들은 물론 넘나들며 사용될 수 있다. 이들 테스트의 유형이 듣고 대답하는 형식보다 선택법으로 기울어져 있는 것은 듣기 능력이 말하기에 의해 영향을 받지 않도록 하기 위함이다.

〈저학년(초급)〉

- 음소나 단어를 듣고 맞는 것 고르기
- 문장을 듣고 문장의 일부 채우기
- 받아쓰기
- 문장을 듣고 비슷한 뜻의 문장 찾기
- 담화를 듣고 담화의 요소 파악하기
- 담화나 문장을 듣고 그대로 동작하기
- 담화나 문장을 듣고 맞는 그림 찾기
- 문장이나 대화를 듣고 적절한 반응 찾기

- 담화를 듣고 순서대로 그림 나열하기
- 그림을 보고 맞는 설명이나 대화 찾기
- 담화나 문장을 듣고 질문에 답 찾기

〈중학년(중급)〉

- 문장이나 대화를 듣고 적절한 반응 찾기
- 담화의 유형 구분하기
- 대화를 듣고 이어지는 문장 찾기
- 담화를 듣고 담화의 요소 파악하기
- 담화를 듣고 그림, 지도, 도표 등을 완성하기
- 담화를 듣고 담화의 중심 소재 및 내용 고르기
- 담화의 내용을 듣고 내용의 일치, 불일치 고르기
- 담화를 듣고 전체 내용 이해하기

〈고학년(고급)〉

- 담화를 듣고 정보 찾기
- 중심 요지 파악하기
- 세부 내용 파악하기
- 담화의 내용 요약하기
- 담화나 텍스트의 제목 붙이기
- 담화를 듣고 추론하기
- 화자의 태도 및 어조 파악하기

4.2. 말하기 능력 테스트

　말하기는 음성언어를 사용하여 의사소통을 하는 활동이다. Canale & Swain(1980)은 의사소통 능력(communicative competence)을 문법적 능력(grammatical competence)과 담화적 능력(discourse competence), 사회언어학적

능력(sociolinguistic competence), 전략적 능력(strategic competence)으로 나누고 있다. 이렇듯 의사소통은 언어적 능력만이 아니라, 사회적 상황에 대한 이해를 하지 않으면 안 된다. 따라서 말하기 테스트는 이러한 능력까지 평가할 수 있게 해야 한다.

말하기 테스트의 문항을 작성하기 위해서는 다음과 같은 점에 유의하는 것이 바람직하다.

① 발음·어휘·문법의 정확한 사용 여부를 확인한다.
② 유창성과 함께 사회언어학적 적절성도 배려한다.
③ 화자, 청자, 메시지, 상황에 따른 적절성이 검토되어야 한다.
④ 말하기 유형과 담화의 관계에 유의한다.
⑤ 말하기의 속도, 억양, 어조에 대한 배려도 하여야 한다.

말하기 테스트는 흔히 발음 테스트, 응답 테스트, 회화 테스트, 스피치 테스트, 요약 테스트 따위로 나뉜다. 발음 테스트는 초기에만 독립적으로 꾀해질 뿐이고, 흔히는 회화테스트, 스피치 테스트의 일부로서 꾀해진다. 응답 테스트는 지시에 따라 짧은 문장을 변환하거나, 간단한 질문에 답하게 하거나 한다. 일반적인 화제, 이미 학습한 단원의 내용에 대한 응답, 역할 분담을 한 응답, 그림과 같은 시각적 자극에 대한 응답 등이 꾀해진다. 회화 테스트는 교사 또는 학습자끼리 일련의 회화를 한다. 어떤 주제 및 역할을 주거나, 시각적 자극을 사용하거나 한다. 이때 의사소통 전략(communicative strategy)의 능력을 파악할 수도 있다. 스피치 테스트는 미리 주제를 주는 것이 아니라, 테스트에 앞서 수분 간 준비하게 하는 것이 바람직하다. 요약 테스트는 적당한 길이의 장문을 읽히거나 들려주고 요약하게 한다. 장문은 독해력 및 청해력과 관련되는 것을 피하기 위해 모어로 제공하는 것이 바람직하다. 어느 경우나 결과를 녹음해 두고 나중에 어느 점이 좋고, 어디에 문제가 있는지 설명할 수 있도록 하는 것이 바람직하다.

말하기의 평가 유형으로는 다음과 같은 것을 들 수 있다. 이들은 학습자의 단계와 관계없이 두루 사용해도 좋을 것이다.

- 소리 내어 읽기

읽기가 말하기는 아니나, 저학년(초급)에서 발음과 억양의 정확성을 파악하는 방법으로 사용할 수 있다.

- 질문을 듣고 답하기
- 질문을 읽고 답하기
- 인터뷰하기(개인적 인터뷰, 짝 인터뷰, 교사 인터뷰)
- 그림이나 자료를 보고 말하기
- 정보의 틈새(informational gap) 메우기
- 역할 놀이(role play)
- 시청각 자료의 내용 말하기
- 발표하기
- 토의 토론하기
- 보고 하기
- 묘사하기와 지시하기
- 통역하기
- 구두 숙달도 시험(tests of oral prficiency : TOP Test)

컴퓨터 화면에 제시된 문제를 보고 컴퓨터에 녹음하는 방식으로 테스트 한다.

- 포트폴리오

주로 쓰기 평가와 관련되는 것으로 보았으나, 말하기·듣기·읽기 평가에도 활용된다.

말하기 능력, 곧 구두 발표력 평가는 실시에 어려움이 따르고, 채점에

주관이 개입되고, 시간이 걸리는 등의 문제성이 있다. 그렇기 때문에 대형 평가에서는 잘 활용되지 않는가 하면, 채점에 공평을 기하기 위하여 복수 채점제 등을 채용한다.

교육의 현장에서는 형성평가로서 구두 발표력을 측정하는 경우가 많다. 과정별로 꾀해지므로 레벨 분류보다 무엇이 되고 무엇이 안 되는지에 대한 정보를 얻는 것에 주목적이 있다. 그래서 항목별 채점이 꾀해지는데, 작업의 능률이라는 점에서는 채점의 대상영역 항목 및 배점은 너무 세분하지 않는 것이 좋다. 평가항목으로는 다음과 같은 대여섯 가지를 들 수 있다.

①발음 악센트 등, ②적절성, ③어휘· 표현 선택의 질, ④구문의 정확성, ⑤유창성, ⑥기타

이와는 달리 이해·문법·내용·발음·인상을 평가항목으로 할 수도 있고, 듣고 이해하는 능력, 정확하게 표현하는 능력, 표현력, 말하기의 유연성, 발음 등을 평가항목으로 할 수도 있다. 평가는 흔히 5단계평가를 한다.

4.3. 읽기 능력 테스트

읽기는 언어 지식을 바탕으로 스키마와 배경지식을 통해 글의 전체적인 의미를 파악하는 의사소통 기술을 말한다. 문장을 읽고 이해하는 능력은 다음과 같은 하위 기능에 의해 형성된다.

① 문자와 발음, 문자 배열과 의미의 관계를 분석하여 단어의 의미를 이해한다.
② 절이나 문을 통사적·의미적으로 분석하여 내용을 이해한다.

③ 문장 사이의 의미 연결을 파악하여 텍스트의 내용을 일관성 있는 통합된 것으로 이해한다.

④ 읽기의 목적 달성을 향해 독해 과정이 진행되고 있는지 감시하고 통제한다.

읽기 능력, 곧 독해력은 이러한 하위 기능이 상호적·보완적으로 사용되어, 전체적·효과적으로 작용하는 것이 요구되는 능력이다. 따라서 읽기 능력의 평가는 글자의 식별, 문장의 이해, 단락 이상의 처리 능력 등으로 나뉜다.

평가 문항을 작성하기 위해서는 다음과 같은 점에 유의하는 것이 바람직하다.

① 학습자의 수준에 맞는 읽기 자료를 선택한다.
② 다양한 장르와 주제의 자료를 선택한다.
③ 상향식 읽기(bottom-up strategy)와 하향식 읽기(top-down strategy) 문제를 균형 있게 다룬다.
④ 단어 레벨보다 텍스트 레벨의 문항을 출제한다.
⑤ 국부적 요소보다 전체적 의미 파악에 중점을 둔다.
⑥ 선택지의 난이도는 읽기 자료와 비슷하거나 쉽게 한다.

읽기 평가 유형에는 다음과 같은 것이 있을 수 있다.

〈저학년(초급)〉
- 단어나 문장 내용에 맞는 그림 찾기
- 유의어 반의어 찾기
- 문장 안의 틀린 부분 찾기
- 문장 안의 단어의 의미 찾기
- 문맥에 맞는 적절한 어휘·문장 고르기

- 대화 구성하기
- 짧은 글의 번역하기

〈중학년(중급)〉

- 문장을 읽고 관계있는 문장 찾기
- 텍스트를 읽고 글의 중심 소재 찾기
- 문맥상의 단어나 어구의 의미 파악하기
- 접속어 고르기
- 문맥에 맞는 단어 및 표현 찾기
- 중심 내용 파악하기
- 주제문 찾기
- 글의 제목 붙이기
- 지시어의 내용 찾기
- 수식부와 비수식부의 관계 파악하기
- 글의 기능 파악하기

〈고학년(고급)〉

- 글의 기능이나 목적 파악하기
- 단락의 순서 배열하기
- 문장이나 단락의 삽입, 또는 삭제 하기
- 정보 파악하기
- 글의 세부 내용 파악하기
- 필자의 태도나 어조 파악하기
- 전후 이야기 추측하기
- 요약하기
- 단락과 주제 연결하기
- 글의 목차 보고 제목 고르기
- 글의 제목이나 목차로 글의 내용 파악하기

읽기 테스트는 흔히 단문 아닌 장문의 독해를 가리킨다. 이는 내용 이해에 중점을 두느냐, 구문 이해에 중점을 두느냐에 따라 선택의 기준이 달라진다. 긴 문장을 읽히는 경우에는 흔히 종합적 능력을 측정하는 형식이 된다. 초급 레벨에서는 기습사항을, 상급 레벨에서는 가능한 한 학습상의 문제를 망라한 것으로 보이는 장문을 대상으로 택하는 것이 좋다.

문항은 가능한 한 본문과 달리 표현하고, 문맥의 도움을 받아야 이해될 것으로 보이는 내용에 대해 질문한다. 단문을 몇 개 주어, 장문의 내용과의 합치 여부를 묻는 형식의 문제는 50% 정도의 확률로 우연한 정답이 나오게 되므로 주의를 요한다.

4.4. 쓰기 능력 테스트

글짓기는 크게 볼 때 인간형성의 기능, 사회 연대의 기능, 문화 창조의 기능을 지니는 것으로, 중요한 언어 기능 가운데 하나다. 짓기 능력, 곧 작문력은 표현의 "형식"에 관한 지식을 선택법에 의해 측정하는 등 객관식 측정에 의해서도 가능하나, 표현 능력의 평가는 역시 짓게 하는 것 이상의 것이 없다. 이때 문제가 되는 것이 채점의 방법이다. 채점자의 주관을 배제하기 위해서는 객관적 채점 기준의 설정, 복수로 채점하는 방식 등을 취한다.

작문력 평가를 위한 문제를 작성할 때 유의할 사항으로는 다음과 같은 것을 들 수 있다.

① 처음부터 장문의 글짓기를 강요하지 않는다.
② 작문력 평가는 선택법과 글짓기를 병행한다.
③ 글짓기는 통제된 쓰기, 유도된 쓰기, 자유로운 쓰기의 방법을 아울러 활용한다.

④ 특정한 문장이나 표현의 이해력과 작문력 가운데 어느 것을 측정
   할 것인지 분명히 한다.
⑤ 내용에 중점을 둘 것인지, 형식에 중점을 둘 것인지 결정한다.

평가 문항의 유형은 다음과 같은 것을 생각할 수 있다.

〈저학년(초급)〉

• 베껴 쓰기
• 받아쓰기
• 빈칸 채우기
• 문법 활용하기
• 어순에 맞게 문장 완성하기
• 틀린 것 고치기
• 통제된 글짓기

〈중·고학년(중·고급)〉

• 바꿔 쓰기
• 담화 완성하기(문장 연결하기, 문장 완성하기, 문단 완성하기)
• 시각자료 활용하기(정보 채우기, 묘사 설명하기)
• 의미 확장하기(이야기 구성하기, 문장 확장하기, 다시 쓰기)
• 읽기 쓰기 통합하기(읽고 요약하기, 모방해서 쓰기, 찬·반 견해 쓰기)
• 글짓기(유도된 글짓기, 자유 작문)

이와는 달리 작문(글)의 평가는 다음과 같은 관점에서도 할 수 있다(井
上, 1972).

① 작문은 전체적으로 읽기 쉽게 쓰였는가?
② 작문의 서술 형식에는 통일성이 있는가?

③ 글의 서술에는 변화가 있는가?
④ 경어와 평어의 혼란이 없는가?
⑤ 철자법이 바로 되어 있는가?
⑥ 작문에 쓸데없는 어구가 없는가?
⑦ 접속어의 남용으로 중언부언되지 않았는가?
⑧ 의미가 모호한 점은 없는가?
⑨ 불완전한 문장이 섞여 있지 않은가?
⑩ 문법상 잘못된 점은 없는가?
⑪ 구두법에 잘못은 없는가?
⑫ 글의 단락은 잘 나뉘어 있는가?
⑬ 전체의 구성은 자연스러운가?
⑭ 특별한 결점은 없으나, 내용이 평범하고 독자를 감동시킬 만한 것
　　이 없는 것은 아닌가?
⑮ 그 나이 또래에게 온당한 내용인가?

　글짓기는 과제로 주기보다 일정한 시간에 부과하는 것이 단계에 따른 작문력 및 그 신장도를 알 수 있어 지도상 유익하다. 어떤 편지를 읽게 하고 그것에 답장을 씌우는 것과 같이 일정한 틀을 주고 씌우는 테스트도 유용하다. 이는 담아야 할 내용이 규정되고, 학습자 전원이 같은 조건에서 쓰게 됨으로, 작문력 파악이 용이하다.

　작문의 평가는 자기평가, 상호평가, 교사평가 등 세 방법으로 할 수 있다. 평가 기준은 일본의 경우 6~9개의 평가항목을 작정해 놓고 항목별로 단계를 정해 평가하는 형식을 취하고 있다. 동경외국어대의 것은 문법, 표기, 문체 등에 중점을 두고 있고, 국제학우회 일본어학교의 경우는 표현의 풍부함, 전체로서의 통일, 흥미, 주지(主旨)의 명확성 등도 가미하고 있다.

　채점방법은 그 테스트가 형성평가를 목적으로 하고 있는지, 총괄평가

를 목적으로 하고 있는지에 따라 달라진다. 전자의 경우는 가능한 한 빨리 채점하여 돌려주지 않으면 안 된다. 평가의 정확성보다 첨삭 쪽에 중점이 놓여야 한다. 평가는 표현의 정확성에 중심을 두는 것이 지도효과와 좀 더 연관된다.

4.5. 문법 테스트, 기타

언어의 기능 외에 언어지식 등의 평가가 있다.

Canale & Swain(1980)은 앞에서 언급한 바와 같이 문법적 능력을 중요한 의사소통능력의 하나로 들고 있다. 그런가 하면 Bachman(1990)은 문법적 능력을 중요한 언어 능력의 하나로 보고 있다. 따라서 언어의 기능 교육에서 이의 중요성이 인정되고, 평가에서도 중요한 항목이 되어 이들이 상당한 비중을 차지하고 있음은 앞에서 본 바와 같다. 이에 여기서는 문법 능력이 어떻게 다루어져야 할 것인가에 대해서만 언급하고 자세한 논의는 생략하기로 한다.

국어교육에서는 문법이 "국민공통 기본교육과정"과 "고등학교 선택중심 교육과정"에서 다루어진다. "국민공통 기본교육과정"에서의 문법은 국어과 "목표" 가운데 "가. 언어활동과 언어와 문학에 대한 기본적인 지식을 익혀, 이를 다양한 국어사용 상황에서 활용하는 능력을 기른다"고 되어 있다. 따라서 이러한 차원에서 문법은 평가된다. "국민공통 기본교육과정" 가운데의 문학도 마찬가지다. 이의 목표는 교육과정에 "문학의 본질에 대한 이해, 문학의 수용 능력을 위주로 설정하되, 문학 작품을 즐겨 읽는 태도를 포함시켜 설정한다"고 되어 있다.

외국어로서의 한국어교육의 경우 언어 지식에 대한 평가는 한국어능력시험의 경우 표현의 면에서 "어휘 및 문법" 영역으로서 다루어지고 있다. "어휘 및 문법" 영역의 평가 내용은 다음과 같다(강승혜, 2008).

> ─한국어의 수준별 어휘 및 문법의 이해 능력 평가 및 이해도
> ─어휘 및 문법(구문과 문형, 활용, 문법적 기능어의 용법)과 구사의
>   정확성 및 적절성
> ─표준적 문장 구성 능력
> ─한국어의 언어 구조에 대한 지식
> ─어휘 및 문법의 문화적, 역사적 배경에 대한 이해도
> ─한자 및 한자어(특히 추상적이거나 고급 문장에 나오는 것을 중심
>   으로)

이 밖에 종합력 테스트가 있고, 화용(話用) 및 과제(task)형 테스트가 꾀해질 수 있다.

"타스크"란 의사소통능력의 육성을 목적으로 한 연습 방법을 의미하나, 타스크형 테스트는 커뮤니케이션력 외에, 어떤 정보를 얻어 그것에 반응하는 형식의 응답이 중심이 되는 테스트를 포함한다. 이는 의사소통법(communicative approach)이 제창된 뒤 도입되기 시작한 테스트의 방법으로, 해외의 한국어교육 현장에서 활용되고 있다. "자료"는 실제(authentic) 자료거나, 사실에 가까운 형태의 것을 사용하도록 권장된다.

5. 한국어교육의 수업평가

교육 평가에는 학습평가 외에 수업평가가 있다. 이는 수업 시간에 교사가 수행하는 지도 활동을 평가대상으로 한다. 수업평가는 학습효과가 평가의 대상이 되는 학습평가와 대조를 이루는 것이다. 수업평가는 학습

평가가 학습자의 학습활동이 학습 목표를 얼마나 성취하였는가 평가하는 데 대해, 이러한 학습 효과가 최대한으로 드러나게 지도 활동이 제대로 수행되고 있는가를 평가하는 것이다. 그런데 이 평가는 학습평가의 그늘에 가려 잘 의식되지 않고 있다. 흔히 평가라면 학습평가만을 의미해 수업평가는 제대로 행해지지 않기 때문이다. 이렇게 되면 교육의 발전을 기대할 수 없게 된다(박갑수, 1979).

수업평가의 관점은 여러 가지를 생각할 수 있다. ①학습내용과 학습 집단의 활동, ②광의의 학습자의 활동, ③수업과정에 따른 세부면 등이 그것이다. 여기서는 셋째의 수업과정에 따른 평가의 관점에서 몇 가지 중요한 사실에 대해 살펴보기로 한다.

(1) 수업 계획의 평가

수업을 하기 위해서는 수업 계획을 세워야 한다. 이는 학습지도안으로 나타난다. 따라서 수업 계획의 평가는 학습지도안을 중심한 평가가 된다. 학습지도안을 작성하기 위해서는 다음과 같은 사전 준비가 필요하다.

① 지도 목표를 명확히 한다.
② 지도 내용을 연구한다.
  ㉠ 지도 내용을 정선하고 구조화한다.
  ㉡ 교재 내용을 연구한다.
  ㉢ 학습자를 조사한다.
③ 지도법을 검토한다.

한국어 교육의 평가에서는 이러한 사전 준비를 통해 작성된 지도안에 반영된 지도 목표, 지도 내용을 평가하고, 지도법을 검토하게 된다.

(2) 수업 전개의 평가

수업 전개의 과정에 대한 평가도 여러 가지 관점에서 꾀할 수 있다. 이러한 관점 가운데 하나가 교사의 활동을 중심하여 몇 개의 측면에서 평가하는 것이다. ①교재 제시의 적부 평가, ②교사의 태도와 학습 집단 구성상의 평가, ③학습 형태와 학습 집단 구성상의 평가, ④학습자의 활동 평가가 그것이다.

(3) 학습 결과의 평가

학습지도의 경우에도 다른 사업과 마찬가지로 목적－계획－실행－평가의 과정을 밟는다. 학습 결과의 평가 과정은 학습지도를 마무리하는 것이며, 나아가 다음 학습의 단서를 마련하고자 하는 것이다. 학습지도의 결과는 학습자의 행동 변화로 나타난다. 따라서 학습 결과의 평가는 교육 목표의 달성 여부를 검증하는 것이다. 이에 학습 결과에 대한 평가는 학습능력의 평가가 위주가 되나, 이와 관련되는 학습지도에 대한 평가 또한 소홀히 할 수 없는 것이다. 곧 학습지도에 대한 교사의 평가를 하여야 한다. 교사에 대한 평가 이외에는 교육과정의 개선, 학습지도의 개선, 평가의 해석·활용 등에 대한 평가도 아울러 꾀해진다.

6. 결어

평가는 학습의 한 단계이다. 평가가 학습자를 자리 매김 하는 것이라고만 생각해서는 안 된다. 교수·학습의 개선으로 이어지도록 하여야 한다. 평가는 학습 평가와 수업 평가의 둘로 크게 나뉜다. 학습평가는 미시적 관점의 평가이며, 수업 평가는 교수·학습 이전부터 꾀해지는 거시적 관점의 평가와 수업평가란 미시적 관점의 평가로 나눌 수 있다.

한국어교육의 평가는 미시적 평가인 학습평가가 주종을 이루고 있다. 수업평가나 프로그램 평가인 거시적 관점에서의 평가는 제대로 행해지고 있지 못하다. 이러한 평가의 문제점은 개선을 요한다. 학습평가는 우선 총괄평가 위주의 평가가 지양되어야 한다. 진단 평가, 형성 평가가 비중을 갖도록 하여야 한다. 그리고 평가는 테스트 중심의 일방적, 또는 편향적 경향을 탈피하여, 다양한 방법을 적절히 선택 하여 광범하게 수행하도록 해야 한다. 수업 평가도 그 중요성이 인식되어야 한다. 그리하여 학습지도의 개선이 꾀해지도록 하여야 한다. 한국어 교육은 이러한 평가에 대한 인식 개혁과 평가 방법이 개선되고, 잘 활용될 때 진일보하게 될 것이다.

참고문헌

강승혜 외(2006), 한국어 평가론, 태학사.

박갑수(1975), 국어과의 평가, 이응백 외(1975), 국어과교육, 능력개발.

朴甲洙 外(1979), 國語教育, 서울대 出版部.

박갑수(1998), 외국어로서의 한국어교육 평가, 이중언어학 15, 이중언어학회.

박갑수(2005), 한국어교육 평가의 현황과 과제, 중국에서의 한국어교육 VI, 연변과기
　　　　　　대 한국학연구소.

박갑수(2005), 국어교육과 한국어교육의 성찰, 서울대 출판부.

최은규(2005), 한국어평가론, 한국어교육, 서울대학교 언어교육원 한국어교육센터.

石田敏子(1992), 入門 日本語 テスト法, 大修館書店.

石田敏子(1995), 改訂新版 日本語 教授法, 大修館書店.

井上敏夫 外編(1972), 作文指導事典, 第一法規出版株式會社.

奧田邦男(1992), 日本語教育學, 福村出版.

中西家榮子 外(1991), 實踐 日本語 教授法, バベルプレス.

日本語教育學會 編(1982), 日本語教育事典, 大修館書店.

吉田彌壽夫 外(1779), 日本語教育の評價法, 國立國語研究所.

Bachman, L. F.(1995), Fundamental Consideration in Language Testing, Oxford Univ. Press.

Bachman L.F., A.S. Palmer(1996), Language Testing in Practice, 大友賢二 外 監 譯
　　　　　　(2000), 實踐 言語テスト作成法, 大修館書店

Bloom B.S., J.T. Hasting, G.F. Madaus(1971), Handbook of Formative and Summative
　　　　　　Evaluation of Student Learning, McGraw-Hill Book Co.

Brown J. D.(1996), Testing in Language Programs, Prentice Hall Regents.

Brown J. D.(1995), The Elements of Language Curriculum, Heinle & Heinle Publishers.

Cross David(1995), A Practical Handbook of Language Teaching, Phoenix.

Henning G.(1987), A Guide to Language Testing : Development, Evaluation and
　　　　　　Research, Heinle and Heinle Publishers.

Hughes A.(1989) Testing for Language Teachers, Cambridge University Press.

Underhill Nic(1987), Testing Spoken Language, Cambridge University Press.

■ 이 글은 2006년 중국 연변의 연변교육학원에서 발표한 것으로(2006년 8월), 본서에 수록하기 위해 다소 개고한 것이다.

제3장 대조분석과 오용분석

1. 서언

외국어교육의 방법에는 여러 가지가 있다. 그 하나가 대조분석(對照分析)의 방법이다. 20세기 중반에는 모국어와 목표언어의 차이가 학습의 난점이 되고, 모국어가 목표언어에 간섭(干涉)하여 외국어 학습에 오류(誤謬)가 빚어지는 것으로 보았다. 그래서 두 언어의 대조분석에 의해 학습 상의 장애 요소가 되는 언어의 차이점을 찾아 모국어의 간섭을 제거함으로 오류가 발생되지 않게 하고자 하였다. 그리하여 대조분석 연구가 활발히 꾀해졌다. 그러나 현실은 예상과 달랐다. 대조분석만으로 오류의 문제는 해결되지 않았다. 그래서 오용의 기술·분석이 꾀해지고, 그 원인을 고찰하게 되었다. 이것이 오용분석(誤用分析)이다. 따라서 오용분석은 대조분석을 이은 외국어 학습의 또 다른 방법이라 할 수 있다.

한국어교육(韓國語敎育)은 20세기의 후반 이후 성황을 이루고 있다. 근자의 세계화라는 말이 걸맞게 세계 도처에서 한국어교육이 꾀해지고 있다. 따라서 한국어교육에서도 대조분석과 오용분석에 대해 관심을 기울이지 않으면 안 될 시점에 와 있다. 이에 여기서는 바람직한 한국어교육을 위해 대조분석과 오용분석의 문제를 살펴보기로 한다. 이들에 대한 논의는 다음 자료를 바탕으로 하기로 한다.

- Heidy Dulay, B. Marina, S. Krashen(1982), Language Two, Oxford University Press : New York.
- 松浪有 外編(1983), 英語學辭典, 大修館.
- 奧田邦男 編(1992), 日本語教育學, 福忖出版.
- 朴甲洙(2005), 국어교육과 한국어교육의 성찰, 서울대학교 출판부.
- 朴甲洙(2003), 韓日語 對照論, 서울대 언어교육원(2003), 한국어교육, 서울대학교 언어교육원.

2. 대조언어학의 위상

두 개 이상의 언어를 비교 대조하여 연구하는 학문에는 세 가지가 있다. 그것은 대조언어학(contrastive linguistics)과 비교언어학(comparative linguistics), 언어유형론(linguistic typology)이 그것이다.

대조언어학은 대조분석과 같은 뜻으로 쓰는 경우도 있으나, 계통과 관계없이 같은 시대의 두개의 언어를 비교하여 같은 점과 다른 점을 분명히 하고자 하는 공시언어학(共時言語學)의 한 분야다. 이는 언어학습 또는 언어의 보편성의 추구에 이바지하려 한다.

대조언어학은 특히 유럽에서 프라그학파의 창시자인 Vilem Mathesius의 체코어와 영어의 대조연구(1936)에서 비롯된, 이론 연구를 하는 학문이다. 유럽식 구조언어학의 분석 방법에 의해 두 언어의 부분적 체계의 구조를 기술 하고, 그 결과를 비교·대조함으로 두 언어 체계간의 이동

(異同)을 명시하고자 한다. 언어교육에의 이용은 부수적이다. 오히려 당해 언어의 체계 및 구조적 특징의 전체상(全體像)을 해명하는 데 목적이 있다. Mathesius는 이를 "언어성격론" 분야에 공헌하는 연구라 했다. 대조언어학은 언어성격론 및 언어유형론과 유사한 학문이다.

이론적 경향이 강한 유럽의 대조언어학은 미국의 실천적 경향이 강한 대조분석이 쇠퇴하였을 때도 크게 영향을 받지 않고 각국어와 주로 영어와 대규모의 대조연구를 속속 진행하였다.

미국의 대조언어학은 1940년대에 비롯되어 1950~60년대에 전성기를 맞았다. 이때 구조언어학의 분석방법에 따라 대조분석(contrastive analysis)이 꾀해졌는데, 이는 둘 또는 그 이상의 언어의 구조를 기술하여 두 언어 체계의 이동(異同)을 밝히려는 것이었다. 그러나 복잡다기한 언어 실상을 전체적으로 대조하는 것은 불가능해 흔히는 부분적 체계를 골라 연구하였다.

대조언어학의 초창기와 전성기에는 대조분석의 연구 성과가 직접 제2언어 교육에 기여할 수 있을 것으로 생각하였다. 뒤에 이러한 생각은 대조분석가설(Contrastive Analysis Hypothesis : CAH)이라 불리게 되었다.

대조분석의 초기 가설은 두 언어 사이의 차이가 학습자의 제2언어에 간섭(interference), 곧 장애를 일으켜 학습상의 난점(trouble spot)이 되는데, 이를 대조분석은 예측, 교정하여 학습을 촉진할 수 있다는 것이었다. 그런데 현실은 가설과 달랐다. 그리하여 학습상의 난점, 곧 학습상의 오류의 원인이 어디 있는지를 언어구조의 상위(相違), 언어심리학, 사회언어학적 관점에서 설명하려 하게 되었다. 여기서 중간언어(interlanguage) 이론이 나오게 되었고, 이는 제1언어의 간섭이 오류의 원인 가운데 하나에 불과하다고 보게 하였다. 이로써 언어교육에 오용분석(error analysis)이 대조분석을 대신하게 되었다. 그러나 오용분석에 의해서도 난점은 제대로 예측

되지 않았다. 그리하여 나타난 것이 Eckman(1978, 1981)의 유표성 차이가 설(markedness differential hypothesis)이다. 이 가설은 언어의 유표항목은 무표 항목보다 습득하기 어렵고, 유표의 정도는 난이도와 일치하리라 본다.

1970년대에 와서 대조분석은 퇴조하게 되었고, 1970년대 이후에는 이를 억제하려는 시도가 꾀해지고 있다. 그것은 생성문법 및 다른 문법 모델을 기반으로 하는 비교, 화용론 및 담화분석에서 대조분석을 하고 있는 것이 그것이다. 대조화용론이나 담화분석에서는 언어간에 차이가 나는 부분의 기술은 학습자의 장애를 초래하는 부분을 예측하는 데 이용된다는, 대조분석가설과 비슷한 전제를 바탕으로 하고 있다. 부차언어학(paralinguistics)에서도 대조분석이 꾀해진다. "다른 언어공동체에서는 글말에서 생각을 정리할 때 다른 방법이 사용되며, 이는 문화적 사고방식을 반영한다"(Kachru, 1995)고 하는 대조수사가설(contrastive rhetoric hypothesis)도 이러한 방법을 전제로 한 것이다.

대조연구는 언어의 어떤 영역이나 가능하다. 현재까지의 연구 경향을 보면 음성 부문이 가장 발달되었고, 그 뒤를 잇는 것이 문법이다. 그 밖의 것은 이제 겨우 손을 대고 있을 뿐이다. 비언어행동도 같은 커뮤니케이션의 수단이란 점에서 광의의 언어행동으로서 대조분석의 대상이 된다(Johnson et al., 1998).

① 음성체계
   음성체계·악센트 체계·음절구조·억양
② 어휘
   형태 및 의미 구조, 유의어의 미묘한 의미 차이, 좁은 범위의 의미 분야(semantic field)의 어휘구조, 같은 어휘구조에서 개별어의 용법 차이(흑사탕 : brown sugar)
③ 문법 일반

④ 문형
　　SVO와 SOV 문형, 조사와 전치사, 구성 요소의 어순
⑤ 표기법
　　한글전용 · 국한혼용 · 한자의 병기
⑥ 표현구조
　　유사한 내용의 표현구조의 차이(인간중심 표현과 장면의존적 표현)
⑦ 사회언어학적 면
　　문자언어와 음성언어에 대한 사회의 평가, 언어 사용량(떠벌림 ·
　　과묵), 언어표현의 고정성(관용적 표현과 창조적 표현), 대화를 풍
　　요하게 하는 기술 등
⑧ 비언어행동
　　표정, 몸짓, 음성의 부차언어학적(paralinguistic) 특징 · 대인 거리 ·
　　대인 각도 · 자세 등

3. 한 · 일 · 영어의 대조

　언어간의 비교 대조는 음운, 어휘, 문법 및 언어문화와 같이 각종 비
교가 가능하다. 여기서는 한국어, 일어, 영어의 구조를 간단히 비교해 보
기로 한다(박갑수, 2003).

3.1. 음소의 대조

　한국어의 음소는 31개(자음 19개, 모음 10개, 반모음 2), 일어의 음소는 22
개(자음 15개, 모음 5개, 반모음 2개), 영어의 음소는 31개(자음 22개, 모음 7개,
반모음 2개)이다.

* 자음 음소

	한국어	일어	영어
폐쇄음	p, p', p', t, t', t', k, k', k'	p, b, t, d, k, g	p, b, t, d, k, g
파찰음	c, c', c'	c	tʃ
마찰음	s, s', h	s, z, h	f, v, θ, ð, s, z, (h), ʃ, ʒ, ʤ
비음	m, n, ŋ	m, n	m, n, ŋ
유음	l	r	l, r
모라음소		N, Q	

* 모음 음소

	한국어	일어	영어
	i, e, æ, ü, ø, a, ə, o, u, ɨ	i, e, a, o, u	i, e, æ, ə, a, ɔ, u

* 반모음음소

	한국어	일어	영어
	j, w	j, w	j, w

한·일어의 자음과 모음의 대조 결과는 다음과 같다(K : korean, J : japanese).

　　+K, +J : /i, e, a, o, u, w, j/

　　+K, -J : /ae, ə, ü, ø, ɨ/

　　+K, +J : /p, t, k, c, s, h, l(r), m, n/

　　-K, +J : /b, d, g, z, Q, N/

　　+K, -J : /p', p', t', t', k', k', c', c', s', ŋ/

이 밖에 한국어에는 종성으로 /k, t, p, n, m, ŋ, l/이 있고, 일본어에는 /N, Q/가 있다.

일본어에는 한국어에 없는 두 개의 모라 음소 "ん, つ/N, Q/"가 있다.

음의 장단(length)은 양어에 다 있으나, 고저악센트(pitch accent)는 일본어에
만 있다.

이에 대해 영어에는 한국어에 없는 유성자음이 있고, 경음과 유기음이
없다. 모음의 경우는 영어에 "o, i, ø, ü"가 없고, "ɔ"가 있으며, 악센트
가 있는 것이 다른 점이다.

3.2. 어휘 구조

1) 어휘의 종류

어휘에는 고유어와 외래어, 관용어가 있다. 한·일어에는 많은 한자어
가 유입되어 있다는 것이 특징이다. 그 분포는 다음과 같다.

큰사전(1957)

	순우리말	한자말	외래어	모두
표준말	56,115	81,362	2,987	140,464
사투리	13,006			13,006
고유명사	39	4,165	999	5,203
옛말	3,013			3,013
이두	1,449			1,449
마디말	990			990
모두	74,612	85,527	3,986	164,125

言海(1889)

	어수	%
화어	21,817	55.8
한어	13,546	34.7
외래어	551	1.4
혼종어	3,189	8.1
총수	39,103	8.1

한국의 한자어는 일본의 근대화과정에서 번역한 말이 많이 수입되어
일본어와 밀접한 관련을 갖는다. 외래어도 일제 외래어가 많이 수용되어
형태적으로 유사한 것이 많다. 관용어도 일본의 것과 일치하는 것이 많
다. 우선 한·일어와 구별되는 몇 개의 한어(중국어)를 보면 다음과 같다.

空港－機場, 菓子－點心, 弄談－玩笑, 賣票所－售票處, 社長－經理, 時計－鐘表, 試合－比賽, 運轉－駕駛, 月曜日－星期一, 引出－提款 , 人形－娃娃, 自家用－私家用, 住所－住址, 職場－單位, 冊床－書桌, 處女－姑娘出勤－上班, 割引－降價

* 고유어

한국어의 고유어는 논리적 사색어보다 감각어가 매우 발달되었다. 시각어(색채어), 미각어 등의 발달과, 의성어 의태어의 발달이 그 구체적인 예이다.

노랗다－누렇다－샛노랗다－노르께하다－노르끄레하다－노르므레하다－노르스름하다－노릇하다－노릇노릇하다－누르께하다－누르끄레하다－누르므레하다－누르스름하다－누릇하다－누릇누릇하다－누르칙칙하다－누루툭툭하다－노리께하다－노리끄레하다－노리므레하다－노리툭툭하다－노릿하다－노릿노릿하다

* 한자어

한자어에는 중국제, 일제, 국산의 세 종류가 있다. 이 가운데 중국제 한자어는 일찍 차용된 것이고, 일제 한자어는 근세에 차용된 것이다. 일제 한자어는 일본에서 음독(音讀)하는 것과 훈독(訓讀)하는 것의 두 가지가 있다.

① 중국 한자어

鷄蛋, 袞龍袍, 君子, 艱難, 男人, 內殿, 莫無可奈, 每常, 沙鉢, 侍從, 是或, 臣下, 御手, 玉顔, 爲頭, 自鳴鐘, 仔詳하다, 自行車, 才操롭다, 錢糧, 停車場, 茶飯, 天堂, 千里鏡, 天主敎, 火輪船, 火車, 火砲

② 일본 한자어

求心力, 浪漫主義, 動詞, 酸素, 細布, 水素, 演說, 遊星, 日曜日, 一週日, 裁判所, 重力, 靑酸加里, 形容詞, 恒星, 惑星, 花粉, 火曜日/ 見積, 見本, 落書, 內譯, 賣場, 明渡, 上衣, 上廻, 裏書, 日附, 立場, 立替, 持分, 取扱, 取調, 取締, 品切, 割箸, 行先

③ 고유 한자어

垈草, 垈地, 獤皮, 魟魚, 縕塵, 溫垜, 王苷, 餱飢, 雜頉, 田畓/ 廣木, 凍太, 等內, 妹夫, 分揀, 莎草, 私通, 色吏, 媤叔, 傳貰, 靑太, 布木, 行下

* 외래어

한국어에는 적어도 30개국에서 어휘가 차용되고 있다. 한일 양국은 일찍이 중국어의 영향을 받았고, 그 뒤에는 서양의 영향을 받아 이들 외래어가 많다. 한국어에는 이 밖에 일본어의 차용이 많다. 편집·인쇄·제본, 건축, 이·미용, 복장, 일상용어(의·식·주 기타) 등에 많이 나타난다(박갑수, 1994b). 한국어의 외래어는 일본을 통해 수용된 것이 많아 일본식 외래어가 많다는 것이 한 특징이다. 이들 외래어는 본래의 발음과 멀어졌거나, 어형이 바뀌었거나, 의미가 달라진 것이 많다.

① 발음이 달라진 것 : 고로께(croquette), 다스(dozen), 로스(roast), 메리야스(medias), 바께쓰(bucket), 뻰찌(pinchers), 쓰봉(jupon), 프랑카드(placard), 하이라이스(hashed rice)

② 어형이 바뀐 것 : 골덴(corded velveteen), 디스코(discotheque), 에끼스(extract), 하이힐(high heeled shoes), 스텐(stainless steel), 비디오(video tape recorder)

③ 의미가 바뀐 것 : Arbeit(부업<노동), avec(동반<함께, 더불어), handle(조향장치<손잡이), lumpen(부랑자, 실업자<남루), post(우체통<우편·우편물), stand(탁상등<작은 탁자),

④ 일본에서 만든 것 : 골인(reach the goal, make the goal), 리야카(bicycles cart), 백미러(rearview mirror, rearvision mirror), 샤프(펜슬)

(automatic pencil), 스프링 코트(topcoat), 올드 미스(old maid, spinster), 플러스 알파(plus something), 하이틴(late teens), 홈인(score, reach home)

* 관용어

국어는 국어 나름의 "개밥에 도토리, 머리를 올리다, 바람 피우다, 보릿고개, 손가락에 장을 지지다, 식은 죽 먹기, 입이 걸다, 허리가 휘다"와 같이 독자적인 관용어를 많이 가지고 있다. 그러나 이와는 달리 일본어와 같거나, 유사한 관용어도 적잖다.

고양이 목에 방울을 달다(猫の首に鈴をつける)/ 귀를 의심하다(耳を疑う)/ 꿈처럼 지나가다(夢の様に過ぎる)/ 닻을 내리다(錠を降ろす)/ 마각을 드러내다(馬脚を現わす)/ 마음을 주다(心をやる)/ 머리를 짜다(頭を絞る)/ 벽에 부딪치다(壁に突き當る)/ 상상하기 어렵지 않다(想像にかたくない)/ 손에 땀을 쥐다(手に汗をにぎる)/ 순풍에 돛을 달다(順風に帆を揚げる)/ 새빨간 거짓말(眞赤なうそ)/ 숨을 죽이다(息を殺す)/ 시험에 미끌어지다(試驗にすべる)/ 애교가 넘치다(愛嬌が溢れる)/ 욕심에 눈이 어두워지다(慾に目がくれる)/ 얼굴을 내밀다(顔を出)す/ 입을 모으다(口をそろえる)/ 홍분의 도가니(興奮の坩堝)/ 희망에 불타다(希望に燃える)

2) 어휘의 구조

단어는 단일어와 합성어로 이루어지며, 합성어는 복합어와 파생어로 나뉜다. 어휘의 구조적 면은 한·일어가 유사하다. 어휘 구조의 대표적 유형은 다음과 같다.

① B형 　　: 해, 달, 꽃, 나무　　　　　　月, 山, 花
② aB형 　: 맹물, 숫처녀, 풋사랑　　　　小道, すがお

③ Ba형　　 : 덮개, 손질, 술꾼　　　　　　　　本屋, 神さま
④ aBa형　　: 헛발질, 헛손질　　　　　　　　　大さわぎ お参り
⑤ B-B형　　 : 장미꽃, 신장, 책상다리　　　　秋風, たてよこ, 人人
⑥ aB-B형　 : 돌배나무, 개꿀장수　　　　　　はつ稲刈
⑦ B-Ba형　 : 젖먹이, 사탕발림　　　　　　　雨降り, ひきあげ者
⑧ Ba-B형　 : 잇몸, 디딜방아, 디딤돌　　　　燒き鳥, 讀み手
⑨ Ba-Ba형 : 됨됨이, 생김생김, 씀씀이　　　讀み書き, あがりおり

이 밖의 어휘상의 특징으로 한국어의 어휘는 종합성과 개별성, 말을 바꾸면 추상성과 구상성 가운데 보다 구상성을 지니며(예, put on, put off에 대한 대응 등), 대명사가 발달되고, 경어가 발달되었다는 것을 들 수 있을 것이다.

영어의 경우도 외래어의 비율이 높다. 어휘의 3분의 2가 로망스어인 것이다. 이는 노르만 정복(norman conquest) 이후의 결과다. 동물 "ox, pig, sheep, calf"에 대해 식료품으로서의 고기 "beef, pork, mutton, veal"이 로망스어라는 것이 그 예의 일단이다. 영어에는 또한 해양어가 발달된 것으로 일러진다.

3.3. 문장 구조

1) 기본적 통사구조

한·일어의 기본적 통사구조는 S-V, S-O-V, S-C-V로 같다. 이에 대해 영어의 경우는 S-V, S-V-O, S-V-C , S-V-O-C 로 큰 차이가 난다. 따라서 통사구조는 일본어와의 대조에 초점을 맞추기로 한다.

① 주술구조(花がさいた, 꽃이 피었다), ② 객술구조(鳥が餌をたべる, 새가 모이를 먹다), ③ 보술구조(水が氷になる, 물이 어름이 된다)

2) 성분의 구성

(1) 주어의 구성

일어에서는 속격이 주어로 쓰인다. 한국어의 속격도 의미상 주격으로
쓰인다. "行くの"의 の는 준체조사(準體助詞)로 체언의 대행기능을 한다.
한국어는 이에 "것"으로 대응한다.

梅のさく日が來た.　매화의 피는 날이 왔다. → 매화가 피는 날이 왔다.
行くのがきらいだ.　가는 것이 싫다.

(2) 술어의 구성

① 일어의 "용언＋조동사"의 구성형태는 국어에는 그 대응형식이 없
다. 특히 "れる(られる)"는 피동, 가능, 자발(自發), 공대(恭待) 등의 여러
기능을 드러내므로 적용이 어렵다.

雨に降られる.　　　　비를 맞는다 雨に濡れる(?)
字を書くらしい.　　　글을 쓰는가 보다 字を書くみたい(?)

② 일어의 "용언(종결형)＋종조사"의 구성형태는 일본 특유의 것으로
국어에는 없는 형식이다.

けっして忘れるな.　　결코 잊지 말아라.　(금지)
僕が行くぞ.　　　　　내가 간다.　　　　(다짐)
早く行こうや.　　　　빨리 가자.　　　　(재촉)

③ 서술격조사(지정사)의 연체수식기능은 구성방식이 한국어와 다르다.

學生である 彼は　　　학생인 그는
學生であった 彼は　　학생이었던 그는

(3) 목적어의 구성

① 가능 표현에 호응하는 "체언+が"는 한국어에는 없는 것이다.

字が書ける	글이 쓰인다(→ 글을 쓸 수 있다).
ひとりで着物がきられる	혼자서 옷이 입힌다(→ 혼자서 옷을 입 을 수 있다).

② 일본어 대상 표현에는 "に"격을 사용하기도 한다. 따라서 오용 가능성이 높다.

彼は 自動車にのった.	그는 자동차를 탔다.
彼は 文淑にあった.	그는 문숙을 만났다.

(4) 보어의 구성

한·일어의 보술구문 형식은 차이가 나기 때문에 오류를 빚을 가능성이 크다.

氷が水になった.	얼음이 물이 되었다/ ? 얼음이 물로 되 었다.
彼は會長になった.	그는 회장이 되었다.

3) 확대 통사구조

한·일어의 확대구조는 통사구조면에서는 거의 일치하나, 형태론적면에서 상당한 차이를 보인다.

(1) 수식구조

① 일어의 연체격은 부사에도 붙어 체언을 수식하는 경우가 있으나, 한국어는 그렇지 않다. "の"의 부가는 정도, 상태 등을 설명하는 일부 부사에 한정되어 있다.

　　たくさんの人が集まった.　　　많은 사람이 모였다.
　　すべての 植物　　　　　　　　모든 식물

② 일어의 종결 형식은 그대로 연체 수식의 기능을 한다.

　　花がさく日はうれしい.　　　꽃이 피는 날은 기쁘다.

③ 일어의 연체형은 체언 상당의 자격으로 쓰이기도 한다. 한국어에
는 없는 형식이다.

　　負けるが勝ち.　　　　　　　지는 것이 이기는 것
　　言うは易く行うは難しい.　　말하기는 쉽고, 행하기는 어렵다.

(2) 한정구조

① 한국어의 도착점(에, 에게, 께), 출발점(에서, 에게서)에 일본어는 각각
"に/から" 하나로 대응된다.

　　학교에/ 철수에게/어머님께 보냈다.(…に送つた)
　　대전에서 왔다/ 어머님에게서 받았다.(…から受けた)

② 목적 표현의 일본어 "に"(체언-に)에 대응하는 격이 한국어에는 없다.

　　被は食うためにはたらく.　　그는 먹기 위하여 일한다.

③ 비교 표현에 격조사를 달리 취한다.

　　彼は猿に似ている.　　　　그는 원숭이를 닮았다.

(3) 접속구조

접속구조에서 구문형식은 한·일 양어가 잘 대응된다. 다만 의미 표
현 및 접속방식에 차이가 있는 경우가 있어 학습에 부담을 줄 수 있다.

① 국어의 병렬형 어미구조에 대응하는 어미 형식이 없고, 다른 품사

로 대치한다.

> 먹을 뿐더러(-만 아니라) 가지고도 간다.
> 食べるだけでなく持ってもいく.

② 한국어는 종속적 접속구조의 어미가 다양하나, 일본어는 그렇지 않다.

> 공부를 열심히 해야 합격한다.　　勉強を熱心にしてこそ合格する.

③ 접속법 가운데는 일어로 꼭 일치되게 표현할 수 없는 것도 있다.

> 꽃이 피고나서 눈이 오고 있다.　　花がさいてから雪が降っている.

3.4. 담화 구조

1) 조응 표현의 대조

① 일어에서는 2, 3인칭에 "さま(上待), さん(平待)"을 붙여 대우의 차이를 나타낼 수 있으나, 국어에는 "님"을 붙여 존대하는 용법만이 있다.

② 일어 "これ, それ"는 3인칭의 지칭에도 쓰이나, 국어의 "이것, 그것"은 보통 쓰이지 않는다. 방향을 표시하는 "こちら, そちら, あちら"도 마찬가지다.

③ 평(하)대할 때 국어에서는 이름 뒤에 "-아, -야, -이" 등이 붙어 호칭을 나타낼 수 있으나, 일어에는 이런 용법이 없다.

④ 국어 지시 표현 "저" 계열은 화시적(話示的)으로만 쓰이고, 전술문맥(前述文脈)에 조응하지 않으며, "그" 계열과 "이" 계열이 전술문맥에 조응한다. 일어의 "こ" 계열에는 이런 용법이 없다.

> 昨日あの人に又あつたんですよ.　　어제 그 사람을 또 만났어요.
> *この人からこんな話聞くとわ夢にも思わなかった.

이 사람한테 이런 말을 들으리라고는 꿈에도 생각지 않았다.

2) 대우표현의 대조

대우표현은 형식면에서 볼 때 한국어는 화계(話階)가 더 세분되어 있고, 일어는 공대 겸양표현이 더 풍부하게 발달되었다. 일어에서는 지위나 연령 등이 동등한 사이에서도 사회인이 된 뒤에는 흔히 존대 화계를 쓰는 것이 특징적이다. 압존법도 일본어에서 좀더 철저하게 나타난다. 일어에서는 화자와 청자가 같은 공동체(in-group · 身內)에 속하는가, 그렇지 않은가에 따라 공대 선택이 우선적으로 결정된다. 한국어에서는 흔히 공동체 아닌 자기가 기준이 된다.

한 · 일어에서 대우표현의 다른 점은 일본어에는 겸양을 나타내는 공대 표현의 기본 형식이 있다는 점과, 말 자체를 품위 있고 듣기 좋게 하는 미화어(美化語)가 있다는 것이다. 그리고 일본어에는 남녀의 성별에 따라 표현의 차이가 있다. 일상생활에서 화자가 자기를 낮추고, 상대방을 높이며, 정중하고 공손한 표현을 하고자 하는 것은 공통된다. 다만 이러한 사교적인 언어생활은 상대적으로 일본이 한국보다 더 완곡한 편이다.

끝으로 영어의 담화구조를 간단히 보기로 한다. 한국어와 영어는 다음과 같은 대조적인 면을 지니는 것으로 보인다.

① 영어는 산열문(loose order sentence)의 성격을 지니고, 한 · 일어는 도미문(periodic order sentence)의 성격을 지닌다.

② 영어는 부가적 표현을 할 때 오른 가지 뻗기(right branching structure)를 하고, 한 · 일어는 왼 가지 뻗기(left branching structure)를 한다.

③ 영어는 작은 것에서 큰 것으로 나아가며 표현하고, 한 · 일어는 큰 것에서 작은 것으로 나아가며 표현한다.

④ 영어는 대인관계를 상하 대등한 평등관계로 표현하는 데 대해,

한·일어는 상하 종속관계로 표현한다.

⑤ 영어에서는 TLN(Title-Last Name)에서 FN(First Name)으로 바뀌는 데 시간이 얼마 걸리지 않는데, 한·일어는 간격이 크다.

⑥ 영어는 저문맥 언어(low context language)이고, 한·일어는 고문맥 언어(high context language)이다.

4. 대조분석과 오용분석

4.1. 대조분석

두 언어를 비교·대조하는 대조분석(contrastive analysis)은 언어간의 유사점과 차이점을 명확히 하려는 학문이다. 언어교육에서 대조분석은 학습자의 제1언어가 제2언어를 습득하는 데에 "간섭(interference)"으로 작용하여 새로운 언어를 습득할 때 장애가 된다는 대조분석가설(contrastive analysis hypothesis)을 바탕으로 한다. 대조분석의 가설에 의하면 제1언어와 제2언어의 구조가 다를 경우 제1언어의 구조를 반영하면 오류가 발생하는데, 이러한 오류는 제1언어의 습관이 제2언어의 표출에 미치는 영향에 의해 나타나는 것이라 하였다. 이러한 전이는 긍정적 전이(positive transfer)와 부정적 전이(negative transfer)의 두 가지로 나뉜다.

대조분석은 기술(記述)－선택－대조－예측(豫測)의 네 단계를 거쳐 이루어진다. 언어습득상의 오류나 난점(trouble spot)은 이러한 과정을 통해 분명히 예측(prediction)되는 것으로 보았다. 그래서 대조분석은 제2언어 교사와 교재 편찬자에게 특별한 지침의 제공자였다.

초기의 대조분석가설은 정당한 것으로 받아들여졌다. 그러나 제2언어

습득 연구자들은 촘스키 언어학의 영향을 받아 단순한 초기의 언어 전이(transfer)에 대해 반대의 목소리를 높였다. 두 언어의 차이가 반드시 학습을 곤란하게 하는 것이 아니고, 오류는 제1언어가 아닌, 학습자의 커뮤니케이션 책략에 말미암는 바 크다는 것이었다. 제2언어의 많은 오류가 제1언어 습득자가 범하는 오류라는 것도 지적되었다. 제2언어의 문법성에 관한 학습자의 판단 기준은 제2언어의 문장구조와 좀더 밀접한 관련을 가졌다. 음성의 오류는 문법면보다 제1언어의 영향을 크게 받는 것으로 나타났다. 따라서 간섭, 곧 부정적 전이를 실증할 증거는 음성 영역에 한정되었다.

제2언어 습득에 사용되는 전이(transfer)란 행동주의심리학의 용어로 학습자가 새로운 반응을 일으키려고, 전에 학습한 행동을, 자동적, 그리고 무의식적으로 사용하는 것을 말한다. 그리하여 언어전이는 제1언어의 습관이 제2언어의 습득에 영향을 미치는 것을 의미한다. 언어간의 전이는 긍정적 전이(positive transfer)와, 부정적 전이(negative transfer)로 나뉜다. 두 언어의 구조가 유사할 때 긍정적 전이가 나타나 학습을 용이하게 하고, 차이가 날 때 부정적 전이가 나타나 학습을 어렵게 한다는 것이다. 앞에서 언급된 간섭(interference)이란 이 부정적 전이를 가리킨다.

긍정, 부정의 전이를 하는 제1언어의 역할에 관해서는 제2언어 학습자의 언어운용에 관하여 문법상의 오류, 제2언어 규칙과 유사한 제1언어 규칙을 사용치 않는 것, 문법적 옳음의 판단 기준, 불특정 구조의 회피 등이 연구되고 밝혀졌다.

문법상의 오류는 상상하는 것보다 적게 나타난다. 통사론이나 형태론의 영역에서 제1언어의 특징에 의한 오류는 비교적 적은 편이다. 유아의 경우 대체로 4~8%, 성인의 경우 8~23% 정도이다. 이들 이언어간(異言語間)의 오류는 어순에 관한 것이 대부분을 차지하며, 형태상의 오류는 거의 보이지 않는 것으로 본다. 제2언어규칙과 유사한 제1언어규칙은 사용되지 않는다. 두 언어 체계의 규칙과 구조를 혼동하지 않는 것이다. 문법적 옳음의 판단은 제1언어의 구조 및 규칙 이외의 기준이 크게 작용한다. 제2언어의 문장 구조가 특수한 경우에는 제1언어 양식으로 바꾸기보다 아무것도 말하지 않는 회피 전략(avoidance strategies)을 사용하는 경향을 보인다.

이언어간 오류가 생성되는 원인은 적어도 두 개의 환경 요인에 의해 나타나는 것으로 지적된다. 그것은 시기상조의 미숙한 제2언어 사용과, 자료 유출(誘出)의 방법(elicitation procedure)이다. 유출의 방법과 관련하여 볼 때, 번역 텍스트는 제2언어 학습자의 자연스런 의사전달을 저해하고, 제1언어 구조에의 의존도를 인위적으로 높이는 것으로 알려진다. 제1언어의 영향은 앞에서 언급한 바와 같이 학습자의 발음에 현저하게 나타난다. 따라서 두 언어의 음성체계의 대조분석은 제2언어 학습자의 발성에 있어서는 유익하고 구체적 방법이 된다. 그것은 새로운 음성체계는 제1언어의 음성체계를 바탕으로 하기 때문이다. 제2언어 학습자는 새로운 음성체계를 습득하는 기초로, 제1언어의 음성체계를 사용한다.

이 밖의 전이(轉移)로는 커뮤니케이션에서의 전이와 화용론적 전이가 있다. 커뮤니케이션의 경우에는 제2언어를 산출하고 수용할 때 제2언어 학습의 경우와 마찬가지로 전이가 나타난다. 산출의 경우에는 의사소통의 목적을 수행하기 위하여 제2언어에 우선하여 모어의 지식을 활성화하는 것이고, 수용의 경우는 수취한 발화를 해석할 때에 모어의 틀에 의존하는 것이다. 이러한 발화의 처리는 언어간섭으로 알려져 있기도 하다. 커뮤니케이션의 전이는 가까운 관계의 언어의 경우 특히 분명히 나타난다. 커뮤니케이션의 산출 책략으로는 축어역(逐語譯), 단어의 교체, 음성의 적용 등으로 나타난다. 이는 의식적인 것으로 학습자의 책략 능력에 해당한 것이다. 화용론적 전이는 학습자의 제2언어 이외의 언어 및 문화에 대한 화용의 지식이, 학습자의 제2언어에 대한 화용론적 정보를 이해하고 산출하고 학습하는 데 미치는 영향(Kasper, 1992)이라고 정의된다. 이는 흔히 화용론적 언어전이와 사회화용론적 전이로 나누어진다. 화용론적 언어전이는 화자의 발화내의 힘(illocutionary force)이나 어떤 종류의 공손법을 표현하기 위해 통사적으로나, 의미적으로나 제1언어와 같은 형태를 제2언어에서 사용할 때 나타난다. 사회화용론적 전이는 다른 언어행동에 속하는 사회적 거리, 역학관계, 화자의 권리와 의무, 억지로 떠맡기는 듯한 정도, 대화자간의 관계에 영향을 미치는 그 밖의 문맥적 요인과 같은 것에 대해 가지고 있는 인식을 제1언어에서 제2언어로 옮길 때 나타난다. 전이에는 이 밖에 또 언어접촉 상황에서 빚어지는 접촉 전이라는 것이 있다.

4.2. 오용분석

제2언어 습득에 있어서의 광의의 오류는 현상적으로 분류하면 "실수(mistake)"와 "오류(error)"로 나뉜다. 전자는 우발적인 것이고, 후자는 제2언어에 대한 불완전한 언어능력을 반영하는 것으로, 조직적인 것이다. 전자는 언어운용상의 오류이고, 후자는 언어능력상의 오류이다. 오류는 복수의 요인에 의해 생성된다. 이언어간 오류(interlingual error)와 언어내적 오류(intralingual error)가 그것이다. 전자는 제1언어의 간섭에 의해 빚어지는 것이고, 후자는 제2언어 규칙의 부적절한 사용에 의해 생성되는 것이다. 후자는 과잉일반화, 제2언어 제약사항의 무지, 제2언어 규칙의 불완전한 적용, 학습가설의 오류 등에 의해 생겨나는 것이다(Richards, 1971).

대조분석가설의 강한 입장(strong version)이 고개를 숙이며 언어학습에 있어 오류의 발생은 불가결한 것이라는 인식이 확산되었다. 체계적 오용을 범하지 않고 언어를 습득하는 것은 불가능하다는 것이다. 여기서 제기된 것이 중간언어(interlanguage) 이론이다. 오용은 언어습득상 자연스럽고 불가피한 것만이 아니고, 언어습득이 진행되고 있다는 분명한 증거라는 생각이다. 체계적 오류는 제1언어(L1)와 제2언어(L2) 사이에 변동하면서 존재하는 중간적 언어체계이며, 이러한 과정이 중간언어라는 생각이다. Corder(1973)는 중간언어의 발달단계를 넷으로 보았다. 첫 단계는 "마구잡이식 오류"의 단계인데, 이를 체계전 단계라 한다. 둘째단계는 중간언어 출현단계, 셋째 단계는 체계적 단계, 마지막 단계는 안정 단계로, 이는 그의 "체계후 단계"와 같은 것이다. Selinker(1992)는 언어전이가 중간언어의 본질적 개념이라고까지 하였다.

오용분석은 언어습득과정을 밝히는 언어습득이론이라 할 수 있다. 따라서 1970년대 후반 이후는 제2언어 습득과정에서 오류를 포함한 언어행동 전체의 연구를 중간언어 연구라 하고, 그 일부로서 오용분석을 자리매김하는 것이 주류를 이루게 되었다.

오용분석은 제2언어습득과정에 많은 시사를 하고 있다. 오용분석의 최대의 공헌은 제2언어 학습자가 문법적 오류의 대부분이 학습자의 모어의 반영이 아니고, 어린이가 제1언어를 습득할 때 범하는 오류와 매우 유사하다는 것을 밝힌 것이다. 연구자는 제1언어 학습자의 오류와 같이, 제2언어 학습자의 오류의 대부분은 학습자가 서서히 제2언어의 규칙체계를 구축하고 있다는 것을 의미한다고 본다.

오용분석은 제2언어 학습자가 범하는 목표언어의 규범에서 벗어난 사례를 모아 편집하고, 사례의 적부를 검토한 다음 이를 분류하고, 오용이 빚어지는 원인을 밝히는 것이다.

오용분석은 우선 일시적 과실(laps)이나 실수(mistake)와 제2언어 학습자와 모어화자의 언어지식의 차이에서 생기는 오용(error)을 구별한다. 오용 분류는 Dulay et al.(1982)과 같이 네 가지로 할 수 있다. 이들은 오용 기술(記述)의 기초로, (1) 언어범주, (2) 언어항목·구조, (3) 제1언어와 제2언어의 비교, (4) 전달효과의 정도를 들었다.

　오용의 제1 유형인 "언어범주"는 특정한 영향을 받는 언어항목에 기초하고 있다. 특정한 오용이 영향을 미치는 언어구성 부문과 특수한 언어구성소의 어느 하나, 또는 양쪽에 의해 오용이 분류된다. 언어의 구성 부문이란 음운, 형태, 통사 의미·사서항목(辭書項目), 담화(문체)이며, 구성소란 이들 언어구성 부문을 이루는 요소이다. 구성소란 형태부문에서 예를 들면 형태소와 이형태, 형태소의 배합, 음운변이, 품사론 특히 조사와 용언의 활용, 사동과 피동, 대우법, 시제 등이 그 중요한 요소가 된다. 다음에 오용의 유형을 몇 개 살펴보면 다음과 같다.

언어범주와 오용 유형	학습자의 오용 예
A. 형태부문	
(1) 이형태	집와(과) 가게가 같은 건물입니다. 나은(는) 학생입니다.
(2) 조사	밤에(이) 되면 물소리가 들립니다. 저는 원빈 씨가(를) 좋아합니다.
(3) 활용어미	집에서 만들는(만든) 만두를 좋아합니다.
(4) 피동	나무가 꺾읍니다(꺾입니다).
(5) 시제	작년 여름에 가던(갔던) 미국
B. 통사부문	
(1) 부정어	안 청소했습니다 (沒淸掃)
(2) 성분	지금 집일이(을) 모두 내가 합니다.
(3) 접속	우리 쪽으로 오고(와서) 무슨 일이냐고 물었다.
(4) 어순	없은 수업 동안 일을 많이 했습니다. (沒有授業)

오용의 제2 유형인 "언어항목·구조"는 표층구조의 교체방법이 초점이 된다. 이는 오용을 특정한 언어학적 틀이 아니고, 발화를 하는 가운데 나타나는 구조상의 왜곡에 따라 분류하는 것이다. 곧 필요한 항목의 탈락, 불필요한 항목의 부가, 또는 항목의 오류, 항목 순서의 오용 등이 그것이다.

언어학습자는 내용어보다 문법적 형태소를 빈번하게 탈락시킨다. 항목 탈락에 의한 오용은 제2언어습득의 초기단계에서 많이 나타나며, 중기에는 항목의 오용, 어순의 오용, 문법 형태소의 난용 등이 나타난다.

부가에 의한 오용은 후기에 나타나며, 특정 항목의 과도한 사용에 의해 생긴다. 이는 제1언어 및 제2언어 학습자의 발화 어디에서나 이중표지, 규칙의 일반화, 단순부가라는 세 가지 형태로 나타난다. 항목의 오용은 형태소 및 구조가 다른 변화형을 사용하는 것이 특징이다. 영어에서 먹다(eat)의 과거를 "eated"라 하는 따위가 이런 것이다. 항목순서의 오용은 어순의 오용으로, 어떤 발화에 있어 형태소, 또는 형태소군이 부적절하게 배치되는 것을 말한다. 이 유형의 예를 몇 개 들어 보면 다음과 같다.

> 너도 한 사람(의) 여성인데 (你也是女性) (탈락)
> 여름철이 제일 (좋아하는) 계절이에요. (탈락)
> 숙제를 해서(하고) 놀아요(坐完了作業 再去玩) (항목오류)
> 너무 많이 먹지 말거라(말아라). (과잉적용)
> 오늘에의(의) 운동대회에서 우리 반이 1등을 했어요. (부가)

오용의 제3 유형인 제1언어와 제2언어의 비교는 두 언어의 오류구조를 비교하는 것이 기본이 된다. 이는 발달상(發達上)의 오용과 언어간(言語間) 오용이란 두 범주로 나눌 수 있다. 그리고 이들은 다시 두 오용의 어디에나 속하는 모호한 오용과, 이에도 저에도 속하지 않는, 그 밖의 오용으로 나눌 수 있다. 발달상의 오용은 어린이가 제1언어를 습득할 때 범하는 오용과 유사한 제2언어상의 오용이다. 영어의 관사와 과거시제 탈락은 발달상의 오용으로 분류된다. 그것은 영어를 모어로 하는 어린이의 발화에도 이 오용이 나타나기 때문이다. 이언어간의 오용은 학습자의 모어의 구(句), 또는 문장과 의미가 같고, 거기에다 구조적으로 유사한 오용이다.

	제1언어의 오용 예	제2언어의 오용 예
일본어	英語がわかりますか	영어가 아십니까? (영어를)
	私は本がほしい	나는 책이 갖고 싶다. (책을)
	先生に會いました	선생에 마났습니다. (선생님을)
	車に乘る	차에 타다. (차를)
	韓國は日本に勝つだろう	한국은 일본에 이길 것이다. (일본을)
중국어	太陽昇起來了	태양이 뜨어 일어났습니다.
	頭開始痛	머리가 시작하기 아팠습니다.
	在辦公室打字	사무실에서 타잡니다.

모호한 오용은 영어 학습자의 경우 "I no have a car.", 그 밖의 오용은 "She do hungry."와 같은 것이 그 예다.

오용의 제4 유형인 "전달효과의 정도"는 오용이 화자와 청자에게 미치는 영향이라는 점에서 분류하는 것이다. 곧 전달상 오해를 초래하는 오용과 오해를 초래하지 않는 오용을 구분한다. 이러한 오용에는 의사전달을 크게 방해하는 문장 전체에 영향을 미치는 전체적 오용(global error)과, 어떤 문장의 한 요소(구성소)에만 영향을 미치는 국부적 오용(local error)이 있다. 전체적 오용의 예로는 영어학습자의 경우 다음과 같은 것을 들 수 있다(Dulay et al., 1982).

(1) 주요 구성요소의 어순의 오용

English language use many people.

(2) 문장 접속사의 탈락, 잘못된 접속사의 삽입, 또는 잘못된 배치

(If) not take this bus we late for school.

He will be rich until (when) he marry.

(3) 기본적 통사규칙에 대한 예외 표지의 탈락

The student's proposal (was) looked into (by) the principal.

(4) 예외에 대한 기본적 통사규칙의 일반화

We amused that movie very much. (That movie amused us very much.)

영어의 국부적 오용에는 명사 및 동사의 굴절변화, 관사, 조동사, 수량사의 형성 등이 포함된다. 전체적 오용과 국부적 오용의 구별은 그 말이 청자나 독자에게 다른 문장보다 특정한 말같이(영어면 영어같이) 들리느냐 아니냐가 판단 기준이 된다.

Why like we each other? (국부적 오류)

Why we like each other?

기본적 어순과 접속사에 이어 영어의 경우는 흔히 전체적 오용을 낳는 문법 사항은 심리술어의 구조와 보어의 선택제한이다.

오용의 발생 원인은 Selinker(1972)의 오용 발생의 다섯 가지 과정으로 설명할 수 있다. 언어전이, 목표언어 규칙의 과잉 일반화, 훈련의 전이, 제2언어 커뮤니케이션상의 책략, 제2언어 학습자의 책략이란 다섯 가지 과정이 그것이다.

"언어전이"는 본래 대조분석가설로 알려진 개념이나, 현재는 제2언어 학습자의 오용을 설명하는, 잠재적 요인의 하나로 본다. "목표언어 규칙의 과잉 일반화"는 학습자가 제2언어의 일반규칙을 적용할 수 없는 항목에까지 적용한다는 부정확한 일반화이다. "훈련의 전이"는 텍스트의

단어나 구조의 부적절한 제시, 교사의 모호한 설명, 혹은 적절한 문맥을 결한 연습 등이 유인(誘因)이 되어 발생한 오용 및 잘못된 개념을 말한다. "제2언어 커뮤니케이션의 책략"은 언어지식이 불충분함에도 목표언어로 의사전달을 하지 않으면 안 되는 경우 그 갭을 메우기 위해 사용한 방법이다. 말바꿈(paraphrase), 몸짓(mime), 회피(avoidance), 코드 스위칭(code switching) 등이 있다. "제2언어 학습자의 책략"은 의식적 또는 무의식적으로 가설을 세우거나 검증을 하거나 하며, 제2언어규칙을 준비해 두었다가 이들 규칙을 자동화하기 위해 사용하는 수단을 가리킨다. 이때 쓰이는 중요한 전략은 일반화, 전이, 단순화 등이다. 이와는 달리 Brown(1994)은 언어간 전이(interlingual transfer), 언어내적 전이(lntralingual transfer), 학습의 장(context of learning), 소통전략(communicative strategies)을 들고 있다.

전체적 오용과 국부적 오용과 관련하여 알아두어야 할 것은 언어능력과 운용능력의 문제다. 전체적 문법은 효과적 전달에 불가결한 것이다. 따라서 전체적 오용의 비율은 학습자의 전달능력 지표가 된다. 이에 대해 국부적 오용의 비율은 언어능력 지표를 측정하는 데 사용할 수 있다. 국부적 오용은 학습자의 전달에 그리 영향을 미치지 않고, 언어의 제상(諸相)을 컨트롤 하는 정도이다. 전체적 오용과 국부적 오용의 구별은 효과적 전달을 수행하는 학습자의 능력과, 문법적으로 언어를 말하는 학습자의 능력과를 구별하는 매우 유용한 수단이 된다.

4.3. 오용 교정

언어 학습에 있어서 교정의 문제는 민감한 사안이다. 교정이 학습 의욕을 저하시키는 행위가 되어서는 안 된다. 격려를 하고 진취적으로 나아가게 해야 한다. 이러기 위해서는 적절한 반응(feedback)을 보여야 한다.

지나친 부정적 인지반응은 학습자의 소통 시도를 가로막을 수 있다. 그런가 하면 지나친 긍정적 인지반응은 학습자의 오용을 강화하는 구실을 한다. 이는 오용의 화석화 현상으로까지 발전할 수 있다. 따라서 정의적으로나, 인지적으로 적당한 반응(feedback)을 함으로 학습이 긍정적 강화가 되도록 해야 한다.

오용 교정은 오류의 중요도를 고려하여 수행한다. 우선 내용 이해를 결정적으로 곤란하게 하는 전체적인 오용인가, 아니면 내용 이해에 지장을 주지 않는 국부적인 오용인가가 기준이 될 수 있다. 다음은 모어 화자가 보는 커뮤니케이션이 기준이 될 수 있으며, 오용의 빈도 또한 기준이 될 수 있다. 교정은 오용을 실제로 정정하는 것이나, 동기부여라는 관점에서 학습자에게 결코 부정적 작용이 되지 않도록 최대한 배려해야 한다.

오용 처리에 대한 기본적 선택은 몇 가지 형태로 나눌 수 있다. Bailey(1985)는 다음과 같은 "기본적 선택"의 목록을 제시하고 있다.

① 처리 혹은 무시
② 즉각 처리 혹은 지연
③ 처리를 (예, 다른 학습자들에게) 넘김, 혹은 안 넘김
④ 다른 개인, 소집단 또는 전 학급에 넘김
⑤ 처리 후 처음에 오용을 범한 사람에게 돌아감, 혹은 돌아가지 않음
⑥ 다른 학습자들에게 처리를 허용함
⑦ 처리의 효율성을 테스트함

교사는 경험과 정의적/인지적 피드백의 원리, 강화이론의 원리, 의사전달 교수의 원리 등을 바탕으로 한 이론적 기초를 통하여 알맞은 기본적 선택을 함으로 교정을 하도록 한다. 다만 이때 주의할 것은 학습자의

언어체계를 반드시 불완전한 체계라고 인식하여 다루지 않는다는 것이다.

5. 비언어적 전달

전달수단에는 언어에 의한 것과 그렇지 않은 것이 있다. 언어 전달에 대해 언어 아닌 것에 의한 전달을 비언어적 전달(nonverbal communication)이라 한다. Birdwhistell(1970)에 의하면 전달에서 언어가 차지하는 비율은 30~35%에 지나지 않는다. Mehrabian(1968)은 아주 극단으로, 메시지의 93%가 비언어적 변수에 의해 이루어진다고 한다. 비언어적 전달은 언어 전달에 대해 보조적, 또는 상보적 역할을 하나, 독립적으로 기능하는 경우도 있다.

비언어적 전달은 1950년경부터 Birdwhistell, Hall, Trager 등이 중심이 되어 체계화한 것이다. 비언어적 전달은 음성적 전달수단과, 비음성적 전달수단으로 나뉜다. 음성적 전달수단은 무엇을 말하느냐가 아니라, 어떻게 말하느냐에 초점을 맞춘다. 웃음소리, 울음소리 등 표정음성 및 말 막힘, 침묵 등의 음성상의 특징을 취급하는 부차언어학(paralinguistics)이 대상으로 하는 것이 그것이다. 비음성적 전달수단을 대상으로 하는 연구에는 몸짓, 손짓, 얼굴 표정, 자세 등을 연구하는 신체동작학, 상대방과의 시선 주고받기, 시선을 보내는 타이밍 및 지속 시간과 빈도 등을 다루는 시선접촉학, 상대방과의 신체접촉을 연구하는 신체접촉학, 다른 사람과의 거리, 자기 공간 의식과 공간 개념 등을 다루는 근접공간학, 시간과 커뮤니케이션의 관계를 추구하는 시간개념학, 냄새와 커뮤니케이션을 연구하는 향취접촉학 등이 있다. 근년에는 컴퓨터 등 연구 기기의 발달로 비언어적 전달은 연구의 정밀도를 높이며 발달하고 있다.

비언어적 전달의 구성 요소인 동작, 외관, 거리, 음성, 피부, 냄새 등의 연구 영역과 내용을 간단히 살펴보면 다음과 같다(松浪 外, 1983).

1) 동작

Birdwhistell은 신체동작이 정보를 전달한다며 이 연구를 신체동작학(kenesics)이라 명명했다. 동작은 주로 얼굴의 표정, 눈의 움직임, 제스처, 자세로 나눌 수 있다.

(1) 얼굴 표정 : 표정이 하나의 의미를 나타낸다는 생각을 기초로 연구한다. 표정은 기본적으로 행복감, 놀라움, 공포, 분노, 슬픔, 혐오감, 모멸감, 흥미 등의 여덟 가지를 나타내는 것으로 본다. 학자에 따라서는 여기에 당혹감과 결의(決意)를 추가하기도 한다. 표정을 정서혼합(affect blend)으로 보아 다원적 복합적 기술(記述)을 하는 연구도 있다. 인자분석법을 응용하고 있는 입장에서는 인자(因子)는 다음과 같은 내용을 전달하는 것으로 본다. ① 주의(注意) 대상에 대한 가치판단, ② 그에 대한 흥미의 유무, ③ 상황 관여의 정도, ④ 감정 컨트롤의 정도, ⑤ 이해의 유무

(2) 제스처 : Ekman and Friesen(1972)은 제스처를 하는 손의 움직임을 ① 상징(emblem), ② 일러스트레이터(illustrator), ③ 어답터(adaptor)로 분류하였다. 그리고 제스처의 기능과 의미에 대해서는 의견의 일치를 본 것은 아니나, ① 사물의 지시, ② 정동(情動)의 표출, ③ 커뮤니케이션의 규제와 같은 역할을 하는 것으로 본다.

(3) 자세 : 인간의 자세, 언동, 태도와 같은 신체적 동작은 1,000가지 이상 있는 것으로 알려진다. 이들이 가지가지 의미를 나타낸다는 것은 잘 알려져 있다. 이들을 종합하면 다음과 같은 네 개의 의미차원을 이룬다. ① 친근감의 정도, ② 반응의 정도, ③ 동의의 정도, ④ 권력의 정도

(4) 외관 : 사람들은 자기의 외양(外樣)을 여러 가지로 조작(操作)하여 의

도하는 이미지를 유지하거나 창조하려 한다. 외관에 의한 전달에 사용되는 신체 부분은 신체·체형(의복), 머리(스타일), 얼굴(화장·성형수술), 피부(문신 및 흉터 숨기기), 발(신) 등이 들려진다. 이들이 전달하는 의미는 자기 존재, 집단의 성원이라는 것, 연령, 성, 사회적 지위, 직업, 역할, 지성, 능력, 성적매력, 반역심, 사회적 적응성(코드 교환 포함), 개성 등 다양하다. 한편 사람들은 다른 사람의 가지가지 속성을 외양에 의해 판단한다. 복장이나 여인의 용모에 따라 판단을 달리 하는 것은 쉽게 접하게 되는 사실이다.

2) 눈의 움직임

이 연구는 다음 세 가지 주제에 집중되고 있다. ① 개인간 상호 커뮤니케이션에 있어서의 상호 응시의 기능, ② 사회적 조건, 또는 대상에 대한 동공의 수축·확대 반응, ③ 사회제도화한 시선의 타이프와 그의 기능. 이 영역의 연구는 시선접촉학이라 한다.

3) 거리

사람들은 공간을 일정하게 배분하고, 그것에 의해 일정한 정보를 전달한다. 이러한 거리를 연구 대상으로 하는 것을 Hall(1966)은 근접학(proxemics)이라 한다. 근접학의 테마는 ① 인간은 개인공간을 어떻게 지각하고 어떻게 이용하는가, ② 인간의 공간감각은 생활환경(설계)에 올바르게 적응하고 있는가의 두 가지로 대별된다. 이 가운데 관심을 모으는 것은 거리대(距離帶)의 의미와 기능이다. Hall에 의하면 미국인은 개인행동을 위해 다음과 같은 네 거리대를 지닌다고 한다. — 친밀거리(0~18인치), 개체거리(18~40인치), 사회거리(4~12피트), 공적거리(12피트 이상). 이는 한 쪽이 다른 쪽을 어떻게 받아들이느냐에 따라 선택된다. 곧 상호작용의 방식, 내용에 대한 기대가 전달된다. 또한 여러 가지 언어현상이 거리의 차이에 의해 나타나는데, 근접거리에서는 비격식적, 먼 거리에서는 격식적 문체가 된다. 네 개의 거리대가 존재하는 것은 보편적이다. 그러나 각 거리대 내의 거리는 민족문화에 따라 다양하게 나타난다. 크게 볼 때 민족의 접촉·비접촉성은 그 문화의 커뮤니케이션 스타일, 성원간의 관계와 같은 변수와 관계가 있다. 커뮤니케이션에서 상황 의존도가 높은 곳은 접촉성, 상황 의존도가 낮은 곳은 비접촉성을 띠는 것으로 보인다.

4) 신체

사람들은 신체의 이런저런 부분을 접촉함에 의해 무엇인가를 전달한다. 예를 들면 손과 손을 접촉함에 의해 메시지를 발신하는 것이 그것이다. 이러한 상대방과의 신체접촉을 연구하는 분야를 신체접촉학이라 한다.

5) 냄새

Hall(1966)에 의하면 아랍인은 친구의 냄새를 맡으며 인간관계를 수립한다고 한다. Wiener(1966, 1967)는 인간은 감정 표시로서 외면적 화학 메시지(external chemical message)를 드러낸다는 것을 분명히 했다. 냄새는 의도적 조작의 대상도 된다. 향수, 로션 등의 사용이 그것이다. 이는 향취접촉학의 영역이다.

6) 음성

이는 비음성적 전달 수단에 의한 비언어전달이다. 음성의 특징을 드러내는 요소로는 성량, 피치, 속도, 계속성, 성질(聲質), 규칙성, 명료성, 발음, 주저현상, 침묵 등이 들려진다. 화자는 이들을 조합하여 가지가지 감정을 나타낸다. David(1964)는 목소리를 조작(操作)함에 의해 열 가지 감정(노여움, 신경질적 정태, 슬픔, 행복감, 동정심, 만족감, 두려움, 애정, 시샘, 자랑스러움)을 나타낼 수 있다는 사실을 실험에 의해 밝힌 바 있다. 또한 목소리는 화자의 개성·기질에 대해 청자에게 일정한 이미지를 전달한다. — "남성적/ 여성적, 젊은/ 늙은, 정열적/ 무감동적, 협조적/ 비협조적, 감정적/ 비감정적, 요설적/ 과묵적, 지적인/ 우둔한, 흥미를 끄는/ 흥미를 끌지 않는, 성숙한/ 미숙한" 등은 그 대표적인 것이다. 음질도 평판적 목소리(flat voice)는 "게으른, 차가운, 내성적"이란 인상을 주고, 코 먹은 소리(nasal sound)는 "무감동한, 무기력한, 우둔한"이란 인상을 환기한다. 이는 남녀에 따라 달리 평가된다. 예를 들면 목쉰 소리는 남성의 경우 "정중한", 여성의 경우는 "멍청한, 미련한"이란 느낌을 주며, 낭랑한 목소리는 남성의 경우 "활력이 넘치는, 지적인", 여성의 경우는 "클럽 생활에 익숙한 사교적인"이란 느낌을 준다. 이러한 음성적 연구 영역을 부차언어학이라 한다.

비언어적 전달의 각 요소는 특유한 체계(system)를 지니는 것으로 생각된다. 따라서 각 체계는 상호 연동하여 보정적(補整的)으로 기능한다. 이러한 사실은 언어전달 체계와의 관계에 있어서도 마찬가지다. 이들 역할에 대한 연구는 균형이론(balance theory) 등에 의해 수행되고 있다. 비언어전달은 체계의 기술로 끝나는 것이 아니다. 이에 대한 습득, 동물과의 비교, 이문화간(異文化間)의 차이와 그 이해, 언어와 비언어간의 차이에 의해 빚어지는 문제 등 많은 것이 연구 대상이 된다.

참고문헌

朴甲洙(2005), 국어교육과 한국어교육의 성찰, 서울대학교 출판부.

朴甲洙(2003), 한국어-일본어 대조론, 서울대 언어교육원(2003), 일본 고등학교 한국어 교사를 위한 한국어교육 연구, 서울대학교 언어교육원.

朴甲洙(2005), 언어, 문화 그리고 한국어교육, 제9회 조선-한국 언어문학교육 학술회의, 연변대학.

Brown, H. Douglas(1994), Principle of Language Learning and Teaching, 신성철 역(1996), 외국어교수·학습의 원리, 한신문화사.

Heidy Dulay, B. Marina, S. Krashen(1982), Language Two, Oxford University Press.

Keith Johnson, Johnson Helen(1998), Encyclopedic Dictionary of Applied Linguistics, Blackwell Publishers Limited. 岡秀夫 監譯(1999) 外國語敎育學大辭典, 大修館書店.

Selinker, L.(1992), Rediscovering Interlanguage, Longman.

小池生夫 編(2003), 應用言語學事典, 硏究社.

奧田邦男 編(1992), 日本語敎育學, 福忖出版.

松浪有 外編(1983), 英語學辭典, 大修館.

■ 이 글은 한국어교육(서울대학교 언어교육원, 2000)에 게재된 논문이다.

제4장 발상 혹은 표현과 한·일어의 대조분석

1. 서언

세계가 일일 생활권(一日生活圈)이 되면서 서로가 이웃하여 살게 되었다. 언어와 문화를 서로 교류하며 산다. 하나의 문화가 절대적인 것이 아니요, 상대적인 것이라 인식되면서 이러한 추세는 강화되고 있다. 이에 각 언어권에서는 의사소통의 수단으로 자국어 외에 제2언어를 많이 교수·학습한다.

외국어를 학습할 때는 오류(誤謬)가 발생하게 마련이다. 그러기에 중간언어(中間言語)라는 말까지 생겨났다. 학습상의 오류는 흔히 제1언어와 제2언어가 다르기 때문에 발생한다. 대조언어학의 초창기와 전성기에는 제1언어와 제2언어의 구조가 다를 경우 제1언어가 제2언어 습득에 간섭하여(interfere) 장애를 일으키게 되는 것으로 보았다. 이러한 것이 소위 대조분석가설(contrastive analysis hypothesis)이다. 그리하여 제1언어의 간섭을 제거함으로 오류가 발생하지 않게 하고자 하였다. 그러나 이러한 기대는 예상을 빗나갔다. 대조분석의 기술―선택―대조―예측만으로 오류의 문제는 해결되지 않았다. 그리하여 학습상의 오류의 원인이 어디 있는지 언어의 구조를 비롯하여 언어심리학, 사회언어학 등 다방면에서 고찰을 하게 되었다. 오류의 원인은 제1언어가 아닌, 학습자의 커뮤니케이션 전략에 말미암는바 컸다. 제2언어의 많은 오류가 제1언어 습득자가 범하는 오류라는 것도 지적되었다. 제2언어의 문법성에 관한 학습자의 판단 기준은 제2언어의 문장과 좀 더 밀접한 관련을 가졌다. 이와는 달리 음성의 오류는 제1언어의 영향을 더 많이 받는 것으로 밝혀졌다. 그 결과 오용분석(error analysis)은 언어교육에서 대조분석(contrastive analysis)의 자리를 대신하게까지 되었다.

언어교육에서 제1언어와 제2언어의 특성에 대한 이해는 이렇게 중요한 의미를 갖는다. 따라서 한국어교육에 있어서도 이러한 목표언어인 한국어와 학습자의 자국어에 대한 차이를 잘 인식하고 이를 교수·학습에 활용함이 바람직하다. 특히 학습자가 어린이가 아니요, 청년이나 성인일 경우 더욱 그러하다. 여기서는 이러한 점을 감안하여 고급 학습자를 위해 대조분석(對照分析) 및 오용분석(誤用分析)의 차원에서 한국어교육의 문제를 살펴보기로 한다. 그것도 단순한 언어적 차원이 아닌, 발상(發想)과 표현(表現)의 차원에서 보기로 한다. 따라서 두 언어 사이에 차이를 보이는 발상, 혹은 표현을 언어(言語)와 문화(文化)의 양면에서 살펴보고, 바람직한 한국어교육이란 차원에서 이들에 대한 문제를 결론짓기로 한다. 언어의 대조는 한·일어(韓日語)를 주로 하고, 영어(英語)도 아울러 대조될 것이다.

2. 언어적 발상과 표현

한국어와 일본어는 흔히 대부분의 어휘가 같고, 문법 구조가 같다고 한다. 그래서 일본인 학습자가 한국어를 배우기 쉽고, 한국인 학습자가 일본어를 배우기 쉽다고 본다. 다른 언어와 상대적으로 비교할 때 이는 옳은 말이다. 그러나 한 · 일어는 표면적 유사와는 달리 내면적으로 많은 차이를 보인다. 이러한 표현이 허용된다면 통사적으로 비슷하면서 형태적으로 많은 차이를 보인다고 할 수 있다. 따라서 한 · 일어 학습자는 큰 틀은 별문제가 없으나, 지엽적인 면에서 많은 문제를 드러내고 있다 할 것이다. 여기서는 우선 한국어 학습에 문제가 되는 활용어미, 태(受動 · 接受), 상(相), 조사를 살펴보기로 한다.

2.1. 원인 · 이유 표현의 문제

"추우니까 창을 닫아 다오."
"寒いから窓をしめてくれ."

한국어에 원인이나 이유를 나타내는 연결어미는 여러 가지가 있다. "-니(-니까), -(으)므로, -아/-어서" 등이 그것이다. 일본어에는 "から, ので" 따위가 있다. 이들은 사전에서 별다른 구별 없이 유의어로 다루어진다. 그러나 이들은 발상(發想)의 면에서는 차이를 보인다.

날씨가 추워지면 창을 닫는다. 이런 때 흔히 "날씨가 추워서 창을 닫는다"고 한다. "날씨가 추우니까 창을 닫는다"고도 한다. "날씨가 추우므로 창을 닫는다"고도 하나 잘 쓰이지 않는다. "날씨가 추워서 창을 닫는다"는 일본어로는 "お天氣が寒くて窓を閉める"가 된다. 우리는 "추워서”라고 연결어미를 사용하는데, 일본어에서는 부사형에 조사 “て”를 붙여 표현함으로 형태적으로 차이를 보인다.

일본어 “寒いから”와 “寒いので”는 다소간에 다르다고 본다. 우선 사전에서 “から”는 사물이 연속되는 상태를 나타내는데, “이유・원인을 나타낸다”고 한다. 그리고 “ので”는 “어떤 사항(事柄)에 대한 전건(前件)을, 거기에서 자연스런 결과로 후건(後件)이 나온다는 기분으로 나타내는 데 사용한다”고 하고 있다(岩波 1977). 이에 대해 森田(1981)는 이들 둘은 어느 경우에는 같은 문맥에서 교체가 가능하고, 어떤 경우에는 교체가 안 된다고 전제하고, 이들은 아주 다른 말로, 때로 어떤 문맥에서 교체가 가능한 공통 요소를 지니는 것으로 보는 것이 합리적이라 본다. 그리고 “から”는 주관적 해석, 이유 부회(付會)를, “ので”는 객관적 조망을 하는 태도를 나타내는 것이라 구별한다. 따라서 “窓をしめよう”, “窓をしめてくれ”와 같은 의지가 반영된 표현은, 인과관계를 표현하는 “ので”와는 달리, “から”가 어울린다고 본다.

한국어의 “-니(-니까)”와 “-(으)므로”는 이런 점에서 각각 일본어의 “から” 및 “ので”와 어느 정도 대응된다. 따라서 “-니(-니까)”는 후건(後件)이 미정의 사항, 불확실한 사항일 때에도 화자의 주관으로서 이를 주장할 수 있다. 이에 대해 “-(으)므로”는 “원인-결과”의 인과관계로서 서술한다. “-니(-니까)”처럼 전건(前件)이 이유 설명이 아니고, 두 사태를 연결하는 것이다. 이들 사태를 다루는 태도는 전건(前件)과 후건(後件)을 다 화자의 영역 바깥의 것으로 객관적으로 조망하는 것이다. 그래서 명령문, 청유문, 추량, 예정 등의 사항은 “-(으)므로”가 아닌, “-니(-니까)”로 표현하게 된다. 이는 일본어 “から”가 미연형(未然形)에 쓰이는 것과 같다. 따라서 이들 표현은 다음과 같이 된다.

추우니까 창을 닫자./ 寒いから窓をしめよう

추울 테니까 창을 닫읍시다./ 寒いでしようから窓をしめましよう.

추우니까 창을 닫아 다오./ 寒いから窓をしめてくれ.

추우므로 창을 닫았다./ 寒いので窓をしめた.

추웠으므로 창을 닫았다./ 寒かつたので窓をしめた.

이렇게 되면 "–니까"와 "–(으)므로"는 유의어이긴 하나, 차별화되는 유의어로 그 구별이 가능해진다.

2.2. 수동표현(受動表現)의 문제

"비를 만나다."

"雨に降られる."

일본 사람들은 자기들을 주변에 지배되고 있는 존재라고 생각하는, 수동적 심리가 농후하다고 생각한다. 그래서 일본어에는 수동적 표현이 발달된 것으로 본다(森田, 2002). 일본어에는 受身的(受動的) 발상과, 이것이 발달한 수동형의 속담, 관용구 등이 많다. 이에 대해 한국어에는 상대적으로 수동형이 발달되어 있지 않다. 따라서 한·일어는 상당한 차이를 보인다. 이러한 수동형 가운데도 차이를 보이는 대표적인 것이 소위 일본어의 "간접수동"이라는 것이다. 위의 보기 "雨が降られる"처럼 자동사에 의한 수동이라는 일본 특유의 이 수동형은 흔히 "미혹의 수신(迷惑の受身)"이라 하는 것으로, 피해의식의 수동이라 할 성질의 것이다. 수동형이 쓰이기 쉬운 경우는 다음과 같은 네 가지가 있다(庵, 2001).

① 대응하는 능동문의 동작주(動作主)를 불문에 붙이고 싶은 경우

② 영향을 받는 쪽이 영향을 주는 쪽보다 가까운 사이인 경우
③ 종속절의 주어를 주절의 주어와 통일하고 싶은 경우
④ 피해의식(迷惑な氣持ち)을 나타내고 싶은 경우

④에 해당하는 "귀찮다는 기분"을 나타내는 피해의식의 수동은 자동사에 "-られる"를 붙여 나타낸다. 앞의 보기 "雨に降られる."의 경우처럼 능동형 "降る"에 대한 수동형 "降られる"가 쓰인다. 그러나 이는 직접수동처럼 대응되는 능동문이 없다. "雨に降られる."의 경우 기상현상을 현재의 자기(혹은 당사자)에게 불편을 가져다주는 원인으로 보고, 자기와의 사이에 심리적인 인과관계를 설정한다. 타자의 행위 내지 현상의 영향을 간접적으로 받는 수동자(受動者)의 입장에 서는 것이다. 자동사의 수동은 이러한 심리과정을 지니기 때문에 피해자의식·성가시다는 의식이 자연히 생겨나게 된다. 따라서 "雨に降られる."는 "비가 내린다> 비를 맞는다> 그것이 귀찮다"는 의식을 나타내게 된다. 그런데 이러한 "피해의식의 수동(迷惑の受身)"이라 하는, 간접수동이 한국어에는 없다. 일본 학습자들이 이러한 표현을 해야 할 경우에 놓이게 되면 제1언어의 간섭으로 오류를 범하거나, 아니면 어떻게 표현해야 할지 몰라 망설이게 될 것이다. 따라서 이런 경우는 한국어에는 없는 표현법이니 동의, 또는 유의의 다른 표현을 하지 않으면 안 된다. 다음에 이러한 "피해의식의 수동"과 이에 대응될 한국어의 예를 몇 개 들어보면 다음과 같다.

- 兄は雨に降られた./ 형은 비를 맞았다—곤란하다.
- 太郎は花子に死なれてしまつた./ 太郎는 花子를 여의고 말았다—
  어쩔 방도가 없어 난처하다.
- お母樣は赤ん坊に泣かれた./ 아린애가 울어댄다—성가시다.
- 出掛けようとしたとき客に來られる./ 출타하려 할 때 손님이 오신

다―난처하다.
- 彼は妻に逃げられた./ 아내가 도망쳤다―난처하다.
- 電車で横の人に席に座られる./ 전차에서 옆 사람이 자리에 앉는다
  ―난처하다.
- 忙しいとき從業員に休まれる./ 바쁜 때 종업원이 쉰다―어쩔 도리
  가 없어 난처하다.
- 隣にビルを建てられてしまつた./ 이웃이 빌딩을 세워버렸다―도
  리가 없어 난처하다.

이렇게 피해의식의 수동은 한국어에서는 능동으로 표현해야 할 것이다.
이는 발상의 전환이 언어학습의 중요한 방법의 하나임을 시사해 준다.

2.3. 수수표현(授受表現)의 문제

"네가 가 주었으면 좋겠다."
"お前に行つてもらおう."

중대한 일이니 다른 사람 아닌 "네가 가야겠다"는 뜻을 조금 완곡하
게 표현하려면 "네가 가 주었으면 좋겠다."고 한다. 일본어로는 이러한
표현을 "お前に行つてもらおう."라 한다. 우리말 "가 주다"에 쓰인 조
동사 "주다"에 대해 일본어는 조사 "―て"를 받아 "―てもらう"를 사용
한다.

일본어 "―てもらう"는 "分てもらう/ 나누어 받다"에서처럼 "…아/어
받다"를 나타내는 말이다. 그러나 위의 예문에서처럼 한·일어는 "もら
う/ 주다"처럼 수수(授受)가 바뀌는 발상의 차이를 보인다. 거기에다 "네
가"에 대해 "お前に"와 같이 격조사의 차이도 보인다. 따라서 제1언어

가 간섭을 하게 되면 제2언어는 오류를 범하게 된다.

"-てもらう"는 은혜부여(恩惠賦與)가 성립되는 상황에 따라 다음과 같은 네 가지 경우를 상정할 수 있다(森田, 1981).

① 상대방의 발의, 또는 이쪽에서 부탁해 수수행위를 하는 경우.

金を返してもらう./ 韓國語を教えてもらう.

한국어에서는 "돈을 되돌려 받다"와 같이 "-아/-어 받다"가 물질적 이행이 있을 경우에는 가능하나, 그렇지 않은 경우는 자연스럽지 못하다. "한국어를 가르쳐 받다"는 논리적으로는 가능하나, 이러한 표현은 자연스러운 표현이 아니다. 흔히는 행위자를 바꾸어 "(가르쳐) 주다"라 한다. 이렇게 되면 한·일어의 수수(授受) 관계가 바뀐다. 곧 행위자가 바뀐다. 일본어에서는 가르침을 받고, 한국어에서는 주는 것이 된다. 그리고 "반환(을) 받다/교육(을) 받다"와 같이 "명사-을/를 받다"로 표현할 때 오히려 자연스런 말이 된다.

② 상대방에게 어떤 행동을 재촉하여 하게 하는 경우. 사물의 이행은 동반하지 않는다.

邪魔だから外へ出てもらう./ 醫者に來てもらう.

화자의 입장에서는 "-해 달라다"가 어울린다. 이에 대해 행위자의 입장에서는 "-해 주다"가 어울린다. 일본어의 심층적 의미는 "-해 주어야 하겠다"라 할 것이므로, "-해 달라다"만 가지고는 자연스런 표현이 못

된다. 사무라이 영화에 많이 나오는 "死んてもらおう"라면 "죽어 주어
야 (하)겠다" 쯤 되어야 할 것이다.

③ 이쪽에서 다른 사람에게 넘길 사물을, 상대방의 발의 또는 이쪽에
서 부탁해 상대방 대신 행하는 행위. 상대방의 사물이나 정보가 남에게
이행한다.

細かいのがないので 友だちに拂つてもらう./ 私ではよくわかりま
せんので 課長に說明してもらいます.

이 경우도 의미상 "해 받다" 아닌, 화자가 부탁하여 행위자가 "해 주
다/ 해 드리다"의 형식으로 표현하는 것이 자연스럽다.

④ 이쪽에서 해야 할 행동을, 어떤 이유로 상대방이 대행하는 경우.

暗いので電氣をつけてもらう./ 煙草を買つて來てもらう.

문법적으로 가장 어울리는 표현은 "-아/-어 달라다"로, "전기를 켜
다오", "담배를 사와 다오"가 된다. 따라서 이것도 수수(授受) 관계가 뒤
바뀌는 발상의 표현이다.

일본어 "-てもらう"에 1대1로 대응되는 한국어의 용법은 보이지 않
는다. 부분적으로 "-아/-어 주다(-아/-어 주어야겠다)"와 "명사-을/를 받
다"가 대치 가능할 뿐이다. 그렇지 않으면 "妹と遊んでもらつた"를 "누
이와 놀았다"와 같이 은혜부여동사를 생략하고 직접 행위 표현을 해야
한다. 여기서 볼 수 있는 큰 특징의 하나는 일본어의 은혜부여 동사 "も

らう”가 한국어에서는 봉사(奉仕)의 조동사 “주다”로 바뀐다는 것이다. 이는 일본어 “もらう”에 상대적인 말 “上げる, やる”를 쓴다는 말로, 한·일어의 발상의 차이를 보여 주는 것이다. 화자 중심의 표현을 하느냐, 대상자 중심의 표현을 하느냐 하는 발상의 차이다.

2.4. 현상인식표현(現狀認識表現)의 문제

“창이 열려 있다./*창이 열어 있다.”
“窓があいている./ 窓があけてある.”

창이 열려 있다고 할 때 일본어에서는 한국어와는 달리 위의 보기와 같이 두 가지로 표현한다. 일본어 “ある, 聳える, 見える” 등 상태성(狀態性)을 나타내는 동사는 종지형으로 현재와 미래를 나타내나, “あける, あく, 立てる, 立つ” 등 동작성을 나타내는 동사의 종지형은 원칙적으로 미래의 동작을 나타내는 것으로 생각한다. 그리하여 이러한 동작동사의 현재 표현의 결함을 보충하기 위해 “-ている/ -てある”를 빌려 쓴다. 이들의 대표적 형식은 다음의 3종 5형식이 있다.

    (1) “…が+他動詞てある” …窓があけてある./ *창이 열어 있다.
    (2) “…が+自動詞ている” … a. 窓があいている./ 창이 열려 있다.
                        … b. 山が聳えている./ 산이 솟아 있다.
                        … c. 雨が降つている./ 비가 내리고 있다.
    (3) “…を+他動詞ている” …窓をあけている./ 창을 열고 있다.

    (1)은 상황변화가 현재까지 계속하여 남아 있는, “결과의 현존(現存)”을 나타낸다. (2)a.도 상황변화가 현존하는 “결과의 현존”이다. 이때 동사는

순간작용, 순간동작을 나타내는 자동사가 쓰인다. (2)b.는 상태성 자동사가 오는 경우다. (2)c.는 계속성의 동작동사가 오는 경우로 "계속진행"을 나타낸다. (2)a.와 (2)c.는 순간 동작이냐, 계속 동작이냐 하는 동작성의 차이로 의미가 구분된다. (3)은 대상에 대한 타동행위가 진행되고 있다는 "의사적(意思的) 진행"을 나타내는, 계속적 행위의 현재진행형이다. 이상의 "계속 진행"과 "결과의 현존" 관계를 森田(1981)는 다음과 같은 도표로 나타내고 있다. 한국어의 예는 필자가 삽입한 것이다.

	계속 진행	결과의 현존
자동사	(창이 열리고 있다)	(2) 窓があいている. (창이 열려 있다/창을 열어놓았다)
타동사	(3) 窓をあけている	(1) 窓があけてある. (창을 열고 있다)

그리고 그는 순간성 자동사의 계속진행 형식은 일본의 발상(發想)에는 존재하지 않았다고 결론을 내리고 있다(森田, 1981).

이러한 일본어와 대조할 때 한국어는 소위 현재를 나타내기 위한 "계속진행"과 "결과의 현존"을 나태는 형식이 일본어 "-てある(いる)"처럼 하나가 아닌 둘이다. "-고 있다"와 "-아/-어 있다"의 두 가지 형식이 그것이다. "-고 있다"는 동작의 진행을 나타내고, "-아/-어 있다"는 상태 진행을 나타낸다. 이것이 한·일어의 차이를 빚어낸다. 한국어에는 일본어에 없는 자동사의 계속진행형이 존재한다. "창이 열리고 있다"가 그것이다. 이는 계속진행을 나타내는 "(3) 窓をあけている"를 "창을 열고 있다"고 할 때의 "-고 있다"와 같은 것이다. 이 "-고 있다"는 동작의 진행을 나타내는 것이다. 이에 대해 "(2) 山が聳えている"를 "산이 솟아 있다"라고 할 때의 "-아/-어 있다"는 상태 진행을 나타내는 경우다. 그런데 한국어에는 일본어 "(1) 窓があけてある"라는 "결과의 현존" 표현을 결하고 있다. 결과에 대한 상태진행을 나타낼 때 일본어처럼 타동사와 자동사의 두 가지 형식을 취하는 것이 아니라, "자동사 + -아/-어 있다"로만 표현한다. 따라서 2.3.의 서두에서 보인 예처럼 "창이 열려 있다"라고만 한다. "*창이 열어 있다(窓があけてある)"라고는 하지 않는다. 한국어에서는 타동사의 "결과의 현존"을 원칙적으로 결하고 있다 할 것이다. 타동사의 경우는 오히려 "-를 타동사 + -어 두었다/-어 놓았다"라 한다. 이들 자·타동사와 한·일어의 관계를 좀 더 예시해 보면 다음과 같다.

鍵が掛かつている(열쇠가 채워져 있다)/ 鍵が掛けてある(*채워 있다)
電灯がついている(전등이 켜져 있다)/ 電灯がつけてある(*켜 있다)
死體がぶらさがつている(시체가 매달려 있다)/ 死體がぶらさげてある(*매달아 있다)

일본어는 "결과의 현존"을 이렇게 자·타동사에 의해 다 나타낼 수 있다. 자연적 사실과 인위적 결과라는 차이가 날 뿐이다. 이에 대해 한국어는 자연적 사실에 대한 "결과의 현존"을 "자물쇠가 잠겨 있다/ 전등이 켜져 있다/ 시체가 매달려 있다"라고 자동사에 의해서만 표현한다. 타동사에 의한 인위적 결과, 또는 의도적 결과라고 해석되는, "결과의 현존" 표현은 결(缺)하고 있다. 이들의 "결과의 현존"은 자·타동사 다 같이 외재적 객관적 사실을 표현하는 것이다. 화자의 행위나 심중, 의도를 나타내려 할 경우에는 (3)의 "-을 + -고 타동사 있다"를 사용한다. 이는 한·일어에 다 같이 보이는 형식이다. 다만 일어에서는 한국어의 "-아/-어 있다"와 "-고 있다"가 구별되지 않고 "-ている/ある" 하나만이 사용되어, 제1언어가 간섭하는 경우 오류가 빚어질 가능성이 크다.

2.5. 격조사 표현의 문제

"나의 팔을 물어뜯기 시작했습니다."
"私の腕にかみついてきました" (井伏鱒, 本日休診)

"물다"나 "물어뜯다"는 타동사다. 따라서 한국어에서는 당연히 목적격 조사 "–을/–를"을 취한다. 이에 대해 일본어는 위의 보기에서처럼 "–を" 아닌, 조사 "–に"를 취한다. 동사는 격지배(格支配)를 한다. 이 격지배(格支配)가 한・일어에 차이를 보여 격조사가 달리 쓰인 것이다. 따라서 지배하는 격이 달라 격조사에 차이가 날 경우 학습자는 쉽게 오류를 범할 수 있다. 보기의 경우 "팔을"에 일본어 학습자가 제1언어 "腕に"를 전이(transfer)하여 "나의 팔에 물어뜯기 시작했습니다."라 하게 되면 오류를 범하게 되는 것이 그것이다.

격조사 "–に"는 한국어에서 무정물에 "–에", 유정물에 "–에게"에 주로 대응되어 부사격으로 쓰이는 말이다. 일본어 "–に"는 앞의 예에서도 보듯 다양하게 쓰여 처소격, 여격, 원인격, 비교격, 변성격 등에 두루 쓰인다. 거기에다 여기에 대응되는 한국어가 형태적으로 차이가 난다. 따라서 이는 제2언어 학습에 간섭할 소지가 많다. 한・일어에 차이를 보이는 "–に"의 용례를 보면 다음과 같다.

- 작용・변화의 결과 : 醫者になる/ 의사가 되다, 晝ご飯の時間になつた/ 점심시간이 되었다/ 修學旅行は學生時代の追憶になる/ 수학여행은 학생시절의 추억이 된다, 信號が赤に變わつた/ 신호가 빨강으로 바뀌었다.
- 동작의 목적 : 遊びに行く/ 놀러 가다, 本を買に行く/ 책을 사러 가다.
- 동작의 귀착점・대상 : 父に手紙を出す/ 아버지에게 편지를 부치다, 地下鐵に乗る/ 지하철을 타다, 友だちに會つた./ 친구를 만났다, 苦

しみや悲しさにうちたえていかねばなりません/ 괴로움이나 슬픔을 견디어 나가지 않으면 안 됩니다, 韓國が日本に追い付けるか？/ 한국이 일본을 따라잡을까?, 道に迷つたのだといつた/ 길을 잃은 것이라고 말했다, 日本は中國に勝つだろう/ 일본은 중국을 이길 것이다.

- 동작·작용의 근원 : 先生にほめられる/ 선생한테 칭찬받다, 母親が子に泣かれた/ 어머니가 아들에게 졸렸다. 雨に降られた./ 비를 맞았다

- 열거·첨가 : 本に雜誌に新聞などがある/ 책이며 잡지며 신문 등이 있다, ビルにサイダに/ 맥주며 사이다며(맥주에 사이다에).

- 원인·이유 : 病氣に苦しむ/ 병으로 고생하다, あまりうれしさに泣きたした/ 너무 기뻐서 울음을 터뜨렸다.

- 비교의 기준 : 甲は乙にひとしい/ 갑과 을은 동등하다, 家は海に近い/ 집은 바다와 가깝다. 猿ににている/ 원숭이를 닮았다, 師にまさる腕まえだ/ 스승보다 나은 솜씨다.

- 반복·강조 : 待ちに待つた旅行/ 기다리고 기다리던 여행, 考えに考えた末/ 생각하고 생각한 끝에

이렇게 한·일어는 많은 차이를 보인다. 이러한 격조사의 사용은 1대 1로 익힐 것이 아니다. 동사의 격조사 지배를 익혀 유형화하여 어절로 익히는 것이 바람직하다. 다음에 한·일어의 차이를 보이는 대표적인 격조사(格助詞)를 두어 개 더 보기로 한다.

[の]의 용법

한국어의 관형격(연체격) "-의"에 대응되나 다른 용법으로도 쓰인다.

- 의미상 주어 : 背の高い人が來た/ 키가 큰 사람이 왔다, 櫻のさく春になる/ 벚꽃이 피는 봄이 된다, 映畵の好きな人/ 영화가 좋은 사람(영화를 좋아하는 사람).

- 앞말의 내용 : 雪のようなはだ肌/ 눈과 같은 피부, 火のような赤/ 불과 같은 빨강, 私が市議員の上田でございま/ 제가 시의원인 우에 다올시다, 彼は文化の發展の爲に獻身した/ 그는 문화 발전을 위해 헌신하였다.
- 준체조사 : きれいなのを下さい/ 깨끗한 것을 주세요, わたしは星の流れるのを見た/ 나는 별이 흐르는 것을 보았다.

[と]의 용법

열거격 조사로 한국어 "-와/-과"에 주로 대응된다.

- 인용 : "ではまたあした"といつて別れた/ "그럼 또 내일"이라 말하고 헤어졌다, "ぼくはあす 必ず行きます"と答えた/ "나는 내일 꼭 갑니다"라고 대답했다, "その本を讀んだか"と問いた/ "그 책을 읽었느냐"고 물었다.
- 한정 : こんなことは二度としまい/ 이런 일은 두 번 다시 하지 않겠다, 一時間とはかからなかつた/ 한 시간도 채 걸리지 않았다.
- 동작 작용의 상태 : 堂堂と步く/ 당당하게 걷는다.
- 비교의 대상 : 私のわあなだのに同じた / 내 것은 당신 것과 같다, 彼のわ比べ物にならない/ 그의 것은 비교대상이 안 된다.
- 비유 : 花と(として)散る/ 꽃처럼 지다, 柱と賴る父が病氣だ/ 기둥처럼 의지하는 아버지가 병이 났다.

[から]의 용법

시발격 조사로 "-부터"는 "-에서, -에서부터, -으로부터" 등 대상, 시점 등에 따라 여러 가지로 구분되어 사용된다. 그런데 이에 일본어는 "から", 영어는 "from" 하나로 대응되어 오류가 많이 빚어진다.

- 자료 : 石油は石炭からできる/ 석유는 석탄으로 만든다, 酒は米からつくる/ 술은 쌀로 만든다.
- 시발(始發) : あなたの學校は家から遠いだすか?/ 당신의 학교는 집에서 멉니까?

- 경유점 : 玄關からお入り下さい/ 현관으로 들어오십시오, お前から そう傳えろ/네가 그렇게 전하라.
- 원인・이유・근거 : 不注意から大事をおこす/ 부주의로 큰일을 저지른다.
- 정도 이상의 수량 : 百人よりの人/ 백명 이상의 사람/ 1千萬圓よりの借金/ 1천만원 이상의 빚.
- 셈의 시초 : 100圓より150圓ほどの値段/ 100원 내지 150원 정도의 값.

3. 문화적 발상과 표현

언어와 문화의 관계는 Sapir-Whorf의 가설처럼 반드시 언어선행설(言語先行說)에 동조할 것은 못 된다. 오히려 언어와 문화가 상호작용하는 것으로 보는 것이 옳다. 언어상대성(linguistic relativity)과 함께 문화상대성(cultural relativity)을 지니는 것으로 보는 것이다.

언어는 문화의 영향을 많이 받는다. langue도 langage도 다 그러하다. 언어는 자문화를 반영하는 것으로, 자문화중심으로 운용된다. 어용(pragmatic), 화행(speech act)이 자문화중심으로 이루어지는 것이다. 따라서 여기서는 미시적인 언어의 형태적 입장이기보다는 거시적인 면에서 언어의 운용을 문화적 발상이란 차원에서 살펴보기로 한다. 이러한 관점에서 볼 때 한・일어는 매우 유사한 경향을 보인다. 따라서 여기서는 이들의 특성을 살피기 위해 차이를 보이는 영어의 예가 상대적으로 많이 들려질 것이다.

3.1. 신언(愼言)의 문화와 면언(勉言)의 문화

언어사회를 "말하는 사회"와 "말하지 않는 사회"의 둘로 나누기도 한다. 이들 사회는 각각 말을 삼가는 신언(愼言) 문화와, 이와는 달리 적극적으로 말하는 것을 권면하는, 가칭 면언(勉言) 문화의 산물이다. 한국이나 일본은 이 가운데 신언문화(愼言文化)의 사회라 하겠고, 이에 대해 미국은 면언문화(勉言文化)의 사회라 할 수 있을 것이다.

우리의 신언문화는 중국의 유교사상에 영향을 받은 것이다. 우리 선인들의 언어생활에 대한 관념은 주로 사서(四書)를 모태로 하여 형성된 것이다. 논어(論語) 학이편(學而篇)의 "敏於事而愼於言"이나, 소학(小學) 권5의 "戒爾勿多言 多言衆所忌 苟不愼樞機 災厄從此始"가 이러한 것이다. "혀밑에 죽을 말 있다"는 이런 생각이 굳어진 우리의 속담이다. 그래서 말은 "충신(忠信)"(논어 衛靈公篇)·"간약(簡約)"(예기의 學記 : 其言也約而達)해야 하는 것으로 보았다.

일본의 경우는 신언의 배경으로 유교의 영향을 인정하면서, 아일랜드폼(island form)(外山, 1976), 또는 정보량이 적어도 의사소통이 되는 정기형 사회(將棋形社會)의 영향으로 보기도 한다(板坂, 1976). 한·일의 신언문화는 그 원인이 어디 있든 비슷한 경향을 보인다.

이에 대해 영어권인 미국의 경우를 보면 모든 것이 언어를 매개로 이루어지는 적극적 언어수행의 문화다. 샌드위치 하나를 주문해서 얻어 먹재도 "어떤 빵이 좋으냐? 속은 무엇을 넣느냐? 마요네즈를 바르느냐?…" 이렇게 10여 가지 질문과 대답이 교환되어야 한다. 자기주장을 하지 않으면 무능한 사람이 된다. 미국인은 자기에게 의견을 묻는 것을 좋아하고, 과정이나 이유 설명하기를 좋아하는 국민이라 한다. 그래서 이유를 묻지 않아도 설명하기를 즐기기까지 한다. 미국인은 일생 동안 "왜?"가 따라다니는 국민이라는 말까지 한다.

이렇게 신언문화와 면언문화는 언어를 운용하는 태도가 180도 다르다. 이러한 언어생활은 외국어 학습을 하는 경우 그 성취도에 큰 영향을 미친다. 면언문화는 성취도가 빠르게 나타나고, 신언문화는 성취도가 느리게 나타나게 마련이다. 그러나 일본과 한국은 일본과 미국과는 달리 다 같은 신언문화이어 언어생활에 충돌 아닌 조화를 이루게 할 것이다. 그러나 학습에는 적극성을 보이도록 해야 한다.

3.2. 고문맥 문화와 저문맥 문화

Hall(1976)은 문화의 커뮤니케이션 양식을 고문맥 문화(high-context culture)와 저문맥 문화(low-context culture)로 나누고, 이들의 커뮤니케이션을 다음과 같이 설명한다.

"고문맥 커뮤니케이션 또는 메시지는 대부분이 이미 당사자들이 가지고 있는 것이다. 메시지는 약간만이 언어화된다(coded). 저문맥 커뮤니케이션은 이와 반대다. 대부분의 정보는 분명한 언어(code)로 바뀐다."

고문맥 문화에서 사람들의 경험과 정보는 거의 동질적이다. 따라서 많은 상세한 배경 정보를 요구하지도 기대하지도 않는다. 커뮤니케이션은 문화배경에 나타나는 정보를 중시하여 비언어나, 한정된 언어 표현에 의지한다. 상황 의존적이다. 이에 대해 저문맥 문화의 사람들은 거의 동질성이 없다. 따라서 자세한 배후 정보를 필요로 하며, 대부분의 메시지는 언어에 의하여 전달한다. 커뮤니케이션은 직접적이고 명시적인 경향을 지닌다. 비상황 의존적이다. 이들의 특징을 비교 제시하면 다음과 같다 (西田, 1986).

고문맥 커뮤니케이션	저문맥 커뮤니케이션
① 말의 수나 설명이 적다.	말의 수나 설명이 많다.
② 주로 동아시아 어족.	주로 구미어족.
③ 폐쇄적 커뮤니케이션.	개방적 커뮤니케이션.
④ 배려하고 사양함.	솔직히 자기주장을 함.
⑤ 모호하고 간접적인 표현이 많음.	명료하고 직접적인 표현이 많음.
⑥ 조화, 협조, 타율적, 온건.	대립, 독립, 자율적, 마찰.

E.번스타인이 언어의 표현 양식을 약술 타이프와 상술 타이프의 두 유형으로 나누고 있는 것도 이런 것이다. 약술(略述) 타이프는 말과 말 이외의 억양 및 얼굴 표정, 몸짓 등으로 나타내므로, 말은 한정된 범위 안에서만 사용된다. 따라서 내부사람 사이에는 이심전심으로 이해되나, 외부 사람은 이해하기가 힘들다. 부부나 친한 친구 사이의 대화가 이에 속한다. 이에 대해 상술(詳述) 타이프는 언어를 충분히 사용하여 표현하는 것이다. 청자는 들은 말의 의미를 그대로 받아들이기 때문에 생략하지 말고, 자세히 서술해야 하는 것으로 본다.

Halls(1990)는 이러한 고문맥과 저문맥의 차원을 다음과 같이 보여 준다.

High-context culture ─ Japanese ─ Chinese ─ Korean ─ African American ─ Native American ─ Arab ─ Greek ─ Latin ─ Itarian ─ English ─ French ─ American ─ Scandinavian ─ German ─ German ─ Swiss ─ **Lower-context culture**

대체로 동양문화가 고문맥 문화이며, 서양문화가 저문맥 문화이다. 이 가운데 일본은 제1위의 고문맥 문화이고, 한국은 제3위의 고문맥 문화다. 고문맥 언어의 사용자는 사고방식이 통합적이고, 거시적이며, 의미 지향적이며, 이에 대해 저문맥 언어의 사용자는 사고방식이 분석적이고, 미시적이며, 형식 지향적 특징을 지니는 것으로 본다.

한·일문화는 이렇게 고문맥 문화다. 따라서 언어표현이 상황 의존적이며, 함축적인 표현을 지향한다. 이러한 경향은 시문(詩文)에서 강조되고 많이 나타난다. 이는 은근의 문화이며, 여백의 문화이고, 유현(幽玄)의 문화다. 이러한 문화적 특성은 물론 예술 분야에 한정되는 것이 아니다. 일상생활도 마찬가지다. Halls는 한국어의 "눈치"라는 말로 이를 설명하고 있다. 한·일 양국에서는 말수가 많은 사람을 경박한 사람으로, 그리고 과묵한 사람을 점잖은 사람으로 평가한다. 한국어의 "점잖다"나 일본어의 "おとなしい"가 다 같이 "어른"과 관련이 있는 말이고, 여기서 나아가 "과묵하고 의젓한 태도"를 의미한다는 것은 우연이 아니라 할 것이다. 한·일어의 모호한 표현의 정도는 일본어가 훨씬 심하다. 일본의 언어생활은 "どうも"와 "すみません"의 두 마디 말로 충분하다고 일러지기까지 한다. 한·일어의 이러한 고문맥은 외국어 학습에 장애 요소가 될 것이다. 그러나 서구어와는 달리 한·일어의 고문맥의 일치는 언어생활에 충돌 아닌 조화를 초래할 수 있다.

3.3. 논리적 문화와 정의적(情意的) 문화

한국 사람은 "I love you."를 "사랑해"라 한다. 일본 사람은 "愛するよ"라 한다. 이들은 영어 "I love you."와는 달리 누가 누구를 사랑하는지 주어와 목적어가 분명치 않다. 분명한 논리적인 표현이 되자면 주어와 서술어, 또는 목적어를 갖추어야 한다. 이런 점에서 흔히 영어에 비해 한·일어는 비논리적이며, 정의적이라 한다. 이는 앞에서 말한 고문맥 문화와도 관련된다. 물론 서구어 가운데서 영어는 상대적으로 비논리적인 언어라 본다.

논리적인 표현을 하기 위해서는 삼단논법적(三段論法的) 표현을 해야 한다. "A면 B, B면 C, 그러므로 A면 C다"라 하게 된다. 그렇지 않으면 적어도 어떤 주장에 근거를 대야 한다. 미국사람들은 이유를 묻지도 않는데 이유를 들어 말하는 경우가 많다고 한다. 저녁 식사에서부터 놀러가는 것, 세금 내는 것, 나아가서 정치 경제 이야기에 이르기까지 과정과 이유를 자세히 설명한다. 그래서 미국 사람들은 "무엇 무엇은 무엇 무엇이다. 왜냐하면 그것은 무엇 무엇이기 때문에"란 문형(I think… because…)이 입에 배어 있다고 한다. 이는 그런 문화를 지녔기 때문이다. 저들은 이유를 알고 싶어 하고, 논리적으로 납득하고자 하는 문화를 지닌 것이다.

이에 대해 한국이나 일본 사람은 논리 아닌 정의로 이해하고자 한다. 정보량을 최소한도로 줄이고, 최대의 정보를 전하려 한다. 이미지를 중시하고, 이심전심의 표현을 한다. 그래서 "나는 너를 사랑한다"는 서술적인 표현이 아니라, "사랑해"라고 시적이고 정의적인 표현을 한다. 형식적인 군더더기 말은 가능한 한 줄인다. 가까운 사이일수록 더욱 그러하다. 그래서 가까워지면 격식을 차리는 것을 꺼리고, 경어도 생략하고, 비격식적인 말로 속을 터 놓고 이야기함으로 정의를 공유하고자 한다.

이러한 생략적 표현, 과묵의 언어생활은 과언(寡言)의 미학으로 발전하여 여백과 유현의 문학을 산출해 낸다. 논리는 서양의 경우처럼 현재화(顯在化)하는 것이 아니라, 잠재화(潛在化)하여 그윽한 정서만이 겉으로 드러난다. 김상용의 시 "왜 사냐건 웃지요"나, 김소월의 시 "죽어도 아니 눈물 흘리오리다"가 이런 정서의 표현이다. 과묵의 미학은 함축미를 지니게 한다. 감상할 묘미를 갖게 하는 것이다. 이는 동양의 표현의 미학이기도 하다. 일본어의 "夜目遠目傘の內"는 이러한 미학을 잘 반영하는 말이다. 영어권에서는 이러한 미학이 겨우 20세기에 와서 William Empson의 "모호성의 일곱 가지 유형(Seven types of ambiguity)"에 이르러 비로소 발견되었다.

그리고 여기 부기할 것은 언어의 구조적 특성과 논리와의 관계다. 구조적으로 영어의 경우는 논리적으로 서술되는 문형을 이루었고, 한국어나 일본어의 경우는 그렇지 못하다. 영어의 경우는 "A는 B다. 왜냐하면…"이나, 관계대명사를 활용하는 구조로 되어 논리적 판단을 먼저 하고, 여기에 부수적인 것이 뒤따르게 되어 있다. 그런데 한·일어의 경우는 "A는 B다"란 판단문 안에 부수적 사실이 모두 삽입되어 분명한 논리적 판단을 가로막는다. 그리고 가장 중요한 서술어가 맨 뒤에 놓여 논리적 판단을 흐리게 한다.

이상의 한국어와 일본어의 문화적·언어적 상사는 한국어교육에 크게 기여할 것이다. 그러나 영어권과 같은 서구어권에서는 한국어의 정의적 문화가 커다란 장애요소가 될 것이다.

3.4. 평등사회의 문화와 서열사회의 문화

한·일어에 다 같이 발달된 중요한 특징 가운데 하나가 대우법(待遇法)이 발달되었다는 것이다. 대우법은 물론 문장 가운데 등장하는 인물에 대한 대우를 어떻게 하느냐 하는 장치다. 이는 평등사회 아닌 계급적 서열사회이기 때문에 형성된 하나의 차별적 표현 형식이다. 대우법은 한국어의 경우 조선조에 와서, 일본어의 경우는 근세에 사농공상(士農工商)의 계급제도 확립과 더불어 엄격해진 것으로 보인다.

대우법은 한국어의 경우 문장의 주체를 높이는 주체존대법과, 청자를 높이는 상대존대법 및 동작의 대상, 곧 객체를 높이는 객체존대법이 있다. 주체존대는 선어말 어미 "-시-"에 의해 직접 주체를 높이기도 하고, 간접으로 주체를 높이기도 한다. 이 밖에 한·일어에는 어른에 대한 존대를 더 높은 어른 앞에서는 하지 않는 압존법(壓尊法)이 있다. 이는 일본

어에서 좀 더 철저히 지켜지고 있는 것으로 보인다. 일본어에서는 미우치(身內)의 경우 우선적으로 압존법이 사용된다. 일어에서는 청자의 자녀의 행위 및 상태에 대해서도 공대 표현을 한다. 공손(politeness)을 중시하는 사회심리에 말미암은 것이다. 객체존대법은 중세 이래 "-옵-, -삽-, -잡-" 등의 선어말어미를 사용하여 객체(인물이나, 그와 관련된 사물)에 대해 공손한 뜻을 나타내는 표현법이다. 그런데 이러한 높임법은 현대어에서는 주로 문어체에서 사용되고 구어체에는 별로 쓰이지 않는다. 객체존대는 이 밖에 "드리다, 모시다" 등의 특수 어휘에 의해 나타내지는 것을 볼 수 있다. 이는 일본어에서 대자경어(對者敬語)라고 하는 정녕어(丁寧語)에 대응될 것이다. 정녕어(丁寧語)는 "동사 + -ます", "동사 이외 + -です"체와 이들보다 좀 더 정중한 "ございます", "あります"체가 있다. 이들은 청자의 존재가 필요하므로 일기나, 독백과 같이 청자가 상정되지 않는 경우에는 사용되지 않는다. 상대존대법에는 화계(話階)가 있는데 중세어와 달리 현대어에서는 이것이 여럿으로 나뉜다. 대체로 격식체에 "해라체, 하게체, 하오체, 합쇼체"가 있고, 비격식체에 "해체(반말체)와 해요체"가 있는 것으로 본다. 그러나 높임의 경우 두루높임의 "해요체"가 일반화하는 경향을 보인다. 일본어의 경우는 상대(上待)에 쓰이는 "です"체와 평대(平待) 및 하대(下待)에 쓰이는 "だ"체가 있다. 따라서 한국어에 비해 일본어의 화계가 단순하다. 대우법은 또한 통사적인 방법 외에 특수한 어휘에 의한 방법이 있다. 이러한 말에는 "진지(밥), 치아(이), 약주(술), 저(나), 말씀(말)/ 계시다(있다), 드리다(주다), 여쭙다(말하다), 잡수시다(먹다), 주무시다(자다)"와 같이 형태상 다른 말과, "아버님, 선생님, 영손(令孫), 옥고(玉稿), 졸고(拙稿), 비견(鄙見)"과 같이 접사를 붙여서 존대나 겸양을 나타내는 것이 있다. 이는 일본어에서 겸양어(謙讓語)라 일러지는 것으로, "めしあがる (食う), なさる(する), おつしやる(言う), いらつし

やる(いる)"와 같은 것이 이러한 예다.

한·일어의 대우표현은 발상에서 볼 때 동일한 것으로, 형식면에서는 한국어의 화계가 세분되어 있고, 압존법은 일본어에서 좀 더 철저하게 지켜지고 있다. 이 밖에 일본어는 공대 표현이 발달되었고, 그 기본형식이 따로 있다. ① お-V-になる, ② V-られる, ③ お-V-くださる, ④ お-V-です, ⑤ お-V-なさる가 그것으로, 이에 대응하는 한국어는 "V-시-다" 하나로 단조하다. 그리고 일본어의 겸양의 형식 "お-V-する, お-V-いたす, V(さ)せていただく"에 대해 한국의 현대어에는 이에 대응되는 형식이 따로 없고, 앞에서 본바와 같이 일부 낱말에 의해서만 나타내지는 것으로 보인다. 이런 면에서 일본어를 제1언어로 하는 한국어 학습자는 학습하기 용이하다 할 것이다.

이 밖에 일본어에는 정중어(丁重語 : 鄭重語)라는 것이 있다. 이는 화자의 동작을 낮추는 것으로, 동작의 대상이 존재하지 않는 경어이다. "參る(來る), いただく(飮む, 食べる), 申す(言う), いたす(する), おる(いる)" 등이 그 예다. 그리고 일본어에는 말 자체를 품위 있고 듣기 좋게 하는 미화어(美化語)가 있다는 것이 또 하나의 특징이다. 이는 명사에 "お/ご"를 붙이는 것으로 "お茶, お菓子, ご飯, ご祝儀" 같은 것이 그 예다.

이상 대우법에 대해 살펴보았거니와 일상생활에서 화자가 자기를 낮추고, 상대방을 높이며, 정중하고 공손한 표현을 하고자 하는 심성은 한·일어가 공통된다. 다만 이러한 사교적인 언어생활은 상대적으로 일본어가 한국어보다 더 많이 하고 있다. 대우법은 종적 서열을 중시하는 한·일 문화가 형성해 낸 것이다. 미국과 같이 횡적 서열, 대등한 관계를 추구하는 사회에서는 이러한 대우법이 발달될 수 없다. 게다가 존비의 선택은 나이, 사회적 지위, 성별, 개인적인 친분 등 복잡한 요인이 적용된다. 따라서 한국어의 대우법은 서구어권뿐만 아니라, 유사성을 보이는 일본어 학습자에게도 적잖은 부담이 되는 장애 요소라 할 것이다. 다만 일본어권 학습자는 발상에 있어 큰 도움을 받을 것이다. 대우법은 문말어미, 주체존대 "시", 호칭(呼稱)이 삼박자를 이룬다. 따라서 대우법을 바로 알고 사용하기 위해서는 호칭에 대한 배려도 많이 해야 할 것이다.

3.5. 적극적 문화와 소극적 문화

사람은 누구나 자기중심적이다. 개인 아닌 국가나 민족의 경우도 마찬가지다. 자기네 민족문화를 중심으로 평가하고 비판한다. 이것이 소위 자문화중심주의(ethnocentrism)요, 자기민족 중심주의다. 언어운용의 경향도 마찬가지다.

松本(1994)는 일본과 미국이 대립되는 문화변용규칙(文化變容規則) 여덟 가지를 들고 있다. "겸손지향 대 대등지향, 집단지향 대 개인지향, 의존지향 대 자립지향, 형식지향 대 자유지향, 조화지향 대 주장지향, 자연지향 대 인위지향, 비관지향 대 낙관지향, 긴장지향 대 이완지향"이 그것이다. 이들 가운데 전자를 일본의 문화변용규칙이라 보고, 후자를 미국의 문화변용규칙이라 보았다. 그러나 일본의 문화변용규칙이라 본 전자는 일본의 변용규칙인 동시에, 한국의 문화변용규칙이요, 동양의 문화변용규칙이라 하여 좋을 것이다. 이러한 문화변용규칙에 따라 일－미, 한－미, 동양－미국의 언어행동은 대립적 양상을 띠게 된다. 이는 크게 볼 때 적극적 문화와 소극적 문화에 의한 대립이다. 각각 청교도(清教徒)의 프런티어 정신과 농경(農耕) 민족의 안정지향의 정신이 반영된 것이다.

동양문화를 반영하는 소극적 문화는 겸손지향, 의존지향, 형식지향, 조화지향, 자연지향이 그 대표적인 것이며, 이 가운데도 겸손지향이 가장 핵심을 이룬다고 할 것이다. 한국 사람이나 일본 사람은 자기를 낮추고 양보하는 것을 미덕으로 여긴다. 그래서 자기 자랑(自慢)을 하지 않고, 남의 칭찬에는 오히려 부끄러워한다. 겸손을 미덕으로 알고 이를 지향한다. 이는 칭찬받기를 좋아하고, 칭찬에 덩달아 춤추는 미국문화와 다른 점이다.

한국 사람이나 일본 사람과 같은 동양인은 자기를 내세워야 할 자리에서도 "천학비재(淺學菲才)"라고 자신을 낮춘다. 진수성찬을 차려 놓고도 변변치 않은 음식이라 하고, 제 자식이나 딸을 아무것도 모르는 어리석은 것들이라 평가 절하한다. 딸을 시집보내면서는 사돈에게 딸을 자랑하는 것이 아니라, "미거(未擧)한 자식"이라거나, "철도 없고 아무것도 모르는 어리석은 것이니 잘 가르쳐 달라"고 한다. 이런 말을 들은 한국 사돈은 "천만에 말씀을요, 얼마나 잘 키우셨을라고요."라 응수한다. 그러나 미국인 사돈이라면 어머니의 말을 액면 그대로 받아들이고 실망할 것이다. 그 말이 다른 사람이 아닌, 딸을 가장 잘 아는 어머니의 입에서 나온 말이기 때문에 더욱 그러하다. 미국사회에서 겸손은 결코 미덕이 아니다. 이 밖의 다른 소극적 문화도 마찬가지다. 예를 들어 한국 사람은 조화(調和)를 지향하여 이견(異見)을 내기를 꺼린다. 그런데 적극적 문화의 사회에서는 오히려 자기 의견을 내지 않으면 무능력의 증거로 본다. 이렇게 동양의 미덕인 소극적 문화는 서양의 적극적 문화와 부딪칠 때 문화적 충돌을 일으키게 된다. 언어 운용이나 언어학습에 이러한 현상은 충분히 고려되어야 한다.

3.6. 타인배려 문화와 자기중심 문화

사회생활은 남에 대한 배려를 어느 정도 하느냐에 따라 그 문화의 평가가 달라진다. 문화민족일수록 남에 대한 배려를 많이 한다. 따라서 예의 작법(禮儀作法)이 발달되어 있고, 언어절차가 까다롭다. 그리고 인사 닦기, 수인사(修人事)를 중시한다.

남을 배려하는 문화에서는 완곡한 표현을 많이 한다. 상대방의 기분을 상하게 하지 않기 위해 직설적 표현을 피하는 것이다. 이에 대해 자기본위(自己本位)의 자기중심 문화에서는 상대방에 구애하지 않고 직접적인 표현을 한다. 일본 사람들은 상대방이 번거로워 할 정도로 예의 작법을 깍듯이 갖춘다. 한국인은 종래 동방예의지국(東方禮義之國)을 자처했던 민족이나, 근자에 이러한 예의 작법이 많이 소실된 것으로 보게 한다. 인사성이 많이 사라졌다. 실수를 하고도 거의 사과하는 것을 볼 수 없다. 남과 부딪치거나, 발을 밟거나, 이렇게 실례를 하고도 여간해서 "미안하다"는 말을 하지 않는다. 혼잡한 가운데 길을 비켜 주어도 "감사하다"는 말을 들을 수 없다. 대중교통 기관에서 친구와 같이 앉겠다고 미안하다는 말도 없이 "저쪽으로 좀 가세요"라 하는 무례한 언행도 곧잘 목격하게 된다. 음식점에서 아이들이 난장판을 벌리고 있는데도 손님들에게 미안하다는 인사를 챙기는 부모는 별로 보이지 않는다. 타인을 배려하는 문화가 아니라, 자기중심의 문화다.

이러한 자기본위의 자기중심 문화는 발어사를 생략하는 데서도 볼 수 있다. 영어의 "Excuse me"나, 일본어의 "すみません"은 입에 배어 있는데, 우리는 발어사를 생략하고 바로 본론으로 들어가 상대방을 깜짝깜짝 놀라게 하는 경향이 있다. "미안합니다. 서울역이 어디지요?"라 하지 않고, 불쑥 "서울역이 어디예요?"라 한다. "저 말씀 좀 묻겠는데요. 서울대학엘 가려면 어디서 내리지요?"라 하지 않고, 빚진 사람에게 채근이나 하듯 "서울대학 가려면 어디서 내려요?" 하는 것이다.

이러한 타인배려의 문화와 자기중심의 문화도 문화의 충돌을 빚을 소지가 큰 언어 행동이다. 따라서 언어학습에 배려해야 할 중요한 학습 요소라 할 것이다. 한국어교육에서 이러한 자기중심의 문화는 문화적 충돌이란 차원에서 이해하게 할 것으로 권면할 것은 못 된다. 오히려 타인배려 문화의 상대적 가치를 이해하게 하고, 한국의 옛 미풍을 되살리도록 하는 것이 바람직할 것이다.

4. 한국어교육의 한 방안

발상을 중심으로 언어와 문화의 두 측면에서 한·일어를 대조해 보았다. 한·일어는 다 아는 바와 같이 같은 동양문화권의 언어로, 같은 계통의 언어이기 때문에 이동(異同)을 따질 때 차이점보다는 동질성이 많다고 할 것이다. 그러나 대조분석을 통해 드러난 바와 같이 언어적 측면에서는 적잖은 차이를 보인다. 그리고 문화적인 측면에서는 대부분이 동질성을 보여 운용에 큰 차이를 보이지 않는다고 하겠다. 그러면 일본어를 모어로 하는 학습자를 위해 이러한 특질을 지니는 한국어교육을 어떻게 하면 좋을까? 이에 대한 한 방안으로 몇 가지 방법을 제시해 보기로 한다.

첫째, 어절, 또는 성분 단위로 분절하여 교육을 한다.

언어교육, 특히 문법교육은 흔히 최소 단위로 분석, 수행한다. 음성교육이라면 음소를 분석하고 이들의 결합인 단어의 발음을 익힌다. 그렇게 하면 각 단어의 발음을 잘 학습할 수 있을 것이다. 그러나 호흡단락에 따른 발음을 할 때 제대로 하지 못할 뿐 아니라, 상대방의 발음을 제대로 듣고 이해하지도 못한다. 문법의 경우도 마찬가지다. 지나친 형태적인 분석에 집착하게 되면 문법적 지식은 확장되겠지만, 성분이나 문장의 구조를 이해하고 의사소통을 하는 데에는 어려움이 따르게 된다. 외국어

교육은 학습 아닌 습득에 의해 주로 이루어진다고 한다. 이렇게 볼 때 어절 또는 성분을 단위로 하여 교육을 함이 좀 더 바람직할 것이다. 더구나 한·일어의 경우는 문형보다 형태적인 면에서 많은 차이를 보이므로 더욱 그러하다. 어절 또는 성분 단위로 분절 교육을 하게 되면 한국어교육에 있어서 많은 오류를 범하고 있는 격조사의 문제도 해결될 것이다. 이런 면에서 볼 때는 고전적인 교수법 모방−기억법(mim-mem approach)도 좋은 교수 방법의 하나다. 일본어를 제1언어로 하는 학습자를 위한 한국어교육은 특히 단어·형태 위주의 교육을 지양하고 어절, 또는 성분 단위의 교수·학습을 지향하도록 함이 바람직하다. 이렇게 함으로 문법적 지식 아닌 말하는 교육이 수행되도록 하여야 한다.

둘째, 목표 언어(target language)의 발상에 따른 교육을 한다.

어순이 다른 한문이나 영어 교육에서는 종래에 어순을 바꾸어 가며 해석하는 교육을 하였다. 일본의 경우는 숫자를 붙이는 방법까지 도입되었다. 이것도 하나의 방법임에 틀림없다. 그러나 이렇게 되면 교수·학습이 목표언어의 사고방식이나 발상에 따른 표현을 익히는 것이 아니라, 학습자의 제1언어로 전환하는 번역법을 익히는 것이 된다. 목표언어의 사고방식, 또는 발상에 따른 표현을 익혀야 진정한 의미의 제2언어 학습이 된다. 한·일어를 제1언어로 하는 학습자의 경우 예를 들어 영어의 관계대명사, 오른쪽 가지뻗기(right-branching), 가주어 설정, 저문맥 문화의 커뮤니케이션 등은 대표적 이질적인 표현요소다. 이들을 제1언어로 어순을 바꾸는 작업은 힘든 작업일 뿐 아니라, 참다운 언어교육이라 할 수 없다. 이렇게 하면 영원히 목표언어에 미치지 못하는, 중간언어에 머물게 할 뿐이다. 제1언어에서 해방되어 가능한 한 목표언어의 사고방식, 발상에 맞추도록 해야 한다. 번역이 아니라, 개념으로 받아들이도록 하

여야 한다. 이런 의미에서 일본어를 제1언어로 하는 한국어 학습자는 행운아다. 왜냐하면 양 언어의 구조가 비슷하고, 고문맥 커뮤니케이션, 종적 서열문화 등 언어문화가 비슷하기 때문이다. 그러나 세부적인 면에서 차이가 나지 않는 것은 아니다. 따라서 한국어 학습자는 가능한 한 모국어의 틀에서 벗어나 한국어의 발상에 맞추도록 하여야 한다. 그래야 바람직한 한국어를 익히게 된다. 앞에서 살펴본 수급(受給) 표현에 있어 수급의 뒤바뀜, 수동표현에 있어 "迷惑の受身"를 능동 표현으로 바꾸는 것이 이러한 예다.

　셋째, 대조분석적(對照分析的) 자료를 활용한다.

　대조언어학적 가설은 기대를 벗어났다. 대조분석의 기술－선택－대조－예측만으로 오류의 문제는 해결되지 않는다. 그러나 대조분석에 의한 두 언어 사이의 이동(異同)은 언어교육의 중요한 자료가 된다. 두 언어 사이의 같은 점은 교육에서 같기 때문에 그만큼 가볍게 다루고 넘어갈 수 있을 것이며, 다른 점은 그만큼 신경을 써서 분석적으로 집중적 교수 학습을 함으로 학습자로 하여금 좀 더 잘 이해하게 할 수 있을 것이다. 이렇게 되면 학습자의 부담도 덜게 될 것이며, 제1언어에 의한 간섭으로 오류가 빚어지는 것도 줄일 수 있을 것이다. 이런 면에서 한국어교육에도 한·일어의 대조분석적 자료를 많이 활용하는 것이 바람직하다. 따라서 여기 부언할 것은 현대 외국어 교수·학습에 있어서 직접법(direct methode)이 강조된다고 하여 교사가 학습자의 언어를 몰라도 된다는 것은 아니라는 사실이다. 알고는 있되 교육 현장에서 남용해서는 안 된다는 것으로 이해해야 할 것이다.

넷째, 문화적 배경을 이해한다.

Poter와 Samovar(1991)은 원활한 의사소통을 하기 위해서는 상대방 문화의 이해가 반드시 필요하다고 하였다. 이렇듯 언어와 문화는 밀접한 관계를 지니기 때문에 외국어 학습의 첫째시간부터 문화의 학습이 시작된다. 언어는 단순한 의사소통의 수단이 아니라 그 언어사회의 문화로서 포장된 것이다. 그리고 사람들은 외재적 사물세계에 따라 반응하는 것이 아니라, 이 문화로 포장된 언어에 의해 자극을 받고 반응한다. 다 같이 "工夫"라는 말을 해도 한국과 일본, 중국의 "工夫"가 다르고, 같은 영어권이라 해도 층수가 영국의 "the third floor"와 미국의 "the third floor"가 다르다. 문화적 배경이 다르기 때문이다. 이런 문화적 배경을 모르고 이문화간 커뮤니케이션이 되길 바라는 것은 어불성설이다. 언어 학습에는 필연적으로 문화적 배경에 대한 학습이 수반되어야 한다.

문화적 배경은 협의의 언어의 배경을 이루는 언어문화와, 언어의 운용과 관련되는 광의의 사회문화로 나눌 수 있을 것이다. 이들은 각각 언어교육으로써, 또는 사회교육으로써 교육할 수 있다. 그리고 협의의 언어문화도 사회적으로 수용할 수 있는 표현을 하기 위해 사회문화적 내용 지식과 사회문화적 형식 지식에 대한 교육(국수 언제 먹여 줄래?/ 머리 깎으러 가)을 해야 한다. 한국어교육에서도 이러한 광의와 협의의 문화 교육이 필요하다. 좀 더 한국어다운 한국어를 하기 위해 문화적 배경을 이해하도록 해야 하는 것이다.

그리고 여기 덧붙일 것은 비언어 행동의 이해다. 커뮤니케이션은 언어행동보다 비언어행동에 의해 보다 많이 수행된다고 한다. 이런 의미에서 광의의 비언어행동과 비언어기호에 관해서도 이해의 폭을 넓혀야 한다.

다섯째, 언어지식 교육을 지나치게 강조하지 않는다.

전문적인 특수한 언어교육이 아닌 한, 언어교육의 목표는 원활한 의사 소통에 있다고 할 것이다. 다시 말하면 linguistic competence가 아니라 communicative competence를 기르는 데 목표를 둔다. 그런데 경우에 따라서는, 혹은 고급 학습자를 대상으로 하는 경우에는 언어 지식 교육에 지나치게 기울어지는 경우가 있을 수 있다. 이렇게 되면 언어 지식의 소유자를 기를 수는 있으나, 목표언어의 유능한 화자를 기를 수는 없을 것이다. 또한 습득-학습 가설(the acquisition/learning hypothesis)에 의하면 제2 언어의 실제적 전달 능력은 학습 아닌 습득에 의해 달성되며, 커뮤니케이션의 중요한 요소인 유창성도 이에 의해 길러지는 것으로 본다. 학습은 보족적인 역할을 하는 것으로 본다. 그리고 모니터 가설(the monitor hypothesis)에 의하면 습득된 능력은 발화를 하게하고, 유창하게 말하게 하는 데 반해, 학습에 의해 얻어진 능력은 발화 형식을 수정하는 구실을 한다고 본다. 의식적인 학습에 의해 얻어진 지식이 발화 전후의 모니터로서 활동하여 발화할 때 학습한 규칙에 벗어나지 않게 감독한다는 것이다. 제2언어의 발달에는 이렇게 학습보다 습득이 중요하게 작용하는 것으로 본다. 따라서 한국어교육에서는 지나치게 언어 지식 교육을 꾀함으로 모니터가 정도 이상으로 작동하여 유창성을 가로막는 일이 없도록 해야 한다. 교사는 본능적으로 학습자에게 많은 지식을 주입해 주고자 하는 심리가 발동하기 때문에 주의가 필요하다.

참고문헌

金仁炫(2001), 韓日語の對照言語學的硏究, 제이앤씨.

박갑수(2005), 국어교육과 한국어교육의 성찰, 서울대학교 출판부.

황찬호 외(1988), 한일어 대조분석, 명지출판사.

Hall E. T., M. R. Hall(1990), Understanding Cultural Difference : Germans, French and Americans, Intercultural Press.

Kramsch C. (1993), Context and Culture in Language Teaching, Oxford Univ. Press.

Larry A. Samovar etal(1998), Communication Between Cultures, Wadsworth Publishing Company.

秋澤公二(1992), 英語の發想法 日本語の發想法, ごま書房.

庵功雄(2001), 新しい日本語學入門, スリエーネツトワーク.

國廣鐵彌 編(1993), 日英比較講座 第5卷, 文化と社會, 大修館.

多賀敏行(1992), 文化としての英語, 丸善株式會社.

外山滋比古(1996), 英語の發想 日本語の發想, 日本放送出版協會.

西田司 (1986), 異文化適應行動論, 高文堂出版社.

飛田良文 編(2001), 日本語行動論, おうほう.

松本靑也(1994), 日米文化の特質, 硏究社.

森田良行(1981), 日本語の發想, 冬樹社.

森田良行(2002), 日本語の文法發想, ひつじ書房.

劉德有(2006), 日本と中國, 講談社.

박갑수(2003), 한국어·일본어의 대조론, 한국어교육연구, 서울대학교 언어교육원.

박갑수(2005), 언어문화, 그리고 한국어교육, 중국에서의 한국어교육 VII, 태학사.

박갑수(2005), 대조분석과 오류분석, 한국어교육연구, 서울대학교 언어교육원.

박갑수(2007), 한국어교육과 언어문화교육, 외국인을 위한 한국어교육, 제10집, 서울대학교 사범대학 외국인을 위한 한국어교육 지도자과정.

박갑수(2007), 한국어문법교육의 바람직한 방향, 언어와 문화, 제3권3호, 한국언어문화교육학회.

박갑수(2008), 이문화간 커뮤니케이션과 교육, 중국 한국(조선)어 교육연구학회 2008년도 학술논문발표대회 논문집, 중국 한국(조선)어 교육연구학회.

板坂元(1976), 表現からみた日本文化, 日本語講座 第4卷 日本語の語彙と表現, 大修館書店.
外山滋比古(1976), 文化と言語觀, 日本語講座 第3卷, 社會の中の日本語, 大修館書店.

> ■ 이 글은 배재대학교 한국어교육연구소 국제학술대회(일본 麗澤大學, 2008.11.)에서 발표된 것으로, 한국어교육연구 제4호(배재대학교 한국어교육연구소, 2009)에 게재된 논문이다.

재외동포 교육의 실상과 추진 방향

제1장 바람직한 재외동포 교육의 방향

1. 서언

한민족(韓民族)은 반만년의 역사를 지닌 문화민족이다. 기미년(己未年)에 독립을 선언을 할 때만 하여도 우리는 "2천만 민중의 성충을 합하여…"라고 인구가 겨우 2천만에 불과했다. 그런데 그 동안 증가하여 약 7천만에 이르렀다. 나라가 제대로 발전하자면 인구가 1억은 되어야 한다고 한다. 그러나 아직 1억 인구가 되기에는 요원하다. 거기에다 남북이 분단되어 있다. 그럼에도 우리는 경제 발전에 박차를 가해 세계 10대 경제 대국에 진입하게 되었으며, 지난 베이징 올림픽에서는 세계 열강과 겨루어 7위의 놀라운 성적을 거두었다. 이는 세계가 놀라워하는 사실로, 한민족의 우수성을 세계에 과시한 것이라 하겠다.

한민족은 대부분 한반도에 살고 있다. 그러나 이 가운데 약 1/10인 700만이 우리나라가 아닌, 170여개 나라에 나아가 살고 있다. 그래서 우리는 중국, 이스라엘, 이탈리아 등을 잇는 재외동포의 대국이라 한다. 이는 국제화, 세계화하는 오늘날의 추세에서 볼 때 우리의 커다란 자산이 아닐 수 없다.

세계에 산재해 있는 우리의 재외동포(在外同胞)들은 역사적으로 볼 때 많은 고난을 겪으며 살아왔다. 그러나 오늘날은 이를 극복하고 각 나라에서 자랑스러운 민족으로 성장하였다. 이는 무엇보다 한민족의 뜨거운 교육열과 근면성에 말미암은 것이라 하겠다. 여기서는 이러한 우리 재외동포들의 교육, 바람직한 교육의 방향을 살펴보기로 한다.

재외동포에 대한 논의를 하기 위해서는 우선 혼란을 빚고 있는 "교포"와 "동포"의 개념부터 분명히 할 필요가 있다. "교포(僑胞)"는 "다른 나라에 살고 있는 자국민(自國民)"을 가리키는 말이다. 다른 말로는 "교민(僑民)", "재외국민"이라 한다. 이에 대해 "동포(同胞)"는 "같은 겨레"란 말이다. "교민, 교포"는 자국인이라는 국적(國籍)이 전제되나, "동포"는 국적이 문제가 되지 않는다. 혈통(血統)만 같으면 된다. 따라서 "동포" 가운데는 자국인인 경우도 있고, 국적을 달리 하는 외국인인 경우도 있다. "재외동포"란 "국내"가 아닌 "국외"에 있는 동포란 말이다. "在外同胞法(1997)"과 "在外同胞의 出入國과 法的 地位에 관한 法律(1999)"에는 "재외동포"에 대해 법적 규정을 하고 있는데, "在外同胞의 出入國과 法的 地位에 관한 法律(1999)"이 좀 더 분명히 규정하고 있다. 이 규정을 보면 다음과 같다.

第2條 [定義] 이 法에서 "在外同胞"라 함은 다음 各號의 1에 해당하는 者를 말한다.

1. 大韓民國의 國民으로서 外國의 永住權을 취득한 者 또는 永住할 目的으로 外國에 거주하고 있는 者(이하 在外國民이라 한다)
2. 大韓民國의 국적을 보유하였던 者 또는 그 直系卑屬으로서 外國 國籍을 취득한 者중 大統領令이 정하는 者(이하 外國國籍同胞라 한다)

"재외동포"란 "國籍을 불문하고 韓民族의 血統을 지닌 者"(재외동포법, 1997)로서 외국에서 거주·생활하고 있는 사람이다. 이들은 "재외국민"과 "외국 국적 동포"로 구분된다. 여기 "재외국민"이 바로 앞에서 논의한 "교포, 교민"이다.

여기서 논의하려는 교육 문제는 이들 재외동포의 성격에 따라 달라진다. 여기서는 이들 성격을 달리하는 두 부류의 동포를 염두에 두고 재외동포 전반에 대한 교육 문제를 왜, 무엇을, 어떻게 하느냐, 곧 교육의 목표와 내용, 및 방법에 대해 살펴보기로 한다.

2. 재외동포 교육의 목표와 내용

2.1. 재외동포 교육의 목표

재외동포란 외국에서 거주하는 내국인(內國人)과 동일한 민족이다. 그리고 민족이란 "언어와 문화상의 공통성에 기초한 사회집단"을 말한다. Wundt는 이러한 문화의 바탕으로 "혈연"을 들고 있다. 따라서 민족이란 곧 같은 피붙이로, 언어·문화의 공통성을 지니는 사회집단이라 할 수 있다.

문민정부의 재외동포정책위원회는 재외동포 정책의 기본목표를 다음과 같이 설정하였다(이종훈, 2007).

재외동포의 혈통, 문화 및 전통의 뿌리가 한국에 있음을 유념

거주국 사회 내에서 안정된 생활을 영위하고, 존경받는 모범적 구성원으로서 성장

국제법, 국내법 및 거주국의 법과 제도가 허용하는 테두리 안에서 지원

이러한 기본목표는 참여정부에 들어와서 다음과 같이 바뀌었다.

> 재외동포의 거주국 내 권익 신장과 역량 강화
> 한민족으로서 정체성과 자긍심 고양
> 동포간 화합 및 모국과 동포사회 간 호혜적 발전

그러나 이러한 기본목표의 개정은 재외동포 정책의 기본방향 내용을 바꾼 것이 아니라, 기본방향을 재구성한 수준의 것이다(이종훈, 2007).

재외동포 교육은 이러한 재외동포 정책을 바탕으로 수행된다. 재외동포들은 거주국에서 현지교육을 받으며, 여건이 허락하는 범위 안에서 민족교육을 수행하게 된다.

그렇다면 민족교육은 왜 하는가? 민족교육의 의의는 어디 있는가? 이는 앞에서 살펴본 정책의 기본목표에 드러난 바와 같다. 이는 크게 다음의 세 가지를 생각할 수 있다.

첫째, 민족의 정체성(正體性)을 확립한다는 것이다.

재외동포에게 한국어를 가르치고, 한민족의 문화와 역사를 가르치는 것은 우리 동포로 하여금 "한민족"으로서의 민족적 정체성(正體性)을 깨닫고 확립하게 한다. 민족어와 민족사의 교육은 무엇보다 중요한 민족정신 구성의 요건이라 할 수 있기 때문이다.

민족교육은 뿌리, 곧 민족의 정체성을 찾자는 것이다. 뿌리 없는 식물이 자랄 수 없듯이, 뿌리 없는 민족도 살아남을 수 없다. 이는 개인의 경우도 마찬가지다. 미국이나 일본에서 우리의 젊은 동포가 주류사회(host society)의 주변인(marginal man)이라는 사실을 깨닫고 뒤늦게 뿌리를 찾는 것은 이 정체성에 대한 자각 때문이다. 민족교육의 의의는 무엇보다 이러한 자기 발견, 민족적 정체성을 추구하게 하는 데 있다.

둘째, 현지에 안정적으로 정착하고, 유능한 시민으로 정착하게 한다는 것이다.

뿌리를 찾고, 정체성을 확인한다고 하여 현실을 외면할 수는 없는 일이다. 정체성을 찾는 것은 현실이기보다 이상이요, 꿈이다. 사람은 생명체이기 때문에 꿈이 아닌 현실 생활도 중요하다. 생활도 제대로 하지 못하면서 떨어져 있는 고국과 민족, 또는 동포만을 되뇔 수는 없다. 재외동포들은 다양한 적응교육을 받음으로 현지에서 안정적으로 정착할 수 있다. 그리고 나아가 현지의 유능한 시민으로 성장하게 된다. 그래야 거주국이나 고국을 위해 좋은 일을 할 수 있다. 재외동포 교육에 정부가 투자해야 하는 이유가 여기 있다.

셋째, 한국의 언어문화(言語文化)를 세계화하고, 경제적인 면에 기여하게 한다는 것이다.

170여개 나라에 나가 살고 있는 재외동포들에게 민족교육을 함으로 직접·간접으로 한국의 언어문화를 세계 각국에 보급·전파하게 된다. 문화교류는 문화발전에 상승적 효과를 드러내 찬란한 문화를 피어나게 한다. 동서양 문화의 교류에 의한 Hellenism 문화가 그 단적인 예다. 이러한 문화의 보급 전파는 상호 이해를 돕고 친선을 도모하게 된다. 한류가 생겨나고, 친한파(親韓派)가 불어나는 것은 이 때문이다. 또한 이러한 현상은 생산·소비, 교역과 같은 경제활동과 연계되어 경제 발전에 기여하게 한다. 재외동포 교육은 이렇게 언어문화의 세계화와 경제 발전에 기여한다.

이상 재외동포 교육의 의의를 살펴보았다. 민족교육은 강력한 구속력을 갖지 않는다. 민족은 국가와 다르다. 사람들의 현실적 삶을 지배하는 것은 나라, 국가다. 역사에서는 민족이 우선하나, 현실에서는 국가가 앞선다. 사람들은 국가에 대해 권리와 의무를 지니나, 민족에 대해서는 그렇지 않다. 정적(情的) 유대감이 있을 뿐이다(정범모, 2004). 따라서 국가적 교육의 의무가 민족교육에는 적용이 되지 않는다. 이로 말미암아 민족교육은 그만큼 소극적이고 구속력이 약하다. 따라서 정서에 호소해 자발적·열성적으로 참여하게 해야 한다.

그러면 우리 정부의 재외동포 교육정책은 어떻게 되고 있는가? 그 교육목표는 어디에 두고 있는가? 문민정부 이래 참여정부에 이르기까지 애용되는 교육목표를 보이는 도표가 있다. 이는 "세계 속에서 자긍심 높은 한국인 상 구현"에 최종목표를 두고 있는 것으로, 교육부의 "재외동포교육의 목표 및 기본 방향"(1995)에 제시된 것이다. 그런데 이는 "재외국민에 관한 교육"의 목표라 할 성질의 것이다. 광의의 "재외동포"에 대한 교육목표가 아니다. 따라서 이는 액면 그대로 수용할 것이 못 된다. 비판적으로 수용해야 한다. 도표는 다음과 같다.

교육 목표

세계 속에서 자긍심 높은 한국인상 구현		
안정적인 현지 정착과 민족적 정체성 유지·신장		
모국이해교육	현지적응교육	국내연계교육
영주동포 및 자녀들의 한국인으로서의 동질성 정체성 유지·신장	현지 적응력 신장 및 다양한 교육 수요에 부응	체류민 자녀들의 귀국 후 학교 및 사회적응 능력 제고
영주 동포	일시 체류인	

이 도표에 제시된 교육목표 "세계 속에서 자긍심 높은 한국인상 구현"은 외국국적동포를 포함한 "재외동포의 교육 목표"로 어울리는 것이 못 된다. 1991년 개정된 대통령령의 "재외국민의 교육에 관한 규정" 제

23조에는 외국국적동포도 교육의 대상으로 포함하게 되어 있다. 그런데 위의 교육목표는 "재외국민"이 곧 "재외동포"였던 전의 틀이 적용된 것이다. 따라서 "외국국적동포"를 포함한 진정한 의미의 "재외동포"의 교육목표가 되려면 "한국인상 구현"을 "한민족상 구현"이라 하거나, "한국인상/ 한민족상 구현"이라고 병기해야 한다. 구체적 교육목표로서의 "모국이해교육"도 "모국/고국 이해교육", 또는 "한국/한민족 이해교육"으로 바꾸고, 그 아래 "한국인으로서의 동질성"은 "한국인/한민족으로서의 동질성"으로 "한민족"을 역시 병기해야 "외국국적동포"의 교육목표도 반영된 명실상부한 "재외동포"의 교육목표가 된다. 그렇게 하지 않을 경우에는 외국국적동포의 교육을 배제한 교육목표가 되어 잘못된 교육목표가 된다.

이렇게 위의 도표를 수정하고 정부의 정책적(政策的) 교육목표를 볼 때 이는 구체적으로 국내 연계교육, 한국/한민족 이해교육, 현지 적응교육의 세 가지가 된다. 이는 대체로 무난한 목표라 할 것이다. 그러나 좀 더 바람직한 교육목표가 되기 위해서는 여기에 세계화교육(世界化敎育)을 하나 더 추가하는 것이 좋다. 앞에서 언급하였듯, 오늘날은 국제화시대요, 세계화시대이다. 따라서 재외동포 교육도 마땅히 이것이 하나의 목표로 설정되어야 한다. 재외동포의 교육목표를 이들 네 가지로 보고, 다음에 이들 교육목표에 대해 구체적으로 살펴보기로 한다.

첫째, 국내 연계교육(連繫敎育)

해외에서 일시 체류하며 교육을 받다가 귀국하여 국내에서 계속 교육을 받아야 하는 경우에는 교육에 연속성이 있어야 한다. 이들 재외동포의 교육 내용은 국내 교육과 연계되어야 한다. 단절이 생겨서는 곤란하다. 거주국 교육과정에 따르거나, 변용된 내용의 교육을 받게 되면 국내

교육과 제대로 연계가 되지 않을 것이다. 예를 들어 "한국어"의 경우 이를 아예 배우지 않거나, 국어교육(國語敎育)으로서 충실한 교육을 받는 것이 아니라, 외국어로서의 "한국어교육(韓國語敎育)"만 몇 시간 받게 되면 학습의 질과 양에 큰 차이가 나게 될 것이다. 이렇게 되면 이들은 귀국했을 때 국내의 교육과 단절이 생겨 어려움을 겪게 마련이다. 심하면 정규 학교에 전학하여 교육을 받지 못하고, 귀국자녀 교육기관과 같은 특수한 교육기관에 가서 교육을 받아야 한다. 이러한 불행을 막기 위한 것이 국내 연계교육이다. 국내 연계교육은 정부에서 재외동포 밀집지역에 "한국학교" 등을 세워 실시하고 있다. 여기에서는 대체로 한국의 교육과정에 따른 교육을 한다. 그런데 다음 장에서 언급하듯 이러한 시설이 아직은 몇 개 되지 않아 많이 부족한 형편이다.

둘째, 한국/한민족 이해교육(理解敎育)

외국국적동포 및 해외에 영주하는 국민의 경우는 고국 또는 모국과 유리되어 살기 때문에 대부분 한국이나, 한민족의 언어, 역사, 문화 및 오늘의 실상에 대해 잘 알지 못한다. 따라서 이들에게 한국, 또는 한민족에 대한 교육을 함으로 한국을 이해하고, 한민족으로서의 정체성을 갖게 할 필요가 있다. 도표에 "모국 이해교육", 또는 "한국인으로서의 동질성" 운운은 앞에서 언급한 바와 같이 오해의 소지를 지니므로 표현을 바꾸어야 한다. 재외국민의 경우 한국이해 교육은 당연히 받아야 할 권리와 의무다. 이에 대해 외국국적동포의 경우는 한국/ 한민족을 이해하고, 정체성 및 동질성을 확보하기 위해 교육을 필요로 한다. 조상의 나라가 어떤 나라이며, 나와 같은 피를 나눈 그 민족은 어떤 민족인가를 이해함으로, 동질성, 동체성(同體性)을 갖게 하는 것이다. 생물은 DNA를 지녀 종(種)과 유(類)에 따라 각각 동질성과 이질성을 달리한다. 두꺼비는 연어의 모천(母川) 회귀처럼, 산야에서 살다가 산란할 때는 자기가 태어난 못을 찾아간다. 그리고 새로 태어난 두꺼비는 한 번도 가보지 않은 어미가 간 길을 따라 산으로 간다. 우리는 김치를 먹고, 막걸리를 마시며, 노래하기를 좋아하고, 신이 나면 어깨를 들썩이는 민족이다. 반만년의 역사와 찬란한 문화를 가진 민족이요, 오늘날 세계 10대 경제 대국에 진입한 나라다. 이러한 사실을 재외동포들이 알게 되면 거주국에서 자부심을 가지고 떳떳하게 살아갈 수 있을 것이다. 민족사적 관점에서 한민족을 이해하고, 불굴의 역사성에 자부심(自負心)을 가지고 정체성과 동질성을 신장해 나가도록 해야 한다.

그러나 재외동포 교육이 민족 분파를 획책하거나 지나치게 폐쇄적 이기주의, 폐쇄적 민족주의로 기울어지게 해서는 곤란하다. 그렇게 되면 민족분쟁이 발생하는가 하면, 거주국과 마찰이 생기고 분란이 빚어지게 된다. 다민족 국가에서 민족적 분규가 가시지 않는 것은 이 때문이다.

셋째, 현지 적응교육(適應敎育)

외국 국적의 영주동포의 경우는 생활의 근거지가 한국에 있는 것이 아니고, 거주국에 있다. 따라서 그들에게는 국내 연계교육이 따로 필요하지 않다. 오히려 현지에서 유능한 시민으로 적응하며 살 수 있도록 하는 교육이 필요하다. 그러기 위해서는 거주국의 언어를 능숙하게 구사할 뿐 아니라, 현지의 문화·습속을 잘 익혀 모범적인 유능한 시민으로 살아가도록 교육하여야 한다. 그렇게 되면 재외동포의 위상도 높아지고, 주류사회에 진출해 활약하는 지도자도 많이 나오게 될 것이다.

현실적으로 국민의 생존(生存)을 보장해 주는 것은 민족이 아닌 현지 국가다. 따라서 현지 국가에 충성하고, 의무를 다하며, 사회를 위해 기여하도록 하여야 한다. 재외동포 교육에는 이처럼 뿌리를 이해하는 교육과 함께 현지 적응교육이 필요하다. 아니 현실적으로 이것이 더 필요하고 중요하다고 할 수 있다. 이는 생활과 직결되기 때문이다. 현지 적응교육은 영주 동포뿐만 아니라, 한시적으로 외국에 체류하는 재외국민에게도 어느 정도 필요한 교육내용임은 말할 것도 없다. 그런데 일본의 총련계(總聯系) 학교의 경우는 영주 동포를 대상으로 하면서도 조선(朝鮮)의 교육과정에 따른 교육을 하고 있어 특수한 양상을 보여 주고 있다. 이들의 경우는 "조선인으로서 자신의 조국과 민족에 기여할 수 있는 인재를 양성"(조선대학교 민족교육연구소, 1987)함에 교육목표를 두고 있어 실현 여부와는 관계없이 재외국민으로서 국내 연계교육을 하고 있다 할 것이다.

넷째, 세계화교육(世界化敎育)

현대는 국제화시대이며, 세계화시대요, 다문화시대라 한다. 그래서 각국은 자국의 언어문화를 세계에 보급·전파하고 있다. 우리도 남과 담을 쌓고 고립하여 살 수는 없다. 나, 가정, 사회, 민족, 국가의 순으로 껍질을 깨고 세계로 진출해야 한다. 인류의 보편적 가치와 윤리를 존중하고, 서로 양보하고 협동하며 살아가는 세계화로 나아가야 한다. 최근 한반도 선진화재단이 측정 발표한 한국의 선진화 지수는 충격적이다. 한국은 40개 국가 가운데 30위라고 한다. 그리고 국제화 지수는 35위라 한다(조선일보, 08.9.4.). 세계화교육이 절실한 상황이라 할 것이다.

세계화 교육은 한국의 언어문화를 재외동포들에게 교육함으로 세계에 한국 언어문화를 보급·확산하게 한다는 것이다. 이는 영국의 British council, 미국의 American center, 독일의 Goethe Institute, 프랑스의 Allience Francaise, 일본의 국제교류기금, 중국의 공자학당과 같은 국제문화 교류조직의 정신과도 맥을 같이 할 것이다.

재외동포의 세계화교육은 폐쇄적 안목을 버리고, 개방적 사고를 함으로 진취적이고, 관용적(寬容的) 태도를 지향할 것이다. 문화면에서 볼 때 지난날에는 특정 문화의 가치만이 강조되었다. 그러나 국제화, 세계화, 다문화 사회가 된 오늘날은 하나의 문화가 절대적 가치를 지니는 것이라 보지 않는다. 상대적 가치와 독자성을 지니는 것으로 본다. 우열을 따지지 않는다. 거기에다 문화는 교류에 의해 재창조된다. 문화적 교류는 상승작용을 하며 재창조된다. 따라서 재외동포의 세계화교육은 매우 필요한 교육목표다. 한 가지 꽃만이 피어 있는 화원도 아름답지만, 여러 가지 꽃이 어우러져 피어 있는 화원은 더욱 화려하다. 이렇듯 민족문화도 서로 교류하여 더불어 세계문화로 피어날 때 더욱 아름답고 다채로운 꽃을 피우게 된다. 다문화사회에 거주하는 재외동포의 세계화교육은 이런 면에서 더욱 강조된다. 더구나 우리의 경우는 170여개 나라에 재외동포가 나가 살고 있어 한국의 언어문화를 보급·전파하고, 세계문화를 꽃 피우게 하는 데 그만큼 더 기여할 수 있을 것이다. 일본의 한 한국계 고등학교(건국고등학교)가 이미 "세계로 뻗어나가는 사람"을 그들의 교육목표의 하나로 정하고 있음은 시사하는 바 크다.

이상 우리의 재외동포의 교육목표에 대해 살펴보았다. 이러한 네 개의 교육목표는 편협한 국수주의적 교육정책이 아니요, 열린 교육으로서 다채로운 세계문화 창조에 기여하려는 교육으로 수행되는 것이다. 따라서 이는 현지 정부에서 사시안(斜視眼)으로 볼 것이 아니다. 오히려 이는 환영하고, 지원·장려해야 할 교육이라 할 것이다.

2.2. 재외동포 교육의 내용

"재외국민의 교육지원 등에 관한 법률"(법률 제8164호) 제2조에는 재외교육기관에 대한 정의가 내려져 있다. 여기에서 "재외동포교육기관"이 란 "재외국민에게 학교교육 및 평생교육 등을 실시하기 위하여 외국에 설립된 한국학교·한글학교·한국교육원 등의 교육기관"을 말한다고 되어 있다. 이들 교육기관에 대해서는 각각 다음과 같이 정의하고 있다.

"한국학교"라 함은 재외국민에게 초·중등교육법의 규정에 따른 학교 교육을 실시하기 위하여 교육인적자원부장관의 승인을 얻어 외국에 설립한 교육기관을 말한다.
"한글학교"라 함은 재외국민에게 한국어·한국역사 및 한국문화 등을 교육하기 위하여 재외국민단체 등이 자체적으로 설립하여 당해 지역을 관할하는 재외공관의 장에게 등록한 비정규학교를 말한다.

"한국교육원"은 재외국민에 대한 평생교육 및 그 밖의 교육활동을 실시하기 위하여 설치한 기구로, 여기서는 한국어의 보급, 한글학교의 교육활동 지원 등의 일을 관장하는 것으로 되어 있다. 이들 교육기관의 현황은 다음과 같다, 통계자료는 2007년 4월 기준의 것이다(여종구, 2007).

구분	한국학교(전일제)	교육기관 한국교육원	한글학교(정시제)	지원기관 해외공관 주재교육관
설치	○14개국 26교		○106개국 2072개교	○5개국
현황	-학생 : 8,896명 -교원 : 798명 (파견 72)	○14개국 35개원 -교원 45명(파견)	-학생 : 125,044명 -교원 : 13,853명	(11기관) 13명

이들 교육 기관의 지역별 분포는 다음과 같다.

구분	일본	아주	구주	CIS	북미	중남미	이중동	소계
교육관	3	2	2	1	3	-	-	11개관
교육원	14	1	3	7	7	3	-	35개원
한국학교	4	14	-	1	-	3	4	26개교
한글학교	73	166	98	536	1,093	68	38	2,072개교

이 가운데 한국학교의 현황은 다음과 같다.

- 일본 : 동경한국학교, 교토국제학교, 오사카금강학교, 오사카건국학교
- 중국 : 북경한국국제학교, 상해한국학교, 연변한국학교, 천진한국국제학교, 홍콩한국국제학교, 연대한국학교, 대련한국학교
- 대만 : 타이뻬이한국학교, 고웅한국학교
- 인도네시아 : 자카르타한국국제학교
- 싱가포르 : 싱가포르한국학교
- 베트남 : 호치민시한국학교, 하노이한국학교
- 태국 : 방콕한국국제학교
- 파라과이 : 파라과이한국학교
- 아르헨티나 : 아르헨티나한국학교
- 브라질 : 브라질한국학교
- 러시아 : 모스크바한국학교
- 사우디아라비아 : 젯다한국학교, 리야드한국학교
- 이란 : 테헤란한국학교
- 이집트 : 카이로한국학교

교육과정은 "한국학교"의 경우는 초·중등교육법 제 23조에 따라 교육과학기술부 장관이 정하는 교육과정에 준하여 편성하게 되어 있고, 소재국(所在國)의 특수성을 고려하여 교육과정 또는 교과내용을 변경하여 편성할 수 있게 하였다(상동 제8조). "한국학교"와 같은 전일제(全日制) 학

교의 경우는 모국의 교육과정에 따라 교육하되, 현지의 특수성을 고려하여 약간 변경·운영한다는 것이다. 따라서 여기 교육 내용은 원칙적으로 모국과 같고, 현지 적응교육이 다소 추가되는 것으로 보면 된다. 이에 대해 한글학교 및 한국교육원은 한국어·한국역사 및 한국문화와 같은 민족교육의 교과를 교육 내용으로 한다. 교육부의 "재외동포 교육의 목표 및 기본 방향(1995)"에서 재외동포의 교육 내용을 "우리나라의 말과 글, 역사, 문화 등"으로 보고 있는 것이나, "재외국민의 교육지원 등에 관한 법률" 제34조의 외국의 교육기관 및 교육단체가 "한국어·한국사·한국문화 등의 교육과정"을 운영하는 경우 교육과학기술부 장관이 그 교육과정 운영에 필요한 경비의 전부 또는 일부를 지원할 수 있다고 한 것도 이러한 맥락에서 이해되는 것이다. 민족교과에는 이 밖에 "한국 사회, 한국 지리" 등을 추가할 수 있을 것이다.

재외동포의 교육기관으로는 이 밖에 일본(日本)의 제1조학교(일본의 학교교육법 제1조에 의한 법적 교육기관) 및 민족학급, 중국(中國)의 조선족 소·중학교 등이 있다. 일본의 건국학원, 금강학원 및 경도한국학교는 본래 법률 제8164호에 제시된 "한국학교"였으나, 일본의 제1조학교로 바뀌었다. 곧 일본의 정규학교가 된 것이다. 따라서 여기서는 일본 교육과정에 따르되, 한민족(韓民族)의 특수성을 고려하여 민족교과를 과외로 편성, 운영하고 있다. 예를 들어 건국중학교의 경우는 "한국어, 한국사, 한국지리"를, 고등학교의 경우 종합코스 한국문화전공의 경우 "한국어, 한국어II, 한국어독해, 한국어연습, 한국어회화, 한국사"가 교육과정에 추가되어 있는 것이 그것이다. 일본의 민족학급은 "한글학교"와 같은 성격의 것으로, 민족교육을 실시하기 위해 일본의 정규학교에 부설한 기관이다. 중국의 조선족 학교의 경우는 중국 교육과정에 따르되, "어문"이라는 이름으로 조선어(한국어)를 민족교육의 일환으로 따로 편성 운영하고 있다. 한국의 역사나 문화는 교육과정에 정식으로 반영되어 있지 않다.

"한글학교"는 NGO(비정부기구) 교육기관이다. 그러나 이는 어떤 교육기관보다 재외동포의 민족교육을 많이 하고 있는 대표적 기관이라 하겠다. 2007년 기준으로 2072개 학교가 설립되어 있어 수적으로도 대표적 교육기관이라 할 수 있다. 주말이나 주중에 하루 수업을 하는데 수업시간은 3~6시간이며, 한국어를 중심으로 역사·문화 등을 교수·학습한다. 특별활동으로 전통무용, 사물놀이, 민속놀이를 하기도 한다.

이상 재외동포의 교육기관을 중심으로 그 교육 내용을 살펴보았다. 교육 내용은 기관에 따라 다양하게 편성하고 있다. "한국학교"와 같이 국내 연계교육을 해야 하는 기관은 한국 교육과정의 전 교과를 교육내용으로 편성해야 한다. 그리고 여기에 현지 적응교육으로서의 교과를 추가할 수 있다. 이에 대해 현지 정부에서 설립한 교육기관과, 한글학교 및 민족학급과 같은 경우는 현실적으로 이러한 편성이 불가능하다. 여기에서는 민족교과를 주로 하되, 최소한 한국어, 한국의 역사 및 한국 문화를 교육 내용으로 해야 한다. 그리고 영주동포를 위해서는 현지 적응능력을 신장토록 교육적 지원을 하거나, 다양한 교육을 받을 수 있도록 지도·알선해야 할 것이다.

3. 재외동포 교육의 운영과 방법

재외동포의 교육은 왜, 무엇을 하는가에 대해 살펴보았다. 다음에는 어떻게, 곧 교육의 방법에 대해 살펴보기로 한다. 교육의 방법은 크게 보아 기구 및 이의 운영과, 교육의 여건, 교수·학습의 방법의 세 분야로 나누어 살펴볼 수 있을 것이다. 따라서 여기서는 이들에 대해 살펴보기로 한다.

3.1. 기구(機構)와 이의 운영

재외동포 교육을 관장하는 한국 정부의 부서로는 교육과학기술부, 문화체육관광부, 외교통상부가 있다. 이들 부처의 관련 기관과 주요 업무는 대체로 다음과 같다.

교육과학기술부

- 국제교육진흥원 : 국내 초청교육, 해외동포 현지연수, 입양인 문화체험연수, 재외동포교육자 초청연수, 해외파견 교육공무원 직무연수, 교재 보급 및 교육정보 제공, KOSNET 개발 및 운영
- 한국교육과정평가원 : 한국학교 교재개발 및 지원, 한국어 능력시험

외교통상부

- 재외동포재단 : 모국어 및 민족교육 지원, 민족교육자 초청연수, 한글학교 지원, 재외동포 장학사업, 재외동포 사이버 한국어 강좌 개발 및 운영

문화체육관광부

- 국립국어원 : 한국어교사 연수, 세종학당 운영
- 한국어세계화재단 : 한국어 국외보급, 한국어교육능력시험

이밖에 NGO인 재외동포교육진흥재단에서 재외동포 교육자를 위한 국제 학술회의, 한글학교 교사 등 현지 교사연수, 한글학교용 교재개발을 하고 있다. 위의 세 부처의 업무는 차별화가 되어 있기는 하나, 서로 중복되는 면도 있어 이의 통합 조정이 필요하다는 의견이 많다. 재외동포청을 신설하자는 의견도 있으나, 우선 통상 업무는 외교통상부에서 관장하고, 교육 문제는 교육과학기술부에서 일괄 통합하여 취급하는 것이

체계성이 있어 바람직할 것으로 생각된다. 더구나 해외에서 업무를 담당할 한국교육원과 한국문화원은 각각 35개원과 12개원으로, 그 수도 많지 않다. 따라서 이들 두 기관은 "교육·문화원(敎育文化院)으로 통합하고, 보다 많은 지역에 개설하여 여기서 언어·문화교육을 일원화하여 다룬다면 일석이조가 될 것이다. 정부의 바람직한 통합·조정이 기대된다.

3.2. 교육의 여건(與件)

재외동포 교육을 실시하기 위해서는 우선 그 기반으로서의 교육과정, 학습 자료, 교사가 확보되고 학습자가 있어야 한다. 이 밖에 교육시설의 문제가 있다. 그러면 이러한 교육 여건은 어떠한가? 이들의 문제를 간단히 보기로 한다.

첫째, 교육과정(敎育課程)의 문제

교육을 하기 위해서는 우선 교육과정이 편성되어 있어야 한다. 국가적 수준의 교육과정, 또는 실러버스가 단계별로 갖추어져야 한다. 그런데 재외동포교육용 교육과정은 제대로 만들어져 있지 않다. 있다면 한국교육과정평가원 등에서 특정 교재를 제작하기 위한 한국어 교육과정이 개발된 것이 있을 뿐이다(류재택 외, 2002, 2004). 역사나, 문화는 이런 것조차 개발된 것이 없는 실정이다. 우선 국가적 수준의 교육과정을 만들고 이를 바탕으로 각급 단계 및 과정의 교육과정을 구안하도록 하여야 한다. 한글학교용 교육과정은 최근 정책과제로 개발되고 있다. 미국 등 현지에서는 한글학교용 교육과정이 만들어진 바 있기도 하다.

둘째 학습 자료(學習資料)의 문제

재외동포용 한국어 교재는 부실하나마 여러 종류가 나와 있다. 그 중 대표적인 것으로는 국내에서 개발된 것으로 국제교육원(한국교육과정평가원)의 "한국어"가 있고, 현지의 것으로 재미한글학교연합회와 남가주한국학원의 "한국어" 및 "재미 있는 한국어", 중국의 조선족 소·중학교의 교재가 있다. 국내에서 개발된 것은 범용교재(汎用教材)로 개발하여 몇 개 언어로 번역하여 활용되고 있다. 언어교재는 원칙적으로 학습자의 언어에 따라 대조분석을 바탕으로 현지에 부합한 것이 제작되어야 한다. 이런 의미에서 현지에서 제작된 교재가 좀 더 바람직한 것이나, 현지의 교재도 아직 만족스러운 것이 개발되고 있지 못하다. 범용교재 외에 국제교육진흥원의 KOSNET(Korean Language Study on the Internet), 및 재외동포재단의 "Teenager Korean"은 특수 자료로 참고할 수 있다. 재외동포교육진흥재단의 "한글(기초)"은 문자교육에, "한국어(기초)"는 기초 한국어교육에 활용될 수 있을 것이다. 그런데 중요한 것은 어떤 중핵적(中核的) 자료라도 그것만으로는 부족하다는 것이다. 보조 자료를 필요로 한다. 이런 의미에서 많은 교재와 보조 자료가 개발되어야 하고, 교사 자작의 학습 자료도 제작되어야 한다. 외국어로서의 한국어교육 교재로 한국의 국정 교과서 "국어"를 사용하는 것은 바람직하지 못하다.

역사 및 문화에 대한 교재는 많지 않다. 국제교육진흥원에서서 역사 교재가 3종(한국의 역사, 한국사, 재외동포용 한국사), 문화 교재가 1종(한국의 문화)이 개발되었다. 재외동포교육진흥재단에서도 한글학교용 "한국의 역사"와 "한국의 문화" 교재 및 교사용 지도서가 나와 있다. 이 밖에 "한국 민속" 교재도 있다.

셋째, 교사의 문제

교육의 질은 교사의 질을 능가하지 못한다고 한다. 이렇듯 교사의 자질은 교육에서 중요한 의미를 지닌다. 그런데 재외동포 교육 현장에는 유능한 교사가 절대적으로 부족할 뿐 아니라, 교육기관이 대체로 영세해 우수한 교사를 제대로 확보하지 못하고 있어 바람직한 상황이 못 된다.

한국어교사 양성기관은 국내외에 걸쳐 부족하나마 그 동안 갖추어졌고, 2005년 국어기본법이 제정된 뒤, 자격시험을 거쳐 교사가 되는 길도 열려 있다. 그러나 역사, 문화는 아직 그런 단계에도 이르지 못했다. 좋은 교사를 확보할 수 있는 여건이 하루 속히 조성돼야 하겠다.

넷째, 학습자의 문제

재외동포 학습자는 그 구성원이 다양하다. 일시체류자, 영주권자, 외국국적동포, 국제가정 자녀와 같이 학습 목표도 다르고, 한국어 능력도 다르다. 거기에다가 유치원 아동에서 성인에 이르기까지 연령층도 다양하다. 이런 학습자들을 동일하게 취급할 수는 없는 일이다. 적어도 학습목표, 한국어 능력, 연령대를 고려해서 분반 지도해야 한다. 그런데 현실은 그렇지 못하다. 교육 공간, 교사, 교재, 어느 하나 수요에 응할 만한 여유가 없다. 그러니 우선은 악조건을 감내하면서 차선책을 택할 수밖에 없다. 그리고 무엇보다 학부모의 관심과 학습자의 의욕을 고취하도록 하여야 한다.

다섯째, 교육시설 문제

재외동포 교육에 있어 가장 심각한 것이 교육시설 문제다. 여기서는 교육의 목표와 방법을 논의하는 자리기에 자세한 논의는 하지 않거니와, 교육시설은 한 마디로 열악하고 미미한 형편이다. 대표적 교육 기관은 2장의 통계표에 보인 바와 같이 정규학교가 14개국 26개교, 한글학교가

106개국 2072개교다. 정규학교가 26개교라는 것은 부끄러운 일이다. 일본의 총련계 학교만 하여도 150개인 것을 생각할 때 더욱 그러하다. 한글학교는 그래도 수적으로 제법 설립된 것으로 보이나, 이들 학교가 처해 있는 여건이 말이 아니다. 대부분의 학교가 자체 건물이 아니고, 교회나 다른 학교 건물 등을 빌려 쓰고 있다. 교육 기자재 등 시설도 부족한 실정이다. 이러한 어려운 교육환경, 부족한 교육시설은 빨리 개선되도록 하여야 한다. 그리고 재외동포들이 집거하고 있는 것이 아니라, 대부분 산재하고 있으므로 IT등을 활용하여 자학자습할 수 있는 시설도 갖추도록 해야 한다.

3.3. 교수·학습의 방법

교육의 핵심은 역시 교수·학습이다. 그런데 교수·학습의 방법, 곧 교수법은 학문의 영역에 따라 반드시 같지 아니하다. 한국어 교수법과 역사·문화의 교수법도 마찬가지다. 따라서 여기서는 각 영역에 공통되는 원리를 중심으로 바람직한 교수·학습의 방법을 살펴보기로 한다.

첫째, 정체성(正體性) 확립을 위한 교육을 추구한다.

재외동포의 교육은 앞에서 언급한 바와 같이 무엇보다 정체성을 확립하기 위해 수행된다. 특히 민족교과인 한국어와 한국사 및 한국문화의 교수·학습이 그러하다. 이러한 민족교육은 나를 발견하고, 나아가 우리 민족을 이해하고 자긍심을 가지고, 현지에 적응하며 살아가게 하자는 것이다. 따라서 제3의 언어, 제3의 역사와 문화를 배우듯 교양이나 지식을 갖추기 위한 교수·학습과는 구별된다. 재외동포 교육의 목표가 국내 연계교육, 현지 적응교육, 한국/한민족 이해교육, 세계화교육에 있다는 것도 아울러 유념할 일이다. 목표를 가진 교육과 그렇지 않은 교육은 천양 지판의 차이를 드러낸다.

둘째, 다양한 교수법을 적절히 활용한다.

역사적으로 외국어 교수법의 주류를 이루는 것은 문법－번역법(grammar-translation method)과 청각－구두법(audio-lingual approach), 그리고 의사소통법(communicative approach)이라 할 수 있다. 그러나 이 밖에도 많은 교수법이 있다. 모방 기억법, 단계적 직접교수법, 인지학습법, 전신반응법, 침묵법, 공동체 언어학습법, 암시적 교수법, 자연법 같은 것이 그것이다.

교수법에는 절대적인 것이 있을 수 없다. 각각 그 나름의 장점과 단점이 있다. 학습자, 학습 내용, 학습 목적에 따라 적절한 교수법을 선택하여야 한다. 어린이를 대상으로 하는 경우에는 모방·기억법(mim·mem practice)을 주로 활용할 수 있겠고, 중·고등학교 학생인 경우는 의사소통법을 즐겨 쓸 수 있을 것이다. 대학생인 경우에는 문법－번역법을 활용함으로 효과를 거둘 수 있을 것이다. 한글학교 어린이 반의 경우는 의사소통법을 위주로, 모방·기억법을 가미하는 것이 바람직할 것이다. 또한 교육 내용에 따라 이 교수법은 달라질 수 있다. 따라서 각종 교수법의 장단점을 고려하여 그 과정과 내용에 어울리는 방법을 선택, 운용함으로, 바람직한 교수·학습이 되도록 해야 한다.

역사·문화 교수법은 청각－구두법에 시청각법이 주로 활용되겠으나, 여기에 현장 체험학습의 기회를 많이 가지도록 함이 바람직할 것이다.

셋째, 언어와 문화의 통합교육을 지향한다.

문화란 한 민족의 생활양식의 총체, 개개의 인간이 집단으로부터 받아들이는 사회적 유산이다. 문화교육은 크게 둘로 나눌 수 있다. 그 하나가 사회교육으로서의 문화교육이고, 다른 하나가 언어교육과 더불어 행해지는 문화교육이다. 전자는 문화 전반을 대상으로 하고, 후자는 언어를 전제한 협의의 문화를 대상으로 한다. 사회교육으로서 행해지는 포괄적 문화교육은 민족문화에 대한 교육으로서 수행되는 것이니, 이는 문화 전반에 관해 학습자가 잘 아는 언어로 하는 것이 바람직하다. 그러나 언어교육으로서 행해지는 제한적 문화교육은 언어와 문화의 통합교육(統合敎育)으로, 한국어 교재를 바탕으로 하는 것이 바람직하다.

모든 형식의 언어학습은 문화에 대한 학습이며, 외국문화와의 만남은 그 외국어 수업의 첫째 시간부터 시작된다는 말이 있다. 문화를 배제한 언어교육은 상상할 수 없다. 따라서 언어교육으로 수행되는 문화교육은 통합적 교육이 되도록 해야 한다. 재외동포는 언어의 이면에 스며 있는 민족문화를 잘 모를 것이므로 더욱 문화교육을 중시해야 한다.

언어교육의 목표인 의사소통 능력의 신장은 문법 능력에 의한 정확성(accuracy) 외에 사회언어학적 능력에 의한 적절성(appropriateness)을 확보해야 한다. 이는 의미와 형태의 적절성을 아울러 이르는 것으로, 사회적으로 수용성(acceptability)이 있는 표현을 해야 함을 말한다. 이를 위해서는 사회문화적 내용 지식과, 사회언어학적 측면에서의 형식 지식을 익히도록 해야 한다.

- 내용 지식 : 목숨, 장가가다, 머리를 풀다, 국수를 먹다, 춥기는 사명당 사첫방이다
- 형식 지식 : 사랑해, 수고하세요, 과세 안녕하십니까?, 차린 것은 없지만 많이 드세요

넷째, 학습자의 발달단계 및 욕구를 반영한다.

교육 효과는 학습자의 발달단계에 어울리고, 학습자의 욕구에 부합될

때 증대된다. 따라서 교육을 할 때는 학습자의 발달단계와 그들의 욕구를 고려해야 한다. 재외동포의 교육도 예외가 아니다. 이런 의미에서 학습자의 각종 학습단계와 교육 내용이 잘 조정되어야 한다. 난이도에 대한 충분한 배려가 있어야 하겠고, 학습자의 지적 발달단계도 아울러 고려해야 하겠다. 한국어를 모른다고 하여 성인에게 어린이용 교재를 사용하거나, 반복적 모방학습을 강요할 수는 없는 일이다. 그리고 무엇보다 민족교육에 대한 흥미를 갖고 학습하려는 의욕을 가지도록 지도하여야 한다. 흥미와 의욕을 가지지 않을 때 그 교육적 효과는 크게 기대할 수 없을 것이다. 따라서 즐겁고 편안한 마음을 가지고 의욕적으로 학습하고자 하는 분위기가 조성되도록 하여야 한다.

다섯째, 여러 감각을 활용하는 교수·학습을 한다.

우리는 알 수 없는 사물을 대할 때 눈으로 확인하고, 만져 본다. 그리고도 모를 때는 흔들어도 보고, 냄새를 맡아 보기도 한다. 경우에 따라서는 맛도 본다. 이렇게 알 수 없는 것의 실체를 확인하고자 할 때 오관(五官)을 활용한다. 교수·학습은 여러 감각을 활용할 때 효과적이다. 언어교육에서 청각구두법을 쓰며, 시청각 기재를 활용하거나, 전신반응법을 써 동작적(動作的) 경험을 하게 하거나, 촉각을 통해 사물을 확인하게 하는 것 따위가 이러한 것이다. 같은 언어교육에서 좌뇌(左腦)만이 아닌, 우뇌(右腦)를 활용하는 것도 이런 원리를 원용하는 것이다.

이러한 추상적인 언어교육과는 달리 역사, 문화교육에서는 더욱 다양한 감각의 활용을 필요로 할 것이다. 예를 들어 윷, 씨름, 가야금에 대해 교육할 때 입으로 설명만 하면 그것은 피상적 교육에 그치고 만다. 이와 달리 윷을 놀고, 씨름을 해 보고, 가야금을 만지고 타 보게 되면 그것은 문화체험에 의한 살아 있는 교육이 될 것이다.

여섯째, 조기(早期)에 교육을 시작한다.

재외동포의 민족교육은 조기에 시작하는 것이 바람직하다. 어렸을 때 일상생활을 하며, 교육이라는 의식도 없이 체험하고 습득하여 몸에 배게 하는 것이 중요하다. 언어 학습의 경우 어렸을 때의 이중(二重), 혹은 다중(多重) 언어의 습득은 생각처럼 그리 큰 부담을 주지 않는 것으로 알려진다. 오히려 이중언어 교육이 효과적이라는 연구가 있는가 하면, 외국어 교육은 학습(learning) 아닌 습득(acquisition)이 더 큰 비중을 차지하는 것으로 보기도 한다. 따라서 민족어의 학습이 현지어의 학습에 지장을 준다고 염려할 필요는 없다. 부모가 가정에서 한국어를 사용하면 그만큼 민족어 학습에 도움이 된다. 더구나 언어의 형성기(形成期)가 지나 외국어를 학습하게 되면 그만큼 학습하기도 힘들고, 교정하기도 어려워진다. 민족 문화도 자연스럽게 노출하면 어린이는 무의식중에 이를 익히게 된다. 더구나 부모가 그것을 생활화한다면 그 효과가 더욱 커질 것이다. 백문(百聞)이 불여일견(不如一見)이란 말이 있듯, 듣고 배우는 것보다 오히려 어렸을 때 보고 은연중에 익혀 모방하는 것이 보다 효과적이다.

일곱째, 현장의 체험학습 기회를 많이 갖도록 한다.

앞에서 "백문이 불여일견"이란 말을 하였지만, 현장의 체험학습을 많이 하라는 것은, 간접적으로 듣고 익히게 하는 데 그치지 말고, 직접 경험을 많이 하라는 말이다. 재외동포의 경우에는 전통문화, 성취문화, 생활문화 등 낯설고 모르는 것이 많을 것이다. 이런 것들은 가능한 한 조상의 나라를 찾아 직접 체험하는 기회를 가지는 것이 바람직하다. 이러한 체험은 상호 홈스테이(home stay) 하는 방법 등을 강구할 수도 있다. 그렇지 않으면 부족하나마 현지에서 경험할 수 있는 시설을 갖추는 것이다. 한국문화원, 또는 교육원에 문화 시설을 갖추고, 체험학습을 하게

할 수도 있겠고, 아니면 자료를 빌려다 하는 방법도 있을 것이다. 아무
튼 문화 현장을 직접 체험할 수 있는 방법을 여러 가지로 강구해 산 교
육이 되도록 할 일이다.

4. 결어

재외동포 교육은 왜, 무엇을, 어떻게 해야 하는가, 곧 재외동포 교육의
목표와 내용, 및 방법을 중심으로 재외동포 교육 문제를 개관하였다. 그리
고 이러한 개관을 통해 재외동포 교육의 바람직한 방향을 제시해 보았다.
그러나 재외동포의 교육은 이렇게 교육 자체의 문제도 중요하나, 교육
의 장을 펼치는 정책의 문제가 더욱 중요하다. 놀이를 하려면 놀이마당
이 제대로 갖추어져야 한다. 그렇지 않으면 놀이가 제대로 될 수 없다.
놀이마당으로서의 교육의 장은 우선 수요에 따른 충분한 교육 공간, 곧
교육기관이 설치되어야 하고, 놀이를 할 수 있는 시설이 제대로 갖추어
져야 한다. 그런데 지금의 교육의 장 실정은 너무 영세하고 미미하다.
놀이마당은 물론 일차적으로 재외동포 스스로가 마련할 수 있다. 그러나
재외동포의 능력엔 한계가 있고, 재외동포 교육이 국가적·민족적 사업
이고 보면 정부에서 적극적으로 대책을 강구해 장을 마련해야 한다. 이
러기 위해서는 정부 차원의 재외동포 교육 기능이 조정·통합되어 체계
적이고 합리적으로 운영되도록 하여야 한다. 중구난방식(衆口難防式)으로
운영되어서는 곤란하다. "실용 정부"가 새로 수립되어 혁신을 꾀하고 있
다. 재외동포 교육도 실용정부에 들어서 일신되기를 기대한다.

참고문헌

박갑수(2005), 국어교육과 한국어교육의 성찰, 서울대학교 출판부.
진동섭(2003), 재외동포교육 활성화방안 연구, 교육인적자원부(교육정책과제).
Kramsch, C.(1993), Context and Culture in Language Teaching, Oxford University Press.
Porter, R. E., L.A. Samovar(1991), Basic Principles of Intercultural Communication, Wadsworth Publishing Company.
Samovar, L. A. et al(1998), Communication Between Cultures, Wadsworth Publishing Company.
高見澤孟(1989), 新しい外國語教授法と 日本語教育, アルク.
山內進(2003) 言語敎育學入門, 大修館書店.
박갑수(1998), 외국어로서의 한국어 교육과 문화적 배경, 선청어문 제26호, 서울사대 국어교육과.
박갑수(2003), 한국어교육의 과제와 개선 방향—재외동포교육을 중심으로, 재외동포의 정체성 확립과 교육의 방향, 재외동포교육진흥재단.
박갑수(2005), 언어와 문화, 그리고 한국어교육, 제9회 조선—한국 언어문학교육 학술회의, 연변대학.
박갑수(2007), 재외동포 한국어교육의 오늘과 내일, 이중언어학, 제33호, 이중언어학회.
박갑수(2007), 재외동포교육과 언어문화의 교육, 제3회 유럽한글학교교사세미나, 유럽한글학교협의회, 파리.
박갑수(2008), 한글학교를 통한 재외동포 한국어교육의 현황과 대책, 새국어생활 제18권 제3호, 국립국어원.
여종구(2007), 재외동포교육의 현황과 정책방향, 제2회 동남아시아 한글학교 교원연수, 동남아시아 한글학교연합회, 마닐라.
이종훈(2007), 재외동포정책의 과제와 한인사회의 미래, 제1회 세계한인의 날 기념 재외동포정책 세미나, 외교통상부.
정범모(2004), 한민족의 미래를 여는 재외동포교육, 제3회 재외동포교육 국제학술대회, 재외동포교육진흥재단.

■ 이 글은 뉴질랜드 한인학교 협의회의 "21세기 다문화 시대의 정체성 교육"(2008. 10. 2. 로토루아)에서 기조 강연을 한 원고로, 외국인을 위한 한국어교육연구, 제12집(서울대학교 외국인을 위한 한국어교육 지도자과정, 2008)에 수록된 논문이다.

제2장 재외동포의 정체성과 민족교육의 방안

-민족어교육을 중심으로-

1. 서언

얼마 전의 개그에 "엄마, 나 백곰 맞아?"라는 것이 있었다.

"엄마, 나 백곰 맞아?"
"맞다."
어린 백곰은 돌아서 나가다가 다시,
"엄마, 나 백곰 맞아?" 했다.
"맞다."
어린 백곰은 고개를 갸우뚱하고 나가다가 다시 돌아서서 물었다.
"엄마, 나 진짜 백곰 맞아?"
"맞다니까."
"그런데 왜 내가 춥지?"

"썰렁 시리즈"에 속한다는 이 개그는 정체성(正體性) 확인하는 우스개
이다.

재미동포인 우리의 젊은이가 어느 날 자신은 주류사회의 백인이 아닌, 주변인(marginal man)이라는 사실을 깨닫거나, 일본인으로 처신하던 재일동포 중학생이 외래(外來)의 "朝鮮人"이라는 것을 알고 충격을 받는 것도 이러한 정체성의 자각이다.

사람은 정체성을 확인할 때 비로소 올바른 인생을 영위하며, 가치 있는 삶을 누리게 된다. 그렇지 않을 때 그것은 주체성 없는 삶이 되고, 의미있는 삶이 못 된다. 인생에 있어 정체성은 이렇게 중요한 의미를 갖는다.

우리 동포는 세계 곳곳에 흩어져 살고 있다. 한 자료에 의하면 우리의 재외동포(在外同胞)는 2003년 7월 현재 173개 국가에 살고 있으며, 6,077천명이라 한다(교육부, 2005). 인구도 많지 않고, 영토도 넓지 않은 우리나라가 재외동포의 수로 볼 때는 중국, 이스라엘, 이탈리아, 필리핀 다음의 대국이다.

그러면 이러한 재외동포의 교육, 특히 민족어 교육은 어떻게 꾀해지고 있으며, 수행되어야 하는가? 이를 위해서는 우선 "재외동포"의 실체부터 파악할 필요가 있다.

"재외동포"란 국내가 아닌, 해외에 있는 동포란 말이다. 그리고 "동포"란 같은 부모에게서 태어난 형제자매를 일컫는다. "재외동포"의 경우에는 "동포"가 비유적으로 쓰여 같은 나라 또는 같은 민족의 뜻으로 쓰이는 경우이다. 따라서 "재외동포"는 자국인, 및 같은 민족의 외국인을 아울러 이르게 된다. 이러한 재외동포의 개념은 "在外同胞財團法"(1997)에 다음과 같이 "定義"가 되어 있다.

第2條 [定義] 이 法에서 "在外同胞'라 함은 다음 各號의 1에 해당하는 者를 말한다.

1. 大韓民國國民으로서 外國에 長期 滯留하거나 永住權을 취득한 者

   2. 國籍을 불문하고 韓民族의 血統을 지닌 者로서 外國에 居住·生活
      하는 者

  이러한 두 유형의 동포를 "在外同胞의 出入國과 法的 地位에 관한 法律"(1999)에는 좀더 분명히 규정하고 있다(pp.306~307 참조).

  이렇듯 "재외동포"는 "재외국민"과 "외국 국적 동포"라는 서로 다른 두 부류로 구분된다. 재외동포의 교육은 그들이 재외국민이냐, 외국 국적 동포냐에 따라 민족교육이나, 민족어 교육의 성격이 달라진다. 다음에는 이러한 재외동포의 정체성(正體性)을 고려하며 민족교육(民族敎育)의 문제를 민족어 교육을 중심으로 살펴보기로 한다. 따라서 여기서는 민족교육의 목표와 의의, 교육 내용, 교육 방법 등이 민족어 교육을 중심으로 논의되게 될 것이다.

2. 재외동포의 민족어 교육 목표와 의의

  재외동포의 민족어 교육은 앞에서 언급한 바와 같이 재외동포의 성격에 따라 그 내용이 달라진다. 재외국민, 곧 교포에 대한 민족어 교육은 외국어로서의 한국어가 아닌, 국어교육(國語敎育)으로서 수행하게 된다. 이에 대해 외국 국적 동포에 대해서는 국어 아닌, 외국어로서의 한국어 교육을 하게 된다. 따라서 같은 재외동포라 하더라도 그가 교민이냐 아니냐에 따라 민족어는 국어와 외국어라는 다른 교육 대상이 된다.

  국어로서의 한국어는 일시 체류자의 경우는 그렇지 않으나 모어를 상실한 영주 동포의 경우 외국어나 다름이 없는 낯선 언어가 된다. 따라서 이런 경우 그 교육은 비록 국어교육이라 하더라도 외국어로서의 한국어

교육이나 다름없다.

그러면 이러한 국어교육으로서의 민족어 교육 및 외국어로서의 민족어 교육은 왜 하는가? 그 목표는 무엇인가? 국어교육으로서의 민족어 교육은 비록 학습 대상이 해외에 있다 하더라도 내국인(內國人)과 마찬가지로 같은 국민으로서 국가 공용어를 교육하게 된다. 국어는 국가를 배경으로 하는 것으로, 국어와 국가는 동질성을 지닌다. 따라서 어떤 나라의 국민이 그 나라의 말(국가공용어)을 제대로 구사하지 못한다면 그 나라의 국민이라 보고자 하지 않는다. 국어의 사용은 그 국민에게 정체성을 갖게 한다. 한국어는 한국의 국어로, 이의 사용은 한국인에게 동질성·정체성을 확립해 준다. 따라서 한국 국적을 가진 사람에게는 한국 국민으로서 원만한 시민 생활을 하게 하기 위해 국어교육을 꾀하게 되는 것이다.

외국국적동포에게 민족어를 교육하는 것도 한마디로 정체성을 부여하기 위해서다. 한민족(韓民族)에게 한국어를 가르치는 것은 한민족으로서의 민족적 정체성을 확립하도록 하기 위한 것이다.

민족(民族)이란 무엇인가? 사전적 의미는 "일정한 지역에서 오랜 세월 동안 공동생활을 하면서 언어와 문화상의 공통성에 기초하여 역사적으로 형성된 사회집단"(국립국어연구원, 표준국어대사전, 1999)이라 되어 있다. 민족은 이렇게 "언어와 문화상의 공통성"이 강조된다. 분트(Wundt)는 이러한 문화의 바탕으로 "혈연"을 들고 있다. "곧 민족이란 혈연을 바탕으로 한 태생(出身)·언어·조상숭배·종교·습속·법률·생활 등의 역사 및 문화의 공통성의 기초 위에 연계하여 유지되고, 협동체 의식에 의해 얽혀진 인간의 사회결합 집단이다."(豊田, 1960)이라 한 것이 그것이다. 같은 피붙이로, 언어·문화의 공통성을 지니는 것이 같은 민족이란 말이다. 따라서 민족어를 교육한다는 것은 뿌리를 찾아 주는, 민족의 정체성을 확보해 주는 것이다. 이는 말을 바꾸면 민족어 교육의 제일 목표가 정체성 확보에 있음을 의미한다.

그러면 과연 한국 정부에서는 재외동포 교육의 목표를 어디에 두고 있는가? 문민정부 이래 국민의 정부나 참여정부에 이르기까지 다 "세계 속에서 자긍심 높은 한국인상 구현"에 그 목표를 두고 있다(박갑수, 2005).

정부의 재외동포 교육 목표는 민족적 정체성을 유지·신장하고, 현지에서 안정적으로 정착해 삶에 의해 자랑스러운 한민족의 상을 구현한다는 데 두고 있다(p.294 도표 참조). 이를 위해서는 영주 동포와 일시 체류자에게 현지 적응교육을 하며, 영주동포에게는 한민족으로서의 동질성과 정체성을 갖게 모국 이해교육을 하고, 일시 체류자에게는 귀국한 뒤 고국에 적응할 수 있게 국내 연계교육을 꾀하도록 한 것이다. 이러한 교육 목표는 바람직한 것이다. 참여정부는 2005년 4월 "재외동포교육 강화방안"을 확정 발표하며, 그 목표를 "한민족의 정체성 확립 및 국내 교육과의 연계교육 강화"에서 "국가의 소중한 해외 인적자원 개발활용"으로 확대하기로 하였다. 이는 종전의 상징적 표현을 좀더 구체화·현실화한 것이라 하겠다.

이렇게 볼 때 재외동포의 민족교육, 또는 민족어 교육의 목표는 대체로 국내 연계교육, 한민족 이해교육, 현지 적응교육의 세 가지로 압축할 수 있을 것이다. 그러나 여기에 세계화교육을 첨가하여 네 가지 목표를 설정하는 것이 바람직하다. 다음에 이들 목표에 간단히 해설을 붙여 제시하기로 한다.

첫째, 국내 연계교육 : 재외 한국인으로서 귀국 후의 생활에 적응할 수 있는 능력을 배양한다.

한국은 반만년의 자랑스러운 문화를 지닌 국가로, 오늘날 작지만 경제 강국이란 자부심을 가지고, 현지에서 당당히 살 뿐 아니라, 귀국 후에는 한국의 사회생활에 적응할 수 있는 능력을 갖추게 한다.

둘째, 한민족 이해교육 : 한민족으로서의 동질성·정체성을 유지 신장하게 한다.

민족은 혈연을 바탕으로 한 문화의 공동체다. 따라서 이국·이민족 사회에서 한민족으로서 뿌리를 잊지 않고 정체성을 유지·신장하도록 민족문화 교육을 한다.

셋째, 현지 적응교육 : 현지 적응력을 신장하고 다양한 교육 수요에 부응케 한다.

민족이 정신적 유산이라면, 국가(國家)는 현실적 국면이다. 사람은 현실을 외면하고 살 수 없다. 따라서 재외동포는 그가 거주하고 있는 국가 사회에 적응하면서 다양한 교육을 받아 유능하고 모범적인 현지 시민으로 성장하게 한다.

넷째, 세계화교육 : 세계문화 창조 발전에 기여하는 교육을 수행한다.

오늘날은 국제화시대, 글로벌 시대라 한다. 지구촌 시대에 홀로 고립하여 살 수는 없는 것이고, 인류의 보편적 가치와 윤리를 존중하고 협동하며 살아야 한다. 따라서 지구촌의 발전과 세계문화의 창조 발전을 위해 민족 문화가 기여하는 교육을 해야 한다. 다양한 민족문화에 의해 세계문화는 다채로워지기 때문이다. 이러한 교육은 내국인이 아닌, 재외동포이기 때문에 더욱 강조된다.

재외동포의 교육은 이와 같이 재외 국민, 또는 외국 국적 동포를 대상으로 민족교육, 또는 민족어교육을 수행함으로, 일시 체류자는 국내 연계교육을 받아 귀국 후 원만한 생활을 하며, 영주 동포는 안정적인 현지 정착과 뿌리를 잊지 않고 민족적 정체성을 유지 신장하고, 나아가 현지의 사회와 문화 발전에 기여하게 한다는 의의를 지닌다. 그리고 이는 한 걸음 더 나아가 세계 문화 발전에 자긍심을 가지고 참여할 수 있는 한민족으로 성장하게 한다는 의의도 아울러 지니게 한다. 따라서 민족교육,

또는 민족어 교육은 편협한 국수주의적 교육정책이 아니요, 열린 교육으로서 다양한 세계문화 창조에 기여하는 교육으로 수행되는 것이다. 이런 면에서 재외동포의 민족교육, 또는 민족어 교육은 현지 정부에서 배척할 성질의 것이 아니요, 오히려 지원·장려해야 할 교육이다.

3. 재외동포 교육의 방안

3.1. 교육의 내용

재외동포의 교육내용은 여러 가지를 생각할 수 있다. 교육부의 "재외동포교육의 목표 및 기본방향"(1995)에서는 "우리나라의 말과 글, 역사, 문화 등"을 그 대상으로 보고 있다. 이는 민족어와, 이의 소산품인 문학작품, 그리고 역사, 문화 등을 가리키는 것이다. 이 밖에 지리·사회를 추가하는 것이 바람직하다.

민족어의 교육 내용은 흔히 언어의 네 기능과, 언어 지식(문법) 및 문학을 그 대상으로 본다. 그러나 이에 한정하지 말고 문화를 추가하는 것이 좀 더 바람직하다.

언어교육(言語教育)의 교수법은 종래 문법·번역법, 청각구두법을 거쳐 의사소통법으로 발전해 왔다. 이러한 교수법의 변화는 언어 형식 존중에서 의미 존중으로 발전해 왔음을 의미한다. 그러나 근자에는 여기서 한 단계 더 나아가 문화교육(文化教育)을 강조하는 추세이다. 미국의 "21세기를 대비한 외국어 습득 기준(Standards for Foreign Language Learning : Preparing for the 21th Century, 1966)"에서 교육과정의 목표를 5C 곧 Communication, Culture, Connection, Comparison, Communities를 들고 있는 것은 그 대표적인 예이다.

언어와 사회·문화의 관계는 밀접하다. Lado는 "언어는 문화의 색인"이라 하였거니와, 언어에는 이를 사용하며 살아온 민중의 문화가 반영되어 있다. 언어의 구조적인 면은 말할 것도 없고 언어의 운용적인 면도 그러하다. 한국어의 경우 "김치, 불고기, 멋, 정"과 같은 낱말이나, 색채어, 친족어가 그러하고, 많은 관용어가 그러하다. 여기서 몇 개의 관용어를 들어보면 다음과 같다.

경을 치다, 국수를 먹다, 꾸어다 놓은 보릿자루, 낙동강 오리알, 납청장이 되다, 동곳을 빼다, 돼지 먹따는 소리, 머리를 올리다, 바가지 긁다, 뽕도 따고 임도 보고, 삼수갑산에 가는 한이 있어도, 상다리가 부러지다, 상투 위에 올라앉다, 안성맞춤이다, 오라를 지다, 육갑을 떨다, 입방아를 찧다, 죽 쑤다, 쪽박을 차다, 찧고 까불다, 찬밥 더운밥 가린다, 코가 땅에 닿다, 탈을 쓰다, 파김치가 되다, 팔자가 사납다, 행차 뒤에 나팔 불기, 혓바닥이 짧다

이들을 이해하기 위해서는 이들 말의 문화적 배경을 알아야 한다. 이를 이해하지 않고서는 그 말을 제대로 이해하거나, 표현할 수 없다. 따라서 외국어교육에서는 특히 문화교육을 강조한다. 문법적으로 정확한 표현도 중요하다. 그러나 이에 못지않게 그 언어사회를 지배하고 있는 문화에 부합하게 표현하는 것이 중요하다. 그 언어사회에서 수용되는 표현을 해야 하기 때문이다. 적격(適格)의 표현을 하게 하기 위해서는 문화교육을 해야 한다. 언어의 운용면에서 폐를 끼친 사람에게 "Thank you!"가 아닌, "미안합니다", "죄송합니다"라 인사하는 문화, 좋은 음식을 대접하며 자랑하는 것이 아니라, "변변치 않은 음식"이라고 겸양하는 문화를 이해하지 않고는 의사소통이 제대로 될 수 없다. "대등지향(對等志向)"

아닌 "겸손지향(謙遜志向)"(松本, 2003)의 문화적 특질을 이해해야 한다. 경어를 쓰지 않고 반말을 써 시비가 이는 문화도 언어교육을 위해 학습해야 할 문화 대상이다. 목표언어를 제대로 학습하고, 의사소통 능력(communicative competence)을 증대하기 위해서는 필수적으로 문화가 교육 내용에 포함되어야 한다.

그런데 학습 내용으로서의 문화적 요소를 어디까지로 보느냐 하는 것은 검토를 요한다. 문화교육은 크게 둘로 나눌 수 있다. 그것은 언어교육의 방편으로 문화교육을 하느냐, 사회교육으로서 광의의 문화교육을 하느냐 하는 것이다. 언어교육 수단으로서의 문화교육은 제한적(制限的) 관점에서 언어와 밀접한 관련을 가진 문화 영역으로 그 내용을 한정하는 것이 바람직하다. 이에 대해 사회교육으로서 수행하는 광의의 문화교육은 포괄적 관점에서 문화를 다룬다. 따라서 이는 반드시 언어와 연계된 문화만에 국한하지 않고 문화 전반까지 확대할 수 있다.

3.2. 학습 자료

학습 자료에는 중핵적(中核的) 자료와 보충자료가 있다. 중핵적 자료로서의 교과서 역할에 대해서는 양론이 있다. 필요론과 불필요론이 그것이다. 그러나 없는 것보다 있는 것이 낫다고 보는 것이 올바른 견해일 것이다.

교재는 학습대상, 학습목표, 학습방법에 따라 달리 편찬되어야 한다. 학습 대상은 학습자로, 그가 어린이냐, 어른이냐, 단기 학습자냐 장기 학습자냐 등, 학습 목표는 체계적 학습을 원하느냐, 간단한 회화를 익히려 하느냐 등, 학습방법은 어떤 교수법을 활용하느냐에 따라 교재가 달리 편성되어야 함을 의미한다. 교재란 생득적(生得的)으로 모든 학습자를 만족시킬 수 있는 것이 못 된다. 이런 의미에서 교재는 범용교재(汎用教材)보다 학습자의 흥미나 욕구(needs) 및 교실 활동을 고려하여 교사가 자작한 특정교재가 오히려 바람직하다 할 수 있다.

그러면 교재 개발은 어떻게 하는가? 이의 개발 원리는 다음과 같이 볼 수 있을 것이다(박갑수, 2002).

    ① 학습자의 준비도 조사
    ② 학습자의 욕구 조사
    ③ 교육과정, 또는 실러버스의 결정
    ④ 교수－학습 방법의 결정
    ⑤ 부교재에 대한 배려
    ⑥ 실험 교재의 개발 검증

학습자의 준비도(readiness)란 학습자 요인을 말한다. 이러한 준비도에는 목표언어의 준비도, 외국어 습득의 준비도, 학습 조건의 준비도(中川, 1997) 등이 포함된다. 목표 언어의 준비도는 학습자의 수준을 확인하는 것이고, 외국어 습득의 준비도는 다른 외국어 학습의 경험 등을 파악하는 것이다. 학습조건의 준비도에 있어서는 언어권(言語圈)이 큰 의미를 갖는다. 모어(母語)는 목표언어와 대조분석적 연구 조사를 필요로 한다. 모국어는 긍정적 전이(positive transfer)와 부정적 전이(negative transfer)로 나타날 수 있어 학습에 상당한 영향을 미치기 때문이다. 문화는 발상 및 표현과 밀접한 관계를 갖는다. 따라서 학습자의 모국 문화도 조사 분석함으로 문화적 충격을 해소하고, 목표 언어 학습에 기여하게 해야 한다.

학습자의 욕구(needs) 조사는 학습 목적, 학습 동기, 학습 방법, 학습 수준, 학습활동 유형 등을 설정하기 위해 학습자가 바라는 것을 조사하는 것을 말한다. 범용교과서는 그렇지 않으나, 특정 과정의 교재는 그 과정에 어울리는 학습 목적, 학습 방법, 학습 내용 등을 선정 제작해야 하기 때문이다. 욕구는 학습자의 요구만이 아니고, 사실은 교사의 요구사항도 교재 개발에 반영해야 한다. 전문가로서 학습자의 요구에 대한 수정 보완을 필요로 하기 때문이다.

교육과정(curriculum)이란 일정한 프로그램 아래 교육의 전과정을 마칠 때까지 학습해야 할 교육 목표와 내용, 학습 기간, 학습 시간 배분 등 교육의 전체 계획, 또는 실천을 의미한다. 이는 전투에서 작전계획과 같은 것이다. 따라서 과정의 성격, 학습자의 요구를 충족할 수 있게 잘 구안해야 한다. 실러버스(syllabus)란 교수요목으로, 특정 과정에서 가르치는 교수 항목의 총체를 가리킨다. 이는 구조(構造) 실러버스, 구조(機能) 실러버스, 장면(場面) 실러버스, 화제(話題) 실러버스, 기능(技能) 실러버스, 과제(課題) 실러버스 등으로 나뉘는데, 이의 선택은 학습 결과를 좌우할 수 있다. 따라서 학습 목표와 과정의 성격에 맞는 것을 잘 선택하도록 해야 한다.

교수법에는 전통적 교수법과 비전통적 새로운 교수법이 있다. 교재를 구성할 때에는 이러한 교수법 가운데 어느 것에 기초할 것인가 사전에 결정해 두어야 한다. 교수법에 대해서는 다음 항에서 논의하기로 한다.

교재는 앞에서 언급한 바와 같이 만능의 것이 있을 수 없다. 따라서 교과서를 개발할 때 이를 보족할 부교재에 대한 배려를 해야 한다. 교재의 중층적(重層的) 사용에 의해 학습자의 요구를 충족시켜 주어야 하기 때문이다.

교재는 실험 교재를 제작하고 검증을 해야 한다. 여기서 문제점이 발견되면 개정 보완한다. 이러한 과정을 통해 교재는 비로소 교사와 학습자가 바라는 것이 될 수 있다.

교재를 편찬하기 위해서는 우선 유형부터 정해야 한다. 교재의 유형은 언어권역별 교재/ 수준별 교재/ 학습 목표에 따른 교재/ 교수―학습 방법에 따른 교재/ 언어의 기능에 따른 교재/ 학습 기간에 따른 교재/ 학습자에 따른 교재/ 생활 권역에 따른 교재 등으로 편찬할 수 있다. 그리고 구성 체재에 따라 독본식/단원식 교재 등으로 편찬한다.

교재의 유형이 작정되면 교재의 체재와 내용을 결정한다. 문법, 표현(문장), 어휘, 문화적 요소 등 학습 항목의 배열 순서도 신경을 쓴다. 단원식 교재의 경우에는 다음과 같은 요소를 갖추는 것이 바람직하다(한국교육개발원, 1979).

① 단원의 학습 목표 제시
② 학습할 개념적 요소의 제시
③ 내용과 관련된 자료의 제시
④ 실험, 관찰, 조사를 통한 발견, 탐구, 혹은 표현, 감상, 실습 등 활동 방법 제시
⑤ 학습 결과를 확인할 수 있는 정보나 방법의 제시
⑥ 학습한 내용의 결과를 적용하는 데 필요한 정보의 제시

3.3. 교수의 방법

외국어의 교수법은 일찍부터 다양한 방법이 개발되어 활용되어 왔다. 전통적인 외국어 교수법으로는 고대의 문법―번역법(grammar-translation method), 19세기의 자연법, 20세기에 들어와 직접법(direct method)이 쓰였고, 1940~60년대에는 구조주의 언어학 및 행동주의 심리학을 바탕으로 청각―구두법(audio-lingual approach)이 전성을 이루었다. 1960~70년대에는 생성문법론자들에 의해 청각구두법이 비판을 받았고, 1970년대 이후에는 많은 새로운 교수법이 등장하였다. 전신반응법(total physical response),

침묵법(silent way), 공동체 언어학습법(community language learning), 암시법 (suggestopedia), 자연법(the natural approach), 의사소통법(communicative approach) 등이 이러한 것이다. 이들에 대해서는 졸저(2005)에서 자세히 논의한 바 있다. 그런데 이들 교수법은 각각 장단점을 지녀 어느 하나가 최상의 방법이라 하기 힘들다. 그럼에도 한국어교육에서는 주로 청각구두법만이 활용되어 왔다. 따라서 여기서는 효과적인 한국어교육을 수행하기 위해 각종 교수법의 장단점을 중심으로 교수법을 살펴보기로 한다(박갑수, 1998).

첫째, 청각-구두법은 구두연습을 통해 언어 재료를 학습자에게 습득케 하는 것이다. 이는 이해, 모방, 반복, 변화, 선택이라는 다섯 개 학습 단계를 거쳐 자동적으로 말할 수 있게 하고자 하는 교수법이다. 이의 장단점으로는 다음과 같은 것을 들 수 있다.

장점
① 철저한 구두연습을 통해 말하기 듣기 연습이 잘 된다.
② 교실의 인원 수가 좀 많아도, 또한 학습자의 실력에 차이가 있어도 사용할 수 있다.
③ 초급은 물론 중급의 레벨에도 사용할 수 있다.
④ 원칙적으로 교사가 모어 화자이므로 바른 발음을 학습할 수 있다.

단점
① 기계적 문형의 반복 연습으로 학습이 단조해지고, 학습의욕을 잃게 할 수 있다.
② 어느 정도 기계적 연습이 잘 된다 해도 실제 커뮤니케이션으로 이어지지 않는다.
③ 초기 단계부터 모국어 화자와 같은 속도로 발음하므로 학습자가 자신을 잃을 수 있다.

④ 학습자의 상상 및 자주성을 살리기 어렵다.

⑤ 교사는 항상 그 모어의 화자가 아니면 안 된다.

둘째, 전신반응법은 듣기 훈련을 중시하고, 청취한 말을 신체로 반응함에 의해 그 정착을 기도하는 것이다.

장점

① 무리하게 처음부터 발화하지 않아도 되므로 긴장과 불안감이 적고, 안심이 된다.

② 어린이와 같이 집중력이 모자란 사람에게 어울린다.

③ 교사의 발화에 따라 몸을 움직이므로, 학습한다기보다 게임을 한다는 편안함이 있다.

단점

① 청해력에서 발화력(發話力)으로 말처럼 쉽게 이행이 되지 않는다.

② 발음지도 및 교정이 충분히 되지 않는다.

③ 유아가 아닌 학습자에게는 학습내용이 실제의 자연스런 언어운용과 거리가 있다.

④ 추상적 개념의 도입이 어렵고, 명령문만으로 충분한 어휘 문법·교육을 하기 어렵다.

⑤ 성인은 어린이와 같이 명령에 따라 반응함에 있어 저항을 느끼기도 한다.

셋째, 침묵법은 교사가 가급적 말을 하지 않고 교구를 사용하여 지시하고, 학습자는 이 지시에 따라 발음, 어휘, 문법 연습을 하는 것이다.

장점

① 장시간에 걸쳐 발음을 습득하므로 바른 발음을 익힐 수 있다.

② 한번밖에 들을 수 없으므로 집중력을 높이고, 청해력을 기를 수 있다.

③ 내적 기준을 수립, 바로잡음으로 자주성이 길러진다.

단점

① 학습내용이 인공적으로 되기 쉽다.

② 적은 인원의 학습에 한정된다.

③ 색종이 또는 색채 막대 등 교구의 용법을 익히는 데 시간이 많이 걸린다.

④ 초기에는 교사가 통제하므로 학습자의 자주적 발화가 드물다.

⑤ 오용의 정정 과정에 많은 시간을 허비하게 된다.

넷째, 공동체 언어학습법은 상담 학습(counseling learning)이라고도 하는 것으로, 교사인 카운슬러와 학습자인 의뢰인이 협력하여 목표 언어로 문제를 해결해 나가는 가운데 언어를 학습하도록 하는 교수법이다.

장점

① 초기 학습단계에서 표현이 잘 안 될 때의 불안, 스트레스를 제거할 수 있다.

② 카운슬링이라는 일종의 치료를 하므로 언어 학습에 좌절한 사람에게 효과적이다.

③ 처음부터 추상적인 것, 자기가 말하고 싶은 것을 말할 수 있는 즐거움이 있다.

단점

① 인원이 많을 때에는 부적당한, 소수 인원의 교수법이다.

② 학습 내용이 학습자에 의해 선택되므로 체계화하여 도입하기가 어렵다.

③ 학습자의 모국어를 잘 구사할 뿐 아니라, 번역 능력이 있는 교사
   를 필요로 한다.
④ 학습자의 모국어가 다양한 경우 이에 대한 대응이 어렵다.

다섯째, 암시법은 암시에 의해 학습자의 의식을 "무의식의 레벨"로 인
도하여, 학습자의 잠재적 학습 능력을 활성화하여 학습을 촉진하고자 하
는 방법이다.

장점

① 의식하지 못하는 가운데 기억력이 증대된다.
② 편안한 상태에서 학습하므로 학습자는 긴장이나 공포감을 제거할
   수 있다.
③ 유아화 및 롤 플레이를 통해 자기 해방이 꾀해지고 솔직해져 학습
   이 촉진된다.
④ 회화문은 실사회에서 바로 쓸 수 있는 것을 다루어 학습자의 흥미
   를 끌 수 있다.
⑤ 흥미를 끄는 본문에, 번역을 하므로 학습내용이 양적·질적으로
   풍부하다.

단점

① 소수 인원의 그룹에 한정된다.
② 어느 연령에나 쓰일 수 있는 것이 못 된다.
③ 교사 교육에 시간이 걸리고, 교사의 육성과 확보에 문제가 있다.
④ 학습 환경 정비에 상당한 경비가 든다.

여섯째, 자연법은 실제적 커뮤니케이션의 장에서 행해지는 언어의 사
용에 바탕을 둔 것이다. 듣기(聽解)를 우선하는 일종의 직접법이다.

장점

① 긴장이나 불안이 없는 상태에서 언어의 습득이 가능하다.

② 학습자가 말하기를 강요받지 않아 이러한 압력에서 해방된다.

③ 문법구조의 자연스러운 단계적 습득 순서를 찾을 수 있다.

단점

① 초급 단계 학습자의 교수법이다.

② 이해활동 위주의 교육이다.

③ 이해활동이 말하기 능력을 함양한다는 보장이 없다.

④ 활동 및 화제의 실러버스는 있으나, 언어 사항의 실러버스가 없다.

일곱째, 의사소통법은 의사소통 능력 육성에 중점을 두는 교수법으로, "개념/기능 실러버스"가 중심이 되는 것이다.

장점

① 학습 목적과 필요에 따라 처음부터 현실 언어에 가까운 것이 학습될 수 있다.

② 전달력을 기르기 위한 교수법이므로, 학습한 문법을 적절한 장면에 쓸 수 있다.

③ 교재가 실사회를 바탕으로 하고 있어 학습자의 흥미를 끌기 쉽다.

④ 문맥과 장면에 어울리는 적절한 표현·행동이 학습된다.

단점

① 반드시 언어 운용능력의 습득을 보장해 주는 것이 못 된다.

② 기능항목 중심의 교수법이어 문법의 단계적·체계적 도입이 어렵다.

② 교사 스스로 교재를 선택 작성해야 하므로, 의사소통 교수법의 전공 교사가 필요하다.

③ 현실 언어를 사용하므로, 표현 형식 등이 복잡해 초급에서는 충분

한 검토가 필요하다.

④ 의미 전달이 중시되는 나머지 문법적 정확성이 경시되기 쉽다.

이상 교수법의 장단점을 중심으로 교수의 방법을 살펴보았다. 따라서 이러한 장단점을 고려하여 학습 목표를 최대한 발휘할 수 있는 교수법을 선택하여 교수·학습을 하도록 할 일이다.

3.4. 문화교육

모든 형식의 언어학습은 문화에 대한 학습이며, 외국문화와의 만남은 그 외국어 수업의 첫째 시간부터 시작된다. 이토록 언어와 문화는 밀접한 관련을 갖는다. 그래서 Porter & Samovar(1991)는 "원활한 의사소통을 하기 위해서는 상대방 문화의 이해가 반드시 필요하다"고 하고 있다.

문화교육은 협의의 제한적 문화교육과 광의의 포괄적 문화교육이 있다고 하였다. 그리고 제한적 문화교육이 언어교육과 직결되는 것으로 보았다. 이러한 제한적 문화교육은 언어와 문화의 통합적 교육으로, 이의 교육 목표는 다음과 같은 것으로 볼 수 있다(박갑수, 2005).

① 문화교육을 통해 바람직한 한국어 학습을 한다.
② 문화교육을 통해 효과적 한국어 학습을 한다.
③ 문화교육을 통해 한국어의 문화적 표현을 익힌다.
④ 문화교육을 통해 문화적 충격을 완화한다.

①은 한국어다운 한국어를 학습하게 한다는 것이고, ②는 용이하게 학습을 하게 한다는 것이다. ③은 관용적 표현 등 한국어 특유의 표현을 익힌다는 것이고, ④는 목표언어와 문화에서 받는 충격을 줄인다는 것이다.

그러면 이러한 문화교육을 한국어교육에서 어떻게 수행할 것인가? 여기서는 언어교육을 위한, 제한적 문화교육을 중심으로 그 방법을 살펴보기로 한다.

조항록(2000)은 이의 방법으로 다음과 같이 다섯 가지를 들고 있다.

첫째, 어법 표현교육과 문화교육의 병행.
둘째, 실제자료에 의한 문화 학습.
셋째, 특별시간에 다양한 영역을 한국어로 강의하고 토론하도록 함.
넷째, 현장학습을 통한 문화교육.
다섯째, 수업 후의 과제, 또는 주말 과제의 형식으로 다양한 문화 체험 요구.

이들은 문화교육 일반에 대한 방법론이라 하겠다. 그것은 첫째·둘째는 제한적 문화교육의, 셋째~다섯째는 포괄적 문화교육의 방법으로 볼 수 있기 때문이다. 제한적 문화교육은 언어와 문화의 통합적 교육으로, 목표언어로 할 것이다. 그래야 언어교육의 본래의 취지에도 부합된다. 포괄적 문화교육은 사회교육, 또는 민족문화교육으로서 수행되는 것이니 문화전반에 관해 학습자의 모어로 하는 것이 바람직하다. 교재도 학습자의 현지어로 하는 것이 좋다.

문화교육의 방법은 다양한 것이 있을 수 있다. 직접교육과 간접교육, 현장학습과 교실학습, 체험학습과 이해학습, 유형문화 학습과 무형문화 학습 등이 그것이다. 이밖에 강의(설명)식과 토론식이 있음은 물론이다. 따라서 효과적인 방법을 선택 활용하도록 해야 한다. 이들 교육 방법에 대해 간단히 설명을 붙이기로 한다.

첫째, 직접교육과 간접교육

직접교육은 언어학습 자료와는 별도로 문화 내용을 직접 설명하고 강의하는 방법이다. 포괄적 문화는 이러한 방법으로 하는 것이 좋을 것이다. 그러나 언어교육을 위한 제한적 문화는 언어자료에 녹여 간접교육을 하는 것이 바람직하다. 직접법을 활용할 때는 원칙적으로 사용 언어도 학습자의 모어로 하는 것이 실용적이다. 그러나 문화교육은 목표언어의 학습효과를 올릴 수 있게 가능한 한 언어교육과 병행하는 간접교육을 하는 것이 바람직하다.

둘째, 현장학습과 교실학습

학습의 장이 현지냐, 아니냐에 따라 현장학습의 가능 여부가 달라진다. 현지인 경우는 체험을 하는 현장학습을 많이 하는 것이 바람직하다. 그렇지 않으면 현지의 이점을 살릴 수 없는, 교실·교재에 의존한 학습이 된다. 교실학습의 경우는 가능한 한 현장감을 살려 학습할 수 있도록 장을 마련해 주는 것이 바람직하다. 이때 시청각 자료를 많이 활용한다.

셋째, 체험학습과 이해학습

행동문화의 경우 머리로 이해하는 것에 그치지 아니하고, 몸으로 체험하는 교수·학습을 하는 것이 좋다. 그리하여 행동문화가 일련의 언어행동과 연결되도록 하여야 한다. 그렇지 못할 때 강의 설명에 의한 교수·학습을 한다.

넷째, 유형문화 학습과 무형문화 학습

문화학습은 언어교육을 위한 수단이므로 무형문화 학습에 비중을 둔다. 소위 행동문화에 내재하는 관념적 문화 학습에 중점을 두는 것이다.

유형문화 학습은 좀더 포괄적 문화교육의 대상이 된다.

이 밖의 문화교육의 방법으로는 Cullen, Brain & Kazuyoshi Sato(2000)를 참고할 수 있을 것이다. 여기에는 다음과 같은 활동이 권장되고 있다.

<table>
<tr><td>(1) 퀴즈(Quizzes)</td><td>(2) 활동 일지 쓰기(Action logs)</td></tr>
<tr><td>(3) 재구성하기(Reformulation)</td><td>(4) 주목하기(Noticing)</td></tr>
<tr><td>(5) 예언하기(Prediction)</td><td>(5) 연구(Research)   (6) 기타</td></tr>
</table>

3.5. 교사

교육은 교사의 질을 능가하지 못한다고 한다. 이토록 교사의 자질은 무엇보다 중요한 교육의 요소가 된다. 따라서 바람직한 한국어교육을 수행하기 위해서는 교사의 질을 높여야 한다.

한국에서는 2002년 11월 19일 최초로 "한국어 교사의 능력시험"을 치른 바 있다. 이 능력시험은 한국어 교사의 능력 유무를 가름하는 것이기 때문에 그 출제 범위는 한국어 교사의 자격 요건을 상징적으로 제시해 주는 것으로 볼 수 있다.

그렇다면 그 요건은 무엇인가? "한국어교사 능력시험"의 출제 범위는 "한국어 교원자격 인증제도 시행 연구방안"(민현식 외, 2001)을 원용한 것으로, 크게 "국어학"과 "한국어교육학 및 한국문화"의 둘로 나누고, 그 내용을 세분하였다. 이들 출제 범위는 국어학 10개 과목, 한국어 교육학 9개 과목, 한국 문화 5개 과목으로 되어 있었다. 이러한 교과를 이수하면 한국어 교사의 자격을 갖출 수 있는 것으로 본 것이다.

일본의 경우는 문부성이 1985년 발표한 "일본어 교원의 양성 등에 관하여"에 "일본어 교원양성을 위한 표준적 교육내용"을 제시하고 있다.

이 "교육내용"에는 "일본어 교원에 필요한 지식 능력"이 제시되어 있고, 여기에는 학과목이 구체적으로 열거되어 있다. 이는 "일본어교육능력 검정시험의 출제범위"와 일치하는 것으로 우리에게 참고가 된다.

　1-1. 일본어의 구조에 관한 체계적, 구체적인 지식
　　　 일본어학(개론, 음성, 어휘·의미, 문법·문체, 문자·표기)
　1-2. 일본인의 언어생활 등에 관한 지식·능력
　　　 언어생활, 일본어사
　2. 일본 사정(고전과 문예 포함)
　3. 언어학적 지식·능력
　　　 언어학개론, 사회언어학, 대조언어학, 일본어학사
　4. 일본어의 교수에 관한 지식·능력
　　　 일본어교수법, 일본어교육교재·교구론, 평가법, 실습

　박갑수(2004)에는 이러한 한국어 교사의 능력시험과 일본의 검정시험 범위를 바탕으로 바람직한 한국어 교사 교육의 교과가 조정되어 제시되어 있다. 이는 다음과 같은 "교사 교육의 기본교과의 모델"이란 것이다.

　1. 국어학 관련 과목
　　　 음운론, 어휘론, 문법론, 한국어사, 한국어 규범론(표준어와 정서
　　　 법), 방언론, 언어생활
　2. 언어학 관련 과목
　　　 언어학개론, 사회언어학, 대조언어학, 언어습득론
　3. 한국의 문화
　　　 한국 역사, 한국 지리, 한국 문화, 고전문학, 현대문학
　4. 한국어교육
　　　 한국어교육개론, 한국어교육과정, 교육설계론, 외국어교수법(외국
　　　 어로서의 한국어교수법), 교수법1(표현교육), 교수법2(이해교육), 언

어지식교육, 한국어교육 평가, 교재·교구론, 교육공학, 교육실습론

　이러한 과정을 겪는 가운데 그간 정부에서는 2005년 1월 27일 "국어기본법"을 제정 공포하였다. 여기에서 "문화부장관은 재외동포나 외국인을 대상으로 국어를 가르치고자 하는 자에게 자격을 부여할 수 있다"(제19조 국어의 보급)고 조문화하였다. 그리고 국어기본법 시행령 제14조에서 "한국어교육능력검정시험의 영역 및 검정방법을 '별표 2'와 같다"고 명문화하였다. 제시된 영역과 예시된 과목은 다음과 같다.

1. 한국어학 : 국어학개론, 한국어음운론, 한국어문법론, 한국어어휘론, 한국어의미론, 한국어화용론, 한국어사, 한국어어문규범 등
2. 일반언어학 및 응용언어학 : 응용언어학, 언어학개론, 대조언어학, 사회언어학, 심리언어학, 외국어습득론 등
3. 외국어로서의 한국어교육론 : 한국어교육개론, 한국어교육과정론, 한국어평가론, 언어교수이론, 한국어표현교육법(말하기, 쓰기), 한국어이해교육법(듣기, 읽기), 한국어발음교육론, 한국어문법교육론, 한국어어휘교육론, 한국어교재론, 한국어문화교육론, 한국어한자교육론, 한국어교육정책론, 한국어번역론 등
4. 한국문화 : 한국민속학, 한국의 현대문학, 한국의 전통문화, 한국문학개론, 전통문화 현장실습, 한국현대문화비평, 현대한국사회, 한국문학의 이해 등
5. 한국어교육 실습 : 강의 참관, 모의 수업, 강의 실습 등

　이러한 내용은 앞에 제시된 박갑수(2004)의 "교사 교육의 기본교과의 모델"과 대동소이한 것이다. 이는 대체로 바람직한 것으로 볼 수 있다. 따라서 앞으로 한국어 교사 지망자는 이들 과목을 이수하여 자격을 갖추고 한국어교육에 종사하는 것이 바람직하겠다.

다음에는 한국어 교사의 역할에 대해 간단히 덧붙이기로 한다. 高見孟澤(1996)은 일본어 교사의 역할이라 하여 다음과 같은 것을 들고 있다.

① 교육 계획을 세우는 역할
② 일본어를 설명하는 역할
③ 정착을 위한 연습을 지도하는 역할
④ 커뮤니케이션의 상대역을 하는 역할
⑤ 학습자의 심리를 관리하는 역할
⑥ 교육을 평가하는 역할
⑦ 교육 관리의 역할

이들은 교사가 수행해야 할 핵심적 역할이다. 그러나 교사의 역할은 이에 그치지 않는다. 한국어 교사의 경우 한국의 사회문화에 대한 설명도 하여야 하고, 학습자의 요구와 준비도도 조사해야 한다. 경우에 따라서는 커리큘럼도 짜고 교재도 제작해야 한다. 그리고 사회적으로는 문화사절과 외교관의 역할도 해야 한다. 한국어 교사의 역할은 협의로 규정할 것이 아니요, 폭넓게 수용하여 효과적인 한국어교육을 하도록 하여야한다.

교사의 역할은 이와는 달리 "교수에 필요한 지식이나 기능"의 면에서도 살펴볼 수 있다. 이러한 견해도 한국어교육의 교사상(教師像)의 수립에 원용하는 것이 바람직하다(中西家榮子 外, 1991).

① 학습자의 도달목표에 알맞은 교수법을 찾아낸다.
② 학습자에게 알맞은 교재를 고르거나 만들 수 있다.
③ 학습자에게 알맞은 커리큘럼을 작성할 수 있다.
④ 학습 경험이 있는 학습자의 언어 능력을 판단할 수 있다.
⑤ 학습자의 약점과 그에 대한 대책을 찾아낼 수 있다.

⑥ 학습상의 난점 및 오용에 대한 예측을 할 수 있다.
⑦ 스케치 등 그림 그리는 기술을 가지고 있다.

4. 결어

외국국적 재미동포 대학생이 주변인이라는 것을 깨닫고 한국어와 한국학에 관심을 갖는 것이나, 중국이나 미국, 남미 등지의 우리 동포가 어려운 가운데도 상해 임시정부를 지원한 것은 다 정체성의 자각에 의한 행동이다. 민족교육, 또는 민족어 교육은 정체성 확립을 위한 교육이요, 자긍심을 가진 한민족으로서 현지에 적응하며 모범시민으로서 살게 하려는 교육이다. 이는 국수주의적 교육이 아니요, 세계화를 향한 열린 교육이다.

민족교육은 언어, 문학, 역사, 문화, 사회, 지리 등을 그 교육 내용으로 해야 한다. 한국의 민족교육의 목표는 "세계 속에서 자긍심이 높은 한민족상을 구현"하는 데 두고 있다. 민족어교육에는 언어의 기능(技能)과 언어 지식, 문학, 문화가 포함돼야 한다. 교육방법에서 고려해야 할 것은 바람직한 학습 자료를 개발해야 하며, 적절한 교수법을 선택해야 하고, 자격을 갖춘 교사를 확보해야 한다는 것이다.

민족어 교육에 있어서 학습 자료는 범용교재 아닌 언어 권역별로 특정교재를 개발하는 것이 바람직하다. 교수법은 과제중심 의사소통법이 바람직하나, 각 교수법은 장단점이 있고, 또한 과정의 목적과 학습자의 요구가 있으니 이를 고려하여 적절한 방법을 선택해야 한다. 한국어 교사는 교사교육을 위해 제시한 "기본 교과의 모델" 및 "한국어 능력 검정 시험의 영역"을 고려하여 지식과 능력을 함양하도록 해야 한다. 그리고 교사의 역할도 잘 인식하여 바람직한 교육을 하도록 한다. 교육의 질은 교사의 질을 능가하지 못하기 때문이다.

한국어교육의 여건은 아직 열악한 편이다. 그럼에도 "韓流"의 바람이 불어 세계 도처에 한국어교육의 바람이 불고 있다. 이러한 때 한민족으로서 한국어를 하지 못한다는 것은 자기의 정체성을 포기하는 것이다. 따라서 민족어 교육에 종사하는 교육자들은 민족어교육을 강화함으로 재외동포가 정체성을 찾아 자긍심을 갖고 살아가도록 하여야 할 것이다. 이것이 민족교육에 종사하는 교육자에게 지워진 성스러운 임무이다. 재외동포의 민족어 교육이 날로 발전하기를 기대해 마지않는다.

참고문헌

민현식 외(2005), 한국어 교원자격 인증제도 시행방안 연구 중간보고서, 한국어 세계
　　　화재단.
박갑수(1998), 외국어로서의 한국어교육의 문화적 배경, 선청어문 26, 서울대학교 사
　　　범대학 국어교육과.
박갑수(2000), 한국어 교육과정 구안에 대한 논의, 외국인을 위한 한국어교육 연구 3,
　　　서울대학교 사범대학 외국인을 위한 한국어교육 지도자과정.
박갑수(2002), 한국어교재 개발 원론, 외국어교육을 위한 한국어교육 연구 5, 서울대학
　　　교 사범대학 외국인을 위한 한국어교육 지도자과정.
박갑수(2003), 재외동포의 한국어교육론, 재외동포의 정체성 확립과 교육의 방안, 재외
　　　동포교육진흥재단.
박갑수(2004), 한국어교육을 위한 교수법, 중국에서의 한국어교육 V, 태학사.
박갑수(2004), 한국어교육의 교사론, 외국인을 위한 한국어교육 연구, 제7집, 서울대학
　　　교 사범대학 외국인을 위한 한국어교육 지도자과정.
박갑수(2005), 언어와 문화 그리고 한국어교육, 제9회 조선−한국어문학교육 학술회의,
　　　연변대학.
박갑수(2005), 국어교육과 한국어교육의 성찰, 서울대학교 출판부.
서영훈(2005), 광복60년의 민족사적 교훈과 미래사회 재외동포교육의 비전, 제4회 재
　　　외동포교육 국제학술대회, 재외동포교육진흥재단.
조항록(2000), 초급 단계에서의 한국어교육과 문화교육, 한국어교육 11-1, 국제한국어
　　　교육학회.
Cullen, Brian & Kazuyoshi Sato(2000), Practical Techniques for Teaching Culture in
　　　the EFL Classroom. The Internet TESL Journal, Vol. VI, No. 12.
Kramsch, C. (1998), Language and Culture, Oxford University Press.
Porter, R. E.,L. A. Samovar(1991), Basic Principles of Intercultural Communication,
　　　Wadsworth Publishing Co..
高見孟澤(1989), 新しい外國語教授法と日本語教育, アルク.
高見澤孟(1996), はじめての日本語教育・2, アスク講談社.
豊田國夫(1973), 言語政策の研究, 錦正社.

中西家榮子 外(1991), 實踐日本語敎授法, バベルプレス.
松本靑也(2003), 日米文化の特質, 硏究社.

■ 이 글은 2005년 11월 4일 브라질 상파울루에서 열린 남미 한글학교 총연합협의회 창립총회에서 발표한 기조 강연의 원고로, 한국어교육연구, 제9집(서울대학교 외국인을 위한 한국어교육 지도자과정, 2006)에 게재된 논문이다.

제3장 재외동포 교육과 언어문화 교육

1. 서언

우리의 민족과 국가는 그간 많은 성장 발전을 거듭해 왔다. 그리하여 동방의 조그마한 나라가 경제적으로 세계 10대 강국에 진입하게 되었다. 인구로 볼 때도 수적으로 많이 성장했다. 기미독립선언을 할 때만 하여도 우리는 "2천만 민중의 성충을 합하여…"라고 인구가 고작 2천만에 불과했다. 그런데 지금은 약 7천만에 이르게 되었다. 이들은 대부분 한반도에 거주한다. 그러나 이 가운데 약 700만이 170여개 나라에 흩어져 살고 있다. 그래서 우리는 중국, 이스라엘, 이탈리아, 필리핀의 뒤를 잇는 재외동포의 대국이라 한다.

세계에 흩어져 살고 있는 우리 재외동포들은 대부분 현지에서 역사적으로 많은 어려움을 겪었다 그러나 오늘날 이를 극복하고 자랑스러운 민족으로 성장하였다. 여기서는 이러한 우리 재외동포의 교육, 그 가운데 주로 언어문화 교육에 대해 살펴보기로 한다.

재외동포 교육을 살펴보기 위해서는 우선 "재외동포"의 개념부터 분명히 할 필요가 있다. 이는 때때로 혼란을 빚기 때문이다. 재외동포의 개념은 본서의 3부 2장 "재외동포의 정체성과 민족어교육의 방안"에 제시한 바와 같이 "在外同胞法(1997)"에 명시되어 있다.

"재외동포"란 대한민국 국민으로서 외국에 살고 있는 사람과, 국적에 상관없이 외국에 거주하는 한민족의 혈통을 지닌 사람을 가리킨다. "在外同胞의 出入國과 法的 地位에 관한 法律(1999)"에서는 이들을 좀 더 분명히 규정하여 각각 "재외국민(在外國民)"과 "외국국적동포(外國國籍同胞)"라 규정하고 있다.

"재외동포"는 이와 같이 "재외국민"과 "외국 국적 동포"라는 서로 다른 두 부류의 동포를 가리킨다. 따라서 같은 재외동포라 하더라도 그가 "재외국민"이냐, 아니면 "외국 국적 동포"냐에 따라 교육의 성격이 달라진다. 여기서는 이러한 재외동포의 정체성(正體性)을 고려하며 이들의 교육 문제를 논의하기로 한다.

2. 재외동포 교육의 목표와 의의

재외동포들은 우선 거주지에서 현지교육을 받는다. 그리고 여건이 허락하는 한도 내에서 민족교육을 받게 된다. 그렇다면 민족교육은 왜 하는가? 민족교육의 의의는 어디 있는가? 재외국민과 외국 국적 동포를 불문하고 재외동포에게 민족교육을 하는 것은 한마디로 정체성을 갖게 하기 위한 것이라 하겠다. 한민족에게 한국어를 가르치고, 한국문화와 역사를 가르치는 것은 "한민족"으로서의 민족적 정체성을 확립하고, 다문화사회에 기여할 수 있게 하기 위한 것이다. 한민족이 한국어를 모르고, 한국문화를 모른다면 그는 한민족으로 인정받기 어려울 것이다.

민족이란 무엇인가? 민족은 "언어와 문화상의 공통성에 기초한 사회집단"이다. Wundt는 이러한 문화의 바탕으로 "혈연"을 들고 있다. "혈연을 바탕으로 한 태생(出身)·언어·조상숭배·종교·습속·법률·생활 등의 역사 및 문화의 공통성이란 기초 위에 연계하여 유지되고, 협동체 의식에 의해 얽혀진 인간의 사회결합 집단"(豊田, 1960)이 민족인 것이다. 곧 같은 피붙이로, 언어·문화의 공통성을 지니는 사회집단이 같은 민족이란 말이다. 따라서 민족교육을 한다는 것은 뿌리를 찾는, 민족의 정체성을 확보하는 것이다. 뿌리 없는 식물이 살 수 없듯이, 뿌리 없는 민족도 살아남을 수 없다. 이는 개인의 경우도 마찬가지다. 우리의 젊은 재외동포가 주류사회(host society)의 주변인(marginal man)이라는 것을 깨닫고, 뿌리를 찾게 되는 것이나, 미국의 풋볼 선수 우즈가 한국의 혼혈인 후원 사업을 하는 것은 다 이 뿌리에 대한 자각, 정체성을 자각한 까닭이라 하겠다. 민족 교육의 의의는 무엇보다 이러한 정체성 확보에 있다.

재외동포의 민족교육은 앞에서 언급한 바와 같이 그 대상에 따라 성격을 달리한다. 재외국민, 곧 교포(僑胞)에 대한 민족어 교육은 내국인과 같이 국어교육, 국사교육으로서 행해진다. 이에 대해 외국국적동포에 대해서는 국어 아닌, 외국어로서의 한국어교육과 한국사로서 교육하게 된다. 이렇게 재외동포는 그가 교민이냐 아니냐에 따라 민족교육의 성격을 달리한다. 그러나 이들이 다 같이 정체성을 찾는 민족교육임에는 다름이 없다.

한국 정부는 재외동포의 교육목표를 어디에 두고 있는가? 문민정부 이래 국민의 정부나 참여정부에 이르기까지 다 "세계 속에서 자긍심 높은 한국인상 구현"에 그 목표를 두었다(박갑수, 2005).

이러한 교육 목표는 물론 "세계 속에서 자긍심 높은 한민족 상 구현"이 되어야 할 것이다. "재외국민" 아닌 "재외동포"의 교육목표를 제시한 것이기 때문이다. 한국 정부의 재외동포의 교육 목표는 민족적 정체성을 유지·신장하고, 현지에서 안정적으로 정착해 삶으로써 자랑스러운 한민족의 상을 구현하는 데 둔 것이다. 이를 위해 영주 동포와 일시 체류자에게는 현지 적응교육을 하며, 영주 동포에게는 한민족으로서의 동질성과 정체성을 갖게 모국 이해교육을 하고, 일시 체류자에게는 귀국한 뒤 고국에 적응할 수 있게 국내 연계교육을 하도록 하였다.

이렇게 볼 때 재외동포의 민족교육, 또는 민족어 교육의 목표는 대체로 국내 연계교육, 한민족 이해교육, 현지 적응교육의 세 가지로 정리된다. 그러나 여기에 하나 더 추가할 것이 있다. 그것은 근자에 정부와 학계가 다 같이 많은 관심을 가지고 추진하는 한국 언어문화의 세계화교육이다. 세계화교육은 문화적 교류에 의해 상호간의 이해를 촉진하고, 문화발전에 상승효과를 올려 좀 더 문화의 창조 발전에 기여하는 교육을 수행하자는 것이다. 오늘날은 국제화시대, 글로벌 시대라 한다. 지구촌 시대에 우리만이 고립하여 홀로 살 수는 없는 것이고, 인류의 보편적 가치와 윤리를 존중하고 협동하며 살아야 한다. 따라서 지구촌의 발전과 세계문화의 창조 발전을 위해 민족 문화가 기여하는 교육을 해야 한다. 다양한 민족문화에 의해 세계문화는 더욱 발전하고 꽃을 피울 수 있기 때문이다. 이러한 교육은 재외동포가 다른 문화사회에 거주하기 때문에 더욱 강조되는 것이다. 따라서 이러한 민족교육은 편협한 국수주의적 교육정책이 아니요, 열린 교육으로서 세계문화 창조에 기여하는 교육으로서 수행된다. 이런 면에서 우리의 재외동포의 민족교육은 현지 정부에서 사시안적으로 볼 것이 아니라, 지원·장려해야 할 교육으로 수행되는 교육이라 할 것이다.

3. 재외동포의 한국어교육

재외동포의 교육 내용은 여러 가지를 생각할 수 있다. 교육부의 "재외동포교육의 목표 및 기본 방향"(1995)에서는 "우리나라의 말과 글, 역사, 문화 등"을 그 대상으로 보고 있다. 이 가운데 근본이 되는 것은 물론 민족 어문의 교육이라 할 것이다.

한국어교육은 외부 자극에 의해 촉진되었다고 할 수 있다. 따라서 준비가 제대로 되지 않은 상황 속에서 시작되었다. 그래서 여건이 별로 좋지 않다. 그러나 그런 가운데 많은 발전을 하였다.

3.1. 한국어교육의 기반

한국어교육은 두 가지 면에서 생각해 볼 수 있다. 그 하나는 교육 기반이 되는 여건으로서의 교육과정, 학습 자료, 교수법, 교사와 같은 것이고, 다른 하나는 듣기, 말하기, 읽기, 쓰기와 같은 교육 현장이다.

재외동포의 교육은 청소년의 교육과 성인의 교육으로 나누어볼 수 있으며, 청소년 교육이 중심이 된다. 이는 한글학교, 한국학교, 거주국 소학교, 교육원, 기타 교육기관에서 행해지고 있으며, 한글학교가 근간이 된다. 따라서 한글학교를 중심으로 교육 여건을 살펴보기로 한다.

첫째, 교육과정의 문제

국가적 수준의 교육과정, 또는 실러버스가 단계별로 만들어져 있어야 한다. 그런데 이것이 아직 우리에게는 만들어져 있지 않다. 따라서 각종 과정(course)의 교육내용이 혼란을 빚고 있다. 다행히 얼마 전 교육과정평가원에서 "재외동포용 한국어 교재개선을 위한 교육과정 개발연구"(류재택 외 2002)가 나오고, 학회에서도 활발히 논의되고 있다. 따라서 머지않아 교육과정이 개발 될 것으로 기대된다. 현지에서는 재미한인교육협의회(재미한인학교 교육과정, 1992) 등에서 이미 구안한 것이 있어 다행스런 일이다. 각 코스의 교육과정은 현지의 실정에 맞게 개발하는 것이 무엇보다 필요하다. 이런 의미에서 한국어 능력시험의 기준 등을 참고로 한 현장 교사의 교육과정의 제작도 기대된다.

둘째, 학습 자료의 문제

재외동포를 위한 교재는 아직 부실한 편이다. 대표적인 것으로는 국제교육진흥원 및 한국교육과정평가원에서 개발한 "한국어", "한국어 회화" 등이 있다. 이들은 범용교재로 개발되어 몇 개 언어로 번역된 것이다. 학습 자료는 원칙적으로 대조분석을 바탕으로 언어에 따라 다른 것이 제작되어야 한다. 이런 의미에서 현지에서 제작한 교재가 가장 바람직한 것이다. 재미한글학교연합회와 남가주한국학교연합회의 "한국어"(全6卷)나 중국의 조선족소학교 및 중학교의 교재가 이런 의미에서 소중한 것이다.

이 밖에 국제교육진흥원의 KOSNET(Korean Language Study on the Internet), 및 재외동포재단의 "Teenager Korean"은 특수 자료로 참고할 수 있을 것이다. 중요한 것은 어떤 중핵적 자료도 그것만으로는 부족하다는 것이다. 보조 자료를 필요로 한다. 이런 의미에서 많은 보조 자료가 개발되어야 하고, 교사 자작의 학습 자료도 개발되어야 한다.

셋째, 교수법의 문제

역사적으로 볼 때 외국어 교수법은 많은 것들이 생성 소멸되면서 오늘에 이르렀다. 이 가운데 주류를 이루는 교수법은 문법-번역법(grammar-translation method)과 청각-구두법(audio-lingual approach), 그리고 의사소통법

(communicative approach)이다. 재외동포의 민족어 교육에도 이러한 교수법이 활용되어 왔고, 또 지금도 활용되고 있다. 오늘날은 이 가운데 구어 학습을 위주로 한 의사소통법이 특히 사랑을 받고 있다.

교수법은 학습자, 학습 내용, 학습 목적에 따라 그 방법을 달리해야 한다. 따라서 어떤 교수법이 좋다고 일괄하여 말하는 것은 곤란하다. 어린이를 대상으로 하는 경우에는 모방·기억법(mim·mem practice)이 주로 활용된다. 이와 달리 중·고교생인 경우는 의사소통법이, 대학생의 경우에는 문법−번역법이 애용된다. 따라서 각종 교수법의 장단점을 고려하여 과정에 맞는 것을 선택, 운용하도록 해야 한다. 한글학교의 어린이의 경우는 의사소통법을 위주로, 모방·기억법을 가미하는 것이 바람직할 것이다.

넷째, 교사의 문제

교육의 질은 교사의 질을 능가하지 못한다고 한다. 이렇듯 교사의 자질은 교육의 성패를 좌우할 정도로 중요한 의미를 지닌다.

한국어교육은 자발적이라기보다 외부의 자극을 받아 수동적으로 발전해 왔다고 할 수 있다. 따라서 유능한 교사가 제대로 양성되지 못했고, 아직도 국내외 가릴 것 없이 교원 양성기관이 제대로 갖추어지지 못한 실정이다. 다행스러운 것은 2005년 국어기본법이 제정된 뒤, 자격시험을 거쳐 교사가 되는 길이 열렸다는 것이다. 국어기본법 시행령 제14조에는 "한국어 교육능력검정시험의 영역"이 제시되어 있는데 이를 참고로 제시하면 다음과 같다.

1. 한국어학 : 국어학개론, 한국어음운론, 한국어문법론, 한국어어휘론, 한국어의미론, 한국어화용론, 한국어사, 한국어어문규범 등

2. 일반언어학 및 응용언어학 : 응용언어학, 언어학개론, 대조언어학, 사회언어학, 심리언어학, 외국어습득론 등
3. 외국어로서의 한국어교육론 : 한국어교육개론, 한국어교육과정론, 한국어평가론, 언어교수이론, 한국어표현교육법(말하기, 쓰기), 한국어이해교육법(듣기, 읽기), 한국어발음교육론, 한국어문법교육론, 한국어어휘교육론, 한국어교재론, 한국어문화교육론, 한국어한자교육론, 한국어교육정책론, 한국어번역론 등
4. 한국문화 : 한국민속학, 한국의 현대문학, 한국의 전통문화, 한국문학개론, 전통문화 현장실습, 한국현대문화비평, 현대한국사회, 한국문학의 이해 등
5. 한국어교육 실습 : 강의 참관, 모의 수업, 강의 실습 등

이들 내용은 박갑수(2004)의 "교사교육의 기본교과의 모델"과 대동소이한 것으로 대체로 바람직한 것이다. 자격시험은 한국어세계화재단에서 관장하고 있고, 이의 공식 명칭은 "한국어 교육능력 인증시험"이다.

3.2. 한국어교육의 영역

한국어교육의 목표는 의사소통에 있다. 따라서 한국어교육의 영역은 표현 이해를 위한 언어의 네 기능과 언어 지식, 및 문화가 된다. 문화교육에 대해서는 다음 장에서 논의하기로 한다.

말하기와 쓰기란 표현교육(表現敎育)에서는 흔히 구어교육을 우선한다. 물론 오늘날은 언어의 기능을 독립적으로 지도하기보다 통합교육을 하는 것이 좀 더 바람직한 것으로 본다. 말하기 교육은 발음교육과 화법교육으로 나뉜다. 발음교육은 비교적 철저하게 수행되고 있는데, 특히 청각—구두법에서 강조된다. 학습자의 발달단계에 따라 모방—기억법, 또는 대조분석을 통한 비교법을 쓸 수 있다. 외언(外言)의 교육은 무엇보

다 장면을 제공하여 주고 반복 훈련하게 하는 것이 바람직하다. 말하지 않는 학습자를 위해서는 앵무새 지도, 실마리 지도, 앞에 나오는 일언(一言) 지도, 그룹에 의한 지도, 메모 이용 지도, 문형 제시 지도 등의 방법을 활용할 수 있다. 고급 학습자를 위해서는 청각－구두법의 단순 반복 훈련보다 의사소통법의 기능중심, 과제해결 학습으로서의 말하기 교육을 하는 것이 바람직하다.

쓰기교육에는 서사(書寫) 교육과 작문교육이 포함된다. 글짓기는 흔히 기술 후의 결과물만을 가지고 지도하기 쉬운데, 기술(記述) 전, 기술 중, 기술 후와 같이 종합적·관련적으로 전개하는 것이 바람직하다. 그리고 처음서부터 무엇에 대해 써라 하는 것이 아니고, 일어(一語) 작문, 일문(一文) 작문과 같이 짧은 글에서 시작하여 개요 작성하기, 긴 글 쓰기로 발전해 나가도록 하여야 한다.

듣기와 읽기는 이해교육(理解敎育)이다. 듣기교육은 다른 기능교육에 비해 흔히 소홀히 다루어진다. 그러나 소홀히 다루어 좋을 영역이 아니다. Stevense에 의하면 미국의 일반시민들은 듣기에 42%, 말하기에 32%, 읽기에 15%, 쓰기에 11%의 시간을 소비한다고 한다. 이렇듯 쓰기는 중요한 비중을 차지한다. 근자에 시청각 교육에 의해 듣기에 시간이 많이 할애되고 있음은 다행스런 일이다. 듣기 교육이 효과를 거두기 위해서는 목적을 갖고 듣기, 비판적으로 듣기와 같은 태도교육이 필요하다.

읽기교육에는 독해지도와 독서지도가 있다. 독해지도는 궁극적으로 독해력을 기르는 데 있다. 읽기는 흔히 통독, 정독, 미독과 같이 나뉘어 표면적 의미 외에 문장의 이면에 숨어 있는 의미, 및 예술적 의미까지 파악하게 해야 한다. 이밖에 비판적 읽기도 해야 한다. 이들은 학습자의 단계에 따라 지도 목표를 구별하여 강조하게 된다. 고급 과정의 독해지도에서는 흔히 문법－번역법이 쓰인다. 이는 표현교육 아닌, 이해교육에 초점이 놓이기 때문이다.

언어지식 교육은 문법교육이 대표적인 것이다. 문법교육은 언어교육이 곧 문법교육이던 문법·번역법에서 비롯되었다. 그리고 의미와 형식을 아우른 인지주의 교육을 거쳐, 메시지를 중시하는 의사소통법의 시대로 발전해 왔다. 적극적 의사소통법은 정확성을 기피하고 유창성을 추구하며 문법교육을 배제하였다. 이로 말미암아 유창한 의사소통능력을 기르는 데도 문제가 생겼다. 그리하여 근자에는 의사소통 위주의 교육에서도 형식 중시, 문법의식을 고양하고 있다.

문법교육은 교수법에 따라 교수의 원칙을 달리한다. 그러나 Scott Thornbury(1999)가 제시한 경험적 규칙은 교수법 여하를 가리기에 앞서 적용돼야 할 원리로 보고 있다. 그것은 맥락의 규칙, 사용의 규칙, 경제성의 규칙, 관련성의 규칙, 교육의 규칙, 적절성의 규칙과 같은 여섯 가지다. 문법교육은 이러한 원리를 바탕으로 바람직한 교육의 방법을 모색해야 할 것이다. 일반 외국어 학습자를 대상으로 할 때 문법교육은 의사소통 능력 향상을 위한 문법교육을 하는 것이 바람직하다. 그리고 교육 여건을 고려하여 연역적 지도와 귀납적 지도, 명시적 지도와 암시적 지도, 문법지도의 효율성과 적합성 등의 양면 가운데 어느 하나를 선택해야 한다. 문법수업의 모형은 제시모형인 소위 PPP모형이거나, 과제모형인 TTT모형을 선택하는 것이 좋다. PPP모형은 제시(presentation)-연습(practice)이란 정확성을 목표로 하는 전형적 수업방식에 유창성을 더하기 위하여 "생성(production)"을 추가한 것이다. TTT모형은 유창성에서 정확성으로 역행하는 순서를 밟는 지도 모형으로, 의사소통을 바탕으로 한 과제 수행 모델이다. 이는 과제(task)-교수(teach)-과제(task)란 순서를 밟는다.

4. 언어의 배경과 언어문화 교육

문화란 한 민족의 생활양식의 총체, 개개의 인간이 집단으로부터 받아들이는 사회적 유산을 의미한다. 따라서 같은 민족은 같은 문화를 지닌다. "재외동포교육의 목표 및 기본방향"(1995)에 보이는 "우리나라의 말과 글, 역사, 문화 등"을 교육 내용으로 한다는 "문화"는 이런 것이다.

문화교육은 크게 둘로 나눌 수 있다. 그 하나가 사회교육으로서 수행되는 문화교육이요, 다른 하나가 언어교육과 더불어 행해지는 문화교육이다. 전자는 문화 전반을 대상으로 하고, 후자는 언어를 전제한 협의의 문화를 대상으로 한다. 사회교육으로서 행해지는 포괄적 문화교육은 민족문화 교육으로서 수행되는 것이니, 이는 문화 전반에 관해 학습자의 모어로 하는 것이 바람직하다. 그러나 언어교육으로서 행해지는 제한적 문화교육은 언어와 문화의 통합적 교육으로 한국어 교재를 바탕으로 교육하는 것이 바람직하다. 그리고 이는 학습의 전단계에서 행해지는 포괄적 문화교육과는 달리 발달단계에 따라 선택적으로 수행하여야 한다. 여기서는 이러한 제한적 문화교육으로서의 언어문화 교육에 대해 살펴보기로 한다.

4.1. 언어의 배경으로서의 문화

4.1.1. 문화를 반영하는 언어

"언어문화"라는 말은 두 가지 의미를 지닌다. 그 하나는 문화로서의 언어이고, 다른 하나는 언어에 의해 형성된 문화로서, 그 대표적인 것이 문학이다. 본고에서는 문화로서의 언어에 초점을 맞추어 논의하기로 한다. 문화로서의 언어는 문화로 포장된 언어요, 언어의 배경으로서의 문화다. 언어는 1차적으로 사회·문화를 반영하고, 2차적으로 언어가 사회·문화에 영향을 미치게 된다. 이렇게 문화는 상호작용을 한다. 문화는 구조적으로 어휘나 문법에 투영되고, 언어생활에 반영된다.

언어는 단순한 기호가 아니고, 문화로 포장된 기호다. 따라서 사람들은 객관적 기호가 아닌, 포장된 언어에 의해 사고하고, 자극을 주고받게 된다. 한국어에서는 "먹다"란 단어가 (밥을) 먹고, (물을) 마시고, (담배를) 피우는 것을 다 나타낸다. 이에 대해 영어의 "eat"는 먹는 것이 아닌, 마시고(drink), 피우는(smoke) 것은 나타내지 않는다. 이와는 달리 영어의 "wash"는 한국어의 (손을) 씻고, (옷을) 빨고, (머리를) 감고, (창을) 닦는 것을 다 나타낸다. 한국어 "씻다"로는 (옷을) 빨고, (머리를) 감고, (창을) 닦는 것을 나타내지 못한다. 이런 것이 언어에 반영된 문화다. 이렇게 언어 기호는 문화에 따라 차이가 난다. 이러한 언어문화를 알지 않고는 그 언어를 제대로 이해할 수 없다. 심하면 문화적 충격을 받게 된다. 여기서는 언어를 둘러 싼 이러한 문화, 말을 바꾸면 언어의 배경으로서의 문화에 대해 살펴보기로 한다.

첫째, 언어는 특정한 사회 문화를 반영한다. 언어는 문화의 색인이라 하거니와 그러한 사회 문화가 있어 이를 나타내는 언어가 탄생되는 것이다. 우리나라에 "화백(和白), 에밀레종, 훈민정음, 보쌈, 문민정부, 기러기아빠"는 이러한 문물과 제도가 있어 생겨난 말이다. "목숨", "어른", "붉다" 같은 말은 독특한은 우리의 정신문화를 반영하는 말이다. "목숨"은 목에 숨이 붙어 있는 것에서, "어른"은 교합한 사람에서, "붉다"는 불의 빛깔에서 추론한 것으로, 이런 언어문화는 다른 언어에서 찾아볼 수 없는 것이다. 이들 어휘를 제대로 이해하자면 문화적 배경을 알아야 한다.

둘째, 사회의 성격이 언어생활에 영향을 미친다. 고대에는 언어가 주술적(呪術的) 힘을 지닌 것으로 생각했다. 그래서 신성시했다. 이러한 사상이 제정일치(祭政一致)의 수장을 낳았고, 향가를 "동천지감귀신(動天地感鬼神)"하는 노래로 보게 하였다. 평등 관계 아닌 종속적 관계로 구성된 봉건사회에서는 신분에 따라 언어의 구사를 달리 해야 한다. 여기서 발달한 것이 경어법이다. 그러나 민주사회에서는 인간관계가 종속관계 아닌 대등관계가 되어 경어법이 필요 없게 된다. 호칭도 시대와 사회에 따라 변동된다. 제3의 남성에 대한 호칭이 "영감-아저씨-선생님-사장님"과 같이 변해 온 것도 이러한 예다. 사회의 변동은 지역 방언의 세력 변동을 초래하기도 한다.

셋째, 시대·사회적 정신작용(精神作用)이 또한 언어생활에 영향을 미친다. 이들은 행동을 밖이 아닌, 안에서 규제한다. 사회 공통의 기질이나, 그 시대 특유의 사상과 풍조가 언어에 영향을 미치는 것이다. 한자어와 외래어의 수용이 이러한 예다. 사상 면에서는 무언독행(無言篤行)을 최고의 미덕으로 알고, 다변(多辯)을 악덕으로 아는 중국문화의 영향을 받아 언어 윤리가 강조되고, 침묵과 신언(愼言)이 강조되기도 하였다. 이 밖에 서양의 자유주의와 민주 사상은 언론의 자유와 언어의 민주화를 초래하였다. 이 밖에 유행이나 풍조도 언어생활에 많은 변화를 초래한다. 일탈된 통신언어의 양산은 이러한 예다.

4.1.2. 언어 표현에 반영되는 문화

언어 표현은 낱말의 결합에 의해 이루어진다. 넓은 의미의 어휘는 단일어의 명명(命名)과 단어의 결합(합성어와 관용어)에 의해 이루어지게 된다. 어휘는 무엇보다 문화를 반영하는 대표적 존재이다. 이에 대해 구문(構文)은 사고와 같은 정신문화를 반영한다.

첫째, 단일 형태소에 의한 명명

어휘의 명명은 흔히 자의적인 것이라 한다. 그러나 많은 경우 유연성 (有緣性)을 지닌다. 이것이 언어와 문화의 밀접한 관계를 보여 주는 것이다. 삼국유사에 많이 보이는 "因名", "因爲名", "因以名之"가 그 예다. 구체적인 예로 방위를 나타내는 말만 하여도 그렇다. "동서남북"이란 말은 문화어다. 원시시대에 이런 방향감각이 있었을 리 만무하다. "앞, 뒤, 옆" 정도의 구별이나 했을 것이다. 그런데 우리는 "南"의 훈(訓)을 "앞"이라 하고, "北"의 훈(訓)을 "뒤"라 한다. 이는 우리 선조가 이러한 문화를 가지고 있었음을 의미한다. 그렇지 않고는 설명이 안 된다. 이것은 우리 선조가 중앙아시아에서 따뜻한 남쪽을 향해 내려왔음을 의미하는 것으로 해석된다. 그래서 남쪽을 "앞(前)", 북쪽을 "뒤(後)"라 한 것이다. 전후가 아닌, 좌우측을 나타내는 "옳은-(右)", "왼-(左)"은 "옳다(正)"와 "외다(負)"에 연유한다. 바른 손이 정상이요, 왼손이 비정상적이란 발상이 이러한 명명을 하게 한 것이다. "곁"이나, "옆"은 각각 겨드랑이(腋)와 옆구리(脅)를 의미하는 말이다. "측(側)"이나 "횡(橫)"과는 달리, 이는 구체적 사물로 추상의 개념을 나타낸 것이다.

둘째, 단어의 결합에 의한 명명

"눈물, 한숨, 바늘귀, 열없다, 쏜살같다, 비호같다"는 단어가 결합한 합성어다. "눈물"과 "한숨"은 영어의 "tear", "sigh"와 같은 단일어를 합성어로 나타낸 것이며, "바늘귀"는 같은 합성어이나 "needle's eye"와 같이 형태소를 달리한다. "열없다"는 "담대(膽大)" 아닌 한자어 "담소(膽小)"의 뜻을 나타내는 것이나, 담이 작다는 것이 아니라, 오히려 없다는 표현을 하고 있는 것이다("膽小"의 의미인 "열적다"는 방언이다). "쏜살같다, 비호같다"는 관용어가 합성어가 된 것으로 비유에 의해 형성된 말이다. 이

밖에 멋진 합성어로 "나비물, 눈비음, 도리깨침, 먼지떨음, 볼가심, 빨래 말미, 옷깃차례, 우산걸음, 잔다리밟다, 장기튀김, 홀아비김치" 같은 말도 볼 수 있다. 이들도 비유에 의한 명명이다. "옷깃차례"와 "장기튀김" 같은 말은 오늘날 흔히 "시계방향", "도미노현상"과 같이 쓰이는 말로 우리의 독특한 문화를 반영하는 말이다.

합성어 가운데는 복합어 아닌 파생어라 할 것에 구체적 문화를 반영하는 말도 보인다. 이는 사물의 유래를 나타내는 것으로, "당(唐)-", "호(胡)-", "되-"가 들어가는 말, "양(洋)-", "왜(倭)-"가 들어가는 말 등을 볼 수 있다.

당건(唐巾), 당나귀, 당나발, 당먹, 당약(唐藥), 당음(唐音), 당지(唐紙), 당혜(唐鞋)

호과(胡瓜), 호궁(胡弓), 호마(胡麻), 호밀, 호적(胡笛), 호주머니, 호초(胡椒)

양란(洋蘭), 양말(洋襪), 양배추, 양복(洋服), 양산(洋傘), 양은(洋銀), 양화(洋畵)

왜간장(倭-醬), 왜무(倭-), 왜사기(倭砂器), 왜솥(倭-), 왜식(倭食), 왜풍(倭風)

이 밖에 한국어 특유의 독자적인 관용어도 많다. "눈이 맞다, 머리를 올리다, 바람을 피우다, 식은 죽 먹기, 입이 걸다, 허리가 휘다" 같은 것이 그것이다. "경(黥)을 치다"는 죄인의 입묵(入墨), "산통(算筒)을 깨다"는 산가지 통, "삼청냉돌(三廳冷埃)"은 금군(禁軍)의 삼청(三廳)이라는 제도와 같이 구체적인 문화적 사실을 바탕으로 형성된 말이다.

셋째, 구문(構文)은 정신문화를 반영한다. 한국어의 구문은 영어의 S-V-O형이 아닌 S-O-V형을 이룬다. 이는 주요한 부분을 뒤에 진술하는 도미문(棹尾文)이라 할 것으로, 한국인의 사고의 특성을 반영하는 것이다. 장면의존적인 표현을 하는 것은 고문맥 문화(high context culture)를 지녔기 때문이다. 한국어의 문맥 의존도는 매우 높은 것으로 알려진다(Samovar, 1998).

High-context culture−Japanese−Chinese−Korean−African−Native American −Arab−Greek−Latin−Italian−English−French−American−Scandinavian −German−German−Swiss−**Lower-context culture**

이 밖에 한국어에서는 축소지향, 또는 핵심지향적 표현 경향을 보인다. 그것은 편지봉투 쓰기, 관형어 앞에 놓기와 같은 것이 그 구체적인 예다. 의례적인 표현, 전형적인 표현은 문자 그대로 문화적 관습을 반영하는 것이다.

4.2. 한국어의 언어문화 교육

모든 형식의 언어학습은 문화에 대한 학습이며, 외국문화와의 만남은 그 외국어 수업의 첫째 시간부터 시작된다. 이토록 언어와 문화는 밀접한 관계를 갖는다. 그래서 Porter & Samovar(1991)은 "원활한 의사소통을 하기 위해서는 상대방 문화의 이해가 반드시 필요하다"고 하고 있다. 이에 여기서는 한국어교육에서의 언어문화 교육에 대해 살펴보기로 한다.

언어교육이란 문화교육이요, 언어표현은 문법성 못지않게 사회적 수용성(social acceptability), 사회적 적격성(social appropriateness)이 문제가 된다. 예를 들어 정중한 사과를 할 때 한국에서는 "죄송합니다. 더 이상 드릴 말씀이 없습니다."라 한다. 그러나 이러한 정중한 사과가 영어로 직역될 때(I'm sorry. I have nothing more to say.), 이는 영어사회에서 사과의 표현으로 수용되지 않는다. 이런 것이 문화교육을 필요로 하는 소이다.

이런 의미에서 Seelye(1988)의 문화교육의 목표는 그대로 언어교육에 문화교육이 필요하다는 것을 명시적으로 보여 주는 것이라 하겠다. Seelye의 문화교육의 목표는 다음과 같다.

① 사회의 구성원에게서 문화적으로 조건화하여 나타나는 행위에 대한 이해를 돕는다.
② 연령, 성, 사회계층, 주거지역과 같은 사회언어학적 변인이 말과 행동에 어떻게 영향을 미치는가에 대한 이해를 돕는다.
③ 목표문화의 일반적 상황에서 나타나는 관습적 행동을 인지하도록 돕는다.
④ 목표언어에서 문화적 함의(connotation)가 있는 어구를 인지하도록 돕는다.
⑤ 목표문화를 일반화한 것에 대해 평가하고, 정밀화하는 능력을 발전시키도록 돕는다.
⑥ 목표문화에 대한 정보를 정리하거나 조직하는 데 필요한 방법을 발전시키도록 돕는다.
⑦ 목표문화에 대한 학생들의 지적 호기심을 자극하고, 해당 민족에 대해 공감하도록 격려한다.

언어교육에 문화교육이 필요하다는 것은 미국 정부의 "21세기를 대비한 외국어 학습 기준(Standards for foreign language learning : Preparing for the 21st century, 1966)에서도 확인된다. 여기에서는 초·중·고등학교의 외국어교육 발전의 기본원리로 5C를 들고 있다. 이는 문화와 관련된 것으로, Communication, Culture, Connection, Comparison, Communities의 다섯 C이다.

그러면 구체적으로 한국어교육에서 학습해야 할 문화 항목으로는 어떤 것을 들 수 있을까? 이는 학습 단계에 따라 달리 설정해야 할 것이다. 여기서는 번거로운 수속을 피해, 단계를 불문에 붙이고 몇 가지 항목만을 제시하기로 한다. 항목은 상대적인 구분이긴 하나 크게 언어의 구조적(構造的) 요소와 운용적(運用的) 요소로 나누어 보기로 한다.

4.2.1. 구조적 요소

구조적 요소로는 특정 형태를 지니는 한국어의 어휘와 문법을 생각할 수 있다.

어휘로는 사회, 문화, 제도 등 광의의 문화를 반영하는 어휘가 있다. 이는 다른 언어와 대응이 제대로 안 되는 특별한 어휘체계인 것이다. 영어의 해양어, 일본어의 비, 에스키모인의 눈, 한국어의 감각어가 이러한 것이다.

특정 형태의 어휘는 역사적인 것과 현대의 것이 있다. "화랑, 국자감, 탕평책, 양반, 민적(民籍)" 같은 말은 역사적인 것이고, "참여정부, 운동권, 전작권, 종부세, 악풀" 같은 것은 현대어이다. 역사적인 어휘는 민족지적(民族誌的) 설명을 필요로 한다. 이 밖에 단어의 유연성의 문제가 있다. 이는 어원과 관련되는 것이다. 몇 개 예를 들어 보면 다음과 같다.

> 구실—官, 맛—食品, 바탕—場, 살—元旦, 신다—靴, 이바지—供饋, 푸르다—草, 힘—筋
> 고뿔(鼻-火), 두루마기(周-遮), 밑천(本-錢), 비호-같다(飛虎-如), 빨래 말미(洗-暇), 시-내(谷-川), 시치미-떼다(主人票-摘出), 어이딸(母-女), 오라질놈(捕繩-負-者), 코끼리(鼻-長), 한가위(最-中), 혼나다(魂-出)

사물이나 개념을 분류하고 범주화하여 명명(命名)하는 데도 문화가 반영된다. 이는 Brown & Ford(1964)의 의미—심리적 원리(semantic-psychological principle)가 바탕에 깔린 것으로, 그 문화권에서 중요한 영역이 좀 더 세분되는 경향을 보인다. 어휘 분류는 어휘 조직의 조밀도(稠密度)와 관계된다. 한국어는 의미영역을 세분하여 상대적으로 조밀도가 높은 것으로 보게 한다. 영어 "wash"의 경우는 앞에서 언급했거니와, "rice"는 한국어에서 "벼, 쌀, 밥"으로, "cut"는 "자르다, 끊다, 베다, 깎다, 다듬다"로 분화된다. 이 밖에 영어 "wear"와 "strong"은 한국어에서 그 의미영역이 아래의 보기와 같이 세분된다. 이들의 세분화 경향은 영어와 대조되는 것이다. 일어는 한국어와 비슷한 경향을 보이며, 중국어도 많이 분화되고 있음을 보여 준다.

> wore a jacket.(입다/ 着る/ 穿), wore shoes.(신다/ はく/ 穿), wore glasses.(쓰다/ かける/ 戴), wore a tie.(매다/ しめる/ 系上), wore a ring.(끼다/ はめる/ 戴), wore a hat.(쓰다/ かぶる/ 戴), wore a necklace(걸다/ かける/ 帶上), wore a decoration.(달다/ つける/ 別上), wore a perfume.(바르다/ ぬる/ 塗// 뿌리다/ かける/ 灑), wore a sword.(차다/ さす/ 佩帶), wore a moustache.(기르다/ はやす/ 蓄), wore a smile.(띠다/ うかべる/ 帶)
>
> a strong coffee(진한 커피/ 濃い/ 濃), a strong horse(힘이 센 말/ 强い/ 大), a strong possibility(커다란 가능성/ 大い/ 多), a strong stick(단단한 막대/ 固い/ 硬), a strong whisky(독한 위스키/ 强い/ 烈), a strong will(강한 의지/ 强固な/ 堅强)

한국어의 감각어(感覺語)도 상대적으로 분화된 대표적인 어휘다. 시각어와 미각어의 예를 보면 다음과 같다.

> 노랗다－노르께하다－노르끄레하다－노르므레하다－노르스름하다－노릇하다－노릇노릇하다－노리께하다－노리끄레하다－노리므레하다－노리툭툭하다－노릿하다－노릿노릿하다－샛노랗다－누렇다－누르께하다－누르끄레하다－누르므레하다－누르스름하다－누릇하다－누릇누릇하다－누르칙칙하다－누루툭툭하다

달다-다디달다-달짝지근하다-달차근하다-달착지근하다-달콤하
다-들척지근하다-들치근하다-들큼하다

이들 어휘와는 달리 영어 단어가 오히려 더 분화된 경우도 있다. "꽃
-flower, bloom, blossom, inflorescence", "바람-wind, breeze, current,
air, draft, inconstancy, palsy, gas, fashion" 같은 것이 이러한 예다.

구문(構文)은 우선 한국어와 영어는 도미문(掉尾文)과 산열문(散列文)의
차이를 보인다. 이는 사고방식의 차이를 드러내는 것이다. 주어를 흔히
생략하는 것은 한국어의 특성이다. 특히 "나(我)", "너(汝)"와 같이 언어적
맥락이나 사회적 맥락으로 보아 그것을 알 수 있는 경우에는 생략한다.
장면의존적 고문맥 문화(高文脈文化)를 반영하는 것이다. 영어에서는 가주
어(假主語)까지 사용하는 데 매우 대조적이다. 이는 영어가 정확한 언어
표현을 지향하는 데 대해 한국어는 의미전달에 초점이 놓이기 때문이다.
한국어에서는 구애할 때 "사랑해요"라 하지 영어처럼 "I love you."라 하
지 않는다. 따라서 서구어의 주어를 하나하나 번역하게 되면 그것은 한
국어다운 한국어가 되지 않는다. 시각(perspective)의 차이도 여기서 언급할
수 있을 것이다. "예/ 아니오"나 "오다/가다"의 용법이 이러한 경우다.
한국어에서는 화자중심의 표현을 하여 "내가 그리 가겠다", "나는 어제
너희 집에 갔었다"와 같이 "가다"로 표현한다. 이에 대해 영어에서는 청
자중심의 표현을 해 "I will come there."나, "I came over your house
yesterday."와 같이 "come"을 쓴다. "오고, 가는" 것이 바뀌어야 한국어
가 된다.

이 밖에 관용어(慣用語)와 속담(俗談)도 문화적 차이를 반영하는 언어 표
현이다. 이는 형태적인 면과 함께 개념적 면에서도 차이를 보인다. 더구
나 그 의미는 구성 요소 A+B=AB와 같이 지시적 의미를 드러내는 것

이 아니다. X×Y=Z와 같이 일반적으로 구성 요소와 달리 사회문화적 의미를 나타낸다. 따라서 이에 대한 바른 이해 없이는 한국어를 배웠다고 할 수 없다.

국수를 먹다/ 눈에 밟히다/ 늦바람이 나다/ 담을 쌓다/ 동곳을 빼다/ 등치다/ 머리를 얹다/ 몸을 더럽히다/ 바가지를 긁다/ 비위가 상하다/ 삼수갑산에 가는 한이 있어도/ 상다리가 부러지다/ 시치미를 떼다/ 엿장수 마음대로/ 육갑을 떨다/ 죽 끓듯 하다/ 쩍고 까불다/ 찬밥 더운밥 가리다/ 치도곤을 안기다/ 코가 땅에 닿다/ 콩밥을 먹다/ 퇴짜를 놓다/ 파김치가 되다/ 팔자를 고치다/ 한술 더 뜨다/ 흰소리를 치다

이들은 관용구의 예다. 다음은 속담의 예다.

가게 기둥에 입춘/ 간(肝)에 기별도 안 가다/ 금강산도 식후경(食後景)/ 남대문입납(南大門入納)/ 남의 친환에 단지(斷指)/ 동서 춤추게/ 망석중이를 놀리다/ 멍이야 장이야/ 보리죽에 물 탄 것 같다/ 복날 개 맞듯/ 사돈네 안방 같다/ 썩어도 준치/ 아닌 밤중에 홍두깨/ 억지 춘향이/ 저녁 굶은 시어미 상이다/ 절에 간 색시/ 중 술 취한 것/ 처삼촌 묘에 벌초하듯/ 충주 결은 고비/ 춥기는 사명당(四溟堂) 사첫방이다/ 콩으로 메주를 쑨대도 곧이 안 듣다/ 태백산 갈까마귀 게 발 물어 던지듯/ 팔자를 고치다/ 평안감사도 저 싫으면 고만이다/ 행차 뒤에 나팔/ 홍길동이 합천 해인사 털어 먹듯

4.2.2. 운용적 요소

언어는 사회적 요소에 따라 여러 가지 변이형(variants)이 생겨 난다. 다시 말해 사회문화적 규칙에 따라 서로 다른 독자적 표현을 하게 된다.

언어행위는 좁은 뜻의 문법규칙에 의해서만 규제되는 것이 아니다. 발화행위를 할 때의 사회적 여건, 장면(context)에 의해 규제된다. 대화가 이

루어지는 장면이나 상황, 대화자 사이의 사회적 관계, 대화의 주제 등 사회적인 요소에 의해 표현 형태에 제약이 가해진다. 그리하여 많은 상황변이형(situational variants), 또는 기능변이형(functional variants)이 산출된다. 따라서 정상적인 언어생활을 하기 위해서는 문법성에 관한 지식 외에 다음과 같은 사회언어학적 지식을 갖추는 것이 필요하다(황적륜, 1998).

① 언어표현의 명제적 의미만이 아니라, 사회적 의미를 이해하고 쓰는 데 필요한 규칙에 대한 지식
② 언어를 사물 지시적 기능만이 아니라, 여러 가지 사회적 기능으로 이해하고 쓸 수 있는 능력
③ 언제, 어디서, 누구에게, 무엇에 관해 말하느냐 등 발화행위의 사회적 상황에 따라 적절한 표현을 골라 쓸 수 있는 능력, 나아가 언제 말을 해야 하고 언제 침묵을 지켜야 하는지 등에 관한 지식

이러한 언어 능력이 의사소통 능력(communicative competence)으로, 이는 지시적(指示的) 기능 외에 여러 가지 사회적 기능을 갖는다. Jacobson(1960)이 여섯 가지 언어 기능을 제시한 것은 다 아는 사실이다. "안녕하십니까?", "진지 잡수셨습니까?"가 교감적 기능(phatic function)의 말이라는 것을 모르고, 지시적인 기능으로 수용하게 되면 그것은 우스개가 된다. 실제로 개화기(開化期)에 한 신부는 "신부님, 어디 가십니까?" 하는 인사말을 지시적 표현으로 받아들여 이에 답하느라 발걸음을 옮기지 못했다는 일화도 전해진다.

학습해야 할 문화적 요소로서의 언어의 운용적 요소의 대표적인 것으로는 호칭(呼稱)과 지칭(指稱), 대우법(待遇法), 장면 의존도, 문화변용규칙(文化變容規則) 등을 들 수 있을 것이다. 호칭과 지칭은 대우법과 밀접한 관련을 갖는 것이다. 영어권의 경우 호칭을 결정하는 요소는 권위(authority, power)와 유대(solidarity)이며, 권위를 나이와 지위로 나눌 때 지위가 우선한다. 이에 대해 한국어의 경우는 서열(친족>사회적)을 가장 중시하고, 그 다음이 나이, 유대(친분)의 순이 되어 영어권과 차이를 보인다. 대우법은 앞에서 언급한 바와 같이 대인관계를 평등 아닌, 상하 종속관계로 묶는다. 따라서 경어법의 등급을 작정하는 것이 언어운용의 중요한 절차가 된다. 경어법을 선택하는 요인이나 순서는 호칭을 결정하는 순서와 같다(이익섭, 1994).

장면 의존도는 고문맥(high context)과 저문맥(low context) 문화의 어느 쪽으로 기울어지느냐 하는 것이다. 기본적으로 한국어는 앞에서 지적한 바와 같이 고문맥 문화에 속한다. 따라서 장면에 의지하여 통합적이고 거시적이며, 의미지향적인 표현을 즐겨 하게 된다. 마지막의 문화변용규칙(文化變容規則)은 가치관의 문제로 이는 민속지적 특성을 지닌다. 松本(1994)는 일(日)·미(美)의 문화변용규칙 여덟 개를 들고 있다. 이는 "겸손지향 대 대등지향, 집단지향 대 개인지향, 의존지향 대 자립지향, 형식지향 대 자유지향, 조화지향 대 주장지향, 자연지향 대 인위지향, 비관지향 대 낙관지향, 긴장지향 대 이완지향"의 여덟 가지다. 전자가 일본의 변용규칙에 해당되는 것으로, 한국의 경우도 여기에 해당된다. 아니 동양이 여기에 해당된다고 하여 좋을 것이다. 이들 문화변용규칙은 서양과는 대척적인 것이므로, 이러한 문화 속에 거주하는 재외동포에 대한 교육을 할 때에는 그 차이에 유의해야 한다. 이들 여덟 가지 문화변용규칙에 따른 한국의 언어문화변용을 보면 다음과 같다.

첫째, 겸손지향(謙遜志向)은 진수성찬을 차리고도 "차린 것이 없다"고 하는 것이다. 후보로 출마하여 지지를 호소하면서 "천학비재…" 운운하거나, "나"라는 표현 대신 "저"라고 하는 것이 이런 것이다. 둘째, 집단지향(集團志向)은 자기 아내를 "우리 아내"라 하고, 인사할 때 소속을 먼저 밝히고, 외국에서 참사 사건이 발생하면 한국인의 안위부터 묻는 것도 이러한 것이다. 이에 대해 개인지향은 “I”와 “privacy”를 내세운다. 셋째, 의존지향(依存志向)은 응석을 부리고, 이를 받아 주는 것이다. 맞고 울고 들어오는 아이에게 “울지 마라, 우리 아이 착하지”한다. 이에 대해 자립지향은 “You are a big boy now. Hit him back!”이라 한다. “잘 부탁한다, 편달을 바란다”고 하는 것도 의존지향의 표현이다. 넷째, 형식지향(形式志向)은 의례적 편지 전문(前文)이나, 의식 등에서 그 전형을 볼 수 있다. 결혼식에서 “장래가 촉망되는 청년”, “현숙한 재원”, “검은 머리가 파뿌리가 되도록 해로”는 그 대표적인 것이다. “더 드세요.”에 대해 “많이 먹었어요”라 하는 것도 이런 것이다. “하라”에 대한 “하지 마라”가 많이 쓰이는 것도 자유지향 아닌, 형식지향을 의미한다. 다섯째, 조화지향(調和志向)은 모호하고 완곡하게 표현하거나 신중하게 표현하는 것이다. 의견을 물으면 “제가 뭘 알아야지요”하고 피하는 것이나, 무엇을 먹겠느냐에 “아무거나 먹겠습니다”라 하는 따위가 그것이다. 자기주장을 하고 따지기보다 화합과 조화를 지향한다. 여섯째, 자연지향(自然志向)은 자연스러운 감정주도형의 변용을 하는 것이다. 인위적으로 분위기를 만들려 하지 않고, 차례가 될 때 말한다. 행동중심 아닌, 상황중심의 피동 표현을 한다. 결혼을 해도 “한다”고 하지 않고, “하게 되었다”고 한다. 추상적 표현 아닌 구상적 표현을 즐기는 것도 자연지향의 표현이다. 퇴근한 가장이 “얼라는?－묵자－자자”라 한다는 것이나, 음식점 등의 호실(號室) 이름을 “매·란·국·죽”이라 하는 것이 이러한 예다. 일곱째, 비관지향(悲觀志向)은 칭찬에 인색하고 부정적 태도를 취하는 것으로, “Thank you!”라 해야 할 자리에 “미안합니다”, “죄송합니다”라 인사하는 따위가 그것이다. 칭찬을 액면 그대로 받아드리지 못하고 부정하는 것도 이러한 것이다. “야, 네 꺼 참 멋지다!”에 “아니야, 싸구려야.”라 응대한다. 여덟째 긴장지향(緊張志向)은 "힘내라", "열심히 공부해야 한다"하며 긴장을 늦추지 않는 것이다. 마음을 편안히 가지라("Take it easy!")거나, 중요한 장면에 농담을 하고 푸는 여유와 대조되는 문화지향이다.

한국어를 배워 구사하려는 학습자는 이러한 문화변용규칙을 알고 대처하는 것이 바람직하다. 그래야 한국인 화자에게 거부감을 주지 않고, 자연스러운 커뮤니케이션을 할 수 있다. 그렇지 않으면 오해를 사거나 웃음거리가 된다. 사회적 부적격성(social incompetence)은 언어적 부적격성(linguistic incompetence)보다 심각한 결과를 빚게 된다.

이 밖에 언어생활에 넘쳐나는 비유(比喩)도 학습의 대상이 된다. 언어에 따라 발상(發想)이 같거나 비슷한 표현도 있지만 다른 것도 많다. 이러한 비유 가운데 개성적인 것이 아닌, 민족지적 특성을 반영하는 것은 외국어 교육의 활성화를 위해 학습을 해야 한다. 용모와 관계되는 비유를 몇 개 보면 다음과 같다(박갑수, 1998).

> 장대같이 크다(tall as a tree), 젓가락같이 말랐다(thin as a toothpick), 쭈그렁바가지 같다(like prune), 올챙이 배(a pot belly), 백옥 같은 살결(milky soft skin), 닭살(goose pimple), 복사꽃 같은 뺨(rosy cheeks), 무 다리(piano legs), 주먹코(a bulbous nose), 민둥산(bald as a billiard ball), 실눈(eyes like slits), 뱅어 같은 손가락(lily-white hands)

이상 언어의 문화적 배경, 다시 말하면 사회언어학적 요소와 이의 교수·학습의 필요성에 대해 살펴보았다. 재외동포의 한국어교육의 목적은 정체성을 찾고, 한민족으로서 효과적인 의사소통을 하자는 것이다. 그러기 위해서는 문법에 맞는 문장을 이해하고 사용하는 능력 못지않게 의사소통 능력을 길러야 한다. 이는 언어의 문화적 배경, 다시 말하면 사회언어학적 요소를 학습하여 언어의 사회적인 기능을 효과적으로 수행하게 하는 것이다. 이러한 언어문화의 학습은 한국어와 현지어가 차이가 많이 날 때 그 필요성이 더욱 강조될 것이다. 그리고 이러한 언어문화의 학습은 문화적인 충격을 완화해 학습효과를 높이게 할 것이다.

5. 결어

재외동포 교육을 개관하고, 이들에게 한국어를 교육함에 있어서 언어문화(言語文化) 교육이 필요하다는 것을 살펴보았다. 언어는 문화를 반영한다. 따라서 외국어교육에서 문화, 특히 언어문화는 필수적인 교육 대상이 된다. 언어문화 교육은 언어능력 아닌, 의사소통능력을 기르는 데 목적이 있다. 곧 언어의 사회적인 기능을 효과적으로 수행하게 하는 데 그 의의가 있다. 문화교육은 언어교육에서 지금까지 관심의 대상이 되지 못해 소홀히 다루어진 것이다. 한국어교육의 경우는 더 말할 것도 없다. 언어는 문화로 포장된 것이다. 따라서 문화교육은 외국어교육의 첫째 시간부터 해야 한다. 앞으로 많은 관심을 기울이도록 하여야 하겠다. 저급의 학습자보다 특히 고급의 학습자의 경우 그러하다. 그래서 한국어를 제대로 구사할 수 있게 하여야 한다. 문법적으로 적격성을 지니는 것만이 아니고, 사회적으로 수용성이 높은 언어를 구사하게 하는 것이다. 문화교육은 언어 지식을 쌓은 뒤에 한가하게 교육하여 좋은 대상이 아니다. 동시에, 아니 먼저 교육해야 할 대상이라 할 수 있다. 재외동포 교육에 종사하는 사람이나 관심을 가진 사람 모두가 한국의 언어문화에 좀 더 많은 관심을 가지고 교육을 함으로 우리 재외동포 모두가 바람직한 민족어 화자가 되게 되길 바란다.

참고문헌

김진우(1996), 언어와 문화, 중앙대학교 출판부.

박갑수 외(1979), 국어교육, 서울대학교 출판부.

박갑수(2005), 국어교육과 한국어교육의 성찰, 서울대학교 출판부.

이익섭(1994), 사회언어학, 민음사.

Hinkel, E.(1999), Culture in Second Language Teaching and Learning, Cambridge University Press.

Kramsch, C.(1993),Context and Culture in Language Teaching, Oxford University Press.

Kramsch, C.(1998), Language and Culture, Oxford Univergity Press.

Porter, R. E., L.A. Samovar(1991), Basic Principles of Intercultural Communication, Wadsworth Publishing Company.

Samovar, L. A. et al(1998), Communication Between Cultures, Wadsworth Publishing Company.

プリブルチヤールス(2000), 21世紀に向けて 異文化コミユニケーシヨン, ナカニシヤ出版.

國廣哲彌(1992), 發想と表現, 大修館.

外山滋比古(1996), 英語の發想・日本語の發想, 日本放送出版協會.

高見澤孟(1989), 新しい外國語教授法と 日本語教育, アルク.

松本青也(1994), 日米文化の特質, 研究社.

山內進 編(2003), 言語教育學入門, 大修館書店.

강보유(2004), 문화언어학과 언어문화 교육, 한국언어문화학 제1권 제1호, 국제한국언어문화학회.

민현식(2005), 한국어교육에서 문화교육의 방향과 방법, 한국어교육연구, 제8집, 서울대 사대 외국인을 위한 한국어교육 지도자과정.

박갑수(1998), 외국어로서의 한국어 교육과 문화적 배경, 선청어문 제26호, 서울사대 국어교육과.

박갑수(2003), 한국어교육의 과제와 개선 방향―재외동포교육을 중심으로, 재외동포의 정체성 확립과 교육의 방향, 재외동포교육진흥재단.

박갑수(2005), 언어와 문화, 그리고 한국어교육, 제9회 조선-한국 언어문학교육 학술
　　　회의, 연변대학.
박갑수(2006), 한국문화의 세계화와 그 방안, 자국문화의 세계화 전략과 과제, 충남대
　　　학 인문과학연구소.
박갑수(2006), 한국어와 한국 언어문화 교육, 韓國專家學術講座 학술강연집, 중국 烟台
　　　大學 外國語學院.
박갑수(2006), 재외동포 한국어교육의 오늘과 내일, 재외동포와 이주 외국인을 위한
　　　한국어교육의 오늘과 내일, 이중언어학회.
박갑수(2007), 한국어교육과 언어문화의 교육, 외국인을 위한 한국어교육 연구, 제10
　　　집, 서울대 사대 외국인을 위한 한국어교육 지도자과정.
황적륜(1997), 사회언어학과 외국어 교육-Communicative Competence의 문제, 사회언
　　　어학과 한국어 교육, 서울대 외국인을 위한 한국어교육 지도자과정.
황적륜(1997), 언어와 문화 : 영어와 한국어의 경우, 사회언어학과 한국어 교육, 서울대
　　　외국인을 위한 한국어교육 지도자과정.

■ 이 글은 제3회 유럽 한글학교 교사 세미나(Millenium Hotel, Paris, 2007. 3. 30)에서 기
조강연을 한 원고이다.

제4장 재외동포 교육과 민족어 교육의 자세

1. 서언

우리나라는 재외동포(在外同胞)의 대국이다. 중국, 인도, 이스라엘, 필리핀에 이어 네 번째로 재외동포가 많은 나라다. 국토는 남북한을 합쳐도 세계 84위의 작은 나라임에도 세계 대부분의 국가인 175개국에 우리 동포가 약 700만 나가 살고 있다.

세계 도처에 거주하고 있는 우리의 재외동포는 역사적으로 고난을 겪으며 살아왔다. 그러나 오늘날 이를 잘 극복하고 대부분의 나라에서 자랑스러운 민족과 국민으로 성장하여 살고 있다. 그것은 이민(移民)의 역사가 짧거나 길거나 간에 마찬가지다. 이는 우리 민족이 성실하고 근면한 데 이유가 있을 것으로 보인다.

우리의 재외동포는 "재외동포의 출입국과 법적지위에 관한 법률"(1999)에 의하여 "재외국민"과 "외국국적동포"로 나누어진다. "대한민국 국민으로서 외국의 영주권을 취득한 자 또는 영주할 목적으로 외국에 거주하고 있는 자"는 "재외국민"이라 한다. 이에 대해 "대한민국의 국적을 보유하였던 자 또는 그 직계 비속으로서 외국국적을 취득한 자 중 대통령령이 정하는 자"는 "외국국적동포"라 한다.

우리 국민은 헌법 제31조에 명시된 대로 "교육을 받을 권리 의무 등"을 지닌다. "모든 국민은 능력에 따라 균등하게 교육을 받을 권리를 가진다."고 규정한 것이 그것이다. 이는 재외동포에게도 마찬가지로 적용된다. 다만 재외동포가 재외국민이냐, 아니면 외국국적동포냐에 따라 교육의 성격을 달리한다. 재외국민은 민족교육의 경우 "국어 교육"과 "국사 교육"을 받게 되고, 외국국적동포는 "한국어교육"과 "한국사 교육"을 받게 된다.

이 글에서는 우리 재외동포의 민족어 교육(民族語教育)에 대해 살펴보기로 한다. 그것은 재외동포의 민족적 정체성을 추구하기 위해서다. 재외동포의 교육 현황과 목표를 살피고, 나아가 민족어 교육이 나아갈 방향을 살펴보게 될 것이다. 교육의 방향은 특히 교육의 자세(姿勢), 말을 바꾸면 교육자의 자세에 초점이 맞추어질 것이다.

오늘날은 세계화시대요, 다문화시대다. 재외동포의 교육이 활발히 전개되고 나아가, 이를 통해 직접·간접으로 민족적 정체성을 확보하고, 우리의 언어문화를 세계에 보급·선양하도록 하여야 한다. 한국어가 세계화되고 국제화되며, 언어문화가 상호 교류·보급되어야 한다. 그렇게 함으로 재외동포의 거주국과 모국과의 친선·우호를 도모하고, 나아가 문화를 교류함으로 상호간에 문화를 발전시키고, 더 나아가서는 세계의 언어와 문화발전에 기여하도록 하는 것이다. 이것이 국제화시대에 우리들에게 주어진 사명이요, 특히 재외동포들에게 주어진 사명이라 하겠다.

2. 재외동포 교육의 목표와 현황

우리 정부에서는 재외동포의 교육목표를 일차적으로 일시 체류 동포인 경우는 "국내 연계교육"을, 영주동포의 경우는 "모국 이해교육"을, 그리고 이들 모두에게는 "현지 적응교육"을 실시한다는 정책을 펴고 있다(문교부, 1995). 그리하여 이들로 하여금 "안정적인 현지 정착과 민족적 정체성을 유지·신장"하게 하도록 한다는 것이다. 재외동포 교육의 궁극적 목표(目標)는 "세계 속에서 자긍심 높은 한국인상 구현"에 두었다. 그러나 이는 재외동포를 "재외국민"과 "외국국적동포"로 나누기 전의 재외국민의 교육목표라 하겠다. 우리는 1991년 개정된 대통령령의 "재외국민의 교육에 관한 규정" 제23조에서 외국국적동포도 교육의 대상으로 포함하기로 하였다. 따라서 재외동포 교육의 궁극적 목표는 "외국국적동포"를 포함한 넓은 의미의 교육목표가 되어야 한다. 그러기 위해서는 궁극적 교육목표가 "한국인상"의 구현이 아니라, "한민족 상(韓民族像)" 혹은 "한인상(韓人像)"의 구현으로 수정되어야 한다.

재외동포 교육의 목표는 이렇게 국내 연계교육, 모국(한민족) 이해교육, 현지 적응교육의 세 가지로 생각할 수 있다. 그러나 좀 더 바람직한 재외동포의 교육목표가 되기 위해서는 여기에 "세계화교육"을 하나 더 추가하는 것이 바람직하다. 그것은 오늘날은 국제화 시대요, 세계화시대이며, 다문화시대다. 따라서 국내의 한국인도 세계화를 위해 노력해야 하겠지만, 특히 재외동포들은 거주국의 문화를 이해하고, 우리의 언어와 문화를 현지에 보급하고 교류함으로 상호 이해의 폭을 넓혀야 한다. 이에 재외동포의 교육목표에는 한민족문화의 세계화란 또 하나의 목표를 추가하는 것이 바람직한 것이다.

재외동포 교육의 목표는 이와 같이 "세계 속에 자긍심 높은 한민족(한인) 상 구현"에 둔다. 이는 곧 정체성 확립의 교육이며, 뿌리 교육이다. 이러한 재외동포 교육의 대상은 한국의 언어와 역사, 문화가 된다. 한국어를 가르치는 한국어교육(韓國語敎育)은 이러한 재외동포 교육의 핵심이 된다. 언어는 혈연과 함께 민족의 근간을 이루는 요소로, 한민족의 정체성을 드러내는 것이다. 따라서 민족의 정체성을 확립하기 위해서는 무엇보다 한국 언어문화 교육을 해야 한다.

재외동포 교육은 교육과학기술부와 외교통상부가 주로 관장하며, 현지에서는 한국학교, 한국교육원, 한글학교 등이 수행한다. 이들 교육기관의 현황은 다음과 같다(여종구, 2007, 박갑수, 2010).

지역	일본	아주	구주	CIS	북미	중남미	아중동	계
교육관	3	2	2	1	3	-	-	5개국 11개관
한국교육원	14	1	3	7	7	3	-	14개국 35원
한국문화원	2	3	3	1	2	1	-	9개국 12원
한국학교	4	15	-	1	-	3	4	14개국 27교
한글학교	73	166	98	536	1,093	68	38	106개국 2,072교

민간 기구인 한글학교를 제외한 한국 정부의 기구는 그 존재가 매우 미미하다. 일본의 총련계(總聯系) 초·중·고교가 1993년에 149개교, 2004년에 130개교였음을 상기할 때 이는 더욱 빈약하다는 인상을 갖게 한다(박갑수, 2009). 한국학교의 분포는 일본 4개교, 중국 7개교, 대만 2개교, 베트남 2개교, 사우디아라비아 2개교, 기타 인도네시아, 필리핀, 싱가포르, 태국, 파라과이, 아르헨티나, 브라질, 러시아, 이란, 이집트에 각 1개교가 설립되어 있다. 한글학교를 포함한 이들 교육기관에서는 주로 재외국민을 교육한다.

외국국적동포의 교육은 현지 정규학교에서 외국어로서의 한국어교육이 꾀해지고 있다. 중국의 조선족 자치주(朝鮮族自治州)의 조선족 학교가 평등원칙에 따라 민족어를 가르치고 있는 것이 그 대표적인 경우다. 조선족 학교는 1,000여개에 달한다. 일본의 총련계 조선학교는 "조선사람"으로서의 자각에 기초한 삶을 지향하는 민족교육을 하고 있어(해주제2사범대학 외, 1973) 북한의 입장에서의 재외국민 교육에 해당한다. 독립국가연합의 경우는 소위 고려인을 위한 별도의 교육이 제도적으로는 거의 행해지고 있지 않다. 현지의 정규학교인 쉬콜라에서 부분적으로 약간 행해지고 있을 뿐이다.

다음에 우리의 재외동포가 많은 대표적인 국가 미국, 중국, 독립국가연합, 일본 등에서의 재외동포 교육을 간단히 살펴보기로 한다.

미국(美國)의 경우는 "21세기를 대비한 외국어 학습 기준"(1966)을 제정하여 모든 학생으로 하여금 외국어와 외국문화를 필수적으로 이수하게 하므로, 이중언어 교육을 하고 있다. 따라서 우리 재외동포가 한국어의 교수·학습을 하기에 여건이 좋은 편이다. 미국에서는 Flagship scholarship 등의 정책을 펴며 한국어를 학습해야 할 중요한 외국어에 포함시키고 있어 더욱 그러하다. 그럼에도 한국어교육은 그렇게 활발하지 못하다. 그것은 다음에 언급하는 바와 같이 재미동포의 한국어에 대한 열의가 많지 않은 것도 하나의 이유로 들려질 것이다. 한국어 교육기관은 한국교육원 6개, 한글학교 1,248개가 있다. 한글학교는 대부분 주말학교다. 학습자는 유치원을 포함한 초등학생이 대부분이나, 최근에는 SAT Ⅱ에 한국어가 포함되어 성인의 참여가 늘고 있다. 교재는 주로 현지 교사연합회에서 개발한 것이 쓰인다. 이 밖에 한국어가 개설된 현지의 초·중·고교가 65개가 있어 여기서도 한국어가 교수·학습되고 있다(이광규, 2009).

중국(中國)의 경우는 문화혁명 때 민족교육을 탄압하기도 하였으나, 언어평등을 인정하며, 민족어를 중시하는 이중언어(二重言語) 교육을 실시하고 있어 민족어 교육의 여건이 좋은 편이다. 그러나 우리 민족의 교육은 중국의 개혁·개방에 따라 조선족 집거지역(集居地域)이 축소·상실되며 조선족 학교가 감소되고 있어 문제가 되고 있다(박갑수, 2005). 중국정부에서 교사를 양성하고 교재도 개발하고 있다. 따라서 한국어교육의 여건은 어느 나라보다 좋다고 할 수 있다. 어문규범이 우리와 다른, "동북3성조선어문사업실무회의"에서 채택한 "조선말 규범"을 따르고 있어 이는 문제가 된다.

옛 소련(蘇聯)에서는 1937년 고려인(高麗人)을 중앙아시아로 강제 이주시켰고, 1938학년도 이후 민족교육을 탄압하였다. 그리하여 1986년 고르바초프 정권에 의한 페레스트로이카(改革)에 이르는 약 50년 동안에 대부분의 고려인이 민족어를 상실하였다. 그 뒤 서울 올림픽과 한·러 수교(修交) 이후 한국어교육이 부활하였다. 그러나 독립국가연합(獨立國家聯合)이 된 뒤 또 다른 어려움에 직면하고 있다. 이들 국가는 각기 자기네 민족어 교육을 강조하여 고려인은 거주국의 공식 언어와 공화국간의 교제언어인 러시아어를 학습해야 하고, 여기에 민족어를 익혀야 하는 삼중고(三重苦)를 치러야 하기 때문이다. 몇 개의 쉬콜라에서 한국어교육이 행해지고 있고, 많은 한글학교에서 한국어교육이 행해지고 있다. 자질이 부족한 한국어 교원이 많다는 것이 문제로 지적되기도 한다.

일본(日本)의 재일조선인에 대한 정책의 근간은 탄압과 동화라 할 수 있다. 일본 정부는 재일동포의 학교에 대해 "폐쇄령"과 "개조령"을 내리는 등 탄압을 가하였다. 그리하여 많은 학교가 폐쇄되고 일부 학교만이 각종학교라는 이름으로 법적 인가를 받고 살아남았다(김덕룡, 2004). 1970년 이후에는 재일동포의 민족교육에 대한 관심이 높아져 자주적인 민족학급의 개설을 보게 되었고, 2002년에는 한국어가 대학 입학시험인 센터시험에 채택되었다. 재일동포는 민단계(民團系) 학교에 1%, 총련계(總聯系) 학교에 13%, 일본 공·사립학교에 86%가 진학하고 있다. 민단계와 총련계의 교육기관 현황은 다음과 같다.

	소학교	중학교	고등학교	한글학교	계
민단계	3	4	4	117	128
총련계(1993)	80	57	12		149
총련계(2004)	65	43	12		120

* 총련계 자료는 김송이(1993), 김덕룡(2004)이다.

민단계 학교는 한국 교과서와 국제교육원의 재외국민용 교재 "한국어"를 사용하고 있다. 일본 학교에 부설된 "민족학급"의 경우는 교사 문제가 심각하다. 교사가 부족할 뿐 아니라, 그들의 언어가 한국어도 조선어도 아닌, 소위 "교포 한국어"이기 때문이다. 총련계 학교는 "국어" 교육에 많은 시간을 할애하고 있으며, 교재는 자체 개발하여 사용하고 있다. 어문규범은 북쪽의 것을 따르고 있다.

한국의 언어문화 교육의 여건은 앞에서 살펴본 바와 같이 그런대로 괜찮은 편이다. 특히 우리의 재외동포가 많이 거주하고 있는 미국과 중국은 매우 좋은 편이다. 다만 그간 정부의 활동이 미미했고, 재외동포도 크게 관심과 열의를 보이지 않은 것이 사실이다. 세계는 바야흐로 국제화, 세계화, 지구촌화 되고 있다. 트랜스 내셔널 커뮤니티를 지향해 나가고 있고, 이중언어 사용을 요구하고 있다. 따라서 우리의 재외동포의 언어문화 교육의 장은 획기적으로 개선되어야 하겠다.

3. 민족어 교육의 자세

2장에서 재외동포의 한국 언어문화 교육의 실상에 대해 살펴보았다. 곧 학습자로서의 재외동포 교육의 실상을 살펴본 것이다. 이 장에서는 이와는 달리 재외동포를 교육하는 자세에 대해 살펴보기로 한다.

우리의 재외동포는 앞에서 언급한 바와 같이 175개국에 약 700만이 살고 있다. 따라서 세계 각국에 산재해 있다고 해도 과언이 아니다. 이러한 재외동포는 그 한 사람, 한 사람이 다 한국 문화요, 한국 언어문화의 교육자라 할 수 있다. 이들은 한국어 세계화의 최전선에 서 있는 첨병들이다. 현지인은 그들을 한국어와 한국문화의 주체로 인식하고 접하며 한국을 배우게 된다. 따라서 재외동포는 우리 언어문화를 바로 알고, 현지인에게 전시할 것이 기대된다. 만일 재외동포가 우리 언어문화를 잘못 알고 현지인에게 그릇 보여 준다면 저들은 그것을 우리 언어문화로 잘못 수용할 수밖에 없다. 따라서 우리는 우리의 언어문화를 바로 알고, 바로 보여 주고 가르쳐 줄 수 있게 재외동포를 교육해야 한다. 그러기 위해서 한국어 교육자는 우리말과 글에 대해 자부심을 가지는 것은 물론, 언어문화에 대한 풍부한 지식을 갖추고, 이를 학습자에게 지도할 수 있도록 해야 한다. 다음에 이러한 한국어교육의 자세에 대해 살펴보기로 한다.

첫째, 민족어 교육을 통해 민족의 정체성을 심어 주어야 한다.

민족은 "언어와 문화상의 공통성에 기초한 사회집단"이다. Wundt는 이러한 문화의 바탕으로 "혈연"을 들고 있다. "혈연을 바탕으로 한 태생(出身)·언어·조상숭배·종교·습속·법률·생활 등의 역사 및 문화의 공통성의 기초 위에 연계하여 유지되고, 협동체 의식에 의해 얽혀진 인간의 사회결합 집단"(豊田, 1968)이 민족이란 것이다. 곧 같은 피붙이로, 언어·문화의 공통성을 지니는 사회집단이 같은 민족이다. 따라서 민족어(民族語)를 교육한다는 것은 뿌리를 찾는, 민족의 정체성을 확보하는 것이다. 뿌리 없는 식물이 살 수 없듯이, 뿌리 없는 민족도 살아남지 못한다. 이는 개인의 경우도 마찬가지다. 그래서 우리의 젊은 재외동포가 주류사회(host society)의 주변인(marginal man)이라는 것을 뒤늦게 깨닫고, 한글학교를 찾는 것을 볼 수 있다. 민족어 교육은 어느 무엇보다 정체성을 확보해 주는 대표적 수단이다.

둘째, 우리말·우리 글에 대해 자부심을 가진다.

자부심은 내국인도 마찬가지로 가져야 한다. 그러나 매일 외국인과 접촉하게 되어 있는 재외동포의 경우는 더욱 그러하다 하겠다. 우리 속언에 제 딸이 고와야 사위를 고른다는 말이 있다. 어문(語文)도 마찬가지다. 그렇다면 우리 어문은 어떠한 것인가? 우리말은 소수인(小數人)이 사용하는, 작은 언어가 아니요, 세계 15위 안에 드는 큰 언어다. 거기에다 우리말은 2007년 유엔 산하 세계지식재산권기구의 아홉 번째 공식언어(公式言語)로 채택된 국제어다. 그리고 미국에서는 국가안보, 국제경쟁력 강화, 국제교류 증진을 위해 배워야 할 외국어로, 한국어가 2000년 Flagship Scholarship에는 8개 외국어, 2004년 Bush Grant의 Foreign Language Assistant Program에는 6개 외국어, 2008년 National Security Language Initiative에는 10개 외국어 가운데 하나로 채택될 정도로 중요성을 인정받고 있는 언어다(손호민, 2009). 그리고 우리 글자(文字) 한글은 세계가 공인하는 과학적이고 독창적인 것이다. 그러기에 한글을 반포한 책 "훈민정음(訓民正音)"은 세계문화유산으로 지정된 바 있다. 유네스코는 세종(世宗) 탄신일을 세계문맹 퇴치일로 정하고, 문맹퇴치 상을 "세종대왕 문해

상(世宗大王文解賞)"이란 이름으로 시상하고 있다. 이렇게 우리의 말과 글은 세계화하기에 부족함이 없는 언어요, 자랑스러운 문자다. 따라서 자부심을 가지게 하고도 남는다. 특히 우리 한글은 문자가 없는, 인도네시아 바우바우시(市)의 찌아찌아족(族)이 그들의 언어를 기록하는 문자로 채택할 정도로 훌륭한 표음문자다. 바우바우시는 이에 그치지 않고 우리말을 중·고등학교에서 가르치고 있기도 하다.

셋째, 우리말에 대해 바로 안다.

우리말은 계통으로 볼 때 알타이어, 형태로 볼 때 부착어(附着語)에 속하는 것으로 보는 언어다. 이러한 한국어의 특징으로는 다음과 같은 것을 들 수 있다.

(1) 음운상의 특징

우리말에는 분절음소(分節音素)로, 자음 19개, 모음 10개, 반모음 2개가 있고, 이 밖에 비분절음소(非分節音素)가 있다. 우리말의 모음 음소는 다음과 같다.

혀의 위치		전설		중설		후설		개구도
혀의 높이	고모음	ㅣ,	ㅟ			ㅡ,	ㅜ	폐모음
	반고모음	ㅔ,	ㅚ				ㅗ	반폐모음
	반저모음	ㅐ,				ㅓ		반개모음
	저모음			ㅏ				개모음
입술모양		평순	원순	평순	원순	평순	원순	

자음 음소는 다음과 같다.

조음위치 조음방법	양순	치조 설단	경구개 설면	연구개 설근	성문
파열음	ㅂ, ㅍ, ㅃ	ㄷ, ㅌ, ㄸ		ㄱ, ㅋ, ㄲ	ㅎ
마찰음		ㅅ, ㅆ			
파찰음			ㅈ, ㅊ, ㅉ		
통비음	ㅁ	ㄴ		ㅇ	
유음 측음		ㄹ(l)			
진동음	ㄹ(r)				
반모음	ㅗ/ㅜ	ㅣ			

이 밖에 반모음 'ㅗ/ㅜ[w]'와 'ㅣ[i]'가 있고, 비분절음소(supra-segmental phoneme)로 장단(duration)과 연접(juncture)이 있다.

우리말의 폐쇄음은 양면(兩面)대립, 비례(比例)대립, 유무(有無)대립이 있고, 영어·일어·중국어의 이지적(二肢的) 상관관계, 인도의 산스크리트어의 사지적 상관관계와 달리 삼지적(三肢的) 상관관계(k : k' : k', t : t' : t', p : p' : p')를 이루어 차이를 보인다. 그리고 두음법칙, 말음법칙, 자음접변, 동화작용과 같은 음운의 변이현상이 나타난다. ㅣ 모음동화, 연구개음화(軟口蓋音化)(맡기다>막기다, 갑갑하다>각갑하다, 인격>잉격, 감기>강기)와 양순음화(살바>삽바, 냇물>냄물, 건물>검물)와 같은 간극동화(間隙同化)를 보이나, 이들은 표준발음으로 인정하지 않는다.

(2) 어휘·문법상의 특징

어휘상의 특징은 역사적으로 일찍부터 한자권의 영향을 받아 한자어가 많이 유입되었다는 것이다. 큰사전에 수록된 어휘는 164,125어로, 이 가운데 순우리말은 74,612어이고, 한자어는 85,527어이어 한자어가 과반수를 차지한다. 오늘날의 우리 한자어는 한자어라고 하나 중국 한자어가 아닌, 일본의 근대화 과정에서 조어한 일제 한자어 내지 훈독어도 많다. 이러한 예를 몇 개 들어보면 다음과 같다(박갑수, 2007).

① 음독 한자어 : 客觀, 科學, 國際, 歸納, 浪漫主義, 動詞, 命題, 物質, 美術, 民族, 分子, 士官, 酸素, 細布, 乘客, 液體, 歷史, 領土, 元素, 義務, 議會, 日曜日, 資本, 自由, 電報, 前提, 政黨, 宗敎, 主觀, 重力, 哲學, 抽象, 恒星, 現實, 形容詞, 形而上學, 花粉, 化學

② 고대 한어 활용의 한자어 : 講義, 警察, 古典, 交通, 勤務, 機關, 樂觀, 論理, 農民, 獨占, 文明, 博士, 方法, 法廷, 封建, 悲觀, 思想, 社會, 選擧, 世紀, 藝術, 遺傳, 流行, 倫理, 意識, 醫學, 理性, 自由, 作用, 典型, 政治, 主義, 請願, 侵略, 判決, 偏見, 學士, 行政, 協議

③ 훈독어 : 見本, 見習, 見積, 廣場, 落書, 內譯, 大勢, 大型, 賣場, 明渡, 相手, 上衣, 上廻, 小型, 手續, 受取, 市場, 身分, 裏書, 日附, 入口, 立場, 立替, 組合, 持分, 振替, 出口, 蟲齒, 取扱, 取消, 取調, 取締, 品切, 割箸, 割增, 割引, 行先

이 밖에 우리말은 상징어와 감각어가 발달되었고, 단음절어보다 다음절어가 많다. 문법적으로는 조사와 어미가 발달되었으며, 대우법이 발달된 것이 커다란 특징 가운데 하나다.

(3) 문장상의 특징

문장의 특징은 어순이 SVO형이 아닌 SOV형의 도미문(掉尾文)이라는 것이다. 그래서 중요한 말이 어말에 온다. 부가어는 왼가지 뻗기 구조(left-branching structure)이며, 문맥에 많이 의존하는 고문맥(high context culture) 언어다. 이는 서구의 저문맥(low context culture) 언어와 다른 점이다.

넷째, 우리 문자에 대해 바로 안다.

우리의 표기 수단은 역사적으로 볼 때 한자를 이용한 서기체(誓記體), 향찰(鄕札), 이두(吏讀), 구결(口訣)을 거쳐 한글로 정착하였다. 한글은 세종(世宗)이 친히 창제한 것으로, 1446년 해례본(解例本) "訓民正音"을 통해 반포된 것이다. 이때 명칭을 "훈민정자" 아닌 "훈민정음"이라 했는데,

이는 한글이 표의문자가 아니요, 표음문자이기 때문에 "字" 아닌 "音"이란 말을 택한 것이라 하겠다. 이는 "홍무정운(洪武正韻)"식 작명법이라 해도 좋을 것이다. 창제 정신은 훈민정음 서문에 따라 나라의 체면상 문자가 있어야 하겠다, 어리석은 백성으로 하여금 문자생활을 하게 해야 하겠다, 쉽게 배워 편히 쓰게 해야 하겠다는 것으로 볼 수 있다. 제자(製字)의 원리는 발음기관을 상형한 것이다. 이러한 우리의 문자는 자랑스러운 것인데, 그 근거로는 다음과 같은 것을 들 수 있다.

(1) 민중의 문자다.

"어리석은 백성(愚民)"을 위해 세종이 친히 만든 것이다. 상류층에는 한자라는 문자가 있으나, 어리석은 백성에게는 그 뜻을 펼 문자가 없어 한글(正音)을 만든 것이다. 훈민정음 서문에 "愚民有所欲言 而終不得伸其情者多矣 予爲此憫然 新制二十八字"라 한 것이 그것이다.

(2) 발음기관을 상형한 과학적인 문자다.

한글은 발음기관을 상형한 문자로, 오늘날의 언어학에서도 지지를 받는 것이다. 제자 원리(製字原理)를 도표로 제시하면 다음과 같다.

① 자음

	기본자	발음기관 상형	가획자		이체자
아음	ㄱ	象舌根閉喉之形	ㅋ		ㆁ
설음	ㄴ	象舌附上顎之形	ㄷ	ㅌ	
순음	ㅁ	象口形	ㅂ	ㅍ	
치음	ㅅ	象齒形	ㅈ	ㅊ	
후음	ㅇ	象喉形	ㆆ	ㅎ	
반설음					ㄹ
반치음					ㅿ

② 모음

	자형	발음상태	음감	상형
기본자	·	舌縮	聲深	天圓
	―	舌小縮	聲不深不淺	地平
	ㅣ	舌不縮	聲淺	人立
초출자	ㅗ	口蹙		·―合
	ㅏ	口張		ㅣ·合
	ㅜ	口蹙		―·合
	ㅓ	口張		·ㅣ合

재출자(再出字) ㅛ ㅑ ㅠ ㅕ는 그 발음이 "起於ㅣ"한 것이고, 자형은 땅(地)을 상징하는 "―"와 사람(人)을 상징하는 "ㅣ"에 각각 하늘(天)을 상징하는 "·"를 두 자 더한 것이다.

(3) 독창적인 문자다.

영어의 알파벳이나 일본의 가나(假名)처럼 차자(借字)한 것이 아니고, 발음기관을 상형한 독창적인 문자다. 발음기관을 상형하였다함은 앞에서 도표로 제시한 바와 같다.

(4) 배우기 쉽고 쓰기 쉽다.

해례본의 정인지 서(鄭麟趾 序)에서 "지혜로운 사람은 아침이 다하기 전에 깨치고, 어리석은 사람이라도 열흘이면 배울 수 있다(故智者不終朝而會 愚者可浹旬而學)"고 하였듯, 배우기가 쉽고, 획수가 적어 쓰기 쉽다.

(5) 음성 표기의 폭이 넓다.

해례본 정인지 서(鄭麟趾 序)에서 "비록 바람소리, 학의 울음소리, 닭의 울음, 개의 짖는 것까지 다 쓸 수 있다(雖風聲鶴唳鷄鳴狗吠 皆可得而書矣)"고 하였듯, 다양한 소리를 적을 수 있는 표음문자다. 그리하여 오늘날 문자 없는 언어의 표기수단으로까지 활용된다.

"한글"은 이와 같이 다른 문자에서 볼 수 없는 많은 장점을 지녔다. 따라서 우리의 문자언어는 음성언어와는 달리 그 우수성을 아무리 강조하여도 지나칠 것이 없다.

그러나 한글이 창제된 이후에도 문자생활은 주로 한문으로 꾀해졌다. "한글"은 갑오경장 이후 겨우 국자(國字) 대접을 받았고, 공문서에 국문(國文) 또는 국한문(國漢文)으로 채택되었다. 그러나 개화기의 문자언어는 한문에 우리말로 토를 단 정도에 불과하였다. 한글이 오늘날과 같이 문자생활의 주류를 이루게 된 것은 20세기 후반에 들어와서다.

다섯째, 이중언어의 중요성을 인식하도록 한다.

오늘날 세계는 글로벌시대로 환경이 변화하고 있고, 트랜스 내셔널 커뮤니티(transnational community), 곧 국가를 초월하는 사회로 진입하고 있다. 세계 경제의 흐름, 공산품의 유통, 기업의 다국적화 등은 그 대표적인 사례다. 이러한 사회에서는 이중언어 사용자가 경쟁력을 가지며, 그런 능력자가 성공을 하고 환영을 받게 된다. 예를 들어 미국의 한인 2세의 경우 종래에는 모어를 등한히 하고 영어만 잘하면 출세할 수 있었다. 그러나 오늘날은 그렇지가 않다. 한국어와 현지어를 구사하는 이중언어 사용자가 되면 그는 자기 분야에서의 역할과 활동이 넓어지고, 능력이 향상될 기회가 많아지는가 하면 사회적으로 출세할 진로도 몇 배로 열린다. 따라서 재외동포는 현지어와 함께 모어를 배워 사회적으로 좀 더 유리한 고지를 점하도록 하는 것이 바람직하다.

오늘날 기업은 다국적화 하고 있고, 한국의 위상이 높아지면서 한국과 상호 교류할 기회도 많아지게 되었다. 따라서 한국어의 수요가 많아졌다. 현지의 시민권이나 영주권을 가져 한국, 한국어와 인연을 끊고 살아도 된다고 생각하던 시대는 지났다. 그리하여 한국계라 하여 발탁된 사람이 오히려 한국어를 제대로 몰라 도태되는 사례가 도처에서 발생되고 있다. 요즘은 한국어를 배워야 사회생활에 유리하고 능력 있는 인재가 될 수 있다는 인식이 확산되고 있다.

그러나 아직도 모어의 중요성, 다시 말해 이중언어의 중요성을 깨닫지 못하고 있는 재외동포가 많다. 미국남가주대학교 아태리더십센터(2009)에 의하면 재미동포의 경우 "다른 과목에 비해 한국어를 경시하는 학부모들의 태도로 인하여 학생들의 동기 부여 및 학습 의욕이나 태도가 저하되는 것이 빈번하다"는 지적은 이러한 구체적 사례다. 이광규(2009)의 "한국계 학생들은 한국어를 배우는데 적극적이지 않으며, 그 원인은 부모 때문이라고 생각한다. 부모가 한국어를 학교에서 수강하는 것에 반대하는 사람이 많은 것이다."도 같은 맥락의 주장이다. 이러한 재외동포의 무지는 한국어 교육자가 깨우쳐 주어야 한다. 미국의 경우 한국어 반을 개설하거나, 커리큘럼에 한국어를 삽입하는 것이 학부모의 영향이 큰 것으로 볼 때 이러한 이중언어 교육의 계몽은 매우 필요한 일이라 하겠다. 앞에서 언급한 Flagship Scholarship이나, Bush Grant, 및 National Security Language Initiative에 한국어가 들어가 있으면서도 한국어를 개설한 학교가 많지 않고, 이수 학생이 적은 것은 다 우리 동포들이 이 이중언어 교육의 중요성을 깨닫지 못한 때문이다. 미국 전역에서 중국어를 선택한 공립학교가 1,000여개, 일본어를 선택한 학교가 700여개, 한국어를 선택한 학교가 65개라는 것은 이러한 현실을 단적으로 보여 주는 것이다. 따라서 한국어 교육자는 이들 학부모와 학생들이 이중언어 교육의 중요성을 깨닫고, 이중언어 교육을 활발하게 전개하도록 지도할 책무를 져야 한다고 하겠다.

여섯째, 언어교육과 함께 문화교육을 강조한다.

언어는 문화의 색인이라 한다. 그리고 언어교육은 문화교육과 더불어 행해지는 것이다. 따라서 바람직한 언어교육을 하기 위해서는 광범한 문화를 이해해야 하겠고, 언어의 문화적 배경을 알아야 하며, 문화변용(文化變容)을 이해해야 한다. 광범한 문화의 이해란 정보문화(informational), 행동문화(behavior), 성취문화(achievement)를 두루 알아야 함을 의미한다. 언어의 문화적 배경을 알아야 한다는 것은 특히 어휘의 문화적 배경을 알아야 함을 의미한다. 어휘조직의 충실도나, 조밀도(稠密度)도 문화와 관련된다. 우리는 "낯을 씻고, 빨래를 빨고, 머리를 감고, 유리창을 닦는다"고 한다. 영어에서는 이를 "wash" 하나로 대신한다. 이러한 현상은 한어(漢語)에서도 거의 마찬가지로 나타난다. 씻고, 빨고, 감는 것을 "시(洗)" 하나로 나타내는 것이다. 화자와 청자가 상호간에 이러한 문화를 잘 모르면 문화적 충돌이 일어나고, 이해와 소통에 혼란이 빚어진다. 이는 외국인은 물론 재외동포라도 모국과 접촉이 없고 그 문화를 모르는 경우 마찬가지다.

언어의 배경은 사회적 배경으로서의 문화와, 조어(造語)와 관련된 문화로 나누어 볼 수 있다. 사회적 배경(社會的背景)으로서의 문화는 사회 제도를 반영하는 것과, 정신문화를 반영하는 것이 있다. 사회 제도를 반영하는 것으로는 우선 역사적인 것으로 "화백, 골품제도, 국자감, 양반, 장가들다, 호패, 당나발, 호박, 왜간장" 같은 것을 들 수 있다. 현대적인 것으로는 "문민정부, 양심수, 종부세, 수능, 기러기아빠, 댓글, 얼짱" 따위를 들 수 있다. 이들 단어는 그 사회 제도나 배경을 알지 못할 때 그 말의 의미를 파악할 수 없다. 따라서 그 배경이 되는 사회제도에 대한 설명 내지 교육이 우선 꾀해져야 한다. 정신문화를 반영하는 것으로는 "각하, 영감, 선생, 사장"과 같은 호칭이나, 대우법을 그 예로 들 수 있다.

이들의 배경에 대한 교육이 꾀해져야 함도 물론이다. 조어(造語)와 관련된 문화적 배경은 명명과, 합성, 관용어 등에 나타나는 것이다. "앞(南), 뒤(北), 옆(脅), 어른, 두루마기(周衣), 멋(風流), 살(歲), 품다(懷), 붉다(赤)"와 같은 단일어나, "경(黥)치다, 고뿔, 목숨, 봇쌈, 열없다, 오라질(놈), 옷깃차례, 장기튀김, 집알이, 홀아비김치" 같은 복합어의 문화적 배경을 알아야 한다(박갑수, 2007). 이는 물론 하나의 기호로서 의미를 파악하면 그만일 수 있다. 그러나 그 의미를 바로 알고, 고급 한국어를 구사하기 위해서는 이들 조어의 배경을 아는 것이 좋다. "산통 깨다, 멱따는 소리, 머리를 풀다, 시치미를 떼다, 눈코 뜰 사이 없다" 따위는 문화가 반영된 관용어다. 속담도 문화적 배경을 지니는 특별한 언어 표현이다.

이 밖에 언어 운용상의 문화도 알아야 한다. 이러한 것의 대표적인 것에 호칭, 대우법의 사용 및 저문맥 문화(low context culture)와 고문맥 문화(high context culture)라는 장면 의존도, 관용적 비유 등이 있다. 그리고 문화변용(acculturation)도 여기에 포함된다. 문화변용은 생활 형태나 가치관이 다른 문화 시스템과 접촉함으로 문화양식이 변화하는 것을 말한다. 우리말의 문화변용의 대표적인 예로는 겸손지향, 집단지향, 조화지향, 비관지향 등을 들 수 있다. 많은 음식을 차려놓고도 "차린 것이 없다"고 하는 것은 겸손지향의 문화변용이고, 처음 인사할 때 "○○대학 ○○입니다"라고 소속부터 말하는 것은 집단지향의 문화변용이다. 이에 대해 무엇을 먹겠느냐는 질문에 "아무거나 먹겠어요"라 하는 것은 조화지향의 문화변용이고, 감사해야 할 자리에서 "미안하다"고 하는 것은 비관지향의 변용이다(松本, 1994). 이런 문화를 모르면 한국어다운 한국어가 되지 않는다. 그리고 그것은 사회적으로 수용될 수 있는 적격의 표현이 못 된다. 언어 표현이란 정확한 표현도 중요하지만, 이보다 더 중요한 것이 적격의 표현을 하는 것이다.

일곱째, 한국어를 세계화하려는 자세를 가져야 한다.

재외동포는 한국어 세계화의 더할 수 없는 자원이다. 인간생활의 원칙은 협동에 있고, 협동은 언어에 의해 이루어진다. 그러나 흔히 주류사회의 민족이 아닌 주변사회의 소수민족은 자기의 정체를 잘 드러내려 하지 않을 뿐 아니라, 자기들의 언어를 잘 사용하지 않는다. 이는 바람직한 현상이 아니다. 주류문화와 주변문화는 교류하고 상호 영향을 주고받으면서 발전하게 되어 있다. 따라서 재외동포의 경우 적극적으로 우리 언어문화를 보급·전파함으로 상호간의 차이를 이해하고 조화를 이루도록 해야 한다. 주류 사회에 우리 언어문화를 적극적으로 보급·전파함으로, 그들이 이를 이해하고 사용도 할 수 있게 하는 것이다. 그렇게 되면 오해 대신 이해를 하게 되고 친해지며, 화합과 조화를 이루게 된다. 근자에는 한류, 코리언 드림 등으로 말미암아 한국의 언어문화를 배우고자 하는 사람도 많아졌다. 앞으로는 우리 재외동포가 기회가 있을 때마다 한국의 언어문화를 주변 사람들에게 개인적으로나, 또는 제도권 안에서 적극적으로 보급하고 교류하려는 자세를 갖추어야 하겠다. 현지인과 교류하고 소통함으로 따뜻한 이웃을 만들고, 이문화(異文化)를 교류함으로 문화와 생활의 조화·발전을 이루도록 하는 것이다. 프랑스의 파리 한글학교에서는 이미 프랑스인에게 한국 언어문화를 가르쳐 주는 활동을 전개하고 있다고 한다. 재외동포가 이러한 태도와 자세를 갖추도록 하려면 재외동포 사회에서 이러한 자세의 필요성을 깨치도록 하고 이를 독려해야 한다. 이런 면에서 특히 한국 언어문화 교육에 종사하는 사람들은 한국 언어문화를 세계화하려는 자세를 갖추어야 한다.

여덟째, 다양한 교수법을 알고, 이를 활용할 수 있어야 한다.

한국어교육을 위해서는 우선 다양한 외국어 교수법(外國語敎授法)을 알아야 한다. 교수법은 많은 것이 생성·소멸되면서 오늘에 이르렀다. 이 가운데 대표적인 것이 문법-번역법(grammar-translation method), 청각구두법(audio-lingual approach), 및 의사소통법(communicative approach)이다. 한국어교육에는 오늘날 이러한 교수법이 여건에 따라 주로 활용되고 있다. 그러나 이러한 교수법 외에도 인지학습법(cognitive approach), 전신반응법(total physical response), 침묵법(silent way), 공동체언어학습법(community language learning), 암시법(suggestopedia), 자연법(the natural approach) 등 다양한 것이 있다(박갑수, 2005). 이들 교수·학습법은 장단점을 지닌다. 따라서 바람직한 한국어교육을 하기 위해서는 이들 장단점을 검토하고 상황에 따라 선택적으로 활용할 수 있어야 한다. 그리고 여기 덧붙일 것은 대조분석법(對照分析法)을 원용하여야 한다는 것이다. 목표언어와 학습자의 언어를 비교·대조함으로 그 같고 다름을 파악하여 이를 학습에 효과적으로 활용하는 것이다. 대조분석을 한때 외국어교육에 유일한 교육방법이라 보기도 하였다. 그러나 오늘날은 그렇게까지 보지는 않지만 외국어교육에서 이는 여전히 좋은 교수·학습의 한 방법이라 보고 있다. 이는 우리 재외동포 교육에도 선용돼야 한다.

4. 결어

오늘날은 세계화시대요, 다문화시대다. 그래서 세계 도처에서 자기네 모어(母語) 외에 외국어를 부지런히 학습하고 있다. 이러한 시대이니만치 고국을 떠나 이역에 살고 있는 재외동포의 경우 현지의 언어를 익혀 사용하는 것은 너무도 당연하다. 그러나 그렇다고 하여 뿌리를 잊어서는 곤란하다. 뿌리를 잊어버리지 않기 위해서는 민족어를 배우고 익혀야 한다. 민족의 정체성은 무엇보다 민족어에 있는 것이니 민족어의 교수·학습을 게을리 해서는 안 될 것이다.

여기서는 민족어교육의 목표와 현황을 살피고, 민족어 교육을 위한 몇 가지 바람직한 자세를 살펴보았다. 바람직한 자세로는 다음과 같은 여덟 가지를 들었다.

첫째, 민족어 교육을 통해 민족의 정체성을 심어 주어야 한다.
둘째, 우리말·우리글에 대해 자부심을 가진다.
셋째, 우리말에 대해 바로 안다.
넷째, 우리 문자에 대해 바로 안다.
다섯째, 이중언어의 중요성을 인식하도록 한다.
여섯째, 언어교육과 함께 문화교육을 강조한다.
일곱째, 한국어를 세계화하려는 자세를 가진다.
여덟째, 다양한 교수법을 알고, 이를 활용할 수 있어야 한다.

언어교육의 목적은 커뮤니케이션에 있으며, 이는 문화교육을 수반해야 한다. 의사소통은 정확성(正確性)과 함께 적격성(適格性)을 중시한다. 커뮤니케이션에는 정확성보다 적격성이 더 중시된다. 이 적격성은 문화교육에서 얻어진다. 이런 점에서 재외동포의 교육은 언어교육과 함께 문화교육이 특별히 강조되어야 한다.

우리는 재외동포의 대국이다. 내국인과 함께 재외동포는 우리 언어문화의 교수·학습을 제대로 하고, 이를 교류함으로 거주국과 친선을 도모하고, 한국어를 세계화하며, 세계문화 발전에 기여하도록 하여야 하겠다. 이는 무엇보다 재외동포가 수행하여야 할 중요한 과업의 하나이다.

참고문헌

金德龍(2004), 朝鮮學校の戰後史, 社會評論社.

미국남가주대학교 아태리더십센터(2009), 북미한국어현황조사, 재외동포재단.

박갑수(2005), 국어교육과 한국어교육의 성찰, 서울대출판부.

이광규(2009), 한국, 한국어, 한국문화ㅡ재외동포와 함께 세계로, 북코리아.

豊田國夫(1964), 民族と言語の問題, 錦正社.

豊田國夫(1968), 民族と言語の問題-言語政策の課題とその考察, 錦正社.

松本靑也(1994), 日米文化の特質, 硏究社.

김덕룡(2004), 재일 조선학교의 발걸음과 미래에의 제안, '世界' 3·4월호, 岩波書店.

김송이(1993), 재일 자녀를 위한 총련의 민족교육 현장에서, 이중언어학회지 제10호,
　　　　이중언어학회.

문교부(1995), 재외동포 교육의 목표 및 기본 방향, 문교부 자료.

박갑수(2007), 재외동포 한국어교육의 오늘과 내일, 이중언어학 제33호, 이중언어학회.

박갑수(2007), 한국어교육과 언어문화의 교육, 외국인을 위한 한국어교육연구, 제10집,
　　　　서울대 사대, 외국인을 위한 한국어교육 지도자과정.

박갑수(2007), 재외동포의 교육과 언어문화의 교육, 유럽한글학교 교사 세미나.

박갑수(2010), 한국어 세계화와 재외동포 교육, 한국어세계화와 재외동포 교육, 한국외
　　　　국어대학교·재외동포교육진흥재단.

해주제2사범대학 외(1973), 국어교수법, 교육도서출판사.

■ 이 글은 필리핀 한글학교협의회, 제5회 교사연수회(타가이따이, 2010.11.15~16)의 기조 강연 원고로, 국학연구논총, 제7호(택민국학연구원, 2011)에 게재된 논문이다.

제1장 한국어교육의 새로운 추진 방안

1. 서언

우리도 외국 여행을 자유롭게 할 수 있을까? 자가용 시대는? 그리고 한국어가 외국어로서 가르쳐지는 날이 올 수 있을까? 필자는 1960년대 후반 이런 문제에 의문부호를 붙이며, 이들이 거의 실현 불가능한 것으로 생각했다. 그런데 오늘날 이들은 다 이루어졌다. 어디 그뿐이랴? 한국어교육은 작금 문이 활짝 열려 한국어 교육자들의 손길과 발걸음이 도처에서 미치기를 기다리고 있다. 그러니 부지런히 한국어교육 발전에 정진하며 한국어의 세계화에 기여하도록 하여야 하겠다.

청탁을 받은 주제가 "한국어교육이 나아가야 할 방향"이다. 한국어교육의 지난날을 돌아보고 앞으로 나아가야 할 방향을 제시해 보라는 것이라 생각된다. 이에 한국어교육의 현황을 가볍게 살펴보고, 한국어교육이 앞으로 지향해 나아가야할 몇 가지 문제를 살펴보기로 한다. 병서(兵書)에서 "지피지기(知彼知己)는 백전불태(百戰不殆)"<孫子 謀政篇>라 하지 않았던가? 한국어교육이 성공을 거두기 위해서는 오늘의 현실을 바로 알고 거기서부터 출발하지 않으면 안 된다. 따라서 한국어교육의 현실을 가볍게 짚어보기로 하는 것이다. 한국어교육이 나아가야 할 방향은 교육과정, 언어문화 교육, 특수목적 한국어교육, 이문화 커뮤니케이션, 한국어 세계화 등의 문제에 대해 살펴보기로 한다.

아무쪼록 여기에서의 논의가 한국어 교육계에 무엇인가 시사하는 바 있어 한국어교육 발전에 조금이라도 기여하게 되길 바란다.

2. 한국어교육의 현황

한국어교육이 언제부터 시작되었을까? 그것은 분명치 않다. 분명한 것은 다른 민족과 접촉이 시작되면서 한국어교육이 시작되었을 것이라는 것이다. 따라서 선사시대는 차치하고, 유사시대 이후를 본다면 적어도 한사군(漢四郡)이 설치됐을 때는 한국어교육이 행해졌을 것이다. 명문화된 한국어교육에 대한 초기의 기록으로는 續日本紀에 신라의 경덕왕(景德王) 때 일본에서 신라를 정벌하기 위해 신라어를 가르쳤다는 것이 보인다. "乙未令美濃・武藏二國少年 每國二十八人 習新羅語 爲征新羅也"가 그것이다. 이는 사실 여부를 떠나 한국어교육에 대한 최초의 기록으로 보인다. 이것이 사실이라면 한국어교육은 신라 경덕왕 때 공식적으로 처음 시작된 것이 된다. 그 뒤에는 송(宋)나라 손목(孫穆)의 계림유사, 명(明)나라의 조선관역어가 직접・간접으로 한국어교육과 관련을 가질 것이다. 이밖에 임진왜란, 조선통신사의 교류도 한국어교육의 계기가 되었을 것임에 틀림없다. 그 뒤 일본에서는 이들 통신사의 내일(來日)에 대비하기 위해 雨森芳洲의 건의에 따라 1727년에 한국어 교육기관인 韓語司가 대마도에 설립되었다. 이 때 조선어 학습서 교린수지(交隣須知)와 인어대방

(隣語大方)이 저술되었다. 이들이 아마도 한국어 교재로서는 현존하는 최초의 것들이 아닌가 한다. 그 뒤 일본에서는 1972년 嚴原 韓語學所가 설립되었고, 1873년 草梁館語學所가 설립되었다.

근대적 의미의 한국어교육은 일본의 동경외국어학교(1880)에 조선어학과가 설립되고, 러시아의 St. Peterburg대학(1897) 등에서 한국어 강좌를 하며 시작되었다. 그 뒤 일본에서는 1909년 동양협회 전문학교(1918년 拓植大學으로 개명)에 조선과를 정과로 설치하였고, 1925년 천리외국어학교에 조선어학부가 설립되었다. 그리고 본격적으로 한국어교육이 이루어지게 된 것은 20세기 중반에 들어서라고 할 수 있다. 연세대 어학당은 1959년 개설되었다. 한국어교육은 앞에서 본 바와 같이 국제정세에 따라 이방(異邦)에서 먼저 시작되었다. 중국학, 일본학을 하는 통과의례(通過儀禮)로 한국어 내지 한국학이 연구되기 시작했다. 따라서 한국어교육은 교육과정도, 교재도, 교사도 제대로 갖추어지지 않은 상태에서 피동적으로 시작되었다. 이러한 상황은 20세기 후반에 들어와서 겨우 개선되어, 독자적으로 본격적인 한국어교육을 연구하고 시행하게 되었다. 오늘날의 한국어의 교육 여건은 여러 가지로 개선되었다. 그러나 아직도 국가수준의 교육과정이 마련되어 있지 않고, 학습 자료는 33개국에서 약 3,400종이 개발되었다고 하나, 여전히 취약한 형편이다. 거기에다 자격을 갖춘 교원은 아직도 턱 없이 부족하다. 이것이 오늘날의 한국어교육의 현실이다.

그러면 이들 교육의 여건은 어떠한가 보기로 한다.

교육을 하자면 우선 교육과정이 만들어져야 한다. 그런데 우리에게는 국가수준의 교육과정이 구안되어 있지 않다. 이것이 단계별로 만들어져 있어야 한다. 그래야 각종 교육기관은 이에 따라 독자적인 과정을 개설하게 된다. 그런데 이것이 만들어져 있지 않기 때문에 일정한 기준도 근거도 없이 교재를 만들고 교육을 하고 있다. 이것은 한국어교육을 혼란 스럽게 하고, 한국어의 능력 평가를 제대로 할 수 없게 한다. 교육기관 에 따라 교육의 질과 내용이 다르고 난이도가 다르기 때문이다.

한국어 학습 자료는 3,399종이 개발된 것으로 조사된 바 있다(진대연 외, 2009). 그러나 실제로는 이보다 훨씬 많을 것으로 추정된다. 그것은 조사하지 못한 지역이 있는가 하면, 미처 조사되지 못한 것도 있는 것으 로 보이기 때문이다. 종래에는 한국어 교재가 없어 아등바등했는데, 이 렇게 많은 교재가 개발되었다는 것은 한국어교육이 그만큼 필요하고 성 장했음을 말해 주는 것이다. 이들 교재는 일본(1530권), 한국(831권), 중국 (424권), 미국(223권)에서 개발된 것이 대부분이다. 이밖에 베트남(85권), 태 국(52권)에서도 비교적 많은 교재가 개발되었다. 교재는 주로 실용언어를 다룬 것으로 한국어의 기초 교재가 대부분이다. 특수목적 교재도 있으 나, 이는 많지 않다. 이들은 편찬 목적에 따라 다양한 것이 간행되었다. 그러나 교재개발 원리 면에서 볼 때 함량 미달의 것도 많다. 이렇게 볼 때 주요 대학에서 개발된 교재가 비교적 잘 편찬되었다 할 것이다. 그러 나 교재는 생태적으로 보조 자료를 필요로 하게 되어 있다. 그러니 많을 수록 좋다. 언어교재는 대조언어학적(對照言語學的) 연구를 바탕으로 제작 하는 것이 바람직하다. 특히 성인의 교재가 그러하다. 자국어와 목표언 어를 비교하며 효과적 학습을 할 수 있게 하기 때문이다. 이런 면에서 범용교재의 번역본은 바람직한 것이 못 된다. 현지의 전문가가 현지의 사정을 반영하여 교재를 편찬·개발하는 것이 바람직하다.

교수·학습의 방법은 대체로 일정한 수준에 도달한 것으로 볼 수 있 다. 그것은 외국어의 교수법을 원용하고 있기 때문이다. 외국어 교수법 은 크게 세 유형이 주로 활용되고 있는 것으로 볼 수 있다. 문법—번역 법(Grammar-translation method), 청각—구두법(Audio-lingual approach), 의사소통법(Communicative approach)이 그것이다. 물론 이들은 역사적 단계를 거쳐 발달한 것이다. 그러나 이들은 오늘날 도처의 한국어교육 현장에서 애용되고 있다. 문법-번역법은 중국 등 외국의 대학에서 애용되고 있고, 청각구두법은 구두연습과 문형연습을 위해 도처에서 많이 활용되고 있다. 의사소통법은 무엇보다 의사소통(communication)을 중시하는 교육에서 사랑을 받고 있다. 이는 과제중심의 교육으로까지 확장되어 오늘날 가장 사랑받는 교수법이 아닌가 한다. 의사소통법은 미국을 중심으로 애용된다. 교수법은 이렇게 절대적 왕도가 있는 것이 아니다. 필요한 때 다양한 교수법을 적절히 활용해야 한다. 이런 면에서 다양한 교수법의 장단점을 잘 알고 효과적으로 대처하는 것이 바람직하다.

평가(評價)는 교수·학습의 한 단계다. 평가에는 학습평가(學習評價)와 수업평가(授業評價)가 있다. 그런데 흔히 교육현장에서는 학습평가에만 신경을 쓰고 수업평가는 등한히 하는 경향이 있다. 올바른 교육을 하기 위해서는 학습자를 평가하는 미시적 관점에만 사로잡힐 것이 아니라, 교수·교육과정·교재 등 프로그램의 평가라는 거시적 평가에도 주의를 기울여야 한다. 평가는 학습자만을 대상으로 하는 작은 문제가 아니라, 교육의 질을 좌우하는 큰 문제다.

의사소통 능력을 평가하는 학습평가에는 테스트만이 있는 것이 아니다. 관찰법, 질문지법, 면접법, 사례연구 등이 있다. 바람직한 평가를 위해서는 이들 평가 방법이 아울러 동원되어야 한다. 역사적으로 볼 때 언어능력의 평가는 네 시기로 나뉜다. 과학 이전의 시기, 심리측정 및 구조주의 시기, 심리언어학 및 사회언어학적 시기, 의사소통 시기가 그것이다. 첫째 시기에는 주관적 평가가, 둘째 시기엔 요소적 테스트가, 셋째 시기엔 의사소통이 전체적이고 통합적 성격을 반영하여 종합 테스트(integrative test)를 강조하였다. 그리고 넷째 시기에는 과제 수행에 바탕을 둔 의사소통의 언어 교수 원리에 바탕을 둔 평가를 하고자 한다. 따라서 시기에 따라 그 경향을 달리 하나, 이러한 네 시기의 특징은 오늘날의 평가에도 반영되어야 한다. 구성요소 평가를 위한 요소주의, 언어의 종합적 능력 테스트를 위한 종합 테스트, 언어의 운용능력 평가를 위한 수행평가(performance test) 따위를 필요로 하는 것이 그것이다. 그리고 실제 언어 자료(authenticity)에 의한 평가를 중시한다. 수업평가는 교사의 지도 활동을 평가하는 것으로, 수업 과정(過程)에 따라 평가할 수 있다. 그리고 앞에서 언급한 바와 같이 바람직한 교육을 위해 교육과정, 교재의 적부 등에 이르기까지 수업 전반에 대한 평가를 하여야 한다.

교사(敎師)는 교육의 가장 핵심적 존재다. 그러기에 교육의 질은 교사의 질을 능가할 수 없다고까지 한다. 그런데 자격을 갖춘 교사가 부족하여 문제다. 국내는 다행히 그렇지 않은 편이다. 한국어교육의 인력을 양성하는 기관이 학부와 대학원에 각각 10여개씩 설치되어 있어 수요에 별 문제가 없는 것으로 보인다. 더구나 국어기본법(2005)에 따라 한국어교육능력 검정시험을 치러 교원이 되는 길도 열려 있기 때문이다. 그런데 현재의 한국어 교원 자격 취득에 필요한 영역별 필수 이수학점 및 이수시간은 지나치게 적게 책정되어 있다(참고로 국어교육과의 학점 수와 비교해 보면 졸업학점이 130학점인 경우, 전공 60학점, 교양 36학점, 교직 30학점 이상 취득해야 하며, 부전공은 34학점 이상 취득해야 한다. 한국어 교원 자격 취득에 필요한 이수학점은 주전공 45학점, 부전공 31학점이다.). 물론 최소한의 것을 제시한 것이라 하겠으나, 이는 상향 조정되어야 한다. 외국에서의 한국어 교원의 수급은 많은 문제를 안고 있다. 중국, 독립국가연합 등 몇 나라를 제외하면 한국어 교원 양성기관이 없다. 그렇다고 한국에서 교원을 파견하기엔 여러 가지 문제가 부수된다. 이는 한국어 세계화 차원에서 정부가 나서서 해결해야 할 과제라 하겠다.

  이상 한국어교육의 여건을 중심으로 한국어교육의 현황을 간단히 살펴보았다. 다음에는 한국어교육 기관에 대해 간단히 덧붙이기로 한다. 정부기관 차원의 한국어교육은 문화부, 교과부, 여성가족부, 외교통상부, 노동부 등에서 관장하고 있으며, 재외동포 외에 유학생, 결혼이민자, 취업이민자 등에 한국어교육을 실시하고 있다. 해외에서의 한국어교육은 국제교류재단과 국제협력단(KOIKA)이 지원 또는 실제 교육 현장에 투입되고 있다. 그리고 무엇보다 강조할 것은 문화부에서 2007년 세종학당(世宗學堂) 설립 계획을 세워, 한국어를 세계화하고 있는 것이다. 이는 아직 초기단계라 큰 성과를 거두고 있진 않으나, 우선 동북아권부터 세종학당을 설립하여 한국어 세계화를 추진하고 있다.

  해외의 한국어교육은 주로 현지 대학에서 하고 있다. 한국국제교류재단의 "해외한국학백서"(국제교류재단, 2007)에 의하면 62개국 735개 대학에 한국학 강좌가 개설되어 있다. 일본이 335개교, 미국이 140개교 중국이 42개교로 톱3에 해당한다. 그러나 이 현황은 실상과는 차이를 보인다. 실제는 이보다 많다. 한 예로 중국의 경우를 보면 2009년도에는 4년제 대학의 한국어학과만 하여도 70여개, 전문대학을 포함하면 180여개에 달한다(동아일보, 09. 6. 5.). 2010년도에는 그 수가 더 늘어 200개가 넘는 것으로 알려진다. 초·중·고등학교에서의 한국어교육은 8개국 1,525개 학교에서 행해지고 있다. 이 밖에 각종 기관에서도 한국어가 가르쳐지고 있다. 이들은 대체로 실용언어 중심의 기초교육에 중심이 놓여 있고, 특히 동남아의 경우는 코리안 드림에 따른 한국어교육이 성황을 보이고 있다.

3. 한국어교육이 나아가야 할 방향

앞에서 한국어교육의 현황을 간단히 살펴보았다. 그러면 이러한 현황을 바탕으로 한국어교육은 앞으로 어떤 방향으로 나아가야 할 것인가? 이들 문제에 대해 몇 가지 살펴보기로 한다.

3.1. 한국어 교육과정의 구안 문제

한국어교육의 현황을 살피는 자리에서 국가수준의, 단계별 교육과정이 만들어져야 한다고 하였다. 교육과정은 일반적으로 학습 목표, 학습자의 욕구, 학습자의 수준 등에 따라 그 과정에 어울리는 것을 편성하게 한다. 그러나 국가수준의 교육과정은 이러한 변인에 좌우될 성질의 것이 아니다. 외국어로서의 한국어교육에서 다루어야 할 한국어의 기본적인 내용을 난이도에 따라 몇 단계로 나누어 체계적으로 제시하면 된다. 이는 과정의 성격에 따라 다양한 것이 만들어져야 하는 것이 아니고, 학습자의 발달 단계에 따라 구안하면 되는 절대적인 것이다. 따라서 책임 있는 기관에서 충분히 연구 검토하여 만들면 된다. 그럼에도 이것이 아직 편성되지 못하였다.

한국어 교육과정을 구안함에는 교육과학부의 외국어과 교육과정을 참고할 수 있다. 교육과학부의 교육과정은 전문가들이 중지를 모아 그간 6, 7차의 개정을 거쳐 오늘에 이른 것이기 때문이다.

제7차 교육과정을 개정한 국민공통 기본교육과정(2007, 교육인적자원부)의 외국어(영어)과의 체재는 다음과 같다.

1. 성격

2. 목표
3. 내용 가. 내용 체계 (1)언어 기능, (2)의사소통 활동, (3)언어 재료
　　　　　나. 성취 기준[학년별로 (1)듣기, (2)말하기, (3)읽기, (4)쓰기]
4. 교수·학습 방법 (1)초등학교, (2)중등학교
5. 평가 (1)평가 지침 (2)평가 상의 유의점(초등학교, 중학교)

　이러한 체재와 내용을 참고함은 물론, 특히 [별표 1]~[별표 4]로 제시된 내용을 적극적으로 원용함이 필요하다.

　[별표 1]은 "소재"에 관한 것으로, 다음과 같은 전문(前文) 아래 19개 소재를 제시하고 있다.

　　일상생활과 친숙한 일반적인 화제를 중심으로, 학생들이 관심을 가지고 흥미를 느낄 수 있는 소재를 선택하되, 학생들의 의사소통 능력, 탐구 능력, 문제 해결 능력을 기르는 데 도움이 되는 내용으로 한다.

　　1. 개인생활에 관한 내용
　　2. 가정생활과 의식주에 관한 내용
　　3. 학교생활과 교우 관계에 관한 내용(이하 생략-필자)

　[별표 2]는 "의사소통 기능과 예시문"을 제시한 것이다. 이는 다음과 같은 전문 아래 <친교활동>, <사실적 정보교환>, <지적 태도 표현>, <감정 표현>, <도덕적인 태도 표현>, <지시와 권고>, <상상하기> 등 7부류로 나누고, 이들을 다시 세분하여 예문을 제시, 참고하도록 한 것이다. 예를 들어 <친교활동>은 인사하기, 소개하기, 감사하기, 주의 끌기, 칭찬·축하·감탄하기, 약속하기, 기원하기, 음식 권유와 응답하기, 이해 점검하기, 되묻기, 전화하기 및 받기, 대화 지속하기, 대화 끝내기, 제의와 초대하기 등 14항목으로 되어 있다. 그리고 다시 "인사하기"는

만나고 헤어질 때 인사하기, 안부 묻기, 안부 묻기에 답하기, 안부를 제3
자에게 부탁하기와 같이 4가지로 나누어 예문을 제시하였다. 따라서 교
육과정이 매우 자세하게 구성되어 있어 교재를 편찬하거나, 교수·학습
을 함에 있어 내용상 혼란이 일어나지 않고 체계적으로 할 수 있게 되어
있다.

- 아래에 제시된 의사소통 기능과 예시문을 음성언어 활동 및 문자언
  어 활동에 활용할 것을 권장하며, 그 밖의 기능이나 문장도 사용할
  수 있다.
- △로 표시된 예시문은 초등학교에서 사용하기를 권장한다.
- ( )에 제시된 단어/구는 생략이 가능한 것을 나타낸다.
- …은 상황에 맞게 쓸 수 있는 단어/구를 나타낸다.

〈친교활동〉(14항목)
- 인사하기
  - 만나고 헤어질 때 인사하기
    △ Hello!
    △ Hi!
    △ Good morning/ afternoon/ evening.
    Long time, no see. (이하 생략－필자)

- 안부 묻기
    △ How are you?
    △ How's it going?
    How's everything? (이하 생략－필자)

〈사실적 정보교환〉 (8항목)
- 사실적 정보 묻고 답하기

  ─정보 묻기

   △ Can you tell me (about)…?

   △ Do you know (about)…?

   △ How many…?

   △ Do you hae…?

  ─묻기에 답하기

   △ (Yes,) I know…

   △ I heard…

 • 사실 확인하기

[별표 3]은 "기본어휘 관련 지침과 어휘 목록"을 제시한 것으로 "기본 어휘 관련 지침"과 "기본어휘 목록"으로 되어 있다. "기본 어휘 관련 지침"에서는 학년별로 권장하는 어휘수를 구체적으로 제시하고 있으며, "기본 어휘 목록"에서는 2,315개의 어휘를 제시하고 있는데, 초등학교에서 사용하기를 권장하는 736개는 *표를 해 구별하고 있다. 학년별로 사용하기를 권장하는 새로운 어휘 수는 다음과 같다.

 • 3학년 : 110 낱말 이내, 4학년 : 120 낱말 이내, 5학년 : 130 낱말 이내, 6학년 : 140 낱말 이내 (누계 : 500 낱말 이내)
 • 7학년 : 170 낱말 이내, 8학년 : 280 낱말 이내, 9학년 : 390 낱말 이내, 10학년 : 450 낱말 이내 (누계 : 1,290 낱말 이내) (총계 : 1,790 낱말 이내)

이렇게 어휘를 초·중등학교별로 구별하고, 학습해야 할 어휘수도 구체적으로 학년별로 제시하여 학습 단계에 따른 혼란을 최소화하고 있다.

[별표 4]는 "의사소통에 필요한 언어 형식"을 제시한 것이다. 이는 다음과 같은 전문(前文) 아래 언어 형식을 유형화하여 36가지를 제시한 것

이다. 이들 예를 몇 가지 보면 다음과 같다.

아래의 언어형식은 의사소통 활동을 위해 [별표 2]에 제시된 의사소통 예시문과 함께 문자언어 및 음성언어 활동에 모두 활용한다.

1. He takes a walk everyday.

   He went on a picnic yesterday. (이하 생략—필자)

2. He is sleeping right now.

   I was studying when they come. (이하 생략—필자)

3. They have moved to a new house.

   He had already left when we arrived. (이하 생략—필자)

일본의 "학습지도요령"(일본 문부과학성, 2008년 3월 고시)도 우리 교육과정과 비슷하게 구안되었다. 다만 다른 점이 있다면 우리 교육과정의 [별표]에 해당한 내용을 본문 속에서 축약하여 수용했다는 것이다. 이렇듯 국가적 수준의 교육과정은 치밀하게 구안되었다. 한국어 교육과정도 이들 교육과정과 같은 수준으로 자상하게 구안하도록 해야 한다. 그렇지 않으면 한국어를 세계화하고, 한국어 능력시험 등 다양한 능력시험이 치러지고 있는 오늘날 한국어교육 발전에 중대한 걸림돌이 되고, 비판에 직면하게 될 것이다. 油谷(2002)의 다음과 같은 지적은 이러한 비판의 서곡의 하나다.

"게다가 고등학교에서의 한국어교육은 표준이 될 만한 교육과정이나, 교과서가 없기 때문에 고등학교 현장의 교육수준에 대하여 암중모색 상태로 문제를 작성하지 않을 수 없었다. 시험문제 조사연구위원회의 조사에 의하면, 한국어교육은 학교마다 격차가 심할 뿐 아니라, 쓰이는 교과서도 대단히 다양했다."

한국어 능력시험의 기준이 있어 이를 들어 변명하는 방법이 있을 수는 있다. 능력시험은 초기에 "인정기준"에 따른 "등급별 수준"에 따라 출제 평가하였다. 그러나 제6회부터는 개정된 "등급별 평가기준"에 따라 평가하고 있다. 기준에 많은 차이가 난다. 한 예로 어휘의 경우 "인정기준"에서는 1급 1,000어, 2급 1,500~3,000어이던 것이 "평가기준"에서는 1급 800어, 2급 1,500~2,000어로 줄었다. 잘 바꾸었다고 보나 이는 자의적 개정이다. 이렇게 돼선 곤란하다. 거기에다 이들 어휘의 난이도를 구별할 기준은 아무데도 보이지 않는다. 이러한 현실은 국가수준의 교육과정 편성을 오늘도 재촉하게 한다.

3.2. 한국의 언어문화 교육 강화 문제

언어와 사고는 불가분의 관계를 갖는다. 그리고 문화는 인간의 정신적인 산물이다. 따라서 언어와 문화는 떼려야 뗄 수 없는 관계의 것이다. 그리하여 Lado는 언어를 문화의 색인이라 하였다.

언어와 문화는 이렇게 밀접한 관계를 지니기 때문에 Dauglas Brown(2000)은 "언어습득은 그 언어를 모국어로 사용하는 사람들의 문화를 습득하는 것"이라 하는가 하면, 문화교육은 외국어 학습의 첫째 시간부터 시작된다고도 한다. Porter & Samovar(1991)도 "원활한 의사소통을 하기 위해서는 상대방 문화의 이해가 반드시 필요하다"고 한 것도 이러한 맥락과 관련된 것이다.

그럼에도 저간에는 언어교육에서 문화교육이 그다지 중시되지 못했다. 언어교육은 시종 언어에만 매달렸다. 특히 행동주의 구조언어학에 이런 혐의가 적지 않다. 이러한 상황은 사회언어학과 화용론이 등장하며 상황이 바뀌었다. 정확한 언어와 함께 사회적으로 수용할 수 있는 적격

(適格)의 언어가 언어교육의 중요한 목표가 되며 문화교육이 부상된 것이다. 언어 현실은 정확한 언어보다 그것이 사회적으로 수용될 수 있는 언어냐, 아니냐 하는 것이 좀 더 중요한 의미를 지닌다. 언어를 잘못 사용했을 때는 언어학적 오용보다 사회언어학적 오용이 심각한 결과를 초래하게 되는 것이다.

한국어교육에서도 문화교육의 필요성에 대한 목소리가 적잖이 나오고 있다. 이는 반가운 일이다. 그러나 아직도 이는 제 궤도를 찾지 못하고 방황하고 있다는 느낌이다. 문화교육은 광의의 문화교육보다 우선 언어와 직접적 관계를 갖는 언어문화 교육부터 해야 한다. 그리고 이것이 강조되어야 한다.

우리 정부의 외국어과 교육과정(2007)에는 문화에 관한 내용으로 "2. 목표"에서 "넷째, 외국문화를 이해함으로써 우리 문화를 새롭게 인식하고 올바른 가치관을 기른다"라는 것이 보인다. 이는 아직 문화를 표현의 대상으로써가 아니라 이해의 대상으로만 보고 있는 것이다. 일본의 "학습지도요령"은 우리와는 달리 언어를 통해 문화를 이해하여 커뮤니케이션 능력의 기초를 닦는 것으로 되어 있다. 일본의 "중학교 학습지도요령"의 "제1. 목표"를 보면 다음과 같다.

> "외국어를 통해 언어와 문화에 대한 이해를 깊게 하여, 적극적으로 커뮤니케이션을 하고자 하는 태도의 육성을 꾀하고, 듣기, 말하기, 읽기, 쓰기 등의 커뮤니케이션 능력의 기초를 닦는다."

미국의 경우는 이보다 매우 적극적이다. 미국 정부는 초·중·고등학교의 외국어 교육의 발전을 위하여 1966년 "21세기를 대비한 외국어 습득 기준(Standards for foreign language learning : Preparing for the 21th century)"을 마련하였다. 여기서 교육과정의 목표를 5C로 정하고, Communication, Culture, Connection, Comparison, Communities를 들어 교육대상으로 하고 있다. 그리고 문화 교육을 다음과 같이 규정하고 있다.

> C2 : Culture : 외국문화에 대한 지식과 이해를 가지도록 할 것.
> 기준 A : 외국의 행동문화(즉 언어행위와 비언어적 행동)와 행동문화
>   에 내재하는 관념적 문화(즉 전통사고방식, 태도, 믿음, 가치
>   관)와의 상관관계를 이해할 것.
> 기준 B : 유형무형의 문화적 소산품(예컨대 그림, 문학작품, 이야기,
>   무용, 교육제도 등)과 그러한 소산품에 내재하는 관념적 문
>   화와의 상관관계를 이해할 것.

언어문화 교육은 구조적인 면과 수행적 면으로 나누어 생각할 수 있다. 구조적 면에서는 어휘, 호칭, 대우법, 연어, 관용어, 속담, 통사적 구조 등을 대표적 교육 대상으로 생각할 수 있다. 명명(命名)에 의한 창조와 파생, 합성에 의한 단어의 형성에 이르기까지 한 민족어의 어휘들은 민족지적 설명을 필요로 한다. "wash" 하나로 처리되는 영어의 대상에 대해 한국어는 "손을 씻고, 옷을 빨고, 머리를 감고, 창을 닦는다"고 각각 다른 동사로 표현해야 한다. 이런 경우만 있는 것이 아니다. 영어에서 "eat, drink, smoke, swallow, hear, take"라고 각각 다른 동사를 사용하는 표현에 대해 우리는 "밥을 먹다, 물을 먹다, 담배를 먹다, 약을 먹다, 욕을 먹다, 뇌물을 먹다"와 같이 우리는 흔히 "먹다" 하나로 대치한다. 이렇게 한국어는 우리 문화와 떼어 놓고 생각할래야 생각할 수 없다. 역사적인 용어는 더구나 특정 문화를 반영한다. 호칭(呼稱)의 대표적인 것은 친족어다. 이는 민족문화에 따라 차이를 보인다. 따라서 원만한 의사소통을 하기 위해서는 친족간의 호칭과 지칭을 알아야 한다. 대우법은 사

회언어학적으로 적격성이 문제가 되는 대표적 언어 현상이다. 평등사회 아닌 종속사회에서는 대우법이 크게 문제가 된다. 우리 사회는 전통적 계급사회로, 대우법이 매우 발달되었다. 따라서 권세(power)와 유대(solidarity)에 따라 적절한 대우법을 쓸 수 있도록 해야 한다. 그렇지 않으면 "누구보고 반말이에요, 반말이?"라고 소통 아닌, 싸움을 하게 된다. 연어(連語)나 관용어는 어떤 언어에 특유한 관용적 표현이다. 특히 관용어는 그 언어를 지배하는 문법이나 논리로서 규제할 수 없는, 특유한 표현을 말한다. 이는 문화적으로 조건화하여 나타나는 언어행위다. 거기에다 이는 구성 요소의 총화가 아닌 제3의 의미를 드러낸다. 따라서 외국어로서의 관용어는 바로 알지 않으면 오해하거나, 실수를 하게 된다. "언제 국수 먹여 줄 거냐?"는 질문에 "언제든지 사 드릴 수 있어요."라는 대답이 이런 것이다. 더구나 속담은 민족의 심지 성정을 반영하는 것으로, 문화적 차이를 반영한다. 이는 형태적인 면과 함께 비유적 의미를 지녀 개념적인 면에서도 언어에 따라 차이를 보인다. "억지 춘향이"를 문화적 배경 없이 무슨 수로 설명할 수 있을 것인가? 통사적 구조는 사고과정을 반영하는 것으로, 언어의 구조는 곧 서로 다른 사고 과정을 보여 주는 것이라 할 수 있다. SVO와 SOV형의 표현은 단순한 문형(文型)이 아니라, 사고 유형이다. 문형은 특히 수행 면에서 유의하여야 할 대상이다.

언어행위는 문법 규칙에 의해서만 규제되는 것이 아니다. 장면이나 상황, 대화자 사이의 관계, 대화의 주제 등 사회적 요소에 의해 여러 가지로 표현 형태에 제약이 가해진다. 그리하여 다양한 상황변이형(situational variants), 또는 기능변이형(functional variants)이 생겨난다. 이러한 것이 운용적 면에서 문화적 교육 대상이 된다. 이들의 대표적인 요소로는 앞에서 잠시 언급한 호칭과 대우법, 통사 구조 외에 장면 의존의 정도, 문화변용규칙, 비유 등을 들 수 있을 것이다. 장면 의존도는 고문맥적(high context) 표현을 하느냐, 저문맥적(low context) 표현을 하느냐 하는 것이다. 한국어는 대표적인 고문맥적 문화의 언어다. 따라서 장면에 의지하여 통합적이고 거시적이며, 의미지향적인 표현을 즐겨한다. 많은 구문 요소가 생략되는 것은 이 때문이다. 문화변용규칙(文化變容規則)은 한국어에는 겸손지향, 집단지향, 형식지향, 조화지향, 비관지향, 긴장지향 등의 문화변용규칙이 작용한다(박갑수, 2007). 이는 "Thank you!"라 할 자리에서 "미안합니다"라 하듯, 서구 문화변용규칙과 대조되는 것이다. 이런 의미에서 문화변용규칙은 의사소통 능력을 중시하는 교육에서 반드시 필요로 하는 교육 대상이 된다. 비유(比喩)는 개성적인 것이 아니라 관습적으로 사용되는, 민족지적 특성을 반영하는 것이 교육 내용이 된다.

이상 언어문화 교육에 대해 살펴보았거니와 의사소통 능력을 기르기 위해서는 언어문화 교육이 강화되어야 한다. 광의의 문화교육은 필요한 것임에 틀림없으나, 시간적·경제적으로 어려움이 따르므로 언어문화 교육을 하고, 그야말로 "행유여력(行有餘力)"이면 사회교육 차원에서 하는 것이 바람직할 것이다.

3.3. 특수목적 한국 언어문화 능력 향상의 문제

한국어교육은 매우 다양해지고 있다. 일반목적 한국어교육(Korean for General Purpose : KGP)에서 특수목적 한국어교육(Korean for Special Purpose : KSP)으로 확장되어 나가고 있다. 국내의 경우는 외국유학생, 취업이민자, 결혼이민자, 다문화 가정의 자녀 등에 대한 한국어교육이 활발하다. 그리고 해외에서는 대학이란 제도권 안에서의 한국어 외에, 취업을 위한 한국어교육 등 사회교육으로서의 각종 교육이 성황을 보이고 있다.

한국어교육은 그간 일반목적 한국어교육(KGP)으로서 기초적 실용교육이 주류를 이루어 왔다. 이는 의사소통 능력을 길러 한국어로 소통하자는 것이다. 세종학당의 설립목적 세 개 가운데 하나도 "실용 한국어교육의 확산"이다. 이는 한국어의 질적인 교육보다 양적인 면에서 사용 인구를 늘리고, 한국을 이해하고 나아가 한국에 대해 우호적 감정을 갖는 친한(親韓) 인사를 양산하고자 하는 것이다. 이는 초기의 외국어교육이 당연히 거쳐야 하는 과정이다.

그러나 한국어교육이 KGP에 머물어서는 안 된다. 우선 양적인 면에 중점을 두어야 하겠지만, 이와 더불어 질적인 교육을 강화해야 한다. 일반목적 한국어교육과 함께 특수목적 한국어교육을 강화함으로, 학문목적의 한국어(Korean for Academic Purpose : KAP), 직업목적 한국어(Korean for Occupational Purpose : KOP), 및 고급의 한국어와 한국문화를 교육하고 연구하도록 해야 한다. 전문가를 양성하는 것이다. 한국의 언어·문화 교육, 달리 말하여 한국 언어문화의 보급과 확산은 다수의 일반 대중에 의해서도 이루어지지만, 이러한 전문가, 지도자, 영웅에 의해 더 많이 이루어진다. 한국어와 한국문화에 대한 전문가 내지 지도자를 기른다면 한국 언어문화를 제대로 이해할 뿐 아니라, 그 결과는 기하급수적 효과를 거둘 수 있다. 개인이 미치는 파급효과만이 아니라, 이들에 의한 정책 입안이나 수립 또한 가능하기 때문이다. 이런 면에서 한국의 언어문화 교육은 실용목적 교육과 함께 전문적 특수목적 교육을 강화하는 방향으로도 나아가야 한다.

그러기 위해서는 우선 대학에서의 한국 언어문화에 대한 교육이 강화되어야 한다. 이러한 교육의 강화를 위해서는 양국 간에 외교적 조율을 잘 하여야 한다. 각 급 학교에서 한국어교육이 행해지도록 하는 것이다. 그리고 정상적 대학교육을 위해서는 중·고등학교라는 하급 학교의 밑받침이 잘 이루어지도록 하여야 한다. 중·고등학교에서 한국어교육이 이루어지고, 이것이 대학에 이어져야 한다. 이것이 제대로 연계되지 않으면 대학에서도 전문교육 아닌 교양교육으로 시종하게 된다. 이런 의미에서 중·고등학교의 한국어교육이 강화되도록 해야 한다. 그리고 이는 AP(Advanced Placement)로 인정받도록 해야 한다. 학점을 인정 받도록 하는 것이다. 그래야 중·고등학교 교육이 활성화되고, 대학교육도 제대로 이루어진다. 앞 장의 "한국어교육의 현황"에서 언급한 바와 같이 중·고등학교에서 한국어교육이 행해지고 있는 곳은 8개국 1,525개 학교에 불과하다. 세종학당의 개설도 중요하지만 외교적 노력을 기울여 해외의 중·고등학교에서 한국어를 제2 외국어로 채택하게 하여 학습하도록 하는 것도 이에 못지않게 중요하다. 한국어의 정규과목화 운동은 결코 부당한 것도 불가능한 것도 아니다. 우리는 이미 미국에서 한국어가 SAT II로 채택되며 외국어로서의 한국어가 많은 고등학교에 개설되어 수강할 수 있도록 후원 활동을 전개하여 다소간의 수확을 거둔 바도 있다.

미국에서는 앞에서 언급한 "21세기를 대비한 외국어 학습 기준"(1966)을 제정하여 모든 학생이 외국어와 외국문화를 필수적으로 습득하도록 하였고, EU도 유럽의 젊은이들이 모국어 이외에 두 개의 외국어로 표현할 수 있게 하는 것을 하나의 목표로 하고 있다. 따라서 한국어를 외국에 보급하는 데 있어 해외의 여건은 그다지 나쁜 편은 아니라고 할 것이다. 우리의 노력이 얼마나 경주되느냐가 문제일 뿐이다. 더구나 미국에서는 2000년 National Flagship Language Initiative(NFLI) 법안이 통과되고, National Security Education Program(NSEP), 곧 Flagship Scholarship을 발표하였는데, 이때 8개 언어 가운데 하나로 한국어가 선정되었다. 이는 국가안보, 국가 경쟁력 강화, 국제교류의 증진을 위해 외국어교육을 강화하고자 한 조치다. 그리고 2004년 Bush Grant의 Foreign Language Assistant Program(FLAP)의 6개 외국어 가운데 하나로, 2008년에는

National Security Language Initiative의 10개 언어 가운데 하나로 한국어가 채택되어 한국어는 미국에서 배워야 할 중요한 언어가 되었다.

NSEP는 여러 사업을 하는데, 이 가운데 Flagship 교육 사업은 가장 중요한 것이다. 2002년부터 본격적으로 개시되었는데, 이는 국가안보, 국제경쟁력, 국제교류의 증진을 가장 효율적으로 달성할 수 있는 길이 미국인이 최상급 수준의 전문 외국어 능력, 외국문화 능력을 갖추는 것이라는 확신 아래 이 목표를 실천하고자 하는 사업이다. 이 사업의 한국어교육을 관장하는 센터는 하와이대학이다. 여기서는 Flagship의 교육목표를 효과적이고 역동적·창의적으로 달성하기 위해 다양한 교육 방책을 제시하고 실천하고 있는데, 그 대표적인 방책으론 다음과 같은 것이 열거되고 있다(손호민, 2009).

(1) 교육체제의 개편 (2) 교과과정의 보강 (3) 집중교육 모델 (4) 교육의 질과 강도 (5) 현지 몰입교육 (6) 내용중심, 전문분야 교육 (7) 초·중·고·대의 연계교육 (8) 언어습득 이론과 실제의 수용 (9) 창조와 보급 (10) 지속과 제도화

이 플래그십 과정의 개설과목을 참고로 제시하면 다음과 같다(손호민, 2009).

Advanced Korean 1, 2/ High Advanced Korean 1, 2/ Korean Proficiency through Film/ Readings in Chinese Characters/ Korean Language and Culture II/ Selected Readings in Korean II/ Media Analysis in Korean I/ Media analysis in Korean II/ Korean for Career Professionals/ Korean for Academic Purposes/ Korea Abroad/ Enhanced Readings/ Individual Feedback/ Media Research in Korean/ Comparative Studies of North and Sout Korean Languages/ Interdisciplinary Research in Korean/ Analysis of Korean Academic

Discourse/ Directed research in Korean/ Research Seminar in Korean Language

특수목적 한국어교육, 그 가운데도 최상급 수준의 한국어교육은 이렇게 외국에서 먼저 필요해서 시작하고 있다. 외국어교육의 핵심에 대해 외국에서 먼저 알고 최상급 수준의 한국어 능력 양성을 위해 나선 것이다. 우리로서는 선수를 빼앗긴 셈이다. 그러나 우리는 저들과 달리 수용자가 아닌, 수급자로서 최상급의 한국 언어문화 교육을 실시하는 것이다. 그리고 그렇게 해야 한다. 이것이 한국어 세계화의 자세이기도 하다.

3.4. 이문화 커뮤니케이션 능력 육성의 문제

외국어로서의 한국어교육의 일차적 목적은 이문화 커뮤니케이션(intercultural communication)에 있다. 따라서 효과적인 이문화 커뮤니케이션을 할 수 있게 교육을 해야 한다. 그런데 사실은 한국어교육에서는 커뮤니케이션이 그리 비중 있게 다루어지고 있는 것 같지 않다. 언어의 기능교육에 중점을 둔 나머지 커뮤니케이션에는 그리 신경을 쓰고 있지 못한 것으로 보인다. 정규 학교교육에서의 영어교육도 마찬가지다. 국민공통 기본 교육과정에서 "외국어(영어)" 교과나, 고등학교 선택중심 교육과정의 경우 모두 언어의 기능교육에 초점이 맞추어져 있다는 느낌이다. 이에 대해 일본의 "학습지도요령"은 소·중학교 학습지도요령에서부터 그 목표에 "적극적으로 커뮤니케이션을 하고자 하는 태도 육성을 꾀하고"라 되어 있는가 하면, 고등학교의 전문학과 아닌, 각 학과에 공통되는 교과로서의 외국어(영어)의 목표는 다음과 같이 되어 있다.

"외국어를 통해서, 언어와 문화에 대한 이해를 깊게 하여, 적극적으로

커뮤니케이션을 하고자 하는 태도의 육성을 꾀하고, 정보와 생각을 적
확하게 이해하거나 적절하게 전달하는 커뮤니케이션 능력을 기른다.”

이렇게 커뮤니케이션 능력 육성 교육을 강조하고 있는 일본은 “커뮤
니케이션 영어 기초, 커뮤니케이션 영어 1, 커뮤니케이션 영어 2, 커뮤니
케이션 영어 3, 영어 표현 1, 영어 표현 2, 영어 화화”를 교과목으로 작
정해 놓고 있다. 따라서 우리와는 달리 커뮤니케이션에 커다란 비중을
두고 있는 것을 알 수 있다. 참고로 일본의 교과목에 해당한 우리의 교
과목을 보면 영어의 경우 “선택과목” 이라 하여 “영어1, 영어2, 실용영
어 회화, 심화영어 회화, 영어 독해와 작문”을 들고 있다.

커뮤니케이션은 정보를 교환하는 과정이다. 이는 의도적인 것과 비의
도적인 것이 있다. 커뮤니케이션의 중요한 모델의 하나는 SMCR이다.
Speaker와 Receiver의 관계는 유동적(流動的)이다. 스킬, 태도, 지식, 문화
와의 관계 등으로 이런 유동적 관계가 연유한다. Message나 Channel도
커뮤니케이션에 영향을 미침은 물론이다.

이문화(異文化) 커뮤니케이션은 문화적 배경이 서로 다른 사람들 사이
에 커뮤니케이션을 하는 것이다. 따라서 자국인 사이의 커뮤니케이션과
달리 복잡하고 문제가 많다. 지각 요소, 인식의 유형, 커뮤니케이션 스타
일, 문화 유형, 언어행동 및 비언어행동, 장면(context) 의존도 등은 커뮤
니케이션에 영향을 미치는 중요한 요소들이다. 커뮤니케이션은 이러한
문화적 요소의 상위(相違)에 의해 오해와 여러 가지 곤란한 일이 빚어지
게 된다. 따라서 원만한 커뮤니케이션을 하기 위해서는 이러한 문화 요
소에 대해 잘 알고 대처하지 않으면 안 된다. 특히 화자와 청자의 사회
적 관계, 상황이나 문맥을 다루는 방법이 같은 문화내의 커뮤니케이션과
어떻게 다른가를 알아야 한다. 커뮤니케이션의 문제는 자국과 다른 특정

사회에 있어서의 관례, 기대치, 욕구, 흥미·관심, 심적 태도 등 다양한 요인에 의해 드러난다. 맥락과 인간관계, 문화적 요인을 포함한 언어사용의 적격성, 규칙성, 말의 주고받기 등에도 유의해야 한다. 따라서 한국의 언어문화 교육에서는 이문화간의 미스커뮤니케이션(miscommunication)을 하지 않기 위해 이러한 것들이 중요한 교수·학습의 대상이 되어야 한다.

이문화 커뮤니케이션의 학습 대상은 "언어문화 교육의 강화 문제"에서 언급한 언어의 수행적면과 유사한 것으로, 화용론적 성격이 강한 것이다. 다음에 이문화 커뮤니케이션의 상위(相違)에 의해 오해가 빚어질 가능성이 있는 대표적인 예를 몇 가지씩 보기로 한다(박갑수, 2009).

(1) 언어행동 면
① 문화변용 : 한국어에서는 겸손지향의 문화변용을 지녀 겸손의 미덕을 드러내고, 대등 아닌 종속 지향을 하여 대우법을 사용한다. 또한 개인 아닌, 집단지향성이 강해 "나" 아닌 "우리"를 내세운다. 낙관 아닌 비관지향의 문화변용을 지녀 "감사하다"고 할 자리에 "미안합니다, 죄송합니다"를 사용하는 경향이 있고, 이완 아닌 긴장 지향을 하여 "쉬어라"가 아닌 "힘내라, 정신 차려라"가 강조된다.
② 관습적 표현 : 신년 하례의 인사를 한국어에서는 "과세 안녕하십니까?", "새해 복 많이 받으세요"라 하는데, 일본의 경우는 "御目出度う(경축합니다)", 중국의 경우는 "新年快樂", 영어권의 경우는 "Happy new year"라 하듯 차이가 난다.
③ 화자와 청자의 사회적 관계 : 한국어의 "할머니 어디 가세요?"에 대해 영어권에서는 "Nancy, Where are you going?"이라고 할머니의 이름을 부를 수 있다.
④ 상황이나 맥락 :

아주머니 : 부탁 좀 해도 될까?~ May I ask you a favor?

학생 : 네, 말씀 하세요.~ Of course. Anything you say.

한·영어권 사이에 한국어에서는 성분이 생략되고, 대우법이 사용되는 등 차이를 보인다.

(2) 비언어행동 면

비언어행동은 동작, 접촉, 대물(對物), 근접, 시간, 부차언어 등에 의해 커뮤니케이션을 할 수 있고, 이들이 문화에 따라 차이를 보인다.

① 동작 : 한국인은 자기를 가리킬 때 검지나 손을 펴 자기 가슴 쪽을 가리킨다. 일본인은 검지로 코를 가리키고, 영어권에서는 엄지 또는 손으로 가슴을 가리킨다.

② 시선 : 한국인은 대화할 때 대체로 시선을 상대방의 눈 아래에 둔다. 이에 대해 서구인은 눈을 응시한다. 한국에서는 어른을 빤히 쳐다보면 무례하다고 생각한다.

③ 접촉 : 한국에서는 여학생들끼리 흔히 손을 잡는다. 친하다는 표시다. 미국인에게는 이것이 동성애자로 오해된다.

④ 대물 : 한국에서는 레몬이 고급 과일임을 의미한다. 그러나 서구에서는 레몬이 저열하다는 이미지를 드러낸다.

이렇게 문화적 배경에 따라 이문화 커뮤니케이션은 차이가 난다. 그러니 원만한 커뮤니케이션을 하기 위해서는 이에 대한 대처를 해야 한다. 한국어교육에서는 효과적인 커뮤니케이션을 할 수 있게 언어와 비언어행동에 대한 적극적인 교육을 해야 한다. 이는 오늘날 기업인이 현지에 부임하기 전에 이문화 교육을 받아야 하는 것과 마찬가지다.

3.5. 한국어 세계화와 한국어교육의 문제

오늘날은 다문화시대요, 세계화 시대라 한다. 개인이나 국가거나 간에 고립되어서는 살 수 없는 시대다. 상호교류하며 살아야 한다. 교류하기 위해서는 소통하여야 하고, 소통하기 위해서는 언어를 사용여야 한다. 개인이나 국가는 자국어 아닌 외국어를 배워 이로써 소통하고자 하는가 하면, 자국어를 세계에 보급해 이를 소통과 교류의 수단으로 삼으려 한다. 그래서 세계는 영어 공부에 열을 올리고 있고, 자국어 세계화 정책에 힘을 쏟고 있다.

우리의 경우도 국내외적으로 이런 문제에 봉착하고 있다. 영어제국주의가 팽창하고 있어 야기되는 영어 문제는 논외로 하고, 우리말의 문제만 해도 그렇다. 우선 국내의 경우부터 보기로 한다.

2009년 말 현재 우리나라에는 약 115만 명의 외국인이 들어와 살고 있다. 외국인 근로자가 55만여 명, 유학생 82,000명이며, 이 밖에 결혼 이민자가 125,000여명이 있다. 외국인 자녀도 약 11만 명에 이른다. 국적별로는 중국인이 가장 많아 56.5%를 차지하고, 그 뒤를 잇는 것이 필리핀 등 동남아 출신으로 21.2%다. 이 밖에 미국 5.4%, 남부 아시아 3.9%, 일본 2.4% 등으로 나타난다. 따라서 이들에 대한 한국어교육이 현안으로 떠오르고 있다. 이들에 대한 한국어교육은 외국어로서의 한국어교육이라기보다 이중언어(二重言語) 교육으로서의 한국어교육(KSL)이라 할 수 있다. 이는 외국어로서의 한국어교육(KFL)보다 더 절실한 문제라 할 것이다. 이들에 대한 교육은 문화부, 교과부, 여성가족부, 노동부와 지방정부가 주축이 되어 그런대로 활발하게 수행하고 있다.

이들 재한(在韓) 외국인에 대한 교육은 무엇보다 열린 자세로 행해야 한다. 그런데 우리는 단일민족이라는 허상에 사로잡혀 자민족중심주의, 자문화우월주의(自文化優越主義)의 폐쇄적 경향을 지니고 있다. 차이를 수용하지 못하고 배척하려 한다. 다문화교육은 이래서는 안 된다. 무엇보다 차이를 인정하고, 열린 자세로 상대방을 감싸고 양보하는 자세를 취해야 한다. 호혜적(互惠的) 관점에서 상대방을 인정하고 포용하며, 상호 교류하는 자세를 취해야 한다. 그러지 않아도 문화적 충격을 느껴 움츠리고 있는 판에, 거만한 자세, 거부의 자세를 접하게 된다면 저들이 과연 한국의 언어문화를 호의적으로 수용할 수 있겠는가? 그렇지 못할 것이다. 예를 들어 우리는 결혼이민자나 취업이민자를 따뜻하게 다독거리는 것이 아니라, 한국인 며느리나 한국인 노동자가 되기만을 강요하고 있다. 그렇게 되면 반발을 하고 거부의 자세를 취하게 된다. 상대방의 언어문화도 존중하고 이해하며, 우리 언어문화를 수용하도록 해야 한다. 소위 "쌍방향" 교류를 하도록 하여야 한다. 그렇게 함으로 "나"와 구별되는 "너"가 아니라, "우리"로서 하나가 되도록 하여야 한다. 그래야 친선·우호의 관계가 형성되고 이중언어인(二重言語人), 이중문화인을 기르게 된다. 그리고 나아가 "글로벌(global)"화 하게 된다. 현실적으로 한번 생각해 보라. 100만 명이나 되는 인원을 초청하여 한국에서 한국 언어문화를 교육하는 경우를… 이는 쉽게 이루어질 수 있는 일이 아니다. 한국에 와 있는 100만 외국인은 우리에게 주어진 좋은 자원이다. 이들에게 배타적이 아닌, 호의적 교육을 함으로 저들이 양국의 가교 역할을 할 자원 인사가 되도록 하여야 한다. 특히 다문화 가정의 자녀교육의 경우가 그러하다. 한국어교육의 목표는 한국어의 의사소통능력 양성에만 있는 것이 아니다. 한국의 언어문화를 보급하고, 세계문화 창조와 발전에 기여하게 하며, 우리와 우호적 유대 관계를 지니게 하는 데 보다 큰 목표가 있다고 볼 수 있다.

다음에는 해외의 한국어교육에 대해 간단히 살펴보기로 한다. 이는 외국어로서의 한국어교육(Korean as Second Language)이고, 한국어의 세계화와 관련된 교육이다. 일찍부터 열강들은 자국어의 세계화에 열을 올려 왔다. 예를 들어 프랑스는 Allience Francaise를 136개국에 1,074개소, 영국은 British Council을 110개국에 238개소, 독일은 Goethe Institute를 79개국에 147개소, 일본은 국제교류기금을 31개국에 39개소(문화원은 96개국에 187개소), 중국은 공자학원을 52개국에 140개소 설치하여 자국어를 세계화해 오고 있는 것이 그것이다. 이들은 특정언어에 의한 지배에 대항하여 자국어에 의한 문화권을 형성하고자 하는 데 목적이 있다 할 것이다. 우리는 이러한 상황 속에 손을 놓고 있었다. 10대의 언어, 175개국에 우리 동포가 나가 살고 있는 재외동포 대국임에도 우리는 그간 한국어 세계화 사업에 제대로 손을 쓰지 못한 것이다. 문민정부에 들어와서 한국어세계화가 거론되고, 참여정부에 들어와서 "세종학당(世宗學堂)" 설립을 추진하며, 중도실용정부에 들어와 비로소 한국어 세계화 정책을 펼치려 하고 있다.

세종학당 설립목적은 "세종학당 운영 규정"에 의하면 다음과 같이 되어 있다.

제2조[설립 목적] 세종학당의 설립 목적은 다음 각 호와 같다.
1. 상호주의 문화교류를 통한 국가 간의 협력 확대
2. 외국 현지인과 재외동포를 대상으로 하는 실용 한국어교육의 확산
3. 한국 문화 교류 확대를 통한 언어 문화 다양성의 실현

이와 같이 세종학당은 언어문화 교류를 증대함으로 국가 간의 협력을 확대하는 데 그 목적을 두었다. 그리고 3대 중점 과제 중의 하나로, "동북아지역 거점 기반 한국어 세계화 전략 추진"을 추진하기로 하였다. 이러한 추진 전략은 당연한 수순이라 할 것이다.

그런데 여기서 조금 생각할 것이 있다. "동북아지역 거점 기반 한국어 세계화 전략"이 구체적으로 의미하는 것은 과연 무엇인가? 한국어 세계화에 앞서 "동북아지역"의 블록문화권을 형성한다는 것인가? 이는 확실

히 상정할 수 있는 하나의 목표가 될 수 있을 것이다. 중국의 연변지역(延邊地域)은 조선족의 자치주로 한국 언어문화권이라 할 수 있으며, 이를 중심으로 동북아지역을 거점으로 한 문화권의 형성을 추진할 수 있을 것이기 때문이다. 그러나 문화권의 형성은 그렇게 간단히 되는 것이 아니다. 광복 후 반세기 이상 이 땅에도 영어교육이 수행되었지만 한국에는 영어문화권도 쌍방향 문화교류도 이루어지고 있지 않다. 동북아(東北亞)를 한국 언어문화권으로 만들려 한다면 자문화중심, 자민족중심의 언어제국주의(言語帝國主義), 문화제국주의(文化帝國主義)를 획책한다 하여 역풍이 불고, 나아가서는 국제적인 문제까지 야기하게 되는지도 모른다. 블록문화권의 형성은 하나의 꿈, 이상(理想)으로 생각하도록 할 일이다. 우선은 한국어와 한국문화의 실제적 보급을 목표로 삼아야 할 것이다. 이것도 신중히 해야 한다. 호혜(互惠)를 원칙으로 상호 교류하는 언어문화 교육을 전제로 해야 한다. 이는 "세종학당" 설립 목표에서 이미 표방하고 있는 것이고, 이러한 목표는 "세종학당 운영길잡이"(2007)와 "2007 세종학당 백서"에 좀 더 구체적으로 제시되어 있다. "문화상호주의 원칙에 입각한 쌍방향의 문화교류와 이해 촉진"이 그것이다. 따라서 해외의 한국어교육의 현실적인 목표는 한국 언어문화의 지리적 공간 확대, 바꾸어 말하면 세계적으로 한국어의 사용 인구를 증대하는 것이라 할 것이다. 한국 언어문화권의 형성은 그 다음의 목표로, 우리의 이상으로 삼아야 할 원대한 목표요 목적이 돼야 할 것이다. 섣불리 이런 이상을 현실적인 목표로 내세워 국제적 분란을 자초할 필요는 없다. 이런 이상적 목표를 오늘날 현실적으로 추구하고 있는 것은 프랑스어권 국제기구(Organisation Internationale de la Francophonie : OIF)다. 이는 옛 프랑스령 제국이 프랑스어를 공통어화 하기 위해 탄생시킨 것이다. 이들 68개 국가는 영어의 지배에 맞서 프랑스어 사용을 본질적인 축으로 하고, 언어의 다양성을 추구한다(梅棹, 1988). 이 기구는 프랑스 아닌, 옛 프랑스령 제국이 주도하고 있다는 것을 주목해야 한다. 한국어 문화권을 형성하려는 동북아 문화권과는 주체(主體)의 성격이 다르다.

4. 결어

꿈도 꾸지 못했던 한국어교육이 활황을 누리고 있다. 피동적으로 시작된 한국어교육이 세계화를 논의하게 되었다. 국력의 신장과 한류가 가져다 준 선물이다.

세계는 바야흐로 다문화·세계화의 시대에 접어들어 외국어 및 외국 문화를 필수적으로 학습해야 하는 시대가 되었다. 미국의 교육정책이나, EU의 정책이 다 그러하다. 상호 교류하며, 소통하고 살아야 한다. 그리하여 세계 문화 발전에 기여하고, 공존·공영하도록 하여야 한다. 우리는 그간 자기중심주의·자문화중심주의의 폐쇄적인 사고와 태도에 빠져 있었다. 문화적 상대주의에 입각해 상호간의 차이를 인정하고, 관용을 베푸는 자세를 갖추도록 해야 한다. 국제적 감각을 쌓아야 한다. 한국의 언어문화를 외국인에게 보급·전달하는 교육자들은 더욱 그러하다.

한국의 언어문화 교육은 그간 많은 발전을 거듭해 왔다. 앞으로도 계속 발전하여야 한다. 그러기 위해서는 오늘의 교육 현실을 직시하고, 다문화, 세계화 시대에 걸맞게 교육 개선을 거듭해야 한다. 한국어교육은 앞으로,

첫째, 국가수준의 한국어 교육과정의 구안을 서둘러야 하겠고,

둘째 한국의 언어문화 교육을 강화해 나가야 하겠다.

셋째, 특수목적 한국 언어문화 교육을 강화함으로 그 능력을 향상시켜

야 하겠고,

넷째, 이문화 커뮤니케이션의 능력을 육성하며,

다섯째, 언어문화의 상호교류를 통해 세계문화 발전에 기여하는 방향으로 나가도록 해야 하겠다.

그 동안 한국의 언어문화 교육자들은 많은 시련을 겪으며 오늘의 발전을 이룩하였다. 그러나 이에 만족할 일은 아니다. 앞으로 더욱 열린 마음으로 상호간에 언어문화를 교류함으로 세계 문화 발전에 기여하고, 세계인이 공존공영(共存共榮) 하는 삶의 장(場)을 만들도록 해야 한다.

참고문헌

교육인적자원부(2007), 초·중등학교 교육과정, 교육인적자원부.

국립국어원(2007), 2007 세종학당 백서, 국립국어원.

문화관광부·국립국어원(2007), 세종학당 운영 길잡이, 문화관광부, 국립국어원.

박갑수(1984), 국어의 표현과 순화론, 지학사.

박갑수(2005), 국어교육과 한국어교육의 성찰, 서울대 출판부.

진대연 외(2009), 국내외 한국어 교재 백서, 국립국어원·한국어세계화재단.

한국국제교류재단 엮음(2007), 해외한국학백서, 을유문화사.

Bachman, L. F., A. S. Palmer(1996), Language Testing ln Practice, Oxford Univ. Press.

Geert Hofstede(1991), Culture and Organization, 岩井紀子 外譯(1995), 多文化世界, 有斐閣.

梅棹忠夫(1988), 日本과 日本文明, くもん出版.

박갑수(2007), 한국어교육과 언어문화의 교육, 외국인을 위한 한국어교육연구 제10집, 서울대 외국인을 위한 한국어교육지도자과정.

박갑수(2009), 한국어교육의 현황과 발전방향, 2009학년도 한국어교육 1, 서울대 외국인을 위한 한국어교육지도자과정.

박갑수(2009), 이문화간 커뮤니케이션과 한국어교육, 한국어교육연구 제13집, 서울대 외국인을 위한 한국어교육지도자과정.

박갑수(2010), 한국어 세계화 정책의 현황과 과제, 한국어교육연구 제5호, 배재대 한국어교육연구소.

박갑수(2010), 한국어의 세계화와 한국어교육, 연구소 개원 10주년 기념학술회의 한국학과 동아시아 문화, 중국 연변대학교 과기대학 한국학연구소.

손호민(2009), 플래그십 언어교육 패러다임과 한국어교육, 2009년 국제학술회의, 언어습득 이론 및 간문화 이론과 한국어교육, 국제한국언어문화학회.

최용기(2009), 한국어교육정책의 현황과 과제, 인문과학연구 제15집, 동덕여자대학교 인문과학연구소.

油谷ゆきとし(2002), 일본에서의 한국어 평가론, 국어교육연구 제10집, 서울대학교 국어교육연구소.

■ 이 글은 2010년 국립국어원 주최 한국어교원 연수회(온양)의 특강 원고로, 국학연구논총, 제6집(택민국학연구원, 2010)에 수록된 것이다.

제2장 한국어 교원 양성과 한국어 교사론

1. 서언

교육의 질은 흔히 교사의 질을 능가하지 못한다고 한다. 이렇듯 교사의 자질은 교육의 성패를 좌우할 정도로 중요하다.

한국어교육은 세계적 추세에 따라 자발적이라기보다 외부의 자극을 받아 피동적으로 발전해 왔다고 할 수 있다. 제대로 준비가 안 된 상태에서 교육이 수행되기 시작하였다. 그래서 유능한 교사를 제대로 확보하지 못했고, 국내외를 가릴 것 없이 한국어 교원을 양성할 기관을 제대로 갖추지 못했다. 이러한 여건은 근자에 한국어 교원 양성 기관이 여럿 설립되고, 2005년 국어기본법이 제정·공포되며 겨우 벗어나 제 자리를 잡게 되었다.

국어기본법(2005) 제19조(국어의 보급 등) ②항에서 "문화관광부장관은 재외동포나 외국인을 대상으로 국어를 가르치고자 하는 자에게 자격을 부여할 수 있다"고 한국어 교원 자격을 문화관광부장관이 부여하는 것으로 명문화하였다. 그리고 동시행령 제13조(한국어교원 자격 부여 등)에서 자격을 명시하였다. 국어기본법 시행령 제13조를 보면 다음과 같다.

제13조(한국어교원 자격 부여 등) ①법 제19조 제2항의 규정에 의하여 재외동포나 외국인을 대상으로 국어를 가르치는 자(이하 "한국어교원"이라 한다)의 자격은 다음과 같다.

1. 한국어교원 1급

한국어교원 2급인 자로서, 대학 또는 이에 준하는 외국의 대학에서 외국어로서의 한국어를 가르친 경력과 대학 또는 이에 준하는 외국의 대학에 부설된 외국어로서의 한국어교육과정에서 한국어를 가르친 경력(이하 "한국어교육경력"이라 한다")이 5년 이상인 자.

2. 한국어교원 2급

가. 외국어로서의 한국어교육 분야를 주전공 또는 복수전공으로 하여 학사 이상의 학위를 취득한 자로서 [별표 1]에서 정한 영역별 필수 이수학점을 취득한 자

나. 제3호 과목에 해당하는 한국어교원 3급인자로서, 한국어교육 경력이 3년 이상인 자

다. 제3호나목에 해당하는 한국어교원 3급인 자로서, 한국어교육 경력이 5년 이상인 자

3. 한국어교원 3급

가. 외국어로서의 한국어교육 분야를 부전공으로 하여 학사 이상의 학위를 취득한 자로서, [별표 1]에서 정한 영역별 필수이수학점을 취득한 자

나. 별표 1에서 정한 영역별 필수이수시간을 충족하는 한국어교원 양성과정을 이수하고, 제14조의 규정에 의한 한국어교육능력검정시험에 합격한 자

②문화관광부장관은 제1항의 규정에 의한 영역별 필수이수학점 또는 필수이수시간에 관한 사항을 심의하기 위하여 문화관광부에 한국어교원 자격심사위원회를 두되, 그 구성과 운영에 관하여는 문화관광부장관이 정하여 고시한다.

③문화관광부장관은 제1항의 규정에 의한 자격을 갖춘 자에게 별지 제1호 서식의 한국어교원 자격증을 교부한다.

　제도적으로 한국어교원을 양성하는 길은 이제 본궤도에 오르게 되었다. 따라서 앞으로 잘 운용만 하면 된다. 여기서는 한국어교육의 원만한 발전을 도모하기 위하여 한국어 교사 양성교육의 역사적 과정을 살펴보고, 나아가 한국어 교원의 바람직한 교사상을 모색해 보기로 한다.

2. 한국어 교사 양성 과정의 어제와 오늘

　한국어 교사(교원)가 되기 위한 과정은 학위 과정과 비학위 과정의 두 가지가 있다. 이 밖에 한국어 교원이 되는 길로 국어기본법에 따라 "한국어교육능력검정시험"을 치르는 길도 열려 있다. 여기서는 이들 교원 양성의 세 과정(過程)에 대해 살펴보기로 한다.

2.1. 학위 과정

　학위 과정이란 대학 학부에서 소정의 과정을 이수하거나, 대학원에서 한국어교육을 전공하는 것을 말한다.

　학부 과정은 일찍이 한국외국어대학에 한국어교육과가 설치된 바 있다. 그러나 이는 수요 등의 현실적 문제로 국어교사 양성 기관과 같은 성격의 학과로 변모된 것으로 보인다. 이러한 추론은 이 과의 교과과정으로 보아 가능하다. 이 대학 한국어교육과의 교과과정은 다음의 도표와 같다. 여기 "한국어"는 "외국어로서의 한국어"가 아닌, "국어"를 지칭하는 것으로 보인다. 그것은 "V43321 외국어로서의 한국어 교수법" 강좌와 함께 "E04411 한국어교수법"이 따로 개설되어 있는 것으로 보아 그러하다. 따라서 외국어로서의 한국어에 대한 교육은 "외국어로서의 한국어 교수법"이 유일한 한국어교육 강좌가 아닌가 추단케 한다.

학년	1 학기				2 학기			
	과목코드	교과목명	학점	시간	과목코드	교과목명	학점	시간
1	E04105	학교문법	3	3	E04110	한국문학교재강독	3	3
	E04101	한국문학개론	3	3	E04106	한국문학사	3	3
	E04107	한국어학개론	3	3	E04108	한국어음운론	3	3
2	E04301	한국고전소설론	2	2	E04204	한국고전시가론	2	2
	E04203	한국어형태론	2	2	E04202	한국어통사론	2	2
	E04201	한국현대시론	3	3	E04102	한국현대소설론	3	3
3	E04316	한국고전문학교육	2	2	E04315	구비문학론	2	2
	E04321	한국문학비평론	2	2	V43321	외국어로서의 한국어교수법	2	2
	E04305	한국어교과교육론	2	2	E04126	한국어고전문법	2	2
	E04303	한국어의미론	2	2	E04411	한국어교수법	2	2
	E04109	한국어정서법	2	2	E04353	한국희곡론	2	2
4	E04461	한국비교문학론	2	2	E04462	한국문학교육연습	2	2
	E04459	한국어학사	2	2	E04313	한국어사	2	2
	E04450	한국한문학사	2	2	E04464	한국어학교육연습	2	2

최근에는 한국외국어대학의 한국어교육과 외에 대략 10개 대학에 한국어교육과가 개설되었다. 경희대학, 계명대학, 배재대학 등이 그것이다. 이들 대학의 성격은 한국외국어대학과는 다르다. 이들 대학의 교과과정의 내용은 본격적인 한국어교육으로 되어 있기 때문이다. 최초로 개설되었다고 하는 배재대학교의 교과과정을 예로 들어보면 다음과 같다.

전공진로1, 외국어로서의 한국어학개론, 언어와 문화, 언어학 입문, 학문목적 한국어의 이해, 한국어 문장의 작법, 한국어 입문, 한국어 화법 이론과 실제1, 한국문학개론, 외국어로서의 한국어교육개론, 한국문학 작품의 이해, 한국어 문법 활용연습, 한국어 화법 이론과 실제2, 학문목적 한국어의 이해2, 한국어 표현교육법, 외국어로서의 한국어교육학개론, 한국문화의 이해, 한국어음운론, 한국어 어문규범, 언어교수이론, 외국어로서의 한국어교육 방법론, 한국어 이해교육법, 한국어 문법론, 한국어 발음교육론, 한국사회의 이해, 한국어 습득론, 한국어 말하기교육론, 한국어 교육과정론, 한국어 문법교육론, 한국어 수업참관과 분석, 한국어 읽기교육론, 한국의 현대문화, 한국어 의미론, 교안작성법, 대조언어학, 한국어 쓰기교육론, 한국어 어휘교육론, 한국어 듣기교육론, 한국의 전통문화, 한국어교재론, 한국어 모의수업과 실습, 전산언어학 입문, 전공과 진로2, 매체 활용과 한국어교육, 한국어 화용론, 한국 문화교육론, 한국어 교육자료 개발, 한국어 교사론, 외국어로서의 한국어학 특수연구, 해외 한국어 수업참관과 수업실습, 한국어 평가론, 한국문학의 이해, 사회언어학 연구, 외국어로서의 한국어교육 특수연구, 한국어 원격교육론, 한국어교육기관 현장실습, 응용언어학 연구, 교실 운영법, 문학을 통한 한국어교육, 한국어사, 한국어 한자교육론, 한국어 교육정책론, 한국어 정보학연구

이는 "2009-20012 전공교육과정"으로 63개 교과목이 열거되었는데, "외국어로서의 한국어학개론"과 같이 "외국어로서의 한국어…"가 붙은 교과목 6개는 말할 것도 없고, 그 밖의 "한국어…"라고 되어 있는 과목 등도 대부분이 "국어" 아닌 "외국어로서의 한국어"에 대한 강좌로 추정되는 것이다. 이렇게 대학의 한국어교육은 본궤도에 들어섰다. (참고로 2012년 현재 배재대학의 이수학점을 보면 단수전공 75학점, 복수전공 45학점, 교양 18학점, 졸업학점은 142학점으로 되어 있다.)

대학원의 경우는 연세대, 이화여대, 경희대, 고려대, 한양대, 선문대, 상명대, 동아대, 한국외대 등 대부분의 대학이 한국어교육 전공을 교육대학원, 또는 국제대학원 등에 개설하고 있다. 이에 대해 서울대학교는 서울대학교 대학원 국어교육과에 한국어교육전공을 두어 일반 대학원에 개설되어 있는 경우다. 이들 대학원의 교과과정을 보면 연세대학의 경우

는 총강좌수가 34개로 되어 다채롭게 구성되어 있고, 경희대학의 경우
는 21개로 되어 실용적인 구성을 하고 있다. 교육내용은 연세대학의 경
우 언어학 지식 영역에 지나친 욕심을 부리고 있다는 느낌이 들고, 경희
대학의 경우는 국어학 및 언어학의 지식 영역이 빈약하다는 느낌을 갖
게 한다. 서울대학의 경우는 석사과정이 11개 강좌(박사과정 9개 강좌)로
되어 있어 상대적으로 강좌수가 매우 빈약하다는 인상을 갖게 한다. 그
러나 실제 개설과목을 생각할 때는 반드시 그렇지만은 않은 것 같다. 이
수학점이 제한되어 있기 때문이다. 그러나 대학원의 교과과정이 이렇게
통일성이 없이 들쭉날쭉 해서는 곤란하다 하겠다. 한국어교육의 발전,
나아가 유능한 한국어 교원을 양성하기 위하여 조정이 필요하다. 적어도
전공필수의 교과목은 일정하게 작정될 필요가 있다. 연세대 교육대학원,
경희대 교육대학원, 서울대 대학원의 교육과정을 참고로 보면 다음과 같
다(박갑수, 2004).

	연세대 교육대학원 한국어교육 전공	경희대 교육대학원 한국어교육 전공	서울대학교 대학원 한국어교육전공
국어학 지식	한국어음운론 학교문법론 한국어문법론 한국어사전문제 한국어화법연구	한국어음운교육론 한국어문법교육론 한국어의미교육론 한국어어휘교육론	한국어대조・오류분석론 연구 한국어이해론연구 한국어표현론연구
언어학 지식	심리언어학연구 대조분석연습 언어교육이론연구 이중언어교육론 사회언어학연구 언어민속지학연구 화용론연구 텍스트의미론연구 제2언어학습이론 음성학연구	언어대조연구1(서양어권) 언어대조연구2(동양어권) 이중언어연구 언어습득연구 응용언어학	한국어교육론 한국어문법교육론 한국어의미교육론 한국어어휘교육론

	연세대 교육대학원 한국어교육 전공	경희대 교육대학원 한국어교육 전공	서울대학교 대학원 한국어교육전공
한국어 교육	외국어로서 한국어교재 연구 외국어로서 한국어교수 방법론 한국어교육세미나 한국어교육특강1 외국어로서 한국어교육1 외국어로서 한국어교육2 한국어교육론 시사한국어교육론 한국어교육특강2 한국어교육특강3 한국어번역론연구 한국어발음지도법 교육재료개발연구	한국어음운교육론 한국어문법교육론 한국어의미교육론 한국어어휘교육론 한국어지도론1(회화, 청취) 한국어지도론2(작문, 독해) 한국어능력평가 한국어교육교재론 한국어교육방법론 한국어한자교육론	한국어교육론연구 한국어음운교육론연구 한국어문법교육론 연구 한국문학교육론연구 *한국고전문학교육론연구 *한국현대문학교육론연구 한국교수법연구 *한국어교재론연구 *한국어평가론연구 *한국어교육과정론연구 *한국어문형교육론연구 *한국어문체교육론연구 *한국어교육의 특수문제연구 *한국어교육연구방법론
한국 문화	한국문화사 한국현대문학강독 한국전통문학강독 문화간 언어소통문제 한문강독 한자교육론연구	한국어교육과 한국문학 한국어교육과 한국문화 한국어교육과 연극 한국어표현법연구 한국어한자교육론	한국문화와한국어교육 연구 매체와 한국어교육연구 *한국언어문화 특수문제 연구
실습		한국어교육실습	

(*표는 박사과정 교과과정임)

2.2. 비학위 과정

비학위 과정은 대학에 부설된 한국어교사 연수과정이거나, 사설 교육 기관의 연수과정을 말한다. 이러한 과정을 마치고는 교육능력검정시험을 치러 한국어 교원이 될 수 있다.

비학위 과정의 연수기관은 학위과정이 대학에 개설되어 있지 않거나, 수요 공급의 원칙에 의해 자연발생적으로 설립된 것이다. 이러한 연수 기관은 대학 부설 기관이 주류를 이루고, 이밖에 사설기관에 의해서도 운영되고 있다. 대학 부설 기관은 서강대, 서울대, 연세대, 한양대 등 여러 대학에서 개설 운영하고 있다.

한국어 교사 연수는 서강대학에서 1990년 5월 현직 강사를 중심으로 2개월간 연수를 한 것이 최초인 것으로 보인다. 이후 서강 한국어교사 연수과정은 1992년 10월 새로 체제를 개편하여 연수를 시작했다. 학습자는 20~30명, 연수과정은 18일 60시간이고, 교육 내용은 한국어교육의 실제와 접목한 방법론이 중심을 이루었다. 이때의 강좌명은 다음과 같은 18개 영역이다.

> 한국어교육의 현황과 전망, 언어교육 방법론I, 언어교육 방법론II, 교수 설계, 매체를 이용한 수업(비디오, 인터넷), 듣기 지도법의 이론과 실제/교재 개발, 듣기 수업 실습(분반수업), 말하기 지도법의 이론과 실제/교재 개발, 문법 수업/발음 수업, 한국어 평가, 말하기 수업 실습(분반수업), 읽기 지도법의 이론과 실제/교재 개발, 한국문화 문학 수업 방법론, 쓰기 지도법의 이론과 실제/한글 수업, 읽기 수업 실습, 한국어 수업 참관 토의(분반토의), 국어학 1, 국어학 2

연세대학의 한국어교사 연수소는 1994년 80시간의 연수과정을 개설하여 교사 연수를 시작하였다. 그 뒤 1995년 이후 72시간, 2004년 이후 2006년 국어기본법에 따라 교과과정을 개편할 때까지 90시간의 과정으로 교사 연수교육을 하였다.

> • 80시간 과정 : 일반이론－한국어 개론, 한국어 음운론, 외국어로서의 한국어 문법, 외국어로서의 한국어 교수방법
> 교수법 및 실습－외우기 및 발음 지도법과 실습, 어휘 및 문형 제시 방법과 실습, 말하기 지도법과 실습, 쓰기 지도법과 실습, 듣기 읽기 지도법과 실습, 보충교재 작성과 활용 및 실습, 교안 작성법과 실습, 언어수행 능력 평가와 실습, 교실 참관과 종합 실습

- 72시간 : 한국어개론, 한국어 음운론, 한국어 교수방법, 한국어 문법, 교과과정론, 쓰기 지도법 및 보충교재 작성, 듣기 지도법 및 보충교재 작성, 읽기 지도법 및 보충교재 작성, 말하기 지도법 및 보충교재 작성, 어휘 문형 제시방법, 언어수행능력 평가, 한글맞춤법, 선택(한국 역사, 한국 문화, 한국 예술), 교실 참관, 시범 수업
- 90시간 : 한국어개론, 한국어 문법, 문법 교육론, 한국 문화, 한국 역사, 한국 사회, 표현교육(말하기, 쓰기), 이해교육(듣기, 읽기), 한글맞춤법, 한국어 교수 설계, 한국어 교재연구, 교안 작성법, 교안 지도, 어휘 문형 제시법, 발음 지도법, 한국어 수행능력 평가, 이중언어 교육론, 어린이 언어교수법, 교실 참관, 비디오 수업, 시범 수업

서울대학교 사범대학의 "외국인을 위한 한국어교육 지도자 과정"에서는 1997년 이 과정을 개설하며, "일본어 교육능력 검정시험"의 출제 범위를 참고하여 다음과 같이 교과과정을 구안하였다.

Ⅰ. 한국어의 구조에 대한 지식(6)

한국어 음운론, 한국어 어휘론, 한국어 문법론, 한국어의 역사, 한국어의 언어생활, 표준어와 정서법

Ⅱ. 언어학적 지식·능력(3)

언어학 개론, 사회언어학, 대조언어학

Ⅲ. 한국 사정(5)

한국의 역사, 한국의 지리, 한국의 문화, 한국의 고전문학, 한국의 현대문학

Ⅳ. 한국어 교수에 관한 지식(8)

한국어교육 개론, 한국어 교수법(1), 한국어 교수법(2), 한국어 교재·교구론, 한국어교육 평가, 한국어 교육과정, 한국어 교육실습론, 외국어 교수법

Ⅴ. 참관·실습·해외 연수(3)

국외 한국어교육 참관 및 연수, 교육실습

이상의 다섯 가지 영역을 축으로 하여 25개 교과의 교육 내용을 1년 과정으로 운영하였다. 이 교과과정은 그 뒤 18개 교과로 축소·개편되었다.

이러한 비학위 과정은 그 뒤 2005년 국어기본법이 공포되고, 그 시행령 제14조에 "한국어교육능력검정시험의 영역"이 명시되어, 국어기본법에 따라 대부분 120시간 기준의 교과과정으로 개편되었다. 대표적 기관의 교과목(영역)과 시간수를 보면 다음과 같다.

- 고려대학교 한국어문화교육센터 : 한국어교육의 현황과 전망 등 20개 과목, 120시간
- 경희대 평생교육원 : 어휘론1 등 36개 과목, 120시간
- 서강대학교 한국어교육원 : 교재론/한국어 어문규범 등 32과목, 120시간
- 서울대 사대 한국어교육 지도자 과정 : 한국어교육의 현황과 과제 등 32과목, 256시간
- 연세대학교 한국어교사 연수소 : 언어학개론 등 34과목, 120시간
- 이화여자대학교 언어교육원 : 한국문학의 이해 등 122시간

참고로 고려대학교, 연세대학교, 서울대학교의 교과목(영역)을 보면 다음과 같다.

- 고려대학교 한국어문화 교육센터(120시간)
  한국어교육의 현황과 전망, 한국어학개론, 한국어교수법, 한국어교육방법론, 한국어 능력 평가법, 한국어 듣기 교수법, 한국어 말하기 교수법, 한국어 문법 교수법, 한국어 문법 교육실습, 한국어 발음교수법, 한국어수업의 구조, 한국어 쓰기 교수법, 한국어 어휘 교수법, 한국어 읽기 교수법, 한글 맞춤법 및 표준어·표준발음, 강의 참관 및 토론, 강의안 구성 연습, 교재와 교구 활용법, 모의수업 및 평가, 종합시험
- 연세대학교 한국어 교사 연수소(120시간)
  언어학개론, 대조언어학, 사회언어학, 심리언어학, 응용언어학, 언어교

수 이론, 외국어 습득론, 한국문학의 이해, 한국문화교육론, 한국민속학,
한국문학개론 한국어 교육과정론, 한국어 어문규범, 한국어 어휘교육론,
한국어어휘론, 한국어음운론, 한국어의미론, 한국어 이해교육법, 한국어
평가론, 한국어 표현교육법, 한국어 한자교육론, 한국어화용론, 한국어
교육정책론, 한국어교육개론

　• 서울대학교 사범대학 외국인을 위한 한국어 교육 지도자과정(256시간)
　한국어교육의 현황과 과제, 한국어교육개론, 한국어학개론, 한국어 문
법론(범주론), 한국어 문법론(문장론), 한국어 문법론(어미, 조사론), 한국
어 어휘의미론, 한국어사, 대조언어학, 사회언어학, 한국어 화용론, 한국
어 어문규범, 외국어 습득론, 오류 분석론, 한국 현대문화비평, 한국어
교수학습론, 한국어 문법교육론, 한국어 어휘교육론, 한국어 현대문학교
육론, 한국 고전문학교육론, 한국문화교육론, 한국어 쓰기교육론, 한국
어 말하기 듣기교육론, 한국어 읽기교육론, 한국어 발음교육론, 한국어
교육과정론, 한국어 평가론, 한국어 교수학습 설계, 해외 연수, 참관수
업, 모의수업, 시험

2.3. 한국어교육능력검정시험

한국어교원 자격은 국어기본법 시행령에 의해 양성기관에서 소정 영
역의 필수이수시간을 충족시키고, 한국어교육능력검정시험을 치러 합격
한 자에게도 부여하도록 하였다. 이것이 앞에서 인용한 동법 제13조 3항
의 한국어교원 3급을 취득하는 과정이다. 한국어교육능력검정시험에 대
해서는 동 시행령 제14조에 다음과 같이 규정해 놓았다.

　제14조(한국어교육능력검정시험 실시) ①문화관광부장관은 외국어로
서의 한국어교육의 질을 높이기 위하여 매년 1회 이상 한국어교육능력
검정시험(이하 "한국어교육능력검정시험"이라 한다)을 실시하여야 한다.
　②한국어교육능력검정시험의 영역 및 검정방법은 [별표 2]와 같다.

③한국어교육능력검정시험의 합격자는 필기시험에서 각 영역 40퍼센트 이상, 전 영역 평균 60퍼센트 이상 득점하고 면접시험에 합격한 자로 한다.

④문화관광부장관은 한국어교육능력검정시험의 출제·시행·채점 및 관리에 관한 업무를 다음 각 호의 요건을 갖춘 관련 전문기관이나 단체로 하여금 수행하게 할 수 있다.

1. 비영리법인일 것
2. 한국어교육능력검정시험을 실시할 수 있는 인력과 시설을 갖출 것
3. 한국어교육능력검정시험에 관한 전문성을 갖출 것

이 시행령에 따라 별도로 제시된 [별표 1]의 "한국어교원 자격 취득에 필요한 영역별 필수이수학점 및 이수시간"은 다음과 같다.

번호	영역	과목 예시	대학의 영역별 필수이수학점		대학원의 영역별 필수이수학점	한국어교원 양성과정
			주전공 또는 복수전공	부전공		
1	한국어학	국어학개론, 한국어음운론, 한국어문법론, 한국어어휘론, 한국어의미론, 한국어화용론, 한국어사, 한국어어문규범 등	6학점	3학점		30시간
2.	일반언어학 및 응용언어학	응용언어학, 언어학개론, 대조언어학, 사회언어학, 심리언어학, 외국어습득론 등	6학점	3학점	3~4학점	12시간
3.	외국어로서의 한국어교육론	한국어교육개론, 한국어교육과정론, 한국어평가론, 언어교수이론, 한국어표현교육법(말하기, 쓰기), 한국어이해교육법(듣기, 읽기), 한국어발음교육론, 한국어문법교육론, 한국어어휘교육론, 한국어교재론, 한국어문화교육론, 한국어한자교육론, 한국어교육정책론, 한국어번역론 등	24학점	9학점	9~10학점	46시간

번호	영역	과목 예시	대학의 영역별 필수이수학점		대학원의 영역별 필수이수 학점	한국어교원 양성과정
			주전공 또는 복수전공	부전공		
4.	한국문화	한국민속학, 한국의 현대문학, 한국의 전통문화, 한국문학개론, 전통문화 현장실습, 한국현대문화비평, 현대한국사회, 한국문학의 이해 등	6학점	3학점	2~3학점	12시간
5.	한국어 교육실습	강의 참관, 모의 수업, 강의 실습 등	3학점	3학점	2~3학점	20시간
합계			45학점	21학점	18학점	120시간

　　이러한 교과목은 박갑수(2004)의 "교사교육의 기본교과의 모델"과 대동소이한 것으로 대체로 바람직한 것이다. 자격시험은 한국어세계화재단에서 관장하고 있는데, 국어기본법이 공포되기 이전은 능력 시험으로, 이의 공식 명칭은 "한국어교육능력 인증시험"이었고, 국어기본법이 공포된 뒤에는 법에 따라 이 시험의 공식 명칭을 "한국어교육능력검정시험"으로 바꾸었다. 따라서 학위과정이 아닌 연수기관에서 이수하는 응시자는 120시간의 소정의 영역을 이수하고 시험을 치르게 된다. 이로 말미암아 대부분의 교원양성과정의 교과과정은 앞에서 제시한 한국어교육능력검정시험의 120시간짜리 교과목에 따라 편성하게 되었다. 국어기본법 시행령에는 [별표 2]로 "한국어교육능력검정시험 영역 및 검정 방법"을 도표로 제시하고 있는데, 여기에는 영역에 따른 배점, 시간, 방법이 제시되어 있다.

영역	배점		시간	방법
별표 1의 제1호	90			
별표 1의 제2호	30	120	100분	
별표 1의 제3호	150			필기
별표 1의 제4호	30 300점	180	150분 250분	
구술시험	합격/불합격			면접

제1차 한국어교육능력검정시험은 2006년 치러졌다.

다음에는 한국의 교육능력검정시험의 성격을 바로 알기 위해 참고로 일본의 "일본어 교육능력 검정시험" 내용을 보기로 한다. 일본에서는 1980년 후반에 "일본어 교육시책의 추진에 관한 조사연구회"가 "일본어 교원의 양성 등에 대하여"란 보고서를 내놓았다. 여기에는 "일본어교원 양성을 위한 표준적 교육내용"이 제시되어 있다. 또한 일본에서는 "일본어교원 검정제도에 관한 조사연구회"의 추천에 의하여 일본어교사의 전문적 지식·능력을 심사하기 위하여 "일본어 교육능력 검정시험"을 1988년 이래 실시하고 있다. 이의 출제범위는 "일본어교원의 양성 등에 대하여"란 보고서의 "표준적 교육내용"에 제시된 것과 같은 것이다. "표준적 교육내용"은 다음과 같다.

일어 교원에게 필요한 지식·능력	일반의 일어 교원 양성기관	대학 학부 일어교육 부전공	대학 학부 일어교육 주전공	대학원 A코스	석사과정 B코스
1-(1) 일본어의 구조에 관한 체계적, 구체적 지식(과목명 예시) 일본어학(개론, 음성, 어휘·의미, 문법·문체, 문자·표기)	150시간	10단위	18단위	4단위	11단위
1-(2) 일본인의 언어생활 등에 관한 지식·능력(과목명 예시) 언어생활, 일본어사	30시간	2단위	4단위	4단위	2단위

일어 교원에게 필요한 지식·능력	일반의 일어 교원 양성기관	대학 학부 일어교육 부전공	대학 학부 일어교육 주전공	대학원 A코스	석사과정 B코스
2 일본 사정	15시간	1단위	4단위		
3 언어학적 지식·능력(과목명 예시) 언어학개론, 사회언어학, 대조언어학, 일본어학사	60시간	4단위	8단위	7단위	5단위
4 일본어의 교수에 관한 지식·능력(과목명 예시) 일본어 교수법, 일본어교육 교재·교구론, 평가법, 실습	165시간	6단위	11단위	9단위	10단위
합　계	420시간	26단위	45단위	24단위	28단위

(비고) 대학원 석사과정의 A코스는 대학의 학부 일본어 교원양성의 주전공 과정을 종료한 자를, B코스는 그 이상의 자를 대상으로 하고 있다.

　한·일어의 교육능력 검정시험을 비교해 볼 때 우리의 검정시험에 대해 반성을 하게 된다. 그것은 한국어 교원자격 취득에 필요한 영역별 필수 이수학점 및 이수 시간이 지나치게 적게 책정되었다는 것이다. 이는 물론 검정시험을 치를 수 있는 최소한의 시간 기준이라 할 수 있다. 그러나 이것이 "표준적 교육 내용"이라 볼 때 그렇게만은 보기 어렵다. 우선 시간 수를 보면 우리의 이수시간은 120시간인데, 일본의 "일반의 일어교원 양성기관"은 420시간으로 어마어마한 차이를 보인다. 강좌도 일본의 경우는 대학 학부 주전공의 경우 45단위를 이수하게 되어 있다. 우리의 학위과정도 앞에서 제시한 배재대학의 학부 이수학점, 단수전공 75학점, 복수전공 45학점으로 되어 있다. 또한 외국어 아닌, 자국어교육을 전공하는 경우에도 서울대학교 사범대학의 졸업 학점이 130학점인 경우, 전공 60학점, 교양 36학점, 교직 30학점 이상 취득해야 한다. 부전공은 34학점 이상을 취득해야 한다. 그런데 한국어교원 자격 취득에 필요한 이수학점은 주전공 45학점, 부전공 31학점이다. 이로 볼 때 한국어

교원의 자격취득에 필요한 이수 학점 및 이수 시간 규정은 지나치게 적게 책정된 것이 분명하다. 시험을 치른다고 하더라도 이러한 교육만으로 훌륭한 교사가 양성되기를 기대하기 어렵다. 그뿐 아니라 이들에 의한 교육은 부실을 면치 못할 것으로 추단된다. 이수시간과 이수학점은 상향조정(上向調整)함이 바람직하다. 그래서 한국어 교사는 기초적 지식이나 능력 외에 다음과 같은 자질을 갖추어 한국어교육을 본궤도에 올려놓고 나아가 발전시키도록 하여야 할 것이다(박갑수, 2004).

① 한국어의 구조에 관한 체계적, 구조적 지식
② 한국인의 언어생활에 관한 지식과 능력
③ 언어학적 지식과 능력
④ 한국어 교수에 관한 지식과 능력
⑤ 표현 이해력 및 커뮤니케이션 등의 한국어 능력
⑥ 문화 등 한국 사정에 관한 지식
⑦ 외국어 및 외국 사정에 관한 지식 및 능력

이 밖에 부기할 것은 많지는 않으나 외국에는 한국어 교사 양성기관도 있다는 것이다. 중국의 연변 중등사범학교, 요녕성의 청원과 송강성의 조선족 사범학교, 연변 한어사범학교에서 소학교 교원을 양성하고 있고, 연변대학에서 중학교 교원을 양성하고 있다. 독립국가연합의 경우는 알마타 사범대학, 타시켄트 사범대학, 사할린사범대학 등에서 한국어교원을 기르고 있다. 미국의 경우는 Intellectual institute of California와 San Francisco state university 사대 공동주관의 2년 과정의 프로그램이 있고, California state university 사대의 한국어·영어의 이중언어 분야의 2년 과정이 있어 이를 이수하고 주정부(州政府) 시험을 거쳐 자격을 취득할 수 있다(박갑수, 2009).

3. 한국어 교사의 역할과 자질

3.1. 한국어 교사의 역할

한국어 교사는 외국어로서의 한국어교육을 담당하는 전문가이다. 이들은 앞에서 살펴본 바와 같이 여러 과정을 통해 각종 교과의 교육을 받으며 지식과 능력을 함양한다. 이러한 한국어 교사는 한국어를 가르치는 일 이외에도 한국어교육과 관련된 여러 가지 일을 한다. 이들 역할의 대표적인 것으로는 다음과 같은 것을 들 수 있다(高見孟澤, 1996).

(1) 교육 계획을 세우는 역할

학습자가 효율적으로 학습할 수 있도록 교육 계획을 수립한다. 이는 흔히 코스 디자인(course design)이라 한다.

(2) 한국어를 설명하는 역할

텍스트나 실러버스에 따라 학습 항목을 제시하고, 이에 대한 문법이나, 용법 등을 설명하여 학습자의 이해를 추구한다.

(3) 정착을 위한 연습을 지도하는 역할

학습 내용이 학습자에게 정착하도록 적절한 연습을 하게 한다. 이는 여러 가지 교수법에 따른 지도 기술에 숙달되어 있어야함을 전제로 한다.

(4) 커뮤니케이션의 상대역을 하는 역할

실제 커뮤니케이션을 하기 전에 교실과 현실 사회를 연결하는 가교로서 모의회화(模擬會話) 연습이 필요하다. 이때 교사는 학습자에게 편한 말 상대가 되어 준다.

(5) 학습자의 심리를 관리하는 역할

외국어 학습에서 무엇보다 중요한 것은 학습자의 긴장과 불안을 해소해 주는 것이다. 학습자의 불안으로서는 ①목표언어에 대한 불안, ②목표달성에 대한 불안, ③잘못을 저지르지 않을까 하는 불안, ④창피를 당하지 않을까 하는 불안, ⑤능력 부족에 관한 불안 등이 있다. 학습자의 긴장을 풀어주는 방법으로는 다음과 같은 것을 들 수 있다.

① 교재를 학습자의 능력·레벨에 맞는 것으로 한다.
② 교재의 내용을 학습 목적에 부합하는 것으로 한다.
③ 학습 계획을 충분히 설명한다.
④ 학습자와 좋은 인간관계·신뢰관계를 갖는다.
⑤ 과도한 오용 정정을 피한다.
⑥ 교실의 분위기를 즐겁게 한다.

(6) 교육을 평가하는 역할

교육에서의 평가는 학습 평가가 그 전부가 아니다. 거시적으로 볼 때 교육과정, 교재, 교수법 등 한국어교육 개선을 위한 모든 것이 평가 대상이 된다. 그 대표적인 것으로는 다음과 같은 것을 들 수 있다.

① 코스 디자인에 대한 평가
② 교육과정에 대한 평가
③ 교재에 대한 평가
④ 교수법, 지도법에 대한 평가
⑤ 학습자에 대한 평가
⑥ 교사에 대한 평가

(7) 교육 관리의 역할

교사는 가르치는 일 외에 출제, 성적 처리 및 관리 등 학사 업무도 담당해야 한다.

이들은 한국어 교사가 수행해야 할 핵심적. 역할이다. 한국어 교사의 역할은 이에 그치지 않는다. 학습자의 니즈와 준비도도 조사해야 하고, 경우에 따라서는 커리큘럼도 짜야 한다. 교재도 제작해야 한다. 그리고 사회적으로는 문화 사절과 외교관의 역할도 해야 한다. 한국어 교사의 역할은 협의로 규정할 것이 아니고, 폭넓게 이해하고 수용하여 효과적인 한국어교육을 하도록 하여야 한다.

교사의 역할은 이와는 다른 시각에서도 볼 수 있다. "교수에 필요한 지식이나 기능 및 교사의 역할"이라 하여 中西 外(1991)에 제시된 다음과 같은 것이 그 한 예이다. 이러한 견해도 한국어교육의 교사상(敎師像)의 수립에 참고가 될 것이다.

① 학습자의 도달목표에 알맞은 교수법을 찾아낸다.
② 학습자의 알맞은 교재를 고르거나 만들 수 있다.
③ 학습자에게 알맞은 커리큘럼을 작성할 수 있다.
④ 학습 경험이 있는 학습자의 언어 능력을 판단할 수 있다.
⑤ 학습자의 약점과 그에 대한 대책을 찾아낼 수 있다.
⑥ 학습상의 난점 및 오용에 대한 예측을 할 수 있다.
⑦ 스케치 등 그림 그리는 기술을 가지고 있다.

3.2. 한국어 교사의 자질

외국인에게 한국어를 가르치기 위해서는 한국어 외에 여러 가지 지식을 갖추어야 한다. 한국어 지도 외에 한국에 대한 정보도 제공하지 않으면 안 된다. 한국의 문화, 습관, 제도에 익숙하지 않은 학습자에게 한국어를 잘 사용할 수 있게 이들 지식, 곧 문화적(文化的) 배경(背景)을 제공해야 한다. 앞에서 언급한 바와 같이 커뮤니케이션 능력 외에 사회문화에 대해 알고 상호작용을 하게 하지 않으면 안 된다. 이러한 언어 외적 사실은 한국어를 보다 잘 구사하게 하는 요인이 된다. 한국어 교사가 갖추어야 할 자질을 몇 가지 들면 다음과 같은 것이 있다(高見孟澤, 1996).

(1) 모범적 한국어 능력

학습자는 표준어로서의 한국어를 배우고자 한다. 따라서 모델이 되는 교사의 한국어는 바르고 표준적인 것이어야 한다. 그러기 위해서 한국어 교사의 말은 음성이 정확 하고, 억양은 방언적 색채를 띠지 않으며, 말의 속도가 적절해야 한다. 어휘는 표준어를 골라 쓰고, 말하기는 자연스럽고, 간결하고 알기 쉬워야 한다. 논리적 말하기를 하며, 언어예절에 부합하는 언어 구사를 할 수 있어야 한다. 상대방의 말을 경청하려는 태도도 갖추어야 한다.

(2) 한국어에 대한 지식

한국어 교사는 외국인에게 체계적으로 한국어를 설명할 수 있게 한국어에 대한 충분한 지식을 갖추고 있어야 한다. 특히 자국인이 아닌, 외국인을 위한 한국어 문법을 익혀야 한다. 학습자를 돕고 학습효과를 올리기 위해 대조언어학적 소양도 지녀야 한다.

(3) 교수법에 대한 지식

언어교육을 위해서는 많은 교수법이 개발되어 있다. 그러나 절대적인 것은 존재하지 않는다. 학습 목적, 학습 조건, 학습자의 수준 등을 고려하여 적절한 교수법을 선택하여 사용하여야 한다. 따라서 교사는 각종 교수법을 익혀, 이를 수업에 적절히 구사할 수 있는 기술을 습득하고 있어야 한다. 한국어교육에 주로 사용되고 있는 교수법은 문법-번역법, 청각-구두법, 의사소통법 등이다.

(4) 학습자의 심리에 대한 지식

언어교육은 가르치기보다 학습자에게 종속된다는 말이 있다. 학습자의 주체적 학습이 중요하다. 교사는 학습자의 심리를 파악하여 이상적 학습 장면을 만들도록 노력해야 한다. 언어교육은 학습 아닌, 습득이 강조된다.

(5) 한국에 대한 지식

한국어를 학습하는 외국인은 언어만이 아니고, 한국에 대해 알고자 한다. 한국의 역사, 지리, 문화 등에 대해서도 관심을 갖는다. 이는 "한류"의 반응으로도 알 수 있는 사실이다. 교사는 이들 문제에 적절한 해답을 줄 수 있어야 한다. 따라서 한국어 교사는 한국 사정(문화) 전반에 관한 지식을 쌓고, 외국인이 흥미를 가질 화제에 대해 정보를 제공할 수 있게 준비가 되어 있어야 한다.

(6) 다른 문화를 접하는 태도

언어는 문화의 산물로서, 이를 반영한다. 따라서 언어교육은 문화교육이라고도 한다. 한국어교육은 한국 문화와 학습자의 문화와의 접점(接點)에서 이루어진다. 서로 다른 문화의 접점에서 활동하는 한국어 교사는 문화에 대한 편견을 가져서는 곤란하다. 모든 문화를 평등하게 수용하고, 존중하는 문화적 다중성(多重性)을 지니고 교육에 임해야 한다. 그래야 학습자의 오해와 불신을 사지 않게 되고 학습자의 충격을 해소해 줄 수 있다. 커뮤니케이션은 언어 아닌 비언어행동(非言語行動)에 의해 많이 수행된다. 따라서 비언어적 행동에 대해서도 충분한 지식을 갖추도록 해야 한다.

(7) 한국어 교사에 어울리는 성격

교사의 성격은 교실의 분위기를 좌우한다. 그리하여 이는 교육 성과에까지 영향을 미친다. 언어교육은 결코 즐거운 작업이라고만 할 수 없다. 끈기 있게 수행해야 하는 고난의 역정이다. 따라서 한국어 교사는 성격이 밝은 사람, 친절하고 끈기 있는 사람, 창조성이 있는 사람, 국제성을 지닌 사람이 어울린다. 따라서 교사는 이러한 태도를 갖추도록 노력해야 한다.

4. 결어

한국어교육은 국제적 추세에 따라 피동적으로 시작되었다. 교육의 핵심이 되는 교사도 제대로 확보하지 못한 채 외국에서부터 교육이 시작되었다. 이러한 여건은 근자에 국내에 교원 양성기관이 여럿 설립되고, 국어기본법이 제정되며(2005) 제 자리를 잡고 있다.

한국어 양성기관은 학위과정과 비학위 과정이 있다. 학위과정은 약 10개, 대학원은 약 15개가 설립되어 있고, 비학위 과정은 비정규과정으로, 약 30개가 주로 대학의 부설 기관으로 설립되어 있다(이채연·배현숙, 2007). 학부과정은 그간 초기의 한국외국어대학을 제외하고, 근자에 설립되어 대체로 정상적으로 운영되고 있다. 이에 대해 대학원과정은 좋게 말해 개성을 드러내고 있고, 아직 정비가 더 되어야겠다는 느낌이다. 비학위 과정은 수요가 있어 난립하며 혼란을 겪다가 국어기본법이 제정되고, 한국어교육능력검정시험을 치르게 되며, 이의 준비기관으로 정착하였다.

한국어 교원으로 진출할 수 있는 하나의 길인 한국어교육능력검정시험은 국어기본법 및 동 시행령에 명시적으로 규정되어 있다. 시행령에 따라 "한국어교원 자격취득에 필요한 영역별 필수이수학점 및 이수시간"이 별도로 제시되어 있다. 따라서 이를 따르면 된다. 자격 취득에 필요한 영역 및 과목은 대체로 바람직하게 선정되었다. 다만 이의 "필수

이수학점 및 이수 시간"은 지나치게 적게 책정되었다는 흠이 있다. 이는 일본 대학의 전공 이수 단위 및 "일반의 일어교원 양성기관"의 이수시간 수(420시간)와 비교하거나, 우리의 한국어교육 및 자국어교육 전공 학점과 비교할 때 이렇게 추단된다. 질적으로 유능한 한국어교원을 양성 및 확보하고, 한국어교육이 올바로 발전하게 하기 위해서는 이를 상향조정(上向調整)하여야 한다.

한국어교육을 정상화하기 위해서는 한국어 교사의 역할을 바로 알고 바람직한 자질을 갖추도록 하여야 한다. 한국어 교사의 역할로는 "교육 계획을 세우는 역할" 등 일곱 가지를 수행하여야 하겠고, 바람직한 자질로는 "모범적 한국어 능력을 지닐 것" 등 역시 일곱 자질을 갖추게 하여야 하겠다.

교육은 교사의 질을 능가하지 못한다고 한다. 각종 과정을 통해 유능한 교원을 많이 양성하고 배출하여, 이제 막 정상궤도에 올라선 한국어교육이 한층 발전하도록 하여야 하겠다. 오늘날 세계 도처에서 한국어를 학습하겠다는 열기가 뜨겁다. 필요해서 원할 때 주어야 효과가 나타나는 법이다. 유능한 교사를 통해 한국어교육이 일진월보하고, 한국어가 세계 도처에 보급되게 되기를 기대해 마지않는다.

참고문헌

민현식 외(2001), 한국어 교원 자격 인증 제도 시행 방안 연구 중간보고서, 한국어 세계화 기반구축을 위한 2001년도 한국어 해외보급 사업 "교육 연수분과" 중간 보고서, 한국어세계화재단·한국어세계화추진위원회.

박갑수(1998), 한국어교육개론, 서울사대 외국인을 위한 한국어교육 지도자과정.

박갑수(2003), 한국어교육 논고, 서울사대 외국인을 위한 한국어교육 지도자과정.

박갑수(2004), 한국어 교육의 교사론, 서울사대 외국인을 위한 한국어교육, 제7집, 서울사대 외국인을 위한 한국어교육 지도자과정.

박갑수(2009), 2009학년도 한국어교육 I, 서울사대 외국인을 위한 한국어교육 지도자과정.

백봉자 외(2001), 한국어교사 교육·연수 프로그램 교과과정 및 교수요목 개발 최종 보고서, 문화관광부, 한국어세계화재단.

이채연·배현숙(2007), 인력파견을 위한 한국어강사 양성과정의 현황과 발전 방향, 한국어교사 육성의 현황과 과제, 국제한국어교육학회.

Diane Larsen-Freeman(1986), Techniques and principles in language teaching, 山崎眞稔外(1990), 外國語の敎え方, 玉川大學出版部.

Neustupny J.V.(1995), 新しい日本語敎育のために, 大修館書店.

齋藤明 外(1989), 日本語 敎師 ハンドブク, 開拓社.

高見澤孟(1996), はじめての日本語敎育·2, あすく講談社.

中西家榮子 外(1991), 實踐日本語敎授法, バベルプレス.

村岡英裕(1999), 日本語敎師の方法論, 凡人社.

■ 이 글은 서울대학교 사범대학 외국인을 위한 한국어교육 지도자과정 창립 10주년 기념강연 (서울사대 정보관, 2007. 10.) 원고를 본서에 수록하기 위해 개고한 논문이다.

제3장 한국어의 세계화와 한국어교육

1. 서언

우리는 언필칭 단일민족(單一民族)이라 한다. 그러나 단일민족은 아니다. 역사적으로 볼 때 우리 국민은 다민족의 집합은 아니라 할지라도, 적어도 북방계와 남방계의 민족만이라도 섞인 것임에 틀림없다. 거기에다 같은 북방민족이라 하여도 이들은 하나의 민족이 아닌, 여러 부족의 집단이었다. 따라서 이들 부족 상호간에는 언어나 문화가 어느 정도 달랐을 것이다. 그럼에도 우리의 민족사(民族史)에는 민족어의 분쟁, 또는 분란의 기록은 보이지 않는다. 공통어(共通語) 내지 통용어(通用語)가 쓰였기 때문일 것으로 추정된다. 이는 언어 분쟁을 보이는 다른 복수민족국가들과 달리 우리민족의 행운이라 할 것이다. 그러나 이는 행운 이면에 자민족중심주의(自民族中心主義), 자문화중심주의(自文化中心主義)의 폐쇄적 경향이란 폐해도 지니게 한 것이 사실이다.

지난날은 민족이나 국가 간의 교류가 활발하지 않았다. 오히려 고립적·독립적이었다 할 것이다. 이런 시대에는 폐쇄적 민족주의가 흠이 아니었다. 그러나 오늘날과 같이 개방의 시대, 더 나아가 세계화 시대, 다문화 시대에는 폐쇄적 민족주의를 고집할 수만은 없는 일이다. 그렇게 되면 그 민족이나 국가는 존립 자체가 어려워진다. 서로 소통하며, 언어·문화를 교류해야 한다. 차이를 인정하며 폐쇄 아닌, 양보와 포용의 자세를 취해야 한다. 그런데 우리는 그간 단일민족이란 의식에 사로잡혀 자민족중심 사상과 생활태도에 젖어 있었기 때문에 이런 면이 부족하다.

오늘날 우리가 살고 있는 지구는 지구촌이라 하듯 일일생활권(一日生活圈)의 공간이 되었다. 따라서 정보와 문화의 교류는 시간을 다툰다. 거기에다 우리는 10대의 경제 대국의 반열에 들면서 문화의 수용만이 아닌 보급의 역할도 해야 하게 되었다. 그리하여 세계 각국이 열을 올리고 있는 자국어 및 자문화의 세계화에도 관심을 기울이고 있다. "아는 만큼 보인다"는 말이 있거니와 아는 만큼 보이는 것만이 아니고, 아는 만큼 서로를 이해하고 친선·우호의 관계를 형성하게 된다. 이에 지구촌의 민족과 국가 간의 상호 이해와 친선을 도모하고, 자국(自國)과 세계의 문화 발전에 기여하기 위해 우리가 한국어의 세계화와 한국어교육에 관심을 가지게 됨은 당연한 결과라 하겠다.

필자는 2009년 6월 "한국어 세계화 정책의 현황과 과제"란 논제로 정책토론회의 발제를 하였고, 2010년 2월 이를 논문으로 발표한 바 있다. 따라서 본고(本稿)의 세계화 정책은 박갑수(2010)를 기본으로 하여 "상절(詳節)"하게 될 것이며, 한국어의 세계화의 현황과, 한국어 세계화 및 한국어교육 방안에 대해 집중적으로 고찰하게 될 것이다.

2. 한국어의 세계화 정책

이 세상에는 약 3000개의 언어가 있다. 이 가운데 한국어는 그 사용 인구로 볼 때 세계 15위 안에 드는 큰 언어다. 인구는 세계 25위다. 따라서 약소민족의 언어가 아니다. 더구나 우리는 175개 나라에 700만 동포가 나가 살고 있다. 거기에다 10대의 경제대국이다. 따라서 한국어는 국제적인 언어, 世界化하기에 손색없는 언어라 할 것이다.

외국어로서의 한국어교육은 지정학적(地政學的) 이유로 외국에서 먼저 시작되었고, 우리나라에서는 근래에 본격적으로 수행하게 되었다. 이에 한국어 세계화 정책(世界化 政策)이 구체적으로 논의되기 시작한 것은 겨우 문민정부에 들어와서다. 그러니 그 역사가 매우 짧은가 하면, 서구 열강의 경우와는 달리 이렇다 할 정책도 별로 없는 편이다. 오늘날 세계적으로 한류(韓流)의 바람이 불고 있다. 늦었다고 생각되는 때가 적기라는 말이 있다. 현시점이야말로 한국어 세계화를 본격적으로 추진해야 할 적기가 아닌가 한다.

한국어의 세계화 정책을 살피기 위해서는 우선 "세계화"의 개념부터 알아보아야 하겠다. 그것은 "세계화"라는 말이 다양한 개념을 지녀 혼란을 빚고 있기 때문이다(박갑수, 2010).

오늘날 "세계화(globalization)"는 새로운 세기의 문화와 문명의 기준으로 활발하게 각계에서 논의되고 있다. 이러한 세계화의 개념을 하영선 외(2000)에서는 다음과 같이 대여섯 가지로 정의하고 있다.

첫째, 국제화(internationalization)와 같은 개념으로 쓰인다.
둘째, 어떤 사실의 지리적 공간 확대로서의 지구화(地球化)를 의미한다.
셋째, 정치적, 문화적, 경제적 지배를 의미한다.

넷째, 19세기 중반에 추진하던 근대문명의 기준인 부국강병의 추구를 의미한다.

다섯째, 자본주의 체제 중심 세력들이 주변 세력을 종속화하는 과정을 의미한다.

여섯째, 신문명의 기준으로서 위의 개념들의 "복합화"를 의미한다.

세계화는 대상에 따라 다소간에 그 개념을 달리한다. "한국어의 세계화"는 위의 개념으로 볼 때 둘째 유형에 해당하는 것으로 볼 수 있을 것이다. 한국어를 지리적 공간적으로 널리 보급해 "지구화"한다는 말이다. 근자에 "韓食의 세계화"가 국가적 이슈가 되고 있는데, "한국어의 세계화"도 이런 세계화라 할 것이다. 그러나 한국어의 세계화는 이와는 차원을 달리한다고 볼 수도 있다. 한국어를 중심으로 하는 문화권의 형성을 이상으로 한다 할 것이기 때문이다. 다시 말하면 언어문화의 공통화를 추구하는 것이다. 그러나 이는 문자 그대로 이상이고, 현실은 우선 세계 도처에 한국어를 보급하고, 사용 인구를 늘리는 것이라 하겠다.

어떤 지역에 특정 언어가 강행될 때 언어의 제국주의(帝國主義)가 된다. 그래서 각국은 이를 피해 자국어에 의한 문화권(文化圈)을 형성하고자 열을 올린다. 영·미·불·독 등의 국제 문화조직이 이런 것이다. 특정언어에 의한 언어적 제국주의를 원치 않기 때문에 자국어를 매개로 한 부분문화권(部分文化圈)을 형성하려는 것이다. 이미 몇 개의 언어를 중심으로 부분문화권이 형성된 바 있다. 이의 대표적인 것의 하나가 영어의 세계적 지배로부터 자국어를 보호하고 다문화를 지향하고자 하는 것이다. 옛 프랑스령 제국이 프랑스어를 공통어화 하기 위해 탄생시킨 OIF (Organisation Internationale de la Francophonie : 프랑스어권 국제기구)가 이런 것의 하나다. 이는 프랑스어를 공유하는 국가들의 기구(68개국)로, 회원국들은 영어의 지배에 맞서 프랑스어 사용 증진을 본질적인 축으로 하며, 언어의 다양성을 증진하고자 하는 것이다. 이들은 문화의 다양성과 다언어의 병용(竝用)을 옹호한다(梅棹, 1988).

제2언어를 교수·학습하는 동기는 여러 가지가 있다. 이는 대체로 다음과 같은 것을 들 수 있을 것이다.

① 상대국을 지배하기 위해.
② 상대국과 통상 외교 등 교섭을 갖기 위해.
③ 상대국의 언어사회에서 생활하기 위해.
④ 상대국의 과학 기술 등을 흡수하기 위해.
⑤ 상대국의 역사·문화·언어 등을 이해하기 위해.
⑥ 상대국에서 정보를 얻기 위해.
⑦ 상대국에 유학하거나 취업하기 위해
⑧ 취미 오락 생활을 하기 위해.

그리고 자국어를 세계화하려는 이유로는 다음과 같은 것을 생각할 수 있을 것이다.

• 세계에 보급하여 다문화 형성
• 국가 브랜드 가치 향상
• 자국어에 의한 문화지배
• 언어 소멸에 대한 대비
• 친선·우호 관계 도모

세계화를 하려면 문화적 연대를 원하는 나라의 자주성을 중시하며, 서로 손해를 보지 않는 호혜성(互惠性)이 전제돼야 한다. 특정 언어의 일방적 지배가 아닌, 자국어의 문화권을 만드는 것이다.

한국어를 세계화한다고 할 때에도 자칫하면 오해를 살 수 있다. 그것은 19세기 침략주의·식민주의 시대와 같이 문화제국주의, 언어제국주의를 지향하는 것으로 받아들일 수 있기 때문이다. 그러나 우리의 세계화는 앞에서 언급한 바와 같이 그런 것이 아니다. 문화를 상호 교류함으로 서로 이해하고, 친선·우호적 관계를 갖는 문화권을 형성하자는 것이다. 언어·문화를 이해하지 못할 때는 서로 경계하게 된다. 그리고 언어와 문화의 상호교류는 상승효과를 드러내 그 문화를 고양하고, 심화·발전시킨다. 동서 문화 교류의 산물인 사라센 문화가 그 단적인 예다. 우리 언어문화의 세계적 보급, 광역화는 좀 더 폭넓은 친한·우호(親韓友好) 관계를 형성하고, 다문화 사회 발전에 기여하게 하자는 것이다.

그간 한국어 세계화 정책은 별로 입안되지 못하였다. 입안된 것이 있다 해도, 그것은 또한 별로 드러나지도 않았다. 그도 그럴 것이 정책이나, 법령에 "세계화"라는 말이 별로 드러나지 않았고, 풀어 말한 것도 적으며, 성취된 결과도 이렇다 할 것이 없었기 때문이다. "세계화"란 용어가 정책에 반영된 것은 문민정부 때부터 "세계화추진위원회"란 기구가 생기고, 언어에 대한 것으로 "한국어의 세계화"란 말이 쓰이기 시작하면서부터다. 그리고 문화예술진흥법(1972, 1982, 2005, 2006) 시행령 제11조에 "한국어의 세계적 보급", 2007년 전면 개정된 문화예술진흥법(제8345호) 제38조[한국문학번역원]에 "한국문학의 세계화" 외에 "해외 홍보·교류사업", "해외 교류" 등의 용어가 쓰여 법령에 "세계화"란 개념이 나타나게 되었다. 이의 구체적 용례는 다음과 같다.

제38조[한국문학번역원] 체계적인 한국문학의 번역·출판과 해외 홍보·교류 사업을 위하여 한국문학번역원을 둔다.
④ 한국문학번역원은 다음 각 호의 사업을 한다.

   3. 한국문학 세계화 관련 기획·조사 업무
   4. 한국문학 해외교류·홍보 활동 및 장학 연구 사업

이 밖에는 1998년에 활동을 시작한 "한국어세계화추진위원회"와, 이 어서 2001년 설립된 "한국어세계화재단"에 "세계화"란 용어가 쓰인 것을 볼 수 있다. 이 가운데 "한국어세계화추진위원회"는 1998년 민·관 합동으로 구성하여 6개년에 걸쳐 한국어 세계화 보급 3단계 사업을 추진하기로 하였다. 그 1단계는 한국어 세계화 기반 조성 사업이고, 2단계는 한국어의 세계적 보급 기반 구축, 3단계는 한국어의 세계적 보급 활성화 사업이었다. 이들 사업은 한국어의 '기본어휘' 선정 등 기반 조성과, 교재 개발 보급 등 보급 사업을 다소간 추진하였다. "한국어세계화재단"은 명실상부한 한국어 세계화 사업을 하기 위해 설립된 최초의 민간 기구다. 여기서는 한국어 보급 사업, 한국어교육 사업, 고용허가제 한국어능력시험(EPS-KLT), 한국어교육능력검정시험 등의 사업을 실시하였다. 한국어 보급 사업으로는 교재 발간 및 한국어교육 총서를 간행하였고, 한국어교육 사업으로는 외국인 노동자 및 이주 여성들을 위한 한국어교육 등을 실시하였다. 그리고 2005년 8월 외국인 근로자의 고용 등에 관한 법률(제7조 및 동법 시행령 제13조)에 따라 외국인 노동자는 한국어능력시험을 의무적으로 치러야 하게 됨에 따라 고용허가제 한국어능력시험을 실시하였다. 또한 한국어의 국외 보급을 활성화하고, 교육의 질을 높이기 위해 2002년 11월에는 제1회 '한국어교육능력 인증시험'을 실시하여 이후 4회를 치렀고, 국어기본법이 제정됨에 따라 2006년 9월 이래 "한국어교육능력검정시험"을 실시해 왔다. 그러나 이 재단은 2009년 말 사실상 해체가 되다시피 되었다.

2005년에는 국어기본법이 제정 공포되었다. 여기에는 비록 세계화란 용어는 쓰이지 않았으나, 국어발전 기본계획 속에 "국어의 국외 보급에 관한 사항"을 담게 되어 있고(제6조 6항), 동법 제19조에 국가는 "국어 보급에 필요한 사업"을 시행하도록 하고 있다. 따라서 이는 한국어 해외 보급에 대한 법령 가운데 대표적인 한국어 세계화 정책을 규정한 것이라 할 수 있다. 국어기본법 제19조[국어의 보급 등]는 다음과 같다.

① 국가는 국어를 배우고자 하는 외국인과 재외동포의출입국과법적 지위에 관한법률에 의한 재외동포(이하 "재외동포"라 한다)를 위하여 교육과정과 교재를 개발하고 전문가를 양성하는 등 국어 보급에 필요한 사업을 시행하여야 한다.
② 문화체육부장관은 재외동포나 외국인을 대상으로 국어를 가르치고자 하는 자에게 자격을 부여할 수 있다.(2008. 2. 29 본 항 개정)
③ 제2항의 규정에 의한 자격 요건 및 자격 부여의 방법 등에 관하여 필요한 사항은 대통령령으로 정한다.

그리고 여기 덧붙일 것은 언어문화는 아니나, 2006년 정부에서는 재외 문화원을 확대 개편하여 코리아센터를 설립 운영하는 방향으로 정책 기조를 잡고, "민족문화의 세계화 실현"이란 용어를 써 민족문화 세계화 정책을 펴고 있는 것을 볼 수 있다.

이 밖에 2005년에는 또 국외 한국어 진흥사업을 체계적이고 효율적으로 추진하기 위해 국무총리실 주관으로 정부 부처와 관계 기관의 "한국어 국외보급사업 협의회"가 발족되어 운영되고 있다. 이는 사업의 중복성, 효율성의 문제를 해결하고, 한국어 국외 보급 사업을 체계화하는 데 목적을 두고 있다.

한국어 세계화는 이러한 과정을 겪으며 본격적 단계로 접어들게 되었다. 그것은 2007년 국어기본법에 따라 "문화 창조 역량 강화와 한국어의 세계화를 위한 국어발전 기본계획”(국립국어원, 2007)을 발표하게 된 것이다. 국립국어원은 3대 중점 추진과제의 하나로, “동북아지역 거점 기반 한국어 세계화 전략 추진”을 하기로 하였다. 이의 주요 내용은 다음과 같은 것이다.

- 현지 밀착형 한국어 문화학교(세종학당)의 단계별 설립 및 운영
- ‘한국어 세계화 전략’ 추진을 위한 국제교류협력망 구축
- 문화상호주의에 입각한 현지 특화형 교육 프로그램 운영
- 한국어 교원의 양성, 재교육, 초청 연수 등 체계적 육성
- 온라인 한국어·한국문화 교육방송 체계 구축

2007년부터는 새로운 정책으로 “국어발전 기본 계획”에 보이는 세종학당(世宗學堂) 설립을 추진하였다. 문화부가 2007년부터 한국 언어·문화를 국외에 확산하고자 세종학당을 설립하기로 한 것이다. 이는 영국의 British Council, 미국의 American Center, 독일의 Goethe Institute, 프랑스의 Allience Francaise, 일본의 국제교류기금, 중국의 공자학원과 성격이 비슷한 기구라 할 수 있다. 세종학당의 성격은 “개방형 한국어 문화학교”로, “한국어와 한국 문화를 보급하는 사회교육원 형태의 현지 교육시설”(문화부·국립국어원, 2007)이다. 이의 성격에 대해서는 국립국어원의 “2007 세종학당 백서”에 담겨 있는 “세종학당 운영 규정”의 “전문”이 잘 보여 준다. 이 전문은 다음과 같다.

대한민국 문화관광부는 21세기 문화의 시대에 국내외에서 한국어를 배우고자 하는 외국인과 재외 동포를 대상으로 상대 국가의 문화를 존중하는 문화상호주의 원칙에 입각하여 한국어와 한국 문화를 교육하고 진흥하는 세종학당과 디지털 세종학당을 설립하여 운영함으로써 전 세

계 국가와 문화 교류 및 연대를 통해 언어와 문화 다양성의 실현에 이
바지하고자 한다.

이러한 성격을 지니는 세종학당은 같은 "세종학당 운영 규정"의 총칙
에서 설립 목적을 다음과 같이 규정하고 있다.

제2조[설립 목적] 세종학당의 설립 목적은 다음 각 호와 같다.
1. 상호주의 문화교류를 통한 국가 간의 협력 확대
2. 외국 현지인과 재외 동포를 대상으로 하는 실용 한국어교육의 확산
3. 한국 문화 교류 확대를 통한 언어와 문화 다양성의 실현

이러한 설립 목적은 문광부·국립국어원의 "세종학당 운영길잡이"
(2007)와 국립국어원의 "2007 세종학당 백서" 등에 보이는 다음과 같은
설립 목적 제시를 통해 좀 더 그 성격을 분명히 하고 있다.

• 문화상호주의 원칙에 입각한 쌍방향의 문화교류와 이해 촉진
• 지식중심의 엘리트 교육에서 탈피, 대중적 한국어교육의 확대
• 국가 간의 문화적 연대와 공존을 위한 교류협력 증진

세종학당은 이와 같이 쌍방향의 문화교류를 통해 한국의 언어와 문화
를 가르치고자 하는 현지 교육 시설이다. 이러한 목적을 위하여 정부에
서는 2007년에 계획을 세워 2008년부터 2단계에 걸쳐 200개의 세종학
당을 설립·운영하기로 하였다. 이러한 정책은 현 정부에 들어와서 좀
더 강화되고 있다. 국가브랜드위원회를 설립하고, 10대 우선 추진과제의
하나로 "한국어 해외 보급의 확대"를 정한 것도 이러한 것이다. 세종학
당은 현재까지 중국, 몽골, 중앙아시아 등에 18개가 설립되었으며, 중국

에 가장 많이 설치되었다. 세종학당은 목표에서 밝힌 바와 같이 일방적인 것이 아니라, 문화상호주의 원칙에 입각해 "쌍방향" 문화교류를 지향한다. 이는 바람직한 정책 방향이다. 그렇지 않으면 앞에서 언급한 바와 같이 문화제국주의, 문화식민주의 정책으로 오인되어 거부감을 가지게 할 것이기 때문이다. 그러나 이는 쉬운 일은 아니다. 상호간에 이해가 맞아 이중언어(二重言語)를 구사하는 문화권을 형성한다는 것은 어려운 일이기 때문이다. 거기에다 현실적으로는 아무래도 자국의 언어와 문화를 세계화하는 데 주력할 것이고, 이는 저항에 부딪칠 것이기 때문이다.

세종학당의 실제 운영은 한국문화원과 연계하여 한국어학과가 개설된 현지 대학이나, 한국학교 및 한글학교에서 맡고 기존 기관의 시설을 이용하기로 하였다. 이러한 세종학당의 설립·운영은 우선 동북아권(東北亞圈)부터 하기로 하였다. 세계화에 앞서 블록 문화권을 형성하는 것이다. 다른 지역에 비해 경제·문화적으로 한국과 밀접한 관계를 가지므로 한국어 세계화를 우선 하고자 한 것이다. 그러나 언어·문화를 상호 교류하는 공동문화권의 형성은 말처럼 쉽지 않을 것이다. 이보다는 오히려 블록문화권의 형성이 용이한 것은 동양 3국의 한자 문화권일는지 모른다. 3국이 한자를 사용하고 있고, 문화적으로 많은 공통성을 지니고 있는가 하면, 정치 경제적으로도 상호간에 협력을 필요로 하기 때문에 3국의 언어를 공용어화(公用語化)하는 공동문화권의 형성을 모색해 볼 수 있을 것이기 때문이다. 현실적으로도 상호간에 상대방의 언어를 많이 학습하고 있다. 이러한 블록 문화권이 형성되게 되면 점차적으로 한국어 세계화는 박차를 가하게 되고, 문화산업 시장도 확대되는 등의 경제적 효과도 거두게 될 것이다. 소위 국가 브랜드의 가치도 높아질 것이다. 국립국어원은 이러한 세종학당에서 사용할 교재로, "초급한국어" 말하기·듣기·읽기·쓰기를 중국어·태국어·베트남어·필리핀어·몽골어 등

5개 언어로 이미 개발한 바 있다. 그리고 여기에 이어 2003년도에 개발한 '한국어 중급 2'를 중급 수준의 세종학당 학습자용 교재로 수정 개발하는 사업을 진행 중이다. 이는 영어, 중국어, 타갈로그어, 몽골어, 베트남어 등으로 번역하여 개발될 예정이다.

이상 한국어 세계화를 정책 중심으로 살펴보았다. 이러한 정책은 한국어교육을 통해 실현되게 된다. 따라서 구체적인 한국어 세계화에 대해서는 다음 장 "한국어교육의 현황과 실제"에서 논의하게 될 것이다.

3. 한국어교육의 현황과 실제

3.1. 정부 관련 기구의 한국어교육 현황

한국어는 세계화를 생각하기도 전에 국제정세의 변화로 이방(異邦)의 현장에서 한국어교육을 하게 되어 국제화하기 시작하였다. 그리하여 교육과정도 없이 부족한 교사를 가지고, 교재도 제대로 갖추지 못한 가운데 교육이 행해졌다. 이러한 사정은 오늘날 크게 나아졌지만 아직도 많은 문제를 안고 있다. 교육과정은 아직도 국가수준의 것이 마련되어 있지 못하며, 학습 자료는 3,000여종이 개발되었다고 하나(진대연 외, 2009) 아직도 취약한 형편이다. 거기에다 자격을 갖춘 교사가 부족하다는 것이 큰 문제다. 이러한 열악한 교육환경은 빨리 개선되어야 한다.

한국어가 교육의 대상이 된 것은 물론 국력의 신장에 말미암은 바 크다. 국력이 신장되며, 한국의 언어와 문화에 대해 관심을 가지게 된 것이다. 이는 순수한 외국인은 말할 것도 없고, 재외동포들까지 그러하였다. 한 예로 재소동포(在蘇同胞)의 대부분은 1988년 서울 올림픽 이전까지만 하여도, 한국 사정을 거의 몰랐고, 이들 대부분이 한국어를 하지 못하였다. 서울 올림픽 때 한국의 발전상을 보고, 비로소 한국에 대해 관심을 갖게 되고, 한국어와 한국 문화를 배우게 되었다.

정책적으로 수행되는 한국어의 해외 보급, 곧 정부의 한국어 세계화 사업은 현재 문화체육관광부, 교육과학기술부, 외교통상부, 노동부, 여성가족부 등에서 관장하고 있다. 이들의 업무는 대체로 구분되어 있어, 문화관광부는 외국인의, 교육인적자원부와 외교통상부는 재외동포의, 노동부는 취업 이민자의, 여성가족부는 결혼 이민자의 교육을 맡고 있다. 이들 정부기관 및 그 산하기관에서는 물론 정책을 수립하고, 실제 한국어교육은, 특히 외국에서의 교육은 대체로 현지의 한국학교, 한국교육원, 한글학교 등이 맡고 있다. 주요 기관의 한국어교육 관련 주요 업무만을 간단히 살펴보면 다음과 같다.

문화부(文化部) 산하 기관인 국립국어원은 세종학당 운영 사업과 다문화 가정 한국어교육 계획과 운영을 맡고 있다. 한국어세계화재단은 앞에서 언급한 바와 같이 한국어 교재 개발 및 보급과 교육능력시험을 담당하고 있다. 교과부(敎科部) 산하의 국립국제교육원은 주로 재외동포 자녀 모국 방문 사업을 담당하고 있고, 교육과정평가원은 한국어능력시험을 관장한다. 이 밖에 한국학술진흥재단에서는 한국학 및 한국어 연구를 지원하는 업무를 맡고 있다. 외교통상부(外交通商部) 산하의 재외동포재단은 재외동포를 대상으로 한 민족교육 지원 사업을 담당한다. 한국국제교류재단은 해외 한국어 학습 기회 확대 사업 및 펠로우십(fellowship) 제도를 통한 한국학 관계자를 초청하고, 연구 및 연수하는 일을 지원한다. 한국국제협력단(KOICA)은 연수생 초청 사업과 한국어교육 봉사단 파견 업무를 수행한다. 여기서는 주로 저개발국가나 개발도상국에 단원을 파견하여 한국어교육을 하고 있다.

이 밖에 일선에서 교육을 담당하고 있는 현지 교육기관은 2007년 현재 다음과 같다. (도표는 여종구(2007)에 필자가 한국문화원 자료를 추가한 것이다)

지역	일본	아주	구주	CIS	북미	중남미	아중동	계
교육관	3	2	2	1	3	-	-	5개국 11개관
한국교육원	14	1	3	7	7	3	-	14개국 35원
한국문화원	2	3	3	1	2	1	-	9개국 12원
한국학교	4	15	-	1	-	3	4	14개국 27교
한글학교	73	166	98	536	1,093	68	38	106개국 2,072교

민간기구인 한글학교를 제외한 한국 정부의 기구는 그 존재가 매우 빈약한 편이다. 일본의 총련계 초·중·고교가 1993년에 149개교, 2004년에 130개교라는 것을 상기하면 이는 더욱 빈약하다는 느낌을 갖게 한다(박갑수, 2009). 한글학교를 포함한 이들 교육기관은 주로 재외국민을 교육 대상으로 하고 있어 진정한 의미의 한국어 세계화와는 거리가 있다.

이 밖에 한국 정부가 아니라, 현지 정규학교에서 재외동포, 그것도 외국국적동포를 대상으로 한 한국의 언어·문화 교육을 하고 있는 것도 볼 수 있다. 중국의 조선족 자치주(自治州)의 조선족 학교가 평등원칙에 따라 민족어를 가르치고 있는 것이 그것이다. 이는 조선족이 외국국적동포이므로 현지 공교육 기관에서 한국어 세계화를 해 주고 있는 것이 된다. 조선족 학교는 1,000여개에 달한다. 일본의 총련계 조선학교는 '조선사람'으로서의 자각에 기초한 삶을 지향하는 민족교육을 하고 있어 북한의 입장에서 재외 국민교육을 하고 있는 것으로, 넓은 의미의 한국어 세계화를 하고 있는 것이라 하겠다.

다음에는 앞에서 언급한 대표적인 한국어교육 관련 기관인 국제교류재단과 국제협력단(KOIKA)의 한국어 세계화 사업을 약간 구체적으로 살펴보기로 한다. 국제교류재단에서는 해외대학의 한국어와 한국학 분야 교수직 신설을 지원하고 있다. 교수직에는 TTP(Tenure Track Position) 교수직과 기금 교수직(Endowed Chair)의 두 가지다. 재단 홈 페이지에 의하면 1992~2010년 사이 총 12개국 68개 대학 99석의 교수직을 지원하였는데, 한국어 세계화와 직접 관련이 있는 것은 한국어 17, 한국어문학 4, 문학 12, 한국어문화 19석이다. 그리고 해외 한국학 진흥을 위한 1992~2009년 체한연구 펠로십 지원은 74개국 937명이고, 한국어 펠로십 지원은 88개국 1314명이다. 이들의 구체적 내역은 다음과 같다.

	북미	중남미	아시아	대양주	유럽	아프리카	중동	합
	(11개국)		(18개국)		(28개국)		(16개국)	
체한연구 펠로십	184	30	388	21	274	21	19	937
	북미	중남미	아시아	대양주	유럽	아프리카	중동	합
	(14개국)		(20개국)		(35개국)		(19개국)	
한국어 펠로십	96	21	531	34	568	30	34	1314

한국국제협력단(KOICA)은 이의 홈페이지에 의하면 지금까지 53개국 총 6,499명(NGO 해외봉사단원 포함)의 해외봉사단원을 파견하였다. 2010년의 평균 활동인원은 1800명(KOICA 1620명, NGO 180명) 내외이며, 이 가운데 한국어교육·유아교육·과학교육을 주요 직종으로 하는 교육 분야가 25%를 차지한다.

이 밖에 한국교육과정평가원에서 시행하고 있는 한국어 능력시험(TOPIK)에 대해 간단히 살펴볼 필요가 있다. 한국어능력시험의 지원자 현황은 한국어 세계화의 바로미터라 할 수 있겠기 때문이다. 1997년 제1회에는 지원자가 2,692명이었다. 그러던 것이 10년 남짓 지난 2009년 상반기의 시험인 제15회에는 96,147명, 하반기 시험인 제16회에는

93,114명으로 늘어났다. 따라서 2009년 지원자가 거의 20만에 육박해, 제1회의 백배로 증가하였다. 이는 그만큼 한국어 세계화가 진척되었음을 의미한다. 지원자는 일본과 중국이 많은 편이다.

3.2. 대학 등의 한국어교육 현황

국내에서는 약 60개 대학에 부설된 언어교육원과, 10여 개의 사설학원 등에서 한국어교육을 수행하고 있다. 또한 국내에는 한국어교육의 인력을 양성하는 기관인 대학의 학부와 대학원이 각각 10여개씩 설치되어 있다. 해외에는 서아정(2004)에 의하면 62개국 750개의 대학과, 8개국 1,525개의 초·중·고교에 한국어 강좌가 개설되어 있는 것으로 되어 있다. 이에 대해 한국국제교류재단의 "해외한국학백서"(을유문화사, 2007)의 "해외 한국학 강좌 개설 대학 현황 비교"에는 2005년 말 국가별 대학의 추정치라 하여 62개국 735개의 대학과, 실제로 조사한 55개국 632개 대학이 소개되고 있다. 참고로 추정치를 바탕으로 해외 한국학 강좌 개설 대학의 현황을 보면 다음과 같다. (브루나이의 경우는 추정치가 공란이고, 실제조사 수치가 제시되어 있어 괄호 처리를 하였다.)

- 아주 : 중국(홍콩) 42, 대만 9, 일본 335, 베트남 10, 몽골 12, 말레이시아 6, 인도네시아 3, 미얀마 2, 브루나이 (1), 스리랑카 1, 방글라데시 1, 싱가포르 2, 인도 4, 태국 16, 필리핀 2, 뉴질랜드 1, 호주 7
- 미주 : 미국 140, 캐나다 7, 멕시코 3, 아르헨티나 3, 칠레 3, 브라질 1, 과테말라 1, 페루 2, 파라과이 1
- 구주 : 독일 10, 영국 3, 프랑스 7, 네덜란드 1, 덴마크 1, 노르웨이 1, 스웨덴 1, 핀란드 1, 벨기에 1, 리투아니아 1, 러시아 42, 루마니아 3, 세르비아-몬테네그로 2, 벨로루시 1, 우크라이나 2, 불가리아

1, 아제르바이잔 1, 에스토니아 1, 카자흐스탄 10, 우즈베키스탄 5, 키르기스스탄 2, 터키 2, 이탈리아 3, 오스트리아 1, 스페인 2, 체코 2, 폴란드 3, 헝가리 2

• 중동 : 요르단 1, 이란 1, 이스라엘 2
• 아프리카 : 이집트 2, 튀니지 1, 수단 1, 모로코 1, 알제리 1

이들 통계는 정확한 것은 못 된다. 중국의 경우만 하더라도 실제로는 아래에 보듯 이보다 훨씬 많은 것으로 알려지기 때문이다. 이들 국가들 가운데 한국학 강좌가 많이 개설된 곳은 중국, 일본, 미국, 러시아 등이다. 이에 한국어 세계화 차원에서 한국어교육을 좀 더 잘 파악하기 위하여 이들 대표적인 지역의 한국어교육 기관에 대해 약간 살펴보기로 한다. 한국어교육은 우선 "한류(韓流)"란 말도 있듯, 근자에 열풍이 대단하다. 이러한 현상은 특히 중국, 동남아, 몽고 등이 현저하다. 중국(中國)의 경우는 수교 이전에는 한국학과를 개설한 대학이 5개에 불과했는데, 2009년도에는 4년제 대학의 한국어학과만 하여도 70여개가 넘으며, 전문대학을 포함하면 180여개 대학에 이른다. 그리고 그 학생 수가 1만 8천여 명에 달한다(동아, 09. 6. 5.). 동남아의 경우는 특히 취업 이민, 곧 코리안 드림으로 인해 열풍이 부는 곳이다. 고용허가제 한국어능력시험(EPS-KLT)도 실시되고 있어 이런 현상은 앞으로 더 증가될 것으로 보인다(박갑수, 2005). 일본(日本)의 경우는 한일수교(韓日修交) 이전 한국어 강좌를 개설한 대학이 5개에 불과했는데 수교 이후 부쩍 늘어 통계에 보이는 바와 같이 300여개 대학에 이르고 있다. 또한 일본에는 한국어 강좌가 고등학교에도 개설되어 있는데 그 수가 247개 학교에 달한다(野間 外, 2005). 미국(美國)도 한국어교육이 활발히 전개되고 있다. MLA(Modern Language Association)에 의하면 미국에서는 2006년에 125개 대학에 한국어

교육 과정이 개설된 것으로 되어 있고, 손호민(2007)에 의하면 148개 대학에 한국어 강좌가 개설되어 있다. 1950년대 초에 한국어는 중국어 또는 일본어의 부수과정으로 개설되었다. 그러던 것이 1970년대에 학구적 대상이 되고, 1988년 서울 올림픽을 계기로 급속도로 확산되었다. 미국에도 중·고등학교에 한국어 강좌가 개설되어 있는데 65개교이다. 독립국가연합(獨立國家聯合)도 한국어교육이 활발히 전개되고 있는 지역이다. 최근 유럽 최대의 러시아 국립사회대에서 장학생(학비 면제) 전원(500명)에게 한국어를 부전공 필수과목으로 이수하도록 결정했다(중앙일보(09. 6. 8))는 것은 이러한 한국어교육의 경향을 보여 주는 좋은 사례라 하겠다.

이상 한국어교육 현황을 한국어 세계화를 중심으로 살펴보았다. 다음에는 해외에서 전개되고 있는 한국어 세계화의 사례를 몇 가지 보기로 한다.

첫째, 일본의 문부과학성의 발표에 의하면 한국어를 가르치는 일본의 고등학교가 10년 사이 배로 증가했다. 1995년 73곳에서 2005년 286 곳으로 늘어난 것이다. 그리하여 한국어는 영어 이외의 외국어로서는 프랑스어와 독일어를 밀어내고 중국어 다음으로 부상하였다. 일본 대입시험인 센터시험도 수험자 수가 영어, 중국어, 한국어의 순이 되었다고 한다(중앙일보, 07. 7. 12).

둘째, 몽골의 한국어능력시험 응시자가 영어능력시험(TOEFL)을 눌렀다고 한다(조선일보, 08. 4. 24.). 1999년 처음 도입되었을 때는 200명이 지원했었는데, 2008년에는 936명, 2009년에는 856명으로 응시자가 늘어났다. 2007년 방문취업자의 한국어능력시험(KLPT) 때는 몽골 전체 인구가 270만인데 15,000명이 지원하였다. 몽골에서는 한국어가 대학뿐 아니라, 초·중·고등학교에서도 가르쳐지고 있는 인기 외국어다.

셋째, 프랑스와 러시아에서도 한국어가 고등학교에서 가르쳐진다. 프랑스는 2008년부터 루앙지역의 공립 고등학교에서 한국어와 한국문화를 가르치게 되었으며, 러시아는 2007년부터 국립학교에서 한국어를 제2외국어로 가르치게 되었다.

넷째, 싱가포르의 미디어 코프(Media Corp) 인터내셔널 라디오 채널에 1998년 한국어로 진행하는 방송을 개국하여 인기라 한다. 영어나 중국어 배우기에 바쁜 싱가포르에서 한국 가요 신청이 쇄도하고, "한국어 5분 강좌"도 시청자의 요청에 의해 만들어졌다고 한다. 이는 매스컴에 의한 한국어 세계화의 한 좋은 사례다.

다섯째, 많은 한국어 관련 웹사이트가 개설되고 있다. 21세기에 들어 한국어 학습에 대한 수요가 늘며 웹사이트에서 한국과 한국문화, 한국어교육과 학습 등에 대한 내용을 경쟁적으로 다루고 있다. 최근에는 온라인으로 한국어 강좌를 진행하는 것은 물론, 온라인 한국어 교사 양성 과정까지 생겨나고 있다. 국립국어원에서 조사한 한국어교육 관련 국내외 웹사이트의 지역별 분포는 다음과 같다(국립국어원, 2008).

국가	한국	미국	일본	중국/대만	프랑스	독일	캐나다	호주	뉴질랜드	영국	태국	오스트리아	이태리	합계
개수	105	100	98	107	8	9	10	7	2	2	2	1	1	452
%	23.2	22.1	21.7	23.7	1.8	2.0	2.2	1.5	0.4	0.4	0.4	0.2	0.2	100

이들 웹사이트의 주체는 다음과 같다.

운영주체	공공기관	교육기관	비영리단체	기업/사설학원	개인	기타	합계
개수	13	125	43	143	80	48	452
%	2.9	27.7	9.5	31.6	17.7	10.6	100

4. 한국어 세계화와 한국어교육의 방안

한국어 세계화는 앞에서 언급한 바와 같이 문화제국주의를 추구하는 것이 아니다. 정부에서는 동북아문화권을 일차적으로 생각하고 있다. 한국어 세계화는 호혜성(互惠性)을 바탕으로, 우리 언어문화를 지역적으로 광범화하는 것이 이상적이다. 이러한 문화교류에 의해 서로 이해하고, 소통함으로 우호·친선관계를 형성하고 문화를 발전시키려는 것이다. 그러나 이러한 이상과 목표에 앞서 한국어의 세계화는 우선 한국어를 이해하고 사용하는 인구를 확대하는 데에 그 목적이 있다 하겠다.

한국 언어문화의 국제화, 세계화는 이제 겨우 초보단계에 들어섰다. 거기에다 아직 세계화의 여건도 제대로 갖추어져 있지 않다. 이제 겨우 약간의 관심과 의욕을 보이고 있는 것에 불과하다. 따라서 우리는 오늘의 현실을 직시하고 내일을 내다보며 한국어 세계화를 추진해야 하겠다.

다음에는 이러한 현실을 바탕으로 한국어의 국제화, 세계화를 전제로 한 한국어교육의 방안을 검토해 보기로 한다.

첫째, 열린 자세로 한국 언어·문화 교육을 한다.

우리는 단일민족과 고유문화를 강조하며 자민족, 자문화중심의 폐쇄적 틀 속에 살아왔다. 그래서 국가 경쟁력은 세계 13위라면서, 2007년 글로벌 지수에 따르면 세계화 수준은 72개국 중 35위이고, 2009년의 다문화 포용성은 스위스의 국제경영개발원의 조사에 의하면 57개국 중 56위라 한다. 이런 수준이기에 교과서에는 타국을 폄훼하는 내용까지 등장하는 것으로 지적되고 있다. 한국의 국제화, 세계화의 사정은 이렇게 열악하다.

오늘날은 세계화 시대요, 다문화시대다. 고립적, 폐쇄적 태도를 가지고서는 하루도 이 지구촌에서 살기 힘든 시대다. 상호간에 차이를 인정하고 관용과 포용의 자세를 취해야 한다. 언어문화의 경우도 마찬가지다. 한국어는 이미 한국인만의 언어가 아니다. 한류, 코리안 드림, 그 밖에 정치·경제·문화의 필요에 의해 한국어는 세계인의 언어가 되어 가고 있다. 그리고 우리는 친선 우호와 문화적 발전을 위해 한국어를 세계화하려 하고 있기도 하다. 한국어교육은 세계화를 전제로 하여 수행하되, 호혜성(互惠性)을 바탕으로 교류하는 문화교육으로 추진해야 한다. 일방적으로 집행하면 언어제국주의로 오해를 받게 된다. 문화의 우월주의 아닌 상대주의적 입장에서, 열린 마음의 자세로 교육을 해야 한다. 그래야 서로가 원하는 공동문화권(共同文化圈)을 형성할 수 있다.

이런 의미에서 북한과, 중국 조선족의 언어도 하나의 한국어로 포용해야 한다. 북한의 조선어와 중국 조선족의 조선어를 지역 방언으로 보고 끌어안고 모두가 이중의 지역방언을 구사하는 것이다. 이는 영국의 영어가 미국이나 호주, 캐나다의 영어를 배척하지 않고 포용하는 것과 마찬가지다.

둘째, 한국어 보급 정책을 강화한다.

이 세상에는 약 3천의 민족과 언어가 있다. 이들 가운데 한국어는 상위 15위 안에 드는 언어다. 따라서 한국어가 영어, 불어, 스페인어, 중국어, 러시아어와 같은 UN의 공식용어가 되길 기대하지는 않는다 하더라도, 세계적 통용어가 되기에 충분하다. 거기에다 앞에서 언급한 바와 같이 700만 재외동포가 175개 국가에 나가 살고 있어 그 가능성은 더욱 크다. 그런데 우리는 한국어의 세계화에 대해 너무도 무관심하고 소극적이었다. 프랑스를 비롯한 유수한 나라들은 그 동안 자국어를 세계 공통어로 만들고자 꾸준한 노력을 해 왔다. 그래서 프랑스는 Allience Francaise

의 보급시설을 136개국에 1,074개소, 영국은 British council을 110개국에 238개소, 독일은 Goethe institute를 79개국에 147개소, 중국은 공자학원을 52개국에 140개소, 일본은 국제교류기금을 31개국에 39개소(문화원은 96개국에 187개소)를 개설하여 자국어 세계화를 하고 있다. 우리는 이런 상황을 보고도, 그리고 한류의 바람이 불고, 코리안 드림의 열풍이 일고, 미국에서 안보의 차원에서 학습해야 할 주요 언어의 하나로 한국어를 선정하고 있음에도 한국어의 보급, 한국어의 세계화에 관심을 제대로 기울이지 않았다. 여러 가지로 분위기가 성숙된 이때 한국어 세계화를 위한 세종학당 운영 계획도 정책적으로 확정되어 있으니 가일층 노력하여 한국어 세계화 정책을 밀고 나가야 한다.

셋째, 한국어 세계화 기구를 정비·확립한다.

한국어 세계화는 단순히 한국어를 보급·전파만 하는 것이 아니고, 한국문화를 보급·전파하는 것을 아울러 의미한다. 현실적으로 이문화(異文化)커뮤니케이션에 있어서 이러한 문화적 배경 없이는 사실상 적정한 의사소통을 할 수 없다. 따라서 한국어의 세계화는 한국 언어·문화의 세계화라 말을 바꾸어도 좋다. 세종학당을 "한국어와 한국문화를 보급하는 사회교육원 형태의 현지 교육시설"이라 규정한 것도 이러한 맥락의 표현이라 할 것이다. 한국어 세계화는 정부가 사업 주체가 되는, 관주도(官主導)가 아니라, 민간기구가 운영하도록 해야 한다. 따라서 한국어 세계화의 통괄 기구는 문화부가 아닌, 민간 법인체가 되는 것이 바람직하다. 정부가 하게 되면 앞에서 염려한 문화제국주의로 오해받기 십상이기 때문이다. 다른 나라의 경우처럼 정부의 지원을 받는 민간기구가 수행하는 것이다. 기존 기구를 활용한다면 한국어세계화재단이나, 한국국제교류재단을 개편하는 방법이 있을 것이고, 그렇지 않으면 새로운 기구를 설립하여 정책을 개발하고, 교육을 통괄하게 해야 한다. 세종학당의 조직을 개편하여 한국어 세계화의 총괄기구로 하는 방법도 있다. 산하에는 많은 전진 기지(前進基地)를 두어야 한다. 이때 세종학당은 열강들의 자국어 세계화 기구처럼 물론 민간기구가 되어야 한다. 9개국 12원의 한국문화원과 14개국 35원의 한국교육원도 민간기구로 개편하여 한국어 세계화 전초기지로 활용할 수 있다.

넷째, 외교적 노력과 물심양면의 지원을 한다.

한국어를 세계화 하자면 우선 한국어교육의 기회가 제공되어야 한다. 그러기 위해서는 한국어가 해외의 각 급 학교에서 정규 과목으로 채택·학습될 수 있도록 하여야 한다. 예를 들어 서양의 영·독·불어나, 동양의 중·일어는 수요자가 필요하다고 보아 스스로 이들 언어를 알아서 채택, 또는 선택한다. 그러나 한국어는 대부분의 경우 그렇지 못한 것이 현실이다. 외교적 노력을 기울여야 한다. 미국에서는 1966년에 "21세기를 대비한 외국어 학습 기준(Standards for foreign language learning : Preparing for the 21st century)"을 제정, 모든 학생이 외국어와 외국문화를 필수적으로 습득하도록 하였다. 따라서 이런 경우에는 정치적으로 한국어교육을 수행함에 큰 문제가 없다. EU도 이런 면에서는 마찬가지다. 유럽연합은 모든 유럽의 젊은이들이 모국어 이외에 두 개의 외국어로 의사 표현을 할 수 있게 하는 것을 하나의 목표로 삼고 있기 때문이다. 이는 "더 큰 유럽"의 울타리 안에서 동화되고, 직업적 문화적으로 활발히 활동하게 하기 위함이다. 문제는 단일언어 정책을 펴는 폐쇄주의 국가와 한국어 강좌 개설과는 거리가 멀다고 생각되는 국가다. 이런 나라와는 외교적 접촉을 해야 한다. 실제로 한국어가 미국의 SAT Ⅱ에 들어가게 되는 데도 외교적 노력이 있었다. 그리고 미국의 SAT Ⅱ, 호주의

HSC, 일본의 센터시험과 같이 아직 대학 입학시험에 한국어가 채택되지 않은 나라와는 이에 대한 교섭도 해야 한다. 대학 입시 과목으로 채택되면 그만큼 한국어가 확산될 수 있기 때문이다. 그리고 이러한 한국어 교육기관에는 물심양면의 지원을 하여 당국이나 학습자가 한국어교육을 하고, 교육을 받는데 불편이 없도록 해야 한다. 한 예로 일본의 경우를 보면 전문가를 파견하고, 교원연수를 하는가 하면, 교재지원까지 아낌없이 하고 있는 것으로 알려진다. 그리고 한국어 세계화의 지도자는 한국에서의 연수와 한국 체험의 기회를 주어 응분의 보상을 받도록 해야 한다. 이러한 선의의 지원은 한국 언어문화의 교육 및 보급이란 역보상(逆補償)으로 보답될 것이다.

다섯째, 한국 언어문화 학습에 대한 유인책(誘引策)을 마련한다.

학습은 욕구가 있어야 하게 된다. 선진 강대국의 언어문화의 학습은 나라나 개인이 필요하다고 생각하여 하는 것이다. 강대국의 언어는 권면을 하지 않아도 수용자가 스스로 알아서 선택하게 되어 있다. 그러나 한국어의 경우는 앞에서 언급한 바와 같이 아직은 많은 경우 그렇지 못하다. 당국이나 예비 학습자로 하여금 그 필요성을 깨닫게 해야 한다. 그것이 유인책이다. 이러한 유인책은 무엇보다 실리적인 것이 바람직하다. 장학금 수여, 취직 보장, 한국 유학 등의 혜택을 주는 것이다. 지난날 대우(大宇)가 폴란드에서 한국어를 구사할 수 있는 사람을 스카웃하여 우대한 결과 한국어교육이 고조되었다는 사실은 매우 시사적이다. 오늘날 중국의 한국학과에 학생이 몰리는 것도 취업이란 유인 요소가 있기 때문이다. 이 밖에 양국의 역사적 관계, 한국의 훌륭한 문화 예술을 소개하여 관심을 갖게 하는 방법도 있다. 한류를 통한 한국어 학습이 이러한 것이다. 한국, 한국문화를 현지어(現地語)로 소개하는 책자도 많이 발간하여 한국과 한국문화를 접할 수 있는 기회도 많이 제공해야 한다.

여섯째 한국어교육의 기반을 정비·확충한다.

한국어교육의 기반이라 할 교육과정, 학습 자료, 교수법, 교사가 전반적으로 아직 제대로 정비·확충되지 못하였다. 교육과정은 교수·학습의 기본이 되는 것이다. 그런데 국가적 수준의 교육과정이 제정되어 있지 않다. 이는 학습자의 흥미와 욕구를 고려해서 구안해야 하는 것이 아니다. 한국어의 구조와 기능, 그리고 학습단계를 고려해 객관성 있게 체계화하여 구안하면 된다. 그런데 이것이 편성되어 있지 않아 교육 및 평가가 제대로 이루어지지 못하고 있다. 학습 자료는 대학 교재의 경우는 그런대로 무난하나, 일반 학습 자료는 많은 문제를 안고 있다. 그것은 교육과정이 마련되어 있지 않아 부실한 것도 있고, 현지 사정으로 말미암아 수준 미달의 것도 있다. 한국에서 제작한 범용교재(汎用敎材)나 이의 번역본은 바람직한 것이 못 된다. 교재는 대조언어학적 연구를 바탕으로 현지어를 배려한, 현지 사정에 부합한 것이 제작되어야 한다. 따라서 이는 한국과 현지 전문가가 공저하는 것이 바람직하다. 또한 학습자가 다양해지고 있으므로 학습 자료는 학습목표나 학습단계에 따라 다양한 것이 개발되어야 한다. 교수법은 독자적인 방법을 꾸준히 모색하고 있고, 우선은 외국어 교수법을 원용, 또는 변용 활용하고 있어 크게 문제가 되지 않는다 할 것이다. 이와는 달리 교원은 자격을 갖춘 유능한 인재가 부족해서 문제다. 중국, 독립국가연합 등지에는 교사 양성 기관이 부족하나마 개설되어 있다. 그러나 기타 해외 지역에는 교사 양성 기관이 거의 전무한 상태다. 따라서 우선은 한국에서 이중언어를 구사할 수 있는 한국어 교원을 양성하여 현지에 파견하는 방법이 바람직할 것이다. 그 다음 현지인을 연수, 현장에 투입하는 방법을 강구하도록 할 일이다.

그리고 여기 부언할 것은 한국어교육의 장(場) 마련이다. 한국어 학습을 하려고 하여도 교육의 장이 가까이 있지 않으면 교육을 받을 수 없다. 따라서 앞에서 언급한 한국어 세계화의 전초기지를 많이 개설해야 한다. 그리고 또 하나 지리적, 시간적으로 불편한 사람들을 위하여 원격교육(遠隔敎育)을 받을 수 있는 방법이 모색돼야 한다. 그러기 위해서는 우선 방송을 활용하도록 할 것이고, 웹 등 인터넷을 적극 원용하는 방법을 강구하도록 해야 한다.

일곱째, 해외 중·고등학교의 한국어교육을 강화하도록 한다.

한국어교육은 현재 주로 대학을 중심으로 이루어지고 있다. 앞에서 살펴본 바와 같이 여러 대학에 한국학과(한국어문학과)가 설치되어 있는가 하면, 많은 대학이 한국어를 선택과목으로 개설하고 있다. 그런데 이러한 대학의 교육은 중·고등학교 교육과 연계될 때 좀 더 효과를 거둘 수 있다. 연계되지 않을 때는 교육이 부실하거나 어렵게 된다. 따라서 많은 중·고등학교에서 한국어를 교육할 수 있도록 해야 한다. 중·고등학교의 한국어교육 후원 사업을 하는 것의 하나가 SAT II 한국어 후원회의 활동이다. 여기서는 중·고등학교에서 한국어를 많이 가르치도록 정치적 경제적 후원을 하고 있다. 미국에서는 2000년 National Flagship Language Initiative(NFLI) 법안이 통과되고 National Security Education Program, 곧 Flagship Scholarship을 발표하였는데 이때 8개 언어 가운데 하나로 한국어가 선정되었다. 8개 언어는 아프리카어, 아랍어, 중앙아시아 터키어, 중국어, 힌디/ 우루두어, 한국어, 페르시아어, 러시아어어이다. 이들은 국가안보, 국제경쟁력 강화, 국제교류의 증진을 위해 보다 외국어 교육을 강화하고자 선정한 것이다. 그리고 2004년에는 Bush Grant의 Foreign Language Assistant Program(FLAP)의 6개 외국어 가운데 하나로,

2008년에는 National Security Language Initiative의 10개 언어 가운데 하나로 한국어를 포함시켜 미국에서 배워야 할 중요한 언어로 규정하였다. 그럼에도 한국어는 아직 대학에서 학점을 인정하는 AP가 아니기 때문에 미 연방 정부에서 중요한 외국어로 인정하고 있음에도 많은 학생이 수강하지 않고 있다. 그리하여 최근에 한국어를 초·중·고등학교에서 AP로 인정하는 정규과목으로 채택하게 하려는 한국어정규과목채택추진회가 미국에서 결성된 바 있다. 어떤 언어가 중·고등학교의 정규 외국어 과목으로 채택되느냐 않느냐는 그 언어 교육의 발전과 밀접한 관계를 갖는다. 따라서 한국어가 많은 중·고등학교에서 정규 외국어 과목으로 채택되도록 외교적 노력과 함께, 과목 개설을 유도·후원하는 사업을 해야 한다. 이는 미국만에 국한 된 문제가 아니다. 세계적으로 한국어가 중·고등학교에서 정규 외국어 과목으로 채택되어 많은 학생이 수강할 수 있도록 정치·외교 및 경제적 노력을 기우릴 필요가 있다. 그렇게 함으로 중·고등학교의 한국어교육이 강화되고, 이것이 대학 교육으로 이어지며 세계화(世界化)의 길로 나아가게 해야 한다.

여덟째, 다문화 가정 및 외국인 근로자에 대한 교육이 쌍방향으로 이루어지도록 한다.

결혼 이민자, 취업 이민자에 대한 교육은 이를 위한 기구가 만들어지고, 교재가 편찬되고, 지도자가 양성되는 등 어느 정도 틀이 잡히고 있다. 그러나 이 정도로는 부족하다. 이들의 교육에 여러 부처가 관여하고 있는 것도 검토되어야 한다. 공연한 중복과 경제적 낭비를 초래하게 할 필요는 없기 때문이다. 한 기관이 정책을 입안하고, 교육을 총괄하여 체계적으로 집행하는 것이 바람직하다. 다문화 가정이나 취업 이민자의 교육은 흔히 쌍방향이 아닌, 일방적 교육이 이루어지고 있다. 한국인 며느리나, 한국인 노동자를 만드는 데 시종하고 있는 것이다. 그렇게 되면 그것은 다문화 교육이 아니다. 고통스러운 일방적 동화교육(同化敎育)이다. 상호주의 원칙에 의해 서로의 언어와 문화를 교육하고, 상호간에 서로를 잘 이해하는 교육이 되도록 하여야 한다. 그래야 "나"와 "너"를 구별하지 아니하고, "우리"가 되는 교육이 된다. 더구나 다문화 가정은 이러한 교육을 할 때 이중언어인(二重言語人), 이중문화인(二重文化人)을 기르게 되어, 양국의 가교 역할을 할 인재를 양성할 수 있다. 특히 다문화 가정의 자녀교육이 그러하다. 이는 물론 쉬운 일은 아니다. 그러나 이는 마음가짐 하나로 쉽게 이루어 낼 수 있는 일이기도 하다.

아홉째, 우리말, 우리글에 대한 자부심을 갖게 한다.

한국어 세계화의 주체인 우리는 우리말, 우리글에 대해 자부심을 가져야 한다. 그래야 한국어의 세계화를 잘 할 수 있다. 우리말은 앞에서 언급한 바와 같이 세계 10대의 언어에 들어가는 큰 언어요, 700만 동포가 175개 나라에 나가 살며 사용하는 말이다. 거기에다 우리말은 2007년 유엔 산하 세계지식재산권기구의 공식 언어로 채택된 국제기구의 공식 용어이기도 하고, 앞에서 본 바와 같이 미국에서는 Flagship Scholarship 등 학습해야 할 중요한 외국어 가운데 하나로 선정되어 있는 언어다. 그리고 우리의 문자는 세계가 공인하는 과학적이고 독창적인 문자다. 이는 문자 메일의 편리성이 증명해 주고 있는 것이다. 그러기에 유네스코는 세종대왕 탄신일을 세계문맹 퇴치일로 정하고, 문맹퇴치 상을 "世宗大王 文解賞"이라 명명까지 하였다. 이렇게 우리의 말과 글은 세계화하기에 부족함이 없는 것이다. 그런데 우리는 우리말과 글의 가치와 소중함을 제대로 알지 못하고 방치해 왔다. 우리 언어문화를 바로 알고, 또한 이에 대해 자부심을 가져야 한다. 그러기 위해서는 우리말을 제대로 알아야 하겠고, 정서법도 제대로 알아야 하겠다. 그리고 세계화의 역군이 되어 우리의 훌륭한 민족문화를 선양할 뿐 아니라, 상호간에 문화를 교류함으로 친선을 도모하고 세계 문화발전에 기여하며 공공영(共存共榮)하는 삶을 누리도록 해야 한다. 한글을 문자가 없는 국가나 민족에 표기 수단으로 보급하는 것도 바람직한 한국어 세계화의 한 방법이다. 한글이 최근에 인도네시아의 바우바우시의 찌아찌아족 언어를 기록하는 문자가 되고, 나아가 바우바우 시의 중・고등학교에서 한국어교육을 하게 된 것은 이의 한 좋은 예라 할 것이다.

5. 결어

현대는 국제화 시대요, 세계화 시대이며, 다문화 시대이다. 따라서 내 나라, 내 민족, 그리고 고유문화만을 고집하며 살 수는 없는 시대다. 상호간에 문화를 교류하며 서로 돕고 살아야 하는 다문화시대다.

우리는 이제 겨우 한국어 세계화의 날갯짓을 하기 시작하였다. 한국어의 세계화는 언어제국주의를 지향하자는 것이 아니다. 호혜성을 전제로 언어문화를 교류함으로 상호 이해의 폭을 넓혀 친선을 도모하고, 다문화 사회에서 공존공영하자는 것이다. 역사적으로 우리는 남의 문화 혜택을 적지 않게 받은 민족이다. "한류"의 바람이 분다고 한다. 이제 지난날의 문화의 빚을 갚고, 수혜(受惠) 아닌 시혜(施惠)를 함으로 세계문화 발전에 이바지해야 한다. 언어문화의 상호교류를 통해 다문화사회에 기여하고, 세계문화 발전에 기여하는 것이다.

그간 우리는 약간의 한국어 세계화 정책을 편 바 있고, 성과도 약간 거두었다. 초기에 한국어 능력시험 지원자가 2천여 명에 불과했는데,

2009년에 약 20만이 된 것은 이의 한 증거다. 그러나 앞으로 한국어 세계화 정책을 추진하기 위해서는 반성해야 할 면도 적지 않다. "한국어 세계화와 한국어교육의 방안"에서는 이러한 문제를 다루어 바람직한 한국어 세계화의 길을 모색해 보았다. "한류"에 역풍이 불듯, 한국어를 세계화함에 있어서도 역풍이 불지 말라는 법이 없다. 이런 경우엔 자문화(自文化) 우월주의를 버리고 다문화사회의 관용과 포용의 정신으로 차분히 대처해야 한다. 단일민족, 고유문화의 울타리 속에 갇혀 산 우리는 관용정신이 너무 부족하다. 'International mind'를 배워야 한다. 미국이나 중국 등 다민족, 다문화 사회의 포용정신을 배워야 한다. 그래야 옹졸하지 않은 큰 나라, 세계적 문화민족이 된다.

문화는 상호 교류되어야 한다. 일방적인 주입이 되어서는 곤란하다. 쌍방향으로 교류해야 한다. 그리하여 이문화(異文化) 세계를 하나의 가족으로 품어 다문화의 꽃을 피워 내야 한다. 그러기 위해서는 나와 다른 것을 배척할 것이 아니라, 관용의 정신으로 양보하고 포용해야 한다. 세계화는 서로 공유하는 것이다. 그래서 공존공영하도록 해야 한다. 호혜의 문화 공동체를 형성해야 한다.

참고문헌

국립국어원(2007), 2007 세종학당 백서, 국립국어원.
국립국어원(2008), 한국어교육 국내외 웹사이트, 가삼.
문화관광부·국립국어원(2007), 세종학당 운영 길잡이, 문화관광부·국립국어원.
박갑수(2005), 국어교육과 한국어교육의 성찰, 서울대학교 출판부.
하영선 외(2000), 국제화와 세계화, 한국·중국·일본, 집문당.
한국국제교류재단(2007), 해외한국학백서, 을유문화사.
Porter R.E., L.A. Samovar(1991), Basic Principles of Intercultural Communication, Wadsworth Publishing Company.
梅棹忠夫(1988), 日本と日本文明, くもん出版.
박갑수(2007), 한국문화의 세계화와 그 방안, 충남대학교 인문과학연구소, 인문학의 원형과 문화, 심지(2009).
박갑수(2009), 한국어교육의 현황과 발전방향, 한국어교육, 서울대 사대 외국인을 위한 한국어교육 지도자과정.
박갑수(2010), 한국어 세계화 정책의 현황과 과제, 한국어교육연구 제5호, 배재대학교 한국어교육연구소.
서아정(2004), 해외 각급학교별 KFL 교육현황, 국제한국언어문화학회 제1차 국제학술대회 논문집.
손호민(2009), 플래그십 언어교육 패러다임과 한국어교육, 2009년 국제학술회의 언어습득 이론 및 간문화 이론과 한국어교육, 국제한국언어문화학회.
조항록(2005), 정책의 연구사와 변천사, 국제한국어교육학회(2005), 한국어교육론 1, 한국문화사.
최용기(2008), 한국어 교육의 현황과 세종학당 운영방향, 다중의 시대, 언어 소통 기획, 문화관광부·국립국어원.

■ 이 글은 연변대학교 과기학원 한국학연구소 개원 10주년 기념 학술회의 "한국학과 동아시아 문화"(2010. 5. 28)에서 발표된 것으로, 한국어교육연구, 제14집(서울대학교 외국인을 위한 한국어교육 지도자과정, 2010)에 게재된 논문이다.

 한국어의 세계화, 그 실상과 새로운 추진 방안

1. 서언

 나는 1960년대 말 이런 생각을 한 적이 있다. 우리가 해외여행을 자유로이 할 수 있는 날이 올 수 있을까? 자가용 시대는? 그리고 한국어를 외국어로서 가르치는 날은? 당시에는 이런 것들이 불가능해 보였다. 그러나 이들은 지금 다 이루어졌다.

 이 세상에 존재하는 약 3,000개의 언어 가운데 한국어는 그 사용 인구로 볼 때 세계 15위 안에 드는 큰 언어다. 인구수는 세계 25위다. 따라서 약소민족의 언어가 아니다. 더구나 우리는 700만 재외동포가 175개국에 나가 살고 있는 재외동포 대국이다. 거기에다 10대의 경제대국이기도 하다. 따라서 한국어는 국제적인 언어, 세계적인 언어가 되기에 손색이 없다 하겠다.

 우리는 단일민족(單一民族)이란 의식이 참으로 강하다. 그리고 이 단일민족이란 의식은 우리에게 자민족중심주의(自民族中心主義), 자문화중심주의(自文化中心主義)란 폐쇄적이고 배타적인 경향을 우리 의식 속에 심어 놓았다. 지난날에는 민족이나 국가 간의 교류·소통이 활발하지 않았다. 오히려 고립적·독립적이었다. 이런 시기에는 폐쇄적 민족주의가 흠이 아니었다. 그러나 오늘날과 같이 개방의 시대, 더 나아가 세계화 시대, 다문화 시대에는 폐쇄적 민족주의만을 고집해서는 곤란하다. 그렇게 되면 민족이나 국가의 존립 자체가 어려워진다. 이는 우리 근세사가 잘 설명해 준다. 서로 소통하고, 언어·문화를 교류하며 어울려 살아야 한다. 차이를 인정하며 폐쇄 아닌, 양보와 포용의 자세로 협동해야 한다.

우리는 일일 생활권이란 지구촌(地球村) 시민으로 살아가고 있다. 인간 생활의 대원칙은 협동에 있고, 이는 언어에 의해 이루어진다. 개인이나 민족이나 간에 언어문화를 교류하게 되면 상호 이해하고 신뢰하게 되어 우호관계가 성립된다. 그리고 협동을 하고 사회 문화적으로 상호 발전하게 된다. 세계화(世界化) 시대, 다문화(多文化) 시대를 슬기롭게 살아가기 위해서는 한국의 언어·문화를 세계화해야 한다. 그렇게 함으로 상대방 민족이나 국가와 친선을 도모하고, 문화 발전을 기약해야 한다. 이렇게 되면 한국의 국가 브랜드의 가치도 높아져 경제적 효과도 거두게 될 것이다.

여기서는 이런 의미에서 강대국의 언어제국주의(言語帝國主義) 속에 한국어가 살아남고, 나아가 폐쇄 아닌, 열린 자세로 복된 삶을 누리기 위해 언어문화를 교류하며 세계화하는 방안을 모색해 보기로 한다. 특히 종전에 거론된 세계화의 방안들은 일단 접어두고, 새로운 추진방안(推進方案)을 제시해 보기로 한다. 그러나 이는 기발한 방안의 모색이 아니라, 미처 생각지 못한, 그러면서도 한국어 세계화의 핵심적 방안이라 할 것들이다. 따라서 논의는 우선 한국어 세계화를 활성화하기 위해 그 정책과 실상을 살피고, 나아가 한국어 세계화의 새로운 방안을 모색하게 될 것이다. 다만 여기서 밝혀둘 것은 이 글에서는 한국어 세계화의 새로운 방안 모색에 중점을 두어 한국어 세계화 정책과 실상에 대해서는 이미 논의된 박갑수(2010a) 및 박갑수(2010b)에 주로 의지하게 될 것이라는 것이다.

2. 한국어의 세계화 정책

한국어의 세계화 정책을 살피기 위해서는 우선 "세계화"의 개념부터 알아보아야 한다. 그것은 "세계화"라는 말이 다양한 개념으로 쓰여 혼란을 빚고 있기 때문이다.

오늘날 "세계화(globalization)"는 새로운 세기의 문화와 문명의 기준으로 활발하게 각계에서 논의되고 있다. 이러한 세계화의 개념을 허영선 외(2000)는 다음과 같이 들고 있다.

> 첫째, 국제화(internationalization)와 같은 개념으로 쓰인다.
> 둘째, 어떤 사실의 지리적 공간 확대로서의 지구화를 의미한다.
> 셋째, 정치적, 문화적, 경제적 지배를 의미한다.
> 넷째, 19세기 중반에 추진하던 근대문명의 기준인 부국강병의 추구를 의미한다.
> 다섯째, 자본주의 체제 중심 세력들이 주변 세력을 종속화하는 과정을 의미한다.
> 여섯째, 신문명의 기준으로서 "복합화"를 의미한다.

세계화는 대상에 따라 다소간에 그 개념을 달리한다. "한국어의 세계화"는 위의 개념으로 볼 때 첫째, 둘째 유형에 해당하는 것으로 볼 수 있다. 한국어를 지리적·공간적으로 널리 보급해 "지구화"하는 것을 의미하기 때문이다. "한식의 세계화"와 같은 개념이다. 언어문화를 같이 하는 공통화(共通化), 한국어의 매개어(媒介語)화를 추구하는 것이다.

그러나 하나의 매개어가 강요될 때에는, 언어 제국주의(帝國主義)가 된다. 그래서 각국은 자국어 중심의 문화권(文化圈)을 형성하려 한다. 영·미·독·불 등의 국제 문화조직이 이런 것이다. 특정언어에 의한 언어적 제국주의를 원치 않기 때문에 자국어(自國語)를 매개로 한 문화권을 형성하려 하는 것이다. 따라서 이미 몇 개의 언어를 중심으로 커다란 부분문화권이 형성된 바 있다. 이는 하나의 언어에 의한 언어적 제국주의를 지양하여 다문화(多文化)를 지향하려는 것이다. 이의 대표적인 것의 하나가 영어의 세계적 지배에 대하여 옛 프랑스령 나라들이 프랑스어를 공통어화(共通語化) 하기 위해 탄생시킨 OIF(Organisation Internationale de la Francophonie : 프랑스어권 국제기구)다. 이는 프랑스어를 공유하는 국가들의 기구(68개국 가운데 29개 아프리카, 3개 아시아 국가 포함)로, 이들 국가는 영어의 세계적 지배에 맞서 프랑스어의 사용 증진을 본질적인 축으로 하며, 언어의 다양성을 증진하고자 한다. 이들은 문화의 다양성과 다언어 병용(並用)을 옹호하고자 한다(梅棹, 1988).

자국어 세계화는 그 나름의 이유를 지닌다. 이는 다음과 같은 것을 들 수 있다.

- 세계에 보급하여 다문화를 형성(언어제국주의 지양)
- 국가 브랜드 가치 향상
- 자국어에 의한 문화지배
- 언어 소멸에 대한 대비

세계화는 문화적 연대를 원하는 나라의 자주성을 중시하며, 서로 손해를 보지 않는 호혜성(互惠性)을 전제해야 한다. 특정 언어가 지배하는 것이 아닌, 자국어의 문화권을 만드는 것이다.

한국어를 세계화한다고 할 때에도 자칫하면 오해를 부를 수 있으므로

주의하여야 한다. 그것은 19세기 침략주의·식민주의 시대와 같이 문화
제국주의(文化帝國主義), 언어제국주의(言語帝國主義)를 지향하는 것으로 오
인될 수 있기 때문이다. 특히 우리보다 후진국에 세계화할 때 그러하다.
그러나 우리의 세계화는 물론 그런 의미가 아니다. 문화를 상호 교류함
으로 서로 이해하고, 친선 우호적 관계를 도모하는 문화권을 형성하자는
것이다. 언어와 문화를 이해하지 못할 때는 서로 상대방을 경계하게 된
다. 그리고 언어와 문화의 상호교류는 상승효과(上乘效果)를 보여 그 문화
를 고양(高揚)하고, 발전시키게 된다. 이의 단적인 예는 사라센 문화, 중
국 주변의 한자문화에서 잘 볼 수 있다. 우리 언어문화의 세계적 보급,
광역화는 좀 더 폭넓은 친한 이웃을 만들고, 다문화 사회에 기여하자는
것이다.

그간 한국어 세계화 정책(政策)은 별로 수립되지 않았다. 수립된 것이
있다 해도 별로 드러나지도 않았다. 그도 그럴 것이 정책이나, 법령에
"세계화"라는 말이 별로 쓰이지 않았고, 거둔 성과도 이렇다 할 것이 없
었기 때문이다. 정책적으로 사용된 것은 문민정부 때의 "세계화추진위원
회"와, 언어에 대한 것으로 "한국어의 세계화"란 말이 좀 쓰였을 뿐이다.
문화예술진흥법(1972, 1982, 2005, 2006) 시행령 제11조의 "한국어의 세계
적 보급", 1998년에 활동하기 시작한 "한국어세계화추진위원회", 그리고
이어서 2001년 설립된 "한국어세계화재단"에 "세계화"란 용어가 쓰인
것 등이 고작이다.

이 가운데 "한국어세계화재단"은 명실 공히 한국어 세계화 사업을 하
기 위해 설립된 최초의 민간 기구다. 여기서는 한국어교육을 위한 초급
교재를 간행하고, 한국어 교육능력 인증시험 등을 실시하였다. 그런데
경제적 사정으로 "국내 및 국외의 한국어 진흥 및 보급에 관한 사업" 등
정관에 보이는 "재단에서 하는 일"을 제대로 수행하지 못하였다. 최근에

는 세종학당 계획을 수행하게 되며 재단 본래의 업무를 실질적으로 추진하고 있다.

그 뒤 2005년에 국어기본법(國語基本法)이 제정 공포되며, 세계화라는 용어는 쓰이지 않았으나, 국어발전 기본계획 속에 "국어의 국외보급에 관한 사항"을 담게 되어 있고(제62조 6항), 동법 제19조에서 국가는 국어를 배우고자 하는 외국인이나, 재외동포를 위하여 국어의 보급에 필요한 사업을 시행하도록 한다는 것을 명문화하고 있다. 이는 한국어 해외 보급에 대한 법령으로 대표적인 한국어 세계화 정책을 규정한 것이라 하겠다.

또한 2005년에는 국외의 한국어 진흥사업을 체계적이고 효율적으로 추진하기 위해 국무총리실 주관으로 정부 부처와 관계 기관으로 구성된 "한국어 국외 보급 사업 협의회"도 발족시켜 운영한 바 있다.

한국어 세계화는 이러한 과정을 겪으며 본격적 단계로 접어들었다. 그것은 2007년부터 국어기본법에 따라 새로운 정책으로 세종학당(世宗學堂) 계획을 추진한 것이다. 문화부는 2007년부터 한국 언어·문화를 확산하고자 세종학당 설립 계획을 세웠다. 이는 영국의 British Council, 미국의 American Center, 독일의 Goethe Institute, 프랑스의 Allience Francaise, 일본의 국제교류기금(The Japan Foundation), 중국의 공자학원과 성격이 유사한 기구이다. 세종학당의 성격은 "개방형 한국어 문화학교"로, "한국어와 한국 문화를 보급하는 사회교육원 형태의 현지 교육 시설"(문화부·국립국어원, 2007)이다. 이의 설립 목적은 문광부·국립국어원의 "세종학당 운영 길잡이"(2007)와 국립국어원의 "2007 세종학당 백서" 등에 다음과 같이 제시되어 있다.

- 문화상호주의 원칙에 입각한 쌍방향의 문화교류와 이해 촉진
- 지식인 중심의 엘리트 교육에서 탈피, 대중적 한국어교육의 확대

- 국가 간의 문화적 연대와 공존을 위한 교류협력 증진

이러한 설립목적은 "2007 세종학당 백서"의 운영 세부 지침에서 좀 더 구체적으로 개정되었다.

그리고 세종학당의 교육 목표는 다음과 같이 규정하였다.

- 표현 이해 중심의 한국어 능력 향상
- 현지 일반 대중을 위한 한국어교육의 확대
- 양국 문화가 충실히 반영된 교재를 활용한 문화 교류 증진
- 한국어 한국 문화 통합 교육으로 전 세계에 한국 홍보 효과 증대

세종학당은 이와 같이 쌍방향의 문화교류를 통해 한국의 언어와 문화를 가르치고자 하는 현지 교육 시설이다. 이 정책은 현 정부에 들어와 좀 더 강화되었다. 국가브랜드위원회를 설립하고, 10대 우선 추진과제의 하나로 "한국어 해외보급의 확대"를 작정한 것도 이러한 것이다. 세종학당은 현재까지 중국, 몽골, 중앙아시아 등 34개국에 75개소 설치되었다. 지역별 설치 현황을 보면 다음과 같다(한국어세계화재단, 2012).

대륙	문화원 세종학당	소계 (19개소)	대학 세종학당	소계 (56개소)	합계 (75개소)
아시아	중국(2), 일본(2) 베트남(1), 필리핀(1) 인도네시아(1) 카자흐스탄(1)	8	중국(15), 몽골(2), 베트남(4) 필리핀(3), 태국(3), 인도네시아(1), 캄보디아(1) 카자흐스탄(2), 타지키스탄(1) 우즈베키스탄(1), 인도(1) 네팔((1), 방글라데시(1) 스리랑카(2), 터키(3) UAE(1), 대만(1)	43	51개소

대륙	문화원 세종학당	소계 (19개소)	대학 세종학당	소계 (56개소)	합계 (75개소)
유럽	독일(1), 러시아(1) 영국(1), 폴란드(1) 프랑스(1), 스페인(1)	6	독일, 러시아(2), 영국(1) 프랑스(1), 벨기에(1)	6	12개소
아메리카	미국(2) 아르헨티나(1)	3	미국(2), 캐나다(1), 페루(1)	4	7개소
아프리카	나이지리아(1)	1	짐바브웨(1), 케냐(1), 알제리(1)	3	4개소
오세아니아	호주(1)	1			1개소

세종학당은 금년 하반기에 15개소가 추가로 설치될 예정이어 연말까지 90개소로 늘어나게 되어 있다. 한국어 세계화재단은 세종학당을 2015년까지 모두 500개소까지 늘린다는 계획이다.

이러한 세종학당에 대한 정부의 발전방향은 "한국어 세계화 기반 구축, 문화국가 한국의 위상 강화"를 위해 다음과 같은 삼대 목표를 설정하고 있다(세계화재단, 2012a).

1. <학습자> 접근성 확대
2. <교육 내용> 표준화·체계화
3. <교원> 전문성 강화

세종학당의 실제 운영은 한국문화원과 연계하여 한국어학과가 개설된 현지 대학이나, 한국학교 및 한글학교에서 맡고, 기존 기관의 시설을 이용하기로 하였다. 세종학당의 설립은 제1단계에 동북아시아 및 중앙아시아 지역에 하고, 제2단계에 동남아시아 및 서남아시아 지역에 하기로 하였다. 아시아권은 다른 지역에 비해 한국과 경제·문화적으로 밀접한 관계가 있으므로, 우선 보급하고 나아가 한국어를 국제공통어(國際共通語)

로 발전시키고자 하는 기도라 할 것이다. 이러한 블록 문화권의 형성은 한국어 세계화에 이바지하고, 문화산업 시장의 확대 등의 효과를 거두게 할 것이다. 그러나 이는 생각처럼 쉽게 이루어지지는 않을 것이다. 국립국어원은 이러한 세종학당에서 사용할 교재도 범용교재(汎用教材)로 편찬하여 중국어·태국어·베트남어·몽골어 등등 여러 나라 말로 번역·제작한 바 있다. 범용교재(汎用教材)의 번역본이라 "양국문화가 충실히 반영된 교재로" 언어·문화의 통합교육을 지향한다는 "교육목표"와는 거리가 있으나 아쉬운 대로 다행한 일이다.

이 밖의 한국어 세계화 정책은 구체적으로 한국어교육을 수행하는 과정에서 구체적으로 나타나게 되므로, 이에 대해서는 다음 장 "한국어 세계화의 실상"에서 살펴보기로 한다.

3. 한국어 세계화의 실상

3.1. 정부 관련 기구에서의 한국어교육

문헌상 한국어교육은 일본에서 처음 시작된 것으로 나타난다. 續日本記의 다음과 같은 기록이 그것이다.

乙未 令美濃·武藏二國少年 每國二十人 習新羅語 爲征新羅也

신라 경덕왕(景德王) 때 일본에서 신라를 정벌하기 위해 신라어를 일본 소년들에게 가르쳤다는 기록이다. 그 뒤 근대에 접어들어서도 한국어교육은 우리가 세계화를 미처 생각하기도 전에 국제정세의 변화로 이방(異邦)의 현장에서 먼저 꾀해졌다. 그리하여 교육과정도 없이 부족한 교사를 가지고, 교재도 제대로 갖추지 못한 가운데 교육이 행해졌다. 이러한 사정은 오늘날 크게 나아졌지만 아직도 많은 문제를 안고 있다. 교육과정은 아직도 국가수준의 것이 마련되어 있지 않으며, 학습 자료는 3,000여 종이 개발되었다고 하나(진대연 외, 2009) 역시 아직 취약한 형편이다. 거기에다 자격을 갖춘 교사는 매우 부족하다. 이러한 열악한 교육환경은 빨리 개선되어야 하겠다.

한국어가 교육의 대상이 된 것은 물론 국력이 신장됨에 말미암은 바 크다. 국력이 신장되며, 한국의 언어와 문화에 관심을 가지게 된 것이다. 이러한 현상은 순수한 외국인은 말할 것도 없고, 재외동포들까지도 그러하였다.

정책적으로 수행되는 한국어의 해외 보급, 곧 정부의 한국어 세계화 사업은 현재 문화체육관광부, 교육과학기술부, 외교통상부, 노동부, 여성가족부 등에서 관장하고 있다. 이들의 업무는 중복되어 문제가 되었으나, 오늘날은 대체로 분화되어, 문화관광부는 외국인의, 교육인적자원부와 외교통상부는 재외동포의, 노동부는 취업 이민자의, 여성가족부는 결혼 이민자의 교육을 담당하고 있다. 이들 정부기관 및 그 산하기관에서는 물론 정책을 수립하고, 실제 한국어교육은, 특히 외국에서의 교육은 대체로 현지의 한국학교, 한국교육원, 한글학교 등이 맡고 있다. 주요 기관의 한국어교육 관련 주요 업무를 간단히 살펴보면 다음과 같다.

문화부(文化部) 산하 기관인 국립국어원은 세종학당 운영 사업과 다문화 가정 한국어교육 계획과 운영을 맡고 있다. 한국어세계화재단은 앞에서 언급한 바와 같이 한국어 교재 개발 및 보급과 교육능력시험을 담당하고 있고, 세종학당 계획을 수행하고 있다. 교과부(敎科部) 산하의 국립국제교육원은 주로 재외동포 자녀 모국 방문 사업과, 교육과정평가원이 수행하던 한국어능력시험을 담당한다. 이 밖에 한국학술진흥재단에서는 한국학 및 한국어 연구를 지원하는 업무를 맡고 있다. 외교통상부(外交通商部) 산하의 재외동포재단은 재외동포를 대상으로 한 민족교육 지원 사업을 담당한다. 한국국제교류재단은 해외 한국어 학습 기회 확대 사업 및 펠로우십(fellowship) 제도를 통한 한국학 관계자를 초청하고, 연구 및 연수하는 일을 지원한다. 한국국제협력단(KOICA)은 연수생 초청 사업과 한국어교육 봉사단 파견 업무를 수행한다. 여기서는 주로 저개발국이나 개발도상국에 단원을 파견하고 있다.

일선에서 교육을 담당하고 있는 현지 교육기관은 매우 빈약하다. 교육관 5개국 11명, 한국교육원 14개국 35개원, 한국문화원 9개국 12개원, 한국학교 14개국 26개교, 한글학교 106개국 2,072개교다(박갑수, 2010). 민간기구인 한글학교를 제외한 한국 정부의 기구는 일본의 총련계 초·중·고교가 1993년에 149개교, 2004년에 130개교라는 것을 상기하면 더욱 빈약하다는 느낌을 감출 수 없다(박갑수, 2009). 한글학교를 포함한 이들 교육기관은 주로 재외국민을 교육 대상으로 하고 있어 진정한 의미의 한국어 세계화와도 거리가 있다.

한국 정부가 아닌, 현지 정규학교에서 재외동포, 그것도 외국국적동포를 대상으로 한 한국의 언어·문화 교육을 하고 있는 것도 볼 수 있다. 중국의 조선족 자치주(自治州)의 조선족 학교가 평등원칙에 따라 민족어를 가르치고 있는 것이 그것이다. 이는 조선족이 외국국적동포이므로 현지 공교육 기관에서 한국어 세계화를 해 주고 있는 것이 된다. 일본의 조선족 학교는 1,000여개에 달한다. 총련계 조선학교는 "조선사람"으로서의 자각에 기초한 삶을 지향하는 민족교육을 하고 있어 북한의 입장에서 재외 국민교육을 하고 있는 것이다.

다음에는 앞에서 언급한 대표적인 한국어교육 관련 기관인 한국국제교류재단과 한국국제협력단(KOIKA)의 한국어 세계화 사업에 대해 약간 덧붙이기로 한다. 한국국제교류재단에서는 해외 대학의 한국어와 한국학 분야 교수직 신설을 지원한다. 교수직은 TTP(Tenure Track Position) 교수직과 기금 교수직(Endowed Chair)의 두 가지다.

한국국제협력단(KOICA)은 홈페이지에 의하면 지금까지 53개국 총 6,499명(NGO 해외봉사단원 포함)의 해외봉사단원을 파견하였다. 2010년의 평균 활동 인원은 1,800명(KOICA 1620명, NGO 180명) 내외이며, 이 가운데 한국어교육·유아교육·과학교육을 주요 직종으로 하는 교육 분야 관계자가 25%이다.

3.2. 외국 대학 등에서의 한국어교육

현재 국내(國內)에서는 약 60개 대학에 부설된 언어교육원과, 10여 개 사설학원 등에서 한국어교육이 행해지고 있다. 또한 한국어교육의 인력을 양성하는 기관인 대학의 학부와 대학원도 각각 10여개씩 설치되어 있다. 해외(海外)에는 서아정(2004)에 의하면 62개국 750개의 대학과, 8개국 1,525개의 초·중·고교에 한국어 강좌가 개설되어 있다. 이에 대해 한국국제교류재단의 "해외한국학백서"(을유문화사, 2007)의 "해외 한국학 강좌 개설 대학 현황 비교"에는 2005년 말 국가별 대학의 추정치라 하여 62개국 735개의 대학과, 실제로 조사한 55개국 632개 대학이 소개되고 있다. 실제로 조사가 안 된 곳은 개설 대학이 없는 것이 아니라, 조사 여건상 빠진 것이다. 추정치를 바탕으로 한 해외 한국학 강좌 개설 대학의 현황은 본서 493페이지에 제시한 바와 같다.

이들 국가들 가운데 한국학 강좌가 많이 개설된 곳은 중국, 일본, 미국, 러시아 등이다. 이에 이들 대표적인 지역의 한국어교육 기관에 대해 간단히 살펴보기로 한다. 한국어교육은 우선 "한류(韓流)"란 말도 있듯,

근자에 열풍이 대단하다. 이러한 현상은 특히 중국, 동남아, 몽고 등이 현저하다. 중국(中國)의 경우는 수교(修交) 이전에는 한국학과를 개설한 대학이 불과 5개였는데, 2009년도에는 4년제 대학의 한국어학과만 하여도 70여개에 이르며, 전문대학을 포함하면 180여개 대학에 이른다(동아일보, 09. 6. 5.). 동남아의 경우는 특히 취업 이민, 곧 코리안 드림으로 열풍이 부는 곳이다. 고용허가제 한국어능력시험(EPS-KLT)도 실시되고 있어 이런 현상은 앞으로 더 증가될 것으로 보인다(박갑수, 2005). 일본(日本)의 경우는 수교(修交) 이전 한국어 강좌가 개설된 대학이 5개에 불과했는데, 수교 이후 부쩍 늘어 위의 통계에 보이는 바와 같이 300여개 대학에 이르고 있다. 또한 일본에는 한국어 강좌가 고등학교에도 개설되어 있는데, 일본의 문부과학성의 발표에 의하면 한국어를 가르치는 일본의 고등학교가 10년 사이 배로 증가했다고 한다. 그래서 1995년 73곳에서 2005년 286곳으로 늘어나, 한국어는 영어 이외의 외국어로서는 프랑스어와 독일어를 밀어내고 중국어 다음으로 부상하였다고 한다. 일본 대입시험인 센터시험의 수험자 수도 영어, 중국어, 한국어의 순이라 한다(중앙일보, 07. 7. 12). 미국(美國)의 경우도 한국어교육이 활발하게 전개되고 있는 지역이다. MLA(Modern Language Association)에 의하면 미국에는 2006년에 125개 대학에 한국어교육 과정이 개설된 것으로, 손호민(2007)에 의하면 148개 대학에 한국어 강좌가 개설되어 있는 것으로 되어 있다. 1950년대 초에 한국어는 중국어 또는 일본어의 부수과정으로 개설되었다. 그러던 것이 1970년대에 학구적 대상이 되고, 1988년 서울 올림픽을 계기로 급속도로 확산되었다. 미국에도 중·고등학교에 한국어 강좌가 개설되어 있는데, 학교 수는 65개다. 독립국가연합(獨立國家聯合)도 한국어교육이 활발히 전개되고 있는 지역이다. 최근 유럽 최대의 러시아 국립사회대에서 장학생(학비 면제) 전원(500명)에게 부전공 필수과목으로 한국어를 이수하도록 결정했다(중앙일보(09. 6. 8))고 할 정도로 한국어교육이 부상하는 경향을 볼 수 있다.

이상 한국어교육의 실상을 국내외의 교육기관을 중심으로 살펴보았다. 한국어교육은 이러한 교육기관에서만 꾀해지는 것은 아니다. 사설기관에서도 행해지고 있고, 방송, 웹 등을 통해서도 행해지고 있다. 물론 개별적으로도 이루어지고 있다. 이렇게 한국어교육은 바야흐로 전성기에 접어들었다고 할 만하다. 그리하여 중국에서는 자고나면 한국어과가 생겨나는데 지금은 괜찮으나 이들을 사회에서 다 소화해 내지 못하면 어떻게 할지 앞날이 걱정이라는 즐거운 비명을 들어야 할 정도다.

4. 한국어 세계화의 새로운 추진 방안

한국어 내지 한국 언어문화의 국제화, 세계화는 이제 날갯짓을 하기 시작하였다. 따라서 우리는 오늘의 현실을 직시하고 내일을 내다보며, 한국어 세계화가 힘찬 발전을 할 수 있게 도와야 한다. 이에 다음에는 한국어의 국제화, 세계화를 추진함에 바람직한 방안을 모색·제시해 보기로 한다. 다만 서두에서 언급한 바와 같이 전에 논의되던 추진방법은 일단 잠정적으로 접어두고, 여기서는 그간 미처 생각지 못해 놓쳤던, 새로운 추진방안 몇 가지를 제기·논의하기로 한다.

첫째, 해외의 교육정책(教育政策)에 대응하여 적극적 조치를 강구한다.

한국어는 그 사용 인구로 볼 때 세계적 통용어가 되기에는 충분하다. 거기에다 앞에서 언급한 바와 같이 700만 재외동포가 175개 국가에 나가 살고 있어 그 가능성은 더욱 크다. 그런데 그간 우리는 한국어의 세계화에 대해 너무나도 무관심했고 소극적이었다. 프랑스를 비롯한 유수한 나라들은 그 동안 자국어 세계화를 위해 꾸준히 노력해 왔다. 그래서 2011년 현재 프랑스는 Allience Francaise를 137개국에 1,040개소, 영국은 British Council을 110개국에 250개소, 독일은 Goethe Institute를 83개국에 147개소, 중국은 공자학원을 91개국에 322개소, 일본은 국제교류기금을 20개국에 22개소를 개설하여(한국어세계화재단, 2012) 자국어, 또는 자국 문화를 열심히 세계화 하고 있다. 이러한 추세 속에 우리가 늦게나마 세종학당 계획을 세워 34개국, 75개의 세종학당을 설치한 것은 그나마 다행한 일이다.

근자에는 K팝 등 한류(韓流)의 바람과 코리안 드림의 열풍이 불고 있다. 거기에다 미국에서는 1966년 "21세기를 대비한 외국어 학습 기준"을 제정하여 외국어와 외국문화 교육을 강화한 이래, 2000년 Flagship Scholarship Language Initiative(NFLI) 법안을 통과시키고 National Security Education Program, 곧 Flagship Scholarship Plan을 발표하며 한국어 등 8개 언어를 안보 차원의 주요 언어로 선정하였다. 8개 언어는 (1)African languages, (2)Arabic, (3)Central Eurasian Turkic languages, (4)Chinese, (5)Hindu/Urdu, (6)Korean, (7)Persian, (8)Russian이다(손호민, 2009). 한국어는 국가 안보, 국가 경쟁력 강화, 국제교류 증진을 위해 이렇게 배워야 할 중요한 언어의 하나로 선정된 것이다. 이러한 추세는 2004년의 Bush Grant, 2008년의 National Security Language Initiative로 이어져 한국어는 계속 주요 언어로 선정되고 있다. 이렇게 미국에서는 연방정부 차원에서 포상을 해 가며 한국어를 학습해야 한다고 강조하고 있다. 그런데 우리 정부에서는 여기에 별다른 반응을 보이지 않았고, 지금도 여전히 그런 것 같다. 이는 우리로서는 불감청이나 고소원의 정책이다. 세종학당 계획도 필요하고, 이 밖에 이런 저런 정책과 방법도 다 좋다. 그러나 무엇보다 미국의 Flagship Scholarship Plan 등과 같이 상대국이 스스로 한국어교육을 자청한다면 우리는 이를 잘 활용하는 정책을 펴야 한다. 이러한 정책은 우리가 노력해 쉽게 얻어 낼 수 있는 결과가 아니다. 정부 차원에서 이런 기회에 한국어의 해외보급 사업을 강력히 추진하도록 해야 한다. 그래서 미국에서 한어(漢語) 교육이 1,000여개 교, 일본어 교육이 700여개 교, 한국어교육이 65개교에서 행해지고 있는 현실적 열세를 극복하도록 해야 한다.

미국의 교육행정권은 연방정부에 있는 것이 아니라, 주(州) 정부나 학교구(學校區) 및 학교에 있다. 연방정부는 Flagship Scholarship Plan과 같이 변화를 가져오게 하는 자극제로서 포상을 하는 것뿐이고, 각 주(州)의 교육에 직접 관여하지 못한다. 따라서 이런 경우 우리 중앙정부에서는 이에 대한 대책을 수립하고, 현지 대사관이나 영사관 및 현지 동포, 친한 인사 등 관계자로 하여금 한국어교육이 추진될 수 있게 할 일이다. 본래 자국어의 보급을 국가에서 하는 것은 언어제국주의적(言語帝國主義的) 발상으로 바람직한 것이 못 된다. 그러나 이 경우는 사정이 다르다. 상대국의 정책에 협조·호응하는 것이기 때문이다. 이는 사업의 성격상 외교적 채널을 통해 깔끔하게 수행될 수 있는 것이다. 그러나 이는 가능한 일이기는 하나, 다른 언어와 경쟁을 해야 하므로 부단한 노력을 필요로 하는 것이기도 하다. 구주연합(歐洲聯合) EU의 경우도 한국어 세계화의 여건이 그리 나쁘지만은 않다. 그것은 EU의 외국어교육 정책은 모어 외에 두 개의 외국어를 학습하도록 권장하고 있기 때문이다. 이 밖에 오스트레일리아에서는 동 정부의 심의회 COAG(The Council Of Australian Government)의 보고서에 따라 한국어가 중국어, 일본어, 인도네시아어와 함께 학습 우선도가 높은 아시아 4개 언어로 작정되어 학습이 실시되고 있으니 여기에도 강화 정책을 수립하여 대처해야 한다. 우리는 이제 세종학당도 여러 개 설립 운영하게 되었고, 바야흐로 한국어 세계화의 분위기도 여러 가지로 성숙해 가고 있다. 따라서 우리는 각국의 언어정책의 변화를 잘 살펴, 상대국의 비위를 거스르지 아니하고 호응하며, 한국어를 세계화하는 정책을 수립하여 추진하도록 할 일이다. 기회를 놓쳐서는 안 된다. 이 때 투자에 너무 인색해서도 곤란하다. 한국어의 세계화는 투자한 이상의 브랜드 가치를 창조해 낼 것이기 때문이다.

둘째, 해외의 중·고등학교에 대한 한국어교육 정책을 강력히 추진한다.

한국어교육은 주로 고등교육인 대학에서의 교육과 일반 대중교육으로 이루어지고 있다. 그러나 가장 중요한 것은 중·고등학교의 한국어교육이라 할 것이다. 이는 공교육이어 비중이 있고, 파급 효과가 클 뿐 아니라, 고등교육의 기반이 되기 때문이다. 그런데 중·고등학교에서의 한국어교육이 미미하다. 세계적으로 미국, 일본, 호주 등 8개국에 겨우 1,525개 초·중·고교에 한국어 강좌가 개설되어 교육이 행해지고 있을 뿐이다. 그럼에도 정부나 관련 기관은 이에 대해 별반 조치를 취하고 있는 것 같지 않다. 있다면 미국의 LA에서 한국어진흥재단이 SAT Ⅱ(Scholastic Assesment Test Ⅱ) 한국어 후원 사업으로 좀 더 많은 고등학교에 한국어 강좌를 개설하도록 운동을 벌이는 것이 있을 뿐이다.

외국의 교육정책에 대하여 시비하고 간섭하는 것은 바람직한 일이 못 된다. 내정간섭이라 비란 받을 수도 있다. 그러나 딱 그렇지만은 않다. 정상적인 정치·외교적 채널을 통해 협의하고 합의·결정된다면 오히려 윈윈 전략이 될 수도 있다.

여기서 외국의 사례를 한 둘 들어 참고하기로 한다. 일본은 과거에 식민지(植民地)를 경영하며 일본어 사용을 강요한 전력이 있어 일본어 보급 정책을 소극적으로 펴, 정책 기조를 현지주도(現地主導)에 두었다. 전제(前

提)도 현지주도, 도달목표도 현지주도에 두었다. 이는 일본어 보급을 스스로 앞서 이끌고 나아가지 않고, 뒤에서 지원하는 방법을 취한 것이다. 그런데 이런 일본의 주베트남 대사가 베트남의 교육훈련부 장관과 면담하는 자리에서 베트남 중학교에서의 일본어 교육을 요청했고, 이것이 수용되어 2003년 전기 중등 레벨의, 그리고 2007년 후기 중등 레벨의 일본어 교육이 실시되게 되었다. 또 하나의 예는 2005년 일본과 인도의 두 수상이 "아시아 신시대에 있어서의 일인(日印) 파트너십"이란 문서에 서명하며, 당시 5,500명에도 미치지 못했던 일본어 학습자를 50,000명 수준으로 끌어올리기로 하였다. 그리고 이는 중등 교육과정에 일본어를 정규 선택과목으로 넣어 2006년부터 학교 교육에 도입하게 하였다(嶋津, 2010). 이렇게 외국의 교육정책도 정치 외교적 노력과 협의에 의해 바뀐다. 따라서 우리도 소극적 자세만 취할 것이 아니고, 외국의 고등하교에 한국어교육 과정이 개설되도록 정치·외교적 노력을 기울일 필요가 있다. 다시 말해 고등학교 교육과정에 한국어 과목이 들어가 현지 학생들이 한국어 학습을 할 수 있도록 적극적인 운동을 전개해야 한다. 이는 우리가 국제화·세계화 하는 세계적인 추세를 수용하고 상호간의 친선을 도모하며, 다문화 사회의 건설과, 문화적인 발전을 꾀하는 데 기여하는 것이다.

최근 한국문화 국제교류운동본부(ICKC)에서 미국에 10-Thousand Project 운동을 전개하고 있는데, 이것도 중·고등학교에 한국어를 개설하라는 본 취지와 같은 것이다. 한국어를 미국의 고등학교에 AP(advanced Placement)로 채택하도록 하는 운동인 것이다. 미국에는 고등학교에서 수학한 것을 대학에서 학점으로 인정해 주는 제도가 있는데, 한국어를 이러한 정규과목으로 개설하게 하려는 것이다. 참고로 덧붙일 것은 일본어의 AP프로그램은 2006년에 이루어졌는데, 이것도 사실은 미합중국이 아니라, 미국의 일본어교육 관계자들의 노력에 의해 이루어졌다는 것이다(嶋津, 2010). 미국의 AP는 특수한 경우이고, 대부분의 국가는 그냥 제1, 또는 제2 외국어로 개설하게 된다. 공교육에서의 외국어 선택은 개인 아닌, 국가가 많이 관여한다. 우선 국익(國益)을 위해 외국어를 선택하고, 친화, 소통, 문화적 관계를 고려하여 선택한다. 따라서 한국어 교과를 외국의 중등학교에 개설하려면 상대국과의 이러한 관계를 연구하여 상호간의 긴밀한 유대를 강조함으로 채택하도록 해야 한다. 미국의 경우는 연방정부에서 바라는 일로, 앞에서 언급한 바와 같이 지방정부에서 이 일을 관장하므로 이에 유의하여 대처할 일이다. 그리고 여기 덧붙일 것은 미국의 SAT, 호주의 HSC(High School Certificate), 일본의 센터시험 등 대학 입학시험에도 한국어가 채택되도록 정치·외교적 노력을 기울일 필요가 있다. 이는 한국어 보급에 큰 영향을 미칠 수 있기 때문이다.

셋째, 재외동포(在外同胞)를 한국어 세계화의 역군으로 적극 활용한다.

재외동포는 흔히 한국 언어문화의 교육 대상으로만 생각한다. 이는 크게 잘못된 생각이다. 오히려 재외동포는 한국어 세계화의 더할 수 없는 인적자원이다. 이방(異邦)에 있는 한국어 교사요, 한국 문화다. 따라서 재외동포가 거주하는 나라의 국민은 이들을 접하는 것만으로 자연스럽게 한국 언어문화를 접하는 것이 되고, 한국 언어문화의 교류와 학습이 이루어지게 된다. 좀 과장된 표현을 한다면 이들은 한국의 문화 사절이라 해도 좋다. 우리는 7,000만 문화사절을 해외의 75개국에 파송하고 있는 셈이다.

재외동포 가운데는 직접 한국어 세계화에 투신하여 활약하고 있는 사람들도 상당수 있다. 세계 곳곳에 흩어져 있는 한글학교 등에서 한국 언어·문화를 가르치고 있는 분들과, 중국·미국·독립국가연합 등의 대학에서 한국 언어문화를 가르치고 있는 동포들이 그들이다. 이분들은 참으로 고마운 분들이다.

많은 우리 재외동포들이 이런 고마운 한국어 세계화의 역군이 되어야 한다. 이들은 이중언어(二重言語) 사용이 가능한 사람들이고, 따로 고국에서 파송해야 할 번거로움도 필요 없는 분들이다. 그리고 민족적인 사업이니 다른 사람에 비해 사명감도 남다를 것이다. 게다가 다른 사람들과 달리 거주국의 문화도 어느 정도 아는 분들이라 조화를 이룰 수도 있다. 따라서 이들은 한국어 세계화의 역군으로 안성맞춤인 자원들이다. 이런 인재들을 오늘날까지 활용하지 않고 그냥 방치했다는 것은 우리 민족문화 발전 및 선양(宣揚)의 면에서 큰 손실을 본 것이라 하겠다. 문제는 이들이 그 능력을 최대한 발휘하도록 정책을 세우고 도와주어야 한다는 것이다. 그러기 위해서는 우선 한국어세계화재단과 같은 기구에서 현지의 동포 사회와 협의하여 교육을 할 수 있는 조직과 교육의 장을 만들어 주고, 이 기구가 원만히 운영되도록 후원해 주어야 한다. 이러한 제도를 정착시켜 잘 운영한다면 한국어 세계화는 현지주도로 보다 잘, 그리고 빨리 이루어질 수 있을 것이고, 현지의 원주민과 우리 동포들 사이에도 이해와 우호의 분위기가 고조될 것이다. 재외동포에 의한 현지인들에 대한 한국어교육과 현지인에 의한 우리 동포에 대한 현지어의 상호 교육은 이미 프랑스의 파리에서 시도되고 있는 것으로 안다. 우리는 175개국에 나가 살고 있는 자원인사 700만 동포가 있다는 것을 명심할 일이다.

넷째, 한국어를 다른 한류 문화(韓流文化)와 연계하여 보급하도록 한다.

한류 문화는 드라마로 시작해 K팝을 거쳐, 한식(韓食)과 한국어를 지나 이젠 한국식 라이프스타일을 총망라하는 "한류 4.0" 버전까지 나왔다고 한다. 과연 "한류"라면 한동안 "대장금" 등 드라마 이야기가 뉴스거리가 되더니 요사이는 K팝, 한식 이야기가 화제다. 드라마나 K팝은 언어문화, 곧 언어에 의한 문화다. 따라서 이들은 말을 모르는 한 그 예술을 진정으로 이해할 수 없다. 따라서 한국의 드라마나 K팝을 제대로 즐기려면 한국어를 알아야 한다. 그래서 이들 팬들은 한국어를 배우려 하고, 한국어 학습의 바람도 불어 한국어가 한류의 한 단계를 차지하는 것으로 까지 본다. 확실히 그런 경향을 지니는 것이 사실이다. 따라서 이러한 현상에 주목하여 한류문화와 한국어를 연계하여 보급하는 정책을 수립하여 추진함이 바람직할 것이다. 교수·학습 현장에서는 실제로 드라마 대본과 노래를 통해 언어교육이 이루어지고 있기도 하다. 그러나 여기에 그칠 것이 아니다. 우리말 가사에 역사(譯詞)를 붙임은 물론, 우리말 가사를 학습할 수 있는 충분한 자료를 제공하여 우리말을 익힐 기회를 제공하는 것이다. 그렇게 되면 음악을 즐기면서 한국어는 덤으로 배우게 되니 일석이조가 된다. 드라마의 경우는 더 말할 것도 없다. 드라마 대본을 학습지로 만드는 것이다. 그리고 여기에 하나 덧붙일 것은 또 하나의 한류라 할 태권도와 한국어의 연계다. 태권도는 우리의 전통적 무예다. 이는 단순한 무술이 아니고, 정신적 교육목적이 예(禮)에 있어 사회적으로 사랑을 받는 우리 문화다. 정서가 불안한 오늘날의 젊은이들을 선도하고 인격적으로 바로잡아주기 때문에 서구인에게 인기다. 이런 태권도가 오늘날 192개국에 협회가 구성되어 있고, 그 인구가 7,000만이라 한다. 그런데 이 태권도의 용어가 한국어로 되어 있어 교수·학습상 주목된다. 언어는 문화의 색인이라 하거니와, 무슨 소린지도 모를 소릴 듣고 무예를 익히는 것보다 지시 내용을 알고 학습하는 것이 기량이나, 흥미 면에서 몇 배의 효과를 거두게 할 것임은 물론이다. 따라서 태권도를 보급하며 한국어교육을 같이 하도록 하는 것이다. 우선 구령이나 기술 용어부터 익힌다. 그리고 단계적으로 한국어교육을 한다. 그렇게 되면 기

예를 닦으며, 역시 한국어는 덤으로 학습하게 된다. 이렇게 한류문화와 한국어교육을 연계하여 교수·학습하게 하면 한국어 세계화를 좀 더 잘 이루어낼 수 있을 것이다. 무예와 한국어교육이 만나 상승효과를 드러내기 때문이다.

다섯째, 언어문화의 충격에 대한 문화적 완화 조치를 강구한다.

사람들은 이문화(異文化)를 체험하게 되면 문화충격을 받고, 여기서 벗어나기 위해 이문화에 적응하려 한다. 개인 안에서의 문화 수용은 문화 충격에 적응하려는 적어도 두 형태의 가설이 있다. 그 하나가 G. Hofstede의 U형 문화변용 곡선이고, 다른 하나가 이의 변형이라 할 W형 문화변용 곡선이다(Hofstede, 1991). 사람들은 문화충격을 받은 뒤 밀월기, 문화충격기, 조정기의 과정을 겪는다는 것이다.

언어문화의 충격에 대한 적응도 이러한 과정을 겪을 것이다. 그러나 언어문화의 경우는 이러한 적응과정을 겪기 전에 다소간의 완화책을 강구하는 것이 학습에 필요하다. 미국에서는 한국어를 배우기 어려운 언어로 자리매김하고 있다. 이런 경우에는 한국어는 학습상 선호의 대상에서 열외가 되기 십상이다.

우리는 색다른 문화를 접할 때 신기해하고, 호기심을 느낀다. 언어도 학습하기 어려운 것이라기보다 호기심을 불러일으킬 언어로 학습자들에게 다가가게 해야 한다. 그러기 위해서는 언어를 언어 자체로서보다 문화로 포장하여 접근하는 것이 좋다. 사실 언어교육은 언어자질 위주의 정확한 언어교육보다, 언어문화의 능력을 강조하는 적격(適格)의 언어문화 교육이 좀 더 바람직하다. 문법적으로 정확한 표현보다 사회적으로 수용할 수 있는 적격의 표현이 더 필요한 것이다. 한국어의 세계화를 위해서는 이런 언어문화 교육을 해야 한다.

언어문화 교육은 언어의 구조적 면과 운용적 면이 있다. 언어의 구조적인 면에서는 어휘, 호칭, 대우법, 관용어, 통사구조 등이 주요 교수·학습 대상이 될 것이다. 이 가운데 어휘, 호칭, 대우법이 좀 더 문화와 관련된다면 관용어, 통사구조는 사고와 관련된다. 따라서 이들의 교육을 먼저 문화 또는 사고와 관련하여 충격을 완화하는 것이다. 예를 들어 어휘의 경우 영어에서는 "eat, drink, smoke"라 하는 것을 한국에서는 다 "먹다"라고 종합적으로 말할 수 있다든가, 영어에서는 "rice" 하나로 나타내는 것을 한국어에서는 "쌀, 벼, 밥"이라 분석적으로 나타낸다고 일러 주어 흥미를 자아내게 하는 것이 그것이다. 대우법은 한국의 대표적 언어적 특성으로 존장비유(尊長卑幼)의 사상에 연유한다고 설명해 줌으로 사회적 관심을 불러일으킬 수 있다. "억지 춘향이"와 같은 관용어는 춘향전의 배경을 일러 준다. 통사구조는 단순한 문법 형식이 아니다. 이는 사고방식이다. 발상의 형식을 보이는 것이다. 우리말은 중요한 말(동사 및 피수식어)이 뒤에 오며, 주소(住所)에 보이듯, 큰 것에서 작은 것을 지향하는 표현을 한다. 이러한 구조상의 차이는 충격을 줄 수 있다. 그러나 이러한 차이를 문화로서 풀어 설명하면 충격을 줄이고, 쉽게 이해하게 된다.

운용적 면에서는 앞에서 든 호칭과 대우법, 통사구조 외에 장면 의존도, 문화변용규칙, 비유 등이 학습 대상이 될 수 있다. 한국어는 대표적인 고문맥적 문화의 언어다. 따라서 서구의 저문맥적 문화의 언어는 이에 적응하는 훈련을 해야 한다. "May I ask you a favor?"는 "부탁 좀 해도 될까?"와 같이 겉치레를 다 덜어내야 한다. 그리고 문화변용(文化變容)규칙은 한국어에는 겸손지향, 집단지향, 형식지향, 조화지향, 비관지향, 긴장지향 등이 작용한다. 이에 대한 적응도 학습돼야 한다. 서구인은 "Thank you!"라 말할 자리에 "미안합니다!"라 말할 줄도 알아야 한다.

이러한 문화충격에 대한 완화 조치를 취하게 되면 한결 언어교육은

수월해진다. 이러한 조치 없이 직접 언어 자질에 부딪치게 되면 충격만
이 커진다. 완화 조치는 교실에서 언어 사실에 부딪치기 전에 행해져야
한다. 이는 교수·학습의 형태로 할 수도 있고, 개인적으로 학습하거나
체험할 수도 있다. 여하튼 언어학습이 거부 아닌 친근(親近)의 제스처로
다가올 수 있는 대책을 마련하도록 해야 한다. 그리고 여기 부기할 것은
이러한 완화조치 이전에 한국어를 세계화함에 있어 각국 언어와 한국어
의 대조연구가 꾀해져 이것이 한국어교육에 활용될 수 있도록 해야 한
다. 이는 정부와 학계가 다 함께 노력하여 해결해야 할 한국어교육의 과
제다.

5. 결어

오늘날은 국제화 시대요, 세계화 시대이며, 다문화 시대다. 따라서 내
나라, 내 민족, 그리고 우리 고유문화만을 고집하며 살 수는 없는 시대
다. 상호간에 문화를 교류하며 서로 돕고 살아가야 한다.

우리는 이제 겨우 한국어 세계화의 첫걸음을 내딛기 시작하였다. 한국
어의 세계화는 호혜성을 전제로 언어문화를 교류함으로 상호 이해의 폭
을 넓혀 친선을 도모하고, 다문화사회에서 공존공영하자는 것이다. 역사
적으로 우리는 남의 문화 혜택을 적지 않게 받은 민족이다. "한류"의 바
람이 불고 있다. 이제 지난날의 문화의 빚을 갚고, 수혜(受惠) 아닌 시혜
(施惠)를 함으로 세계문화 발전에 이바지해야 한다. 언어문화의 상호교류
를 통해 다문화사회에 기여하고, 세계문화 발전에 기여하는 것이다.

우리는 그간 별반 한국어 세계화 정책을 펴지 못했다. 2007년 이래
세종학당 계획을 추진하며 이제 약간의 활동을 전개하고 있다. 한국어

세계화는 여러 가지로 추진할 수 있겠으나, 여기서는 일단 기존의 방법을 접어 두고 몇 가지 새로운 추진 방안을 제시하였다. 이는 우리가 미처 챙기지 못한 핵심적 방안이라 할 것들이다.

첫째, 해외의 교육정책(敎育政策)에 대응하여 적극적 조치를 강구한다.
둘째, 해외의 중·고등학교(中高等學校)에 대한 한국어교육 정책을 강력히 추진한다.
셋째, 재외동포(在外同胞)를 한국어 세계화의 역군으로 적극 활용한다.
넷째, 한국어를 다른 한류 문화(韓流文化)와 연대하여 보급하도록 한다.
다섯째, 언어문화의 충격에 대한 문화적 완화 조치를 강구한다.

"한류"에 역풍이 불듯, 한국어를 세계화함에 있어서도 역풍이 불지 말라는 법이 없다. 이런 경우 자문화중심주의(自文化中心主義)를 버리고, 상대주의적(相對主義的) 관점에서 다문화사회의 관용과 포용과 양보의 정신으로 차분히 대처해야 하겠다. 단일민족, 고유문화의 울타리 속에 갇혀산 우리는 너무 폐쇄적이고, 관용정신이 부족하다. "열린 마음(International mind)"을 가져야 한다. 다민족 국가, 다문화 사회의 포용정신을 타산지석으로 삼아야 한다. 세계화는 교류하는 것이고, 공유하는 것이다.

참고문헌

국립국어원(2007), 2007 세종학당 백서, 국립국어원.
국립국어원(2008), 한국어교육 국내외 웹사이트, 가삼.
문화관광부·국립국어원(2007), 세종학당 운영 길잡이, 문화관광부·국립국어원.
박갑수(2005), 국어교육과 한국어교육의 성찰, 서울대학교 출판부.
한국어세계화재단(2012a), 세종학당과 한국어 세계화 전략 추진 현황, 한국어세계화재단.
한국어세계화재단(2012b), 세종학당 브랜드화 사업 현황, 한국어세계화재단.
진대연 외(2009), 국내외 한국어교재 백서, 한국어세계화재단.
하영선 외(2000), 국제화와 세계화, 한국·중국·일본, 집문당.
한국국제교류재단(2007), 해외한국학백서, 을유문화사.
Hofstede, Geert(1991), Cultures and Organizations, 岩井紀子 外譯(1995), 多文化世界, 有斐閣.
梅棹忠夫(1988), 日本と日本文明, くもん出版.
嶋津拓(2010), 言語政策として "日本語の普及" はどうあつたか—國際文化交流の周緣, ひつじ書房.
박갑수(2010a), 한국어 세계화 정책의 현황과 과제, 한국어교육연구 제5호, 배재대학교
        한국어교육연구소.
박갑수(2010b), 한국어의 세계화와 한국어교육, 한국어교육연구, 14, 서울대학교 한국
        어교육지도자과정.
서아정(2004), 해외 각급 학교별 KFL 교육현황, 국제한국언어문화학회 제1차 국제학
        술대회 논문집.
손호민(2009), 플래그십 언어교육 패러다임과 한국어교육, 2009년 국제학술회의, 언어
        습득 이론 및 간문화 이론과 한국어교육, 국제한국언어문화학회, 서울
        대 국어교육연구소.
이상규(2008), 한국어 세계화 어디까지 왔나, 새국어생활, 제18권 제13호, 국립국어원
최용기(2008), 한국어교육의 현황과 세종학당 운영방향, 다중의 시대, 언어소통기획 문
        화관광부·국립국어원.

(2012. 4. 20)

■ 이 글은 (사)한국문화국제교류운동본부 1주년 기념 포럼(2012년 3월 30일, 서울 프레스센터, 18층 외신기자 클럽)에서 주제 논문으로 발표된 것을 보완한 것이다.

A